图书在版编目（CIP）数据

成都高新技术产业开发区桂溪街道年鉴.2012 / 中共成都高新区桂溪街道工作委员会，成都高新区桂溪街道办事处编. —北京：新华出版社，2012.10

ISBN 978-7-5166-0134-1

Ⅰ.①成… Ⅱ.① 中… ② 成… Ⅲ.①高技术开发区-成都市-2012-年鉴 Ⅳ.① F127.711-54

中国版本图书馆CIP数据核字（2012）第242361号

成都高新技术产业开发区桂溪街道年鉴（2012）

出 版 人：张百新　　责任编辑：朱思明

封面设计：远　近

出版发行：新华出版社

地　　址：北京石景山区京原路8号　　邮　　编：100040

网　　址：http://www.xinhuapub.com　　http://www.press.xinhuanet.com

经　　销：新华书店

购书热线：010-63077122　　中国新闻书店购书热线：010-63072012

设计制作：四川远近文化有限公司

印　　刷：成都地图出版社印刷厂

成品尺寸：210mm×285mm　　印　　张：20.25

字　　数：480 千字　　版　　次：2012年10月第一版

印　　次：2012年10月第一次印刷

书　　号：ISBN 978-7-5166-0134-1

定　　价：160.00元

成都高新技术产业开发区位置图

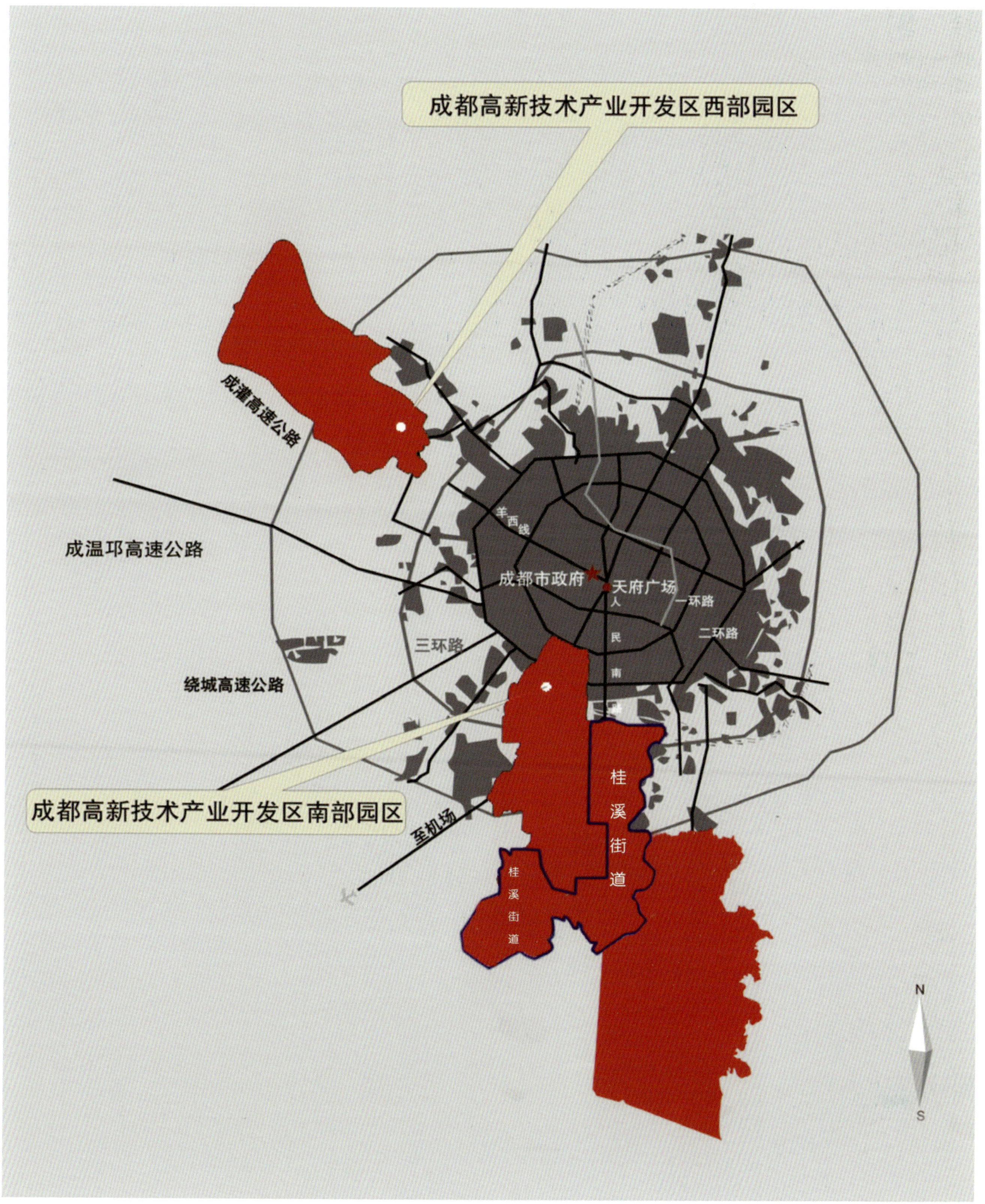

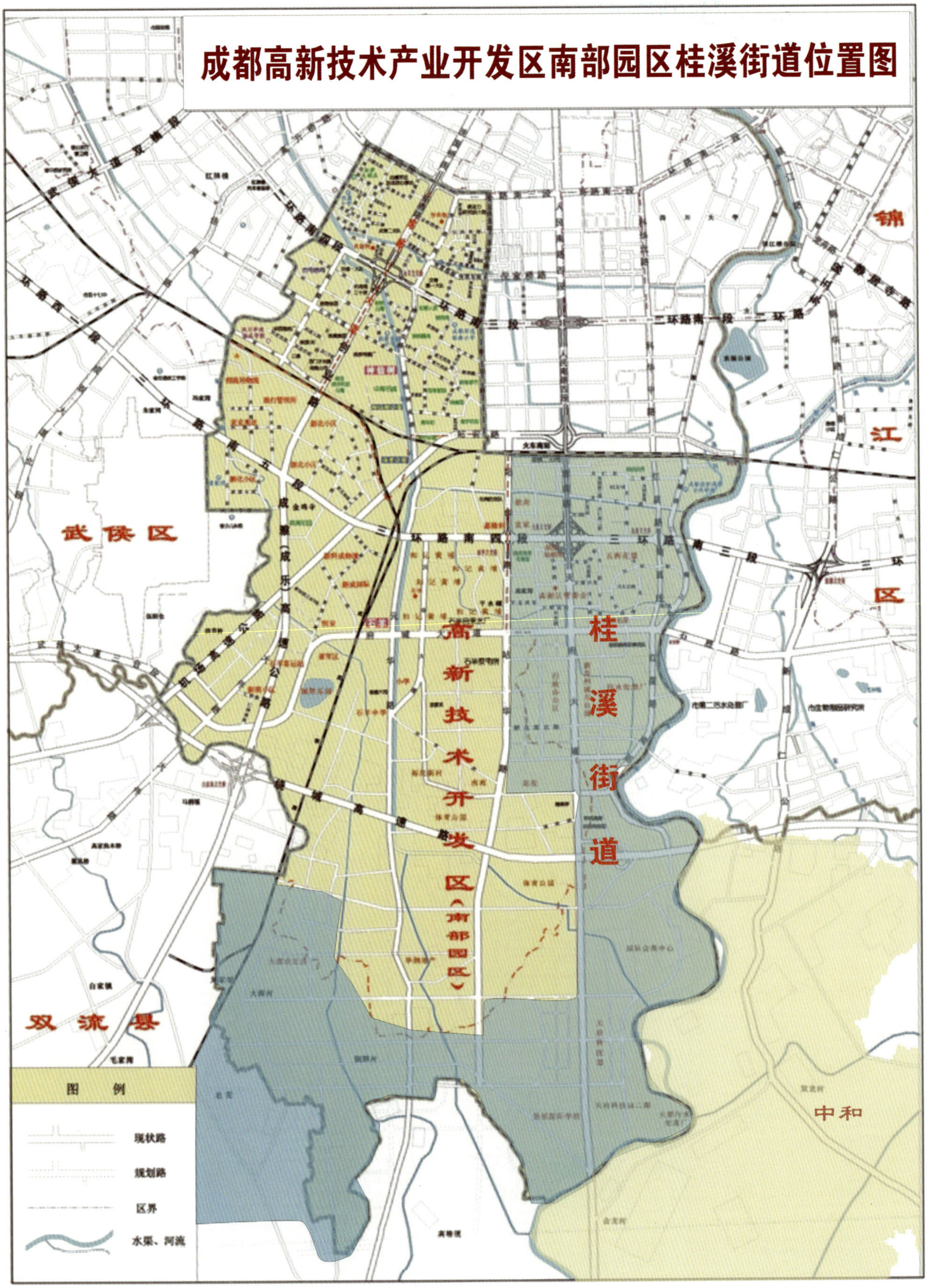

成都高新技术产业开发区南部园区桂溪街道位置图

武侯区

锦江区

双流县

中和

高新技术开发区（南部园区）

桂溪街道

二环路南四段

二环路南三段

二环路南一段

成乐高速公路

绕城高速路

图例

现状路

规划路

区界

水渠、河流

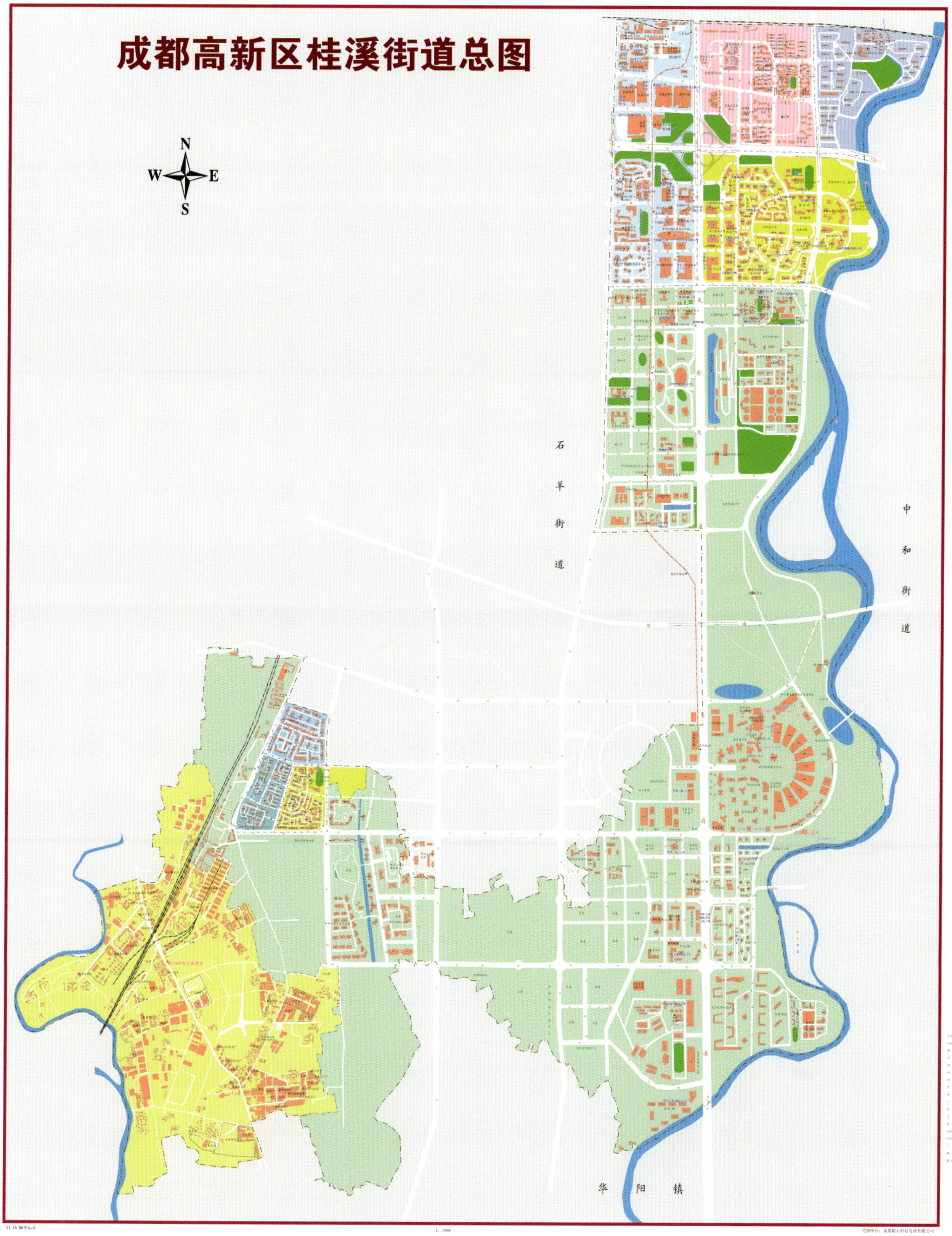

成都高新区桂溪街道总图

N
W E
S

石羊街道

中和街道

华阳镇

成都市南部新区站南组团地名更名示意图

地铁车站
火车南站
成昆铁路
成昆铁路
学生桥
科华隧道
桂溪隧道
都会公园
盛和公园
万象天桥
益州大桥
益州天桥
南三环路四段
南三环路三段
剑南大道北段
和记黄埔
府城隧道
府城大道西段
府城大道中段
府城大道东段
府城桥
天府大道北段
科华南路1隧道
名都公园
天府隧道
锦春桥
锦江
科华南路2隧道
心岛大桥
心岛
成昆铁路
锦城隧道
锦城大道
剑南隧道
绕城高速
天府公园
天府公园
天府公园
科华南路
注：图中街道名称显红色者为已命名街道

成都市南部新区大源组团地名更名示意图

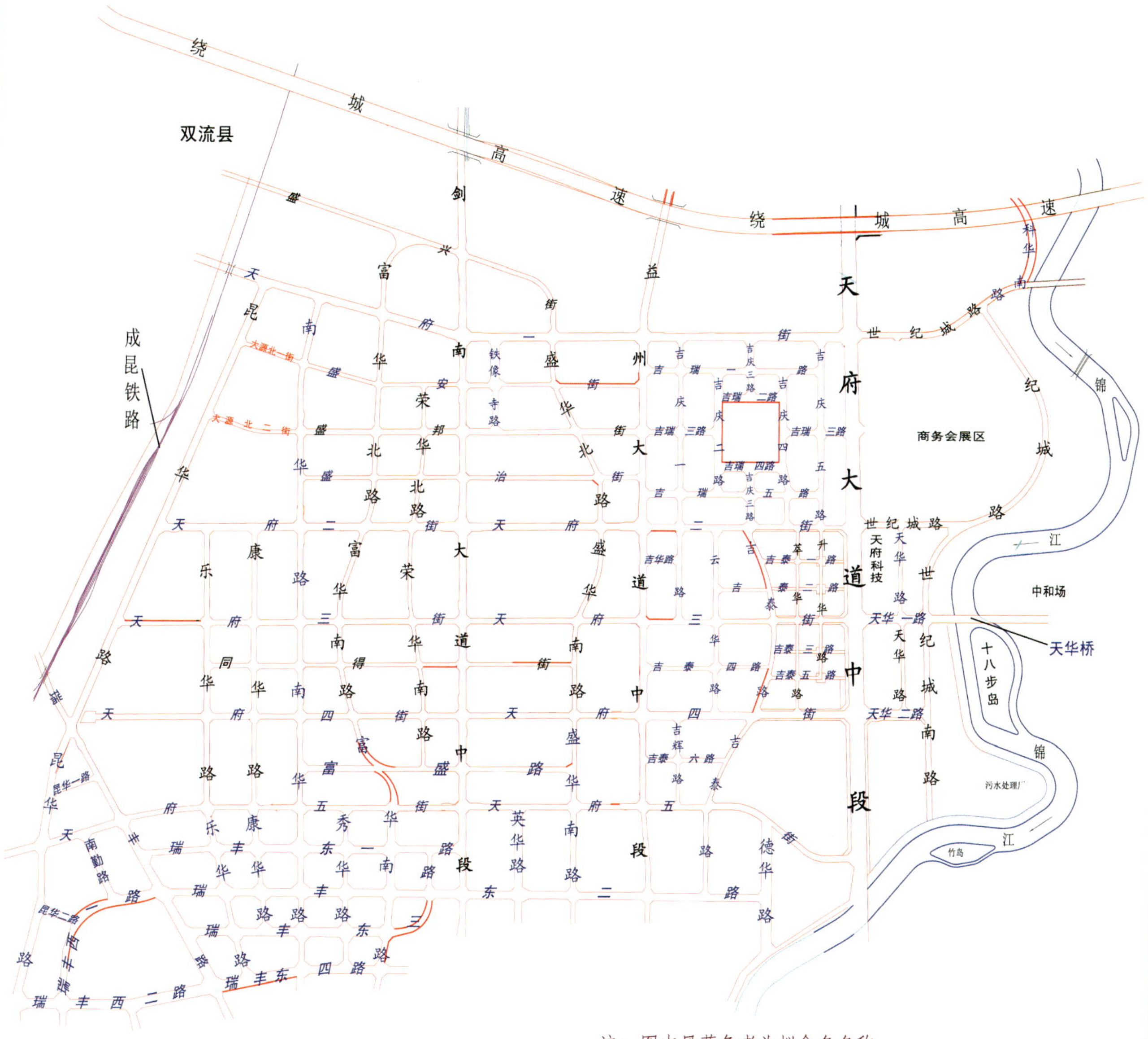

双流县

成昆铁路

商务会展区

中和场

天华桥

十八步岛

污水处理厂

竹岛

注：图中显蓝色者为拟命名名称

桂溪街道特色建筑

四川省十大文化标志性建筑——四川广播电视中心，位于天府大道中段新会展中心旁，由四川广电集团投资兴建、中国建筑第四工程局总承包，总投资11亿余元。2007年2月1日开工建设，2011年8月竣工，总建筑面积13.5万㎡。其中，主楼56700㎡，地上31层，地下2层，高135米；裙楼69500㎡，地上5层地下2层；辅楼8800㎡，地上6层地下1层。工程在国内首创抗剪环形梁，获得QC成果全国工程建设优秀质量管理奖；工程设计获中国建设筑总公司设计方案一等奖；钢结构获2008年中国建筑钢结构金奖；主体结构获四川省2009年度结构优质奖；2010年获得中建总公司科技示范奖；2011年获四川省科技进步奖。

四川广播电视中心大楼的设计、建筑、装饰及设施设备属于全国一流、西部第一，而且是目前成都市首个能够停直升飞机的大楼。

领导关怀

2011年9月19日，中共中央政治局常委李长春（右二）在中共四川省委书记、省人大常委会主任刘奇葆（右一）、中共四川省委副书记、省长蒋巨峰（右三）的陪同下视察四川省广电中心，在新闻演播大厅，听取四川广播电视集团党委书记陈华（左一）的汇报。

2011年4月7日，全国人大常委会副委员长周铁农（前排左二）在中共成都市委常委、成都市副市长赵小维（前排左三）的陪同下到桂溪街道和平综合农贸市场指导工作。

2011年1月11日，成都市委常委、成都高新区党工委书记敬刚（左二）到桂溪街道三瓦窑社区慰问三瓦窑社区居民。

2011年3月3日，四川省卫生厅厅长沈骥（左一）视察桂溪街道双源农贸市场。

2011年1月20日，成都高新区党工委副书记、管委会副主任冯亚曦（右二）在桂溪街道和平社区慰问居民。

2011年1月24日，成都高新区党工委委员、纪工委书记李岷雪（前排中），成都高新区社会事业局局长吕毅（前排右一）在桂溪街道社区卫生服务中心检查工作。

2011年1月26日，桂溪街道党工委副书记、纪工委书记陈长贵（左四）代表桂溪街道总工会慰问辖区环卫工人。

2011年5月30日，桂溪街道党工委副书记张仲常（前排左二）陪同江苏省无锡市高新区代表团考察桂溪街道和平综合农贸市场。

2011年2月16日，桂溪街道党工委委员、办事处副主任王子琦（左一）代表桂溪街道党工委、办事处到四川省彭州市九尺镇进行扶贫工作。

2011年5月22日，桂溪街道党工委委员、办事处副主任全少英（中）在第三届“桂溪杯”篮球联赛比赛中主持开球。

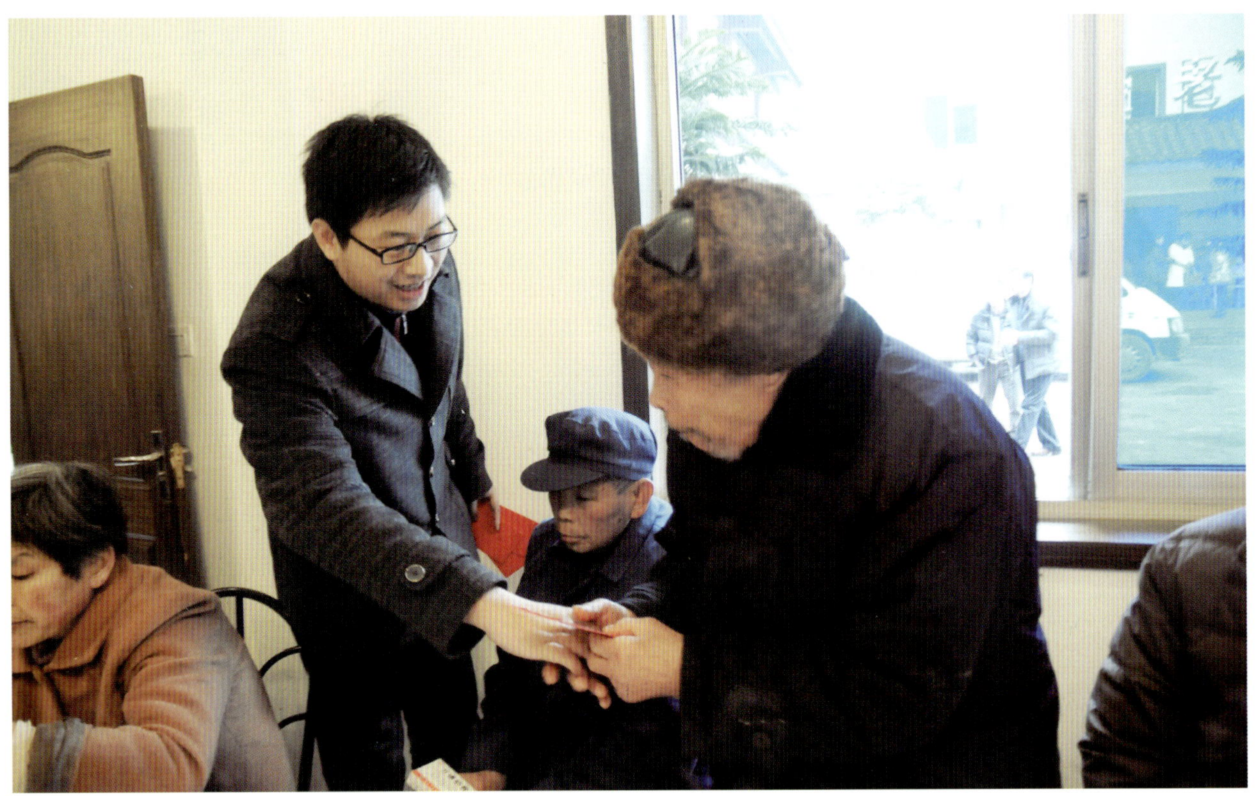

2011年1月28日，桂溪街道党工委委员、办事处副主任洪敬涛（左二）到桂溪敬老院慰问“五保”老人。

2011年1月28日，桂溪街道党工委委员、武装部部长马玉良（左二）主持召开城管执法中队工作例会。

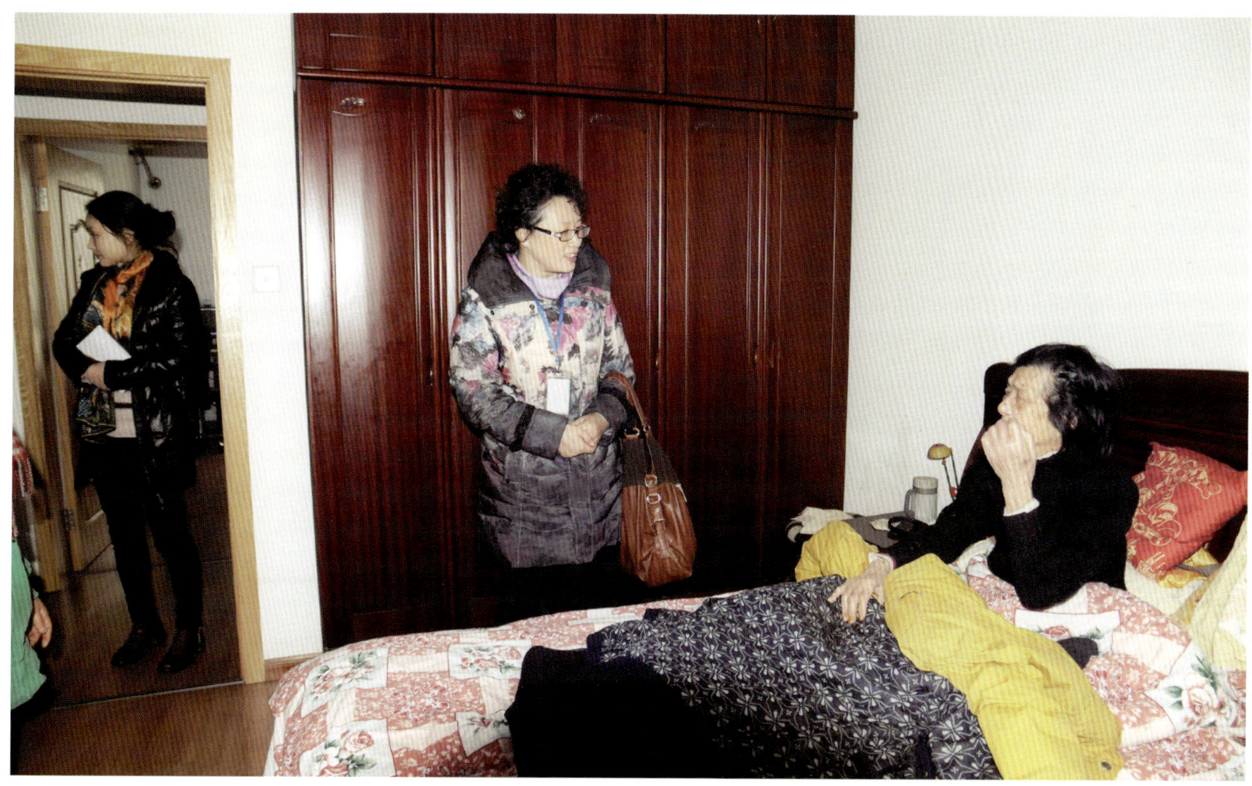

2011年1月26日，桂溪街道党工委委员、党政办主任瞿蓉芳（中）到辖区居民家中走访慰问。

2011年1月19日，桂溪街道党工委、办事处领导班子全体成员参加街道2010年度工作总结表彰会。

党政办公室

2011年4月22日，桂溪街道党政办公室组织各社区党员、群众召开党群联席会。

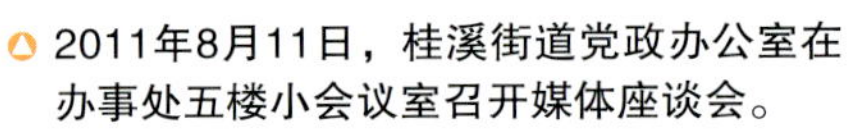

2011年8月11日，桂溪街道党政办公室在办事处五楼小会议室召开媒体座谈会。

2011年12月24日，桂溪街道办事处在南新运动中心举行了“两园一圈”启动仪式暨非公企业党群迎新联谊活动。

2011年11月15日，桂溪街道党政办公室组织机关聘用人员进行为期两天的拓展培训。

社会治安综合治理办公室

2011年2月11日，桂溪街道社会治安综合治理办公室副主任李天福（右二）、桂溪街道综治巡逻大队副大队长陈军（右一）检查双源社区警务室、监控室运行情况。

2011年3月16日，桂溪街道综治办在和平广场组织开展综治宣传月活动。

2011年6月15日，桂溪街道综治巡逻大队在和平学校执行2011年度中考安保工作。

2011年6月24日，桂溪街道办事处在和平社区广场举行“迎七一建党90周年”庆祝活动，综治巡逻大队在广场执勤。

城管执法中队

2011年12月29日下午，桂溪街道办事处启动冬季向环卫工人送温暖活动，桂溪街道党工委副书记、办事处主任张学文（右三）、成都高新区城管局环卫处副处长朱红雁（右四）、桂溪街道党工委委员、武装部部长马玉良（右一）参加启动仪式。

2011年12月15日，桂溪街道办事处在四楼会议室迎接ISO14001外审检查组检查。

2011年12月19日，桂溪街道城管执法中队召开工作例会，中队长郭科（左一）主持，桂溪街道党工委委员、武装部部长马玉良（左二）参加。

2011年3月30日，桂溪街道城管执法中队为新聘的24名队员开展城管人员岗前培训工作。

社会事务与计划生育科

2011年1月28日，桂溪街道党工委、办事处领导班子全体成员带领办事处社事科工作人员和社区卫生服务中心工作人员到桂溪敬老院慰问五保老人，给他们带去新春的祝福。

2011年3月12日，桂溪街道办事处在三楼会议室召开幼儿园安全工作专题会，桂溪街道党工委委员、办事处副主任全少英（右二）、社事科副科长陈攀慧（右一）参加。

2011年5月13日，桂溪街道办事处在五楼会议室开展“惠民政策知识竞赛”活动。

2011年9月4日起，桂溪街道办事处开展发放“综合补贴”工作。

城市管理科

2011年3月12日，桂溪街道党工委书记樊晓峰（右三），党工委副书记、办事处主任张学文（左三），党工委副书记、纪工委书记陈长贵（右二），党工委委员、办事处副主任王子琦（左二），党工委委员、办事处副主任洪敬涛（左一），党工委委员、武装部部长马玉良（右一）出席桂溪街道转非安置工作动员会。

2011年3月13日，桂溪街道办事处组织城市管理科工作人员和各村相关人员参加转非安置工作培训会。

2011年3月13日，桂溪街道党工委委员、办事处副主任洪敬涛（右五）参加转非安置工作培训会分组讨论。

经济发展科

2011年1月10日，桂溪街道办事处经济发展科科长李婷主持召开桂溪辖区楼宇经济座谈会。

2011年7月9日，桂溪街道办事处在西蜀人家会议中心召开农村集体资产处置工作培训会。

2011年8月19日，桂溪街道办事处组织辖区少年儿童参加科普活动。

2011年7月11日，桂溪街道办事处在天府长城小区组织开展高层建筑消防演习活动。

桂溪街道办事处直属机构——桂溪社区卫生服务中心

2011年10月12日，全国人大法工委一行10人组成的考察组到桂溪社区卫生服务中心进行实地考察精神卫生立法工作。

2011年1月28日，桂溪社区卫生服务中心的医护人员到桂溪敬老院为老年人义诊。

2011年12月14日，西藏自治区卫生厅党组副书记、厅长普布卓玛（前排左五）等一行15人，在成都市卫生局副巡视员范萌的陪同下，到桂溪社区卫生服务中心考察学习，桂溪街道党工委副书记、办事处主任张学文（前排左二），党工委委员、办事处副主任全少英（前排左一），社区卫生服务中心主任熊伟（二排左一）陪同。

2011年11月16日，桂溪社区卫生服务中心主任熊伟（左四）带队参加在济南举行的“第六届中国社区卫生服务发展论坛”现场。

桂溪街道办事处直属机构——桂溪街道老年大学

2011年12月2日，桂溪老年大学首届理论研讨会后，桂溪街道党工委副书记张仲常（前排左五），党工委委员、办事处副主任全少英（前排左七），桂溪老年大学常务副校长谭伯祥（前排右五）与到会嘉宾和参会代表合影。

2011年6月14日，桂溪街道老年大学时装模特班学员在“四川省老年大学唱红歌颂党恩红歌大赛”比赛现场与四川省老年大学协会会长李进先（后排左七）、四川省老年大学副校长袁慧波（后排左六）等合影。

2011年11月8日，桂溪街道老年大学交谊舞班学员张学敏（前排右三）、谢学芳（前排左三）代表学校参加四川省老年大学组织的体育舞蹈大赛获铜奖后和学校常务副校长谭伯祥（前排右四）、交谊舞班滕文蓉（前排右二）老师及同学合影留念。

2011年5月26日，桂溪街道老年大学武术班同学参加成都市第四届老年人体育运动会现场。

桂溪街道村、社区

临江村

2011年5月14日，桂溪街道临江村拆迁安置现场，桂溪街道党工委委员、办事处副主任洪敬涛（左一），桂溪街道办事处城市管理科科长李发云（右一）现场办公。

2011年5月16日，桂溪街道临江村党支部书记杨根（左二）、村委会主任张朝忠（左一）商讨临江村村拆迁安置工作。

2011年5月18日，桂溪街道临江村拆迁政策选择原则投票表决村民代表会议现场。

2011年5月20日，桂溪街道临江村村民签订拆迁安置补偿协议现场。

和平社区

2011年6月30日，成都高新区党工委副书记、管委会副主任冯亚曦（中）到和平社区慰问就业托底队员。

2011年10月30日，桂溪街道党工委书记樊晓峰（主席台右二）参加桂溪街道和平社区党组织换届选举党员直选大会现场。

2011年9月19日，桂溪街道和平社区党总支书记李国涛（右一）、居委会主任张庆（左一）代表社区接受社区就业托底队赠送的锦旗。

2011年9月6日，桂溪街道和平社区"政府奖学金"暨"阳光助学金"发放仪式现场。

双源社区

桂溪街道双源社区两委成员合影，党总支书记、居委会主任胡华英（左四）、党总支副书记苏德君（左三）、党总支委员、居委会副主任赵伟（右三）、党总支委员彭建（左二）、居委会委员姜素群（右二）、居委会委员张英（左一）、居委会委员张红全（右一）。

2011年8月5日，桂溪街道双源社区被成都华西都市报评为“成都市十大明星社区”颁奖现场。

2011年6月26日，桂溪街道双源社区党总支在社区新广场隆重举行“红歌歌颂党 红心献祖国”庆祝建党90周年大型晚会现场。

2011年7月11日，双源社区居委会组织辖区残疾人乘坐地铁一号线在天府广场留影。

三瓦窑社区

2011年12月28日，桂溪街道三瓦窑社区举行第八届居民委员会换届选举大会现场。

2011年7月27日，桂溪街道党工委书记樊晓峰（左二），党工委副书记、办事处主任张学文（左一）视察三瓦窑社区院落环境整治情况，桂溪街道党工委委员、三瓦窑社区党总支书记陈治平（右二），三瓦窑社区党总支副书记、居委会主任陈善军（右一）陪同。

2011年6月27日，桂溪街道三瓦窑社区居委会向辖区“门前五包”责任制优秀示范户授牌。

2011年10月18日，桂溪街道三瓦窑社区居民表演的文艺节目在成都高新区第八届社区文艺汇演中获奖。

双祥社区

2011年6月10日，桂溪街道双祥社区临时党支部党员大会召开现场。

2011年9月14日，桂溪街道双祥社区筹备组召开临时占道收费听证会现场。

2011年12月5日，桂溪街道双祥社区筹备组召开“领导下社区，院落坝坝会”。

2011年9月26日，桂溪街道社区联谊暨“庆国庆·迎重阳”文艺晚会在双祥社区举行。

双和社区

桂溪街道双和社区两委成员及部分工作人员合影，党总支书记魏尤年（前排中），党总支副书记、居委会主任成华利（前排右三），党总支副书记李佳（前排左三），党总支委员、居委会副主任茹宗仁（前排右二），党总支委员、居委会委员陈立容（前排左二），居委会委员宁月荣（前排左一）、居委会委员闵万军（前排右一）。

2011年12月28日，桂溪街道双和社区第一届居民委员会选举大会在双和社区阳光家园二楼召开。

2011年10月15日，桂溪街道双和社区居委会组织社区居民在大源体育公园观看由国家体育总局彩票管理中心主办，桂溪街道办事处承办的“风云足球争霸赛”现场。

2011年12月2日，桂溪街道双和社区居委会组织社区残疾人在桂溪街道和平社区广场参加“关爱残疾人，促进残疾人就业”主题活动现场。

益州社区

2011年7月28日，桂溪街道益州社区“流动图书室”在中建三局（棕榈泉项目）正式启动，益州社区工作站副站长罗王军（中），桂溪街道综治办副主任李天福（左一）在工地向项目部赠送书籍。

2011年9月9日，桂溪街道益州社区工作站在英郡一期举办的“月舞中秋·情满益州”系列民俗活动现场。

2011年9月27日，桂溪街道益州社区工作站和双源社区两委联合举办的“庆国庆·迎重阳”文艺晚会现场。

2011年10月25日，桂溪街道益州社区第三届老年“雀王”大赛在益州社区市民学校举行。

永安社区

2011年6月2日，桂溪街道永安社区党支部红色之旅活动现场。

2011年5月13日，桂溪街道永安社区物业大联勤启动仪式现场。

2011年6月16日，桂溪街道永安社区建党90周年暨文体总会周年晚会现场。

2011年3月11日，桂溪街道永安社区五洲花园门球（羽毛球）场落成仪式现场。

南新社区

2011年8月31日，桂溪街道南新社区“3C”模式进新南天地商圈启动仪式现场。

2011年3月13日，桂溪街道南新社区工作站与成都职业技术学院联合举办的“共建希望林”活动现场。

2011年6月28日，桂溪街道南新社区工作站组织辖区企业举行运动会现场。

2011年7月19日，桂溪街道南新社区工作站组织辖区小朋友参观四川科技馆。

桂溪街道辖区单位

成都高新区三瓦窑派出所

2011年9月29日，三瓦窑派出所召开了全所民警“国庆”节前教育会。成都公安局高新分局党委副书记、政委肖刚来所看望全体民警，并参加三瓦窑派出所节前教育会。

2011年4月7日，三瓦窑派出所召开全所民警动员大会，就成都高新区近期转非维稳工作进行再动员、再部署。所长吴若欢（中）传达了分局领导就做好转非维稳工作的指示精神和工作要求，对全所民警进行再动员，教导员李永辉（右二）、副所长杨溢（右一）、副所长叶波（左一）、副所长韩勇（左二）参加动员大会。

2011年3月24日，三瓦窑派出所召开警风监督员会议现场。

2011年3月23日，三瓦窑派出所治安民警对辖区的宾馆、旅店进行了治安专项检查，为2011年春季糖酒会召开期间住店旅客的安全做好保卫工作。

成都高新和平学校

2011年3月22日，成都市教育局副局长左华荣（左三）到学校调研。

2011年11月24日，学校接受成都高新区社会事业局聘请的专家对学校进行办学水平评估，图为校领导班子——校长、党支部书记于建（右四）、副校长林淑琼（左二）、党支部副书记廖有俊（右一）与专家组合影。

2011年9月28日，学校教师篮球代表队荣获成都高新区2011年“业余篮球公开赛”总决赛亚军。

2011年5月19日，成都高新区第七届中小学艺术节课堂器乐比赛在和平学校隆重举行，学校荣获课堂器乐小学组一等奖。

成都高新世纪城南路学校

2011年9月3日，成都高新区党工委委员、管委会副主任杨东（右三）一行莅临学校指导工作

2011年11月3日，学校召开第三届运动会，校长高坚（左一）为获奖同学颁奖。

2011年9月26日至30日，学校初2014级的学生在黄龙溪军训基地进行为期五天的少年军校训练。

2011年11月2日，学校邀请成都市消防特勤中队到校开展消防演练活动。

成都高新大源学校

2011年学校行政班子团队合影，校长李鸣（前排左三）、副校长杨中亚（前排左二）。

2011年10月14日，“留住关爱，守护心怀”教育成果展示活动暨学校“快乐剧团”《手表》首映礼活动现场。

2011年5月14日，学校在成都高新区第三届趣味运动会上获得总冠军。

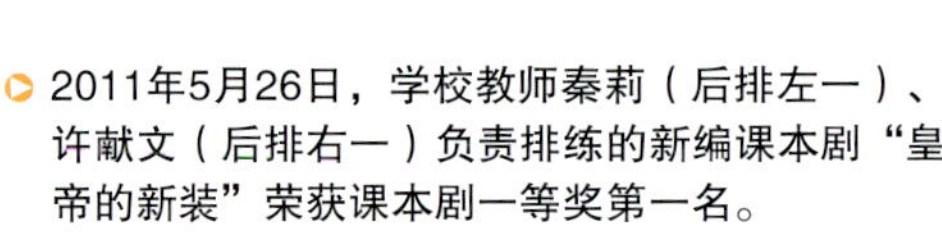

2011年5月26日，学校教师秦莉（后排左一）、许献文（后排右一）负责排练的新编课本剧“皇帝的新装”荣获课本剧一等奖第一名。

成都七中初中

2011年10月13日，中央教科所科研处处长陈如平来校指导学校教育科研工作。

2011年5月26日，亚当斯博士（美国）在学校讲堂为学生举行科学讲座。

2011年12月13日，学校老师欧阳唯能获全国地理学科赛课活动特等奖。

2011年年9月29日，学校举行盛大的“国庆表彰活动”。

成都美视国际学校

2011年12月14日，学校国际部学生与成都七中国际部进行篮球友谊赛现场。

2011年9月1日，美国东北大学国际学生招生部副主任Daniel Gerbatch先生来访学校，在学校国际项目部礼堂为国际项目部高中生做了一场精彩的演讲。

2011年6月1日，学校小学部学生及学生家长和老师共度“六一儿童节”现场。

成都职业技术学院

2011年4月25日，中共成都市委常委、纪委书记徐季祯（右二）到学院考察、调研党务工作。

2011年5月12日，学院党委书记周鉴在“5·12”汶川特大地震三周年纪念晚会上致辞。

2011年10月11日，加拿大新斯科舍省教育部国际部主任Gaye Rawding女士（左四）一行来成职高新软件园考察。

2011年3月14日，新加坡师生与学院花源校区师生交流合影留念。

成都高新技术产业开发区桂溪街道年鉴（2012）编审委员会

顾　问	樊晓峰	成都高新区桂溪街道党工委书记
主　任	张学文	成都高新区桂溪街道党工委副书记、办事处主任
副主任	陈长贵	成都高新区桂溪街道党工委副书记、纪工委书记
	张仲常	成都高新区桂溪街道党工委副书记
成　员	王子琦	成都高新区桂溪街道党工委委员、办事处副主任
	全少英	成都高新区桂溪街道党工委委员、办事处副主任
	洪敬涛	成都高新区桂溪街道党工委委员、办事处副主任
	马玉良	成都高新区桂溪街道党工委委员、武装部部长
	瞿蓉芳	成都高新区桂溪街道党工委委员、党政办主任
	吴若欢	成都高新区桂溪街道党工委委员、三瓦窑派出所所长
	陈治平	成都高新区桂溪街道党工委委员、桂溪街道三瓦窑社区党总支书记
	刘焕春	成都高新区桂溪街道办事处调研员
	张景山	成都高新区桂溪街道办事处调研员
	王　无	成都高新区桂溪街道办事处助理调研员
	陈　羽	成都高新区桂溪街道办事处助理调研员

委员会下设桂溪街道年鉴（2012）编辑部

总　　编	张学文
责任总编	张景山
责任副总编	李从节
技术指导	谭伯祥
编　　辑	张渝康

成都高新技术产业开发区桂溪街道年鉴（2012）供稿单位、人员名单

党政办公室	欧光蓉	双和社区	陈立容
社会治安综合治理办公室	但永宏	益州社区	何　雪
城管执法中队	葛利萍	永安社区	曾　森
社会事务和人口与计划生育科	高国容	南新社区	陈　利
经济发展科	徐　霞	成都高新区三瓦窑派出所	潘　茜
城市管理科	王　斌	成都高新区新益州治安派出所	周　璟
财政所	高　超	成都高新区新会展派出所	蒲元武
就业和社会保障服务中心	陈　洁	成都高新区工商局石羊工商所	何宗伟
社区管理服务中心	左晓红	成都高新供电局南区供电所	田科娜
文化活动中心	何沙鸥	成都高新区地税局第一直属分局管理四科	乔　黎
老年大学	赵　迁	成都高新区和平学校	廖有俊
社区卫生服务中心	陈　燕	成都高新区世纪城南路学校	余　峰
临江村	张玉聪	成都市第七中学（初中部）	周　蜜
和平社区	晏启顺	成都高新区大源学校	谢小勃
双源社区	苏德君	成都高新区锦晖小学	卿　恬
三瓦窑社区	徐德春	成都美视国际学校	戴　林
双祥社区	付智君	成都职业技术学院	陈晓通

序　言(一)

《桂溪街道年鉴2012》即将面市，这是成都高新技术产业开发区桂溪街道2011年全年工作的一个缩影，是我们工作过程和结果的一面镜子，是我们街道的第三部年鉴。

从2010年起，桂溪街道办事处每年出版发行年鉴，逐年记述桂溪街道政治、经济、文化、社会建设的成果，客观真实地总结建设发展中的经验和教训，对规划未来，启示后人，践行科学发展观，建设和谐文明的“现代桂溪”，实现成都高新区创建“全国一流、西部第一”园区的发展目标，实现成都市推进城乡一体化，“建设世界现代田园城市”的战略目标，都具有十分重要的现实意义。

成都高新区桂溪街道成立以来，经过桂溪人15年的艰苦努力，经济发展在成都市街道中已名列前茅，文化、民生等方面硕果累累。桂溪街道地处成都高新区南部园区的核心地带，地理优势十分明显。在成都高新区高技术产业发展和成都市统筹城乡一体化的建设中得到快速发展。随着第二轮国家西部大开发战略的深入实施，桂溪街道抓住历史机遇，驾乘改革开放的东风，已迅速发展成为配套功能比较完善的现代城市街道。基础设施完善，科技和经济优势显著，教育资源富足，金融、房产和商贸等产业的优势突出。

2011年是特殊的一年，既是国家“十二五”规划的开局之年，是中国共产党建党90周年，又适逢省政府批准四川省成都天府新区总体规划（2010—2030）并正式实施的一年。相信在不久的将来，成都会更好，桂溪会更好。我们把桂溪的发展、变化逐年记录，以飨世人，年鉴很有必要。

衷心希望《桂溪街道年鉴》越办越好，全面、真实地记录成都高新区桂溪街道辖区的建设发展历程，为桂溪街道的科学发展和和谐民生添上浓墨重彩的一笔！

成都高新区桂溪街道党工委书记　樊晓峰

序 言(二)

《桂溪街道年鉴（2012）》是成都高新技术产业开发区桂溪街道办事处成立以来的第三部年鉴，这是桂溪街道2011年度基本情况的真实写照，也是过去的一年桂溪街道办事处方方面面工作的一个缩影。

编纂年鉴不仅可以固化年度工作、反映街道发展轨迹，为上级了解下情提供参考资料，也为辖区企（事业）单位和群众提供政治、经济、文化、社会生活方面的咨询服务。这是我们总结过去、鉴往知今的一个尝试。同时，通过年鉴，我们还向外界敞开了一扇展示桂溪风貌的窗口。今后，我们将本着一年一鉴的原则，继续编纂年鉴，及时把桂溪街道的崭新面貌呈现给大家，让《桂溪街道年鉴》成为社会各界认识桂溪，了解桂溪的重要渠道。同时，也让这部年鉴成为记录当下，留驻历史的重要工具，为街道今后编修地方志提供翔实、可靠的资料。

2011年是国家“十二五”规划的第一年，是辛亥革命100周年，是四川省成都天府新区总体规划（2010—2030）批准实施的开局之年。作为成都天府新区高新南区最核心部分，桂溪肩负着光荣的使命和重大的责任，在成都高新区党工委、管委会的直接领导下，桂溪人辛勤耕耘，兢兢业业，克服困难，使桂溪的各方面建设有了长足的发展。《桂溪街道年鉴（2012）》的出版是桂溪发展的又一硕果：是蕴含丰富、查检便捷的信息库，为政务决策、群众参与、科研创新、经济活动、社会生活提供多方位咨询；是向外界展示成都高新区桂溪街道辖区崭新风貌和发展变迁的窗口，为桂溪和外界的经济文化交流铺路架桥。美丽在街道绽放，和谐与发展共荣。感谢桂溪街道的建设者、工作者和人民群众，感谢关心和爱护桂溪街道的各级领导和部门。

《桂溪街道年鉴（2012）》的编辑出版是一项系统工程，融汇了方方面面的智慧和辛勤劳动。衷心感谢所有参与资料收集、整理和编辑、出版的同志，是他们采珠撷英，去芜存菁，才为我们提供了一个保存信息、知往鉴来的载体。祝《桂溪街道年鉴》越办越好！

成都高新区桂溪街道党工委副书记、办事处主任　张学文

编辑说明

一、《桂溪街道年鉴（2012）》是在成都高新技术产业开发区桂溪街道党工委领导下，由桂溪街道办事处主办的地方综合年鉴。本年鉴旨在系统记述2011年度全辖区自然、政治、经济、文化、社会各领域建设与发展情况，是一部资料性工具书，为党政机关、企（事）业单位、研究部门、各界人士和中外投资者了解、认识桂溪提供资料性文献。

二、《桂溪街道年鉴（2012）》是以马克思列宁主义、毛泽东思想、邓小平理论和“三个代表”重要思想为指导，运用辩证唯物主义和历史唯物主义观点，践行科学发展观，实事求是记录桂溪街道辖区2011年度内经济、社会发展情况，注重特色，突出企业，注重实用，为党政存绩，为人民记功，为促进成都高新区经济建设和社会发展服务。

三、本年鉴的记载时限为2011年1月1日—12月31日，某些条目因内容所需而适当超越时限。背景介绍和知识介绍用相关链接处理。

四、本年鉴采用分类编辑法，设类目、分目、条目三个层次进行编撰。全书设组织机构、党务、政务、群众团体、资源与环保、城市建设与管理、经济建设、教育、文化·体育、医疗·卫生、社会生活、政法·军事、社区、人物，共计14个类目，各类目均为三个层次。另有综述、大事记、特载、专文、文件录目、附录等附属资料部分。全书以不同字体、字号为各类标题来表现不同层次，条目标题加【】表示。

五、本年鉴资料由街道办事处各科室、街道所属行政村村委会、社区居委会、社区工作站及辖区内的企(事)业单位提供，如数字与统计数字不一致，则以统计数字为准。

六、本年鉴具有多重检索功能，前有中、英文目录，每页有眉题，后有索引，索引中标题相同的条目均在括号内说明其区别，全书还配有光碟以方便查阅。

七、本年鉴的组稿、编辑和总编纂工作得到了各级领导的重视和街道办事处各科室、街道所属行政村村委会、社区居委会、社区工作站及辖区内企（事）业单位的大力支持，编辑部对所有关心、支持和直接参与年鉴编纂工作的同志表示感谢。

八、《桂溪街道年鉴（2012）》虽经多次审校，可也难免失误，恳请读者批评指正。

成都高新技术产业开发区桂溪街道年鉴编辑部

2012年10月10日

目 录
CONTENTS

综 述
SUMMARY

大事记
CHRONICLE OF EVENTS

特 载
SPECIAL RECORDS

专 文
SPECIAL ARTICLES

街道组织机构
STREET ORGANIZATION

党 务
PARTY AFFAIRS

政　务
ADMINISTRATION AFFAIRS

群众团体
MASS ORGANIZATION

资源与环保
RESOURCES AND ENVIRONMENTAL PROTECTION

城市建设与管理

URBAN AND RURAL CONSTRUCTION AND MANAGEMENT

经济建设

ECONOMIC CONSTRUCTION

教　育
EDUCATION

文化·体育
CULTURE AND SPORTS

医疗·卫生

MEDICAL AND HEALTH

社会生活

SOCIAL LIFE

村·社区
VILLAGE AND COMMUNITY

文件存目

FILE SAVE PROJECT

附 录

APPENDIX

索 引

INDEX

综　述

SUMMARY

自然地理

【辖区概况】 成都高新区技术产业开发区（以下简称成都高新区）桂溪街道（原成都高新区桂溪乡和三瓦窑街道）位于成都高新区南部园区东南部，地理坐标：北纬30° 31′ 40″ —30° 36′ 8″，东经104° 00′ 45″ —104° 01′ 43″ 。辖区北起火车南站，南与双流县接壤，东依成都市锦江区，西接成都高新区石羊街道辖区和双流县白家镇辖区。面积23.06平方公里。辖永安、和平、红光、石墙、双土、五岔子、建设、勤俭、民乐、铜牌、大源、临江12个村和三瓦窑、和平、双源三个成熟社区，另辖益州、永安、南新三个新兴社区及双祥、双和两个新兴农迁社区，全域人口约6.86万人。街道办事处驻地天仁路176号，距成都市中心天府广场6公里，火车南站1公里，白家火车站6公里，成都双流国际机场9公里。

【建制沿革】 上溯到清朝末年，成都高新区桂溪街道辖区隶属华阳县，民国初年至1928年（民国一十七年）分属华阳县石羊镇、协和乡和中和镇部分。1928年，桂溪街道辖区现辖区域的部分属于华阳县第二区石羊镇九合三团（管辖馨香甲、鱼庆甲、桂元甲、崇礼甲、崇清甲、义和甲、君亲甲、君平甲等），其余部分属于华阳县中和镇和协和乡行政区域。1935年，华阳县国民政府实行联保制，桂溪街道辖区现辖区域的部分属石羊行政区域，其余部分属协和乡、中和镇行政区域。1940年，华阳县国民政府实行新县制，整编保甲，石羊联保划分为石羊乡和桂溪乡，桂溪正式建乡，乡公所设在桂溪场即三瓦窑场镇上的文昌宫内，乡辖9个保。桂溪街道辖区的部分区域（北4村及和平村、永安村、石墙村、红光村和三瓦窑社区、和平社区）属华阳县桂溪乡，南7村属华阳县中和镇和协和乡。1950年，桂溪乡隶属华阳县，所辖9个保改为9个村。1959年10月，桂溪人民公社划归成都市郊区。1960年，政社合一的桂溪乡改称桂溪公社，划入成都市，归金牛区管辖。1984年，成都市金牛区桂溪人民公社更名为桂溪乡，乡界和区域面积均无变化。1990年，成都市行政区划调整，桂溪乡划归成都市武侯区。1996年4月23日，桂溪乡的和平、永安、石墙、红光4个村，双流县中和镇的双土、五岔子、建设3个村，双流县华阳镇的勤俭、民乐、铜牌、大源4个村和三瓦窑街道辖区划归成都高新技术产业开发区，组建了新的桂溪乡，保留三瓦窑街道建制。三瓦窑街道办事处和桂溪乡人民政府驻石墙村，合署办公，桂溪街道辖区范围基本定型。2001年12月，四川省人民政府撤销桂溪乡建制，另设成都高新技区桂溪街道办事处，辖区范围不变，街道办事处暂驻五岔子村。2008年4月，桂溪街道办事处迁至成都高新区天仁路176号。

【地质地貌】 成都高新区桂溪街道地处成都平原的腹心地带，地势平坦，海拔高度450–500米，整个区域呈西北高东南低走势，平均坡降为2.2‰。西北为黄泥土壤，东南系锦江冲积而成的褐色沙土。桂溪街道辖区的地质单元为成都坳陷，上部覆盖第四纪松散堆积物，主要有沙卵砾石、含泥砾石和黏土等，天然承载力为0.2–0.5兆帕，底部基岩为白垩系灌口组底层，自然承载力为0.5–2.4兆帕，底层未发现断裂构造，属一类建筑场地。

【气　候】 成都高新区桂溪街道气候属四川盆地亚热带湿润季风气候，终年温暖湿润，雨量充沛，四季宜人。年平均气温16.4℃，年极端最高气温37.3℃，年极端最低气温–5.9℃，全年无霜期300天左右，年平均降雨量1148.8毫米，年平均日照数1238.6小时，全年日照率28%，多年平均气压956.3帕，年平均相对湿度82%，年静风频率46%，年平均风速为1.2米/秒。西部园区平均相对湿度82%，年平均气温16.4℃，年平均降雨量969.2毫米，年极端最高气温35.8℃，年极端最低气温–5.0℃，无霜期277天；年日照时数1307.2小时，全年日照率27%。年最大风速20米/秒，年平均风速1.2米/秒。

【水　系】 流经成都高新区桂溪街道辖区的河流有锦江、朱家沟、摸底河和栏杆河，均源于岷江内江水系。成都市的母亲河——锦江由北到南从桂溪街道辖区的东边流过；朱家沟在桂溪街道辖区的正北部，从西向东流经辖区的和平社区；摸底河由北向南从桂溪街道的中心地带穿过；栏杆河由北向南流经桂溪街道的大源村、民乐村和铜牌村。

实力桂溪

【区位优势】 成都高新区桂溪街道辖区地处成都市城南副中心区域，经过15年的建设，到2011年底，辖区已经由一个传统的农村乡镇蜕变成成都市主城区最具活力、发展速度最快、配套功能较完善的现代城市街道辖区。桂溪街道基础设施基本完善，邮政、通信、移动、网络全部开通，供水、供电、供气充足。全辖区有大小街道100多条，形成了城市街道路网。天府大道、益州大道和科华南路从北到南纵贯辖区全境，三环路（南段）、府城大道、绕成高速路（南段）横贯辖区东西。成（都）昆（明）电气化铁路从桂溪街道北部和西部经过，设火车站一个；成都地铁一号线从桂溪街道中心穿过，途中经停火车南站、高新、金融中心、孵化园、海洋公园和世纪城6个地铁站。中共成都市委、成都市人大常委会、成都市人民政府、成都市政协及所属办事机构在桂溪辖区内办公，成都海关、国家审计署西南办事处、四川省武警森林消防总队、成都市公安局消防支队机关设在辖区内，成都高新区党工委、管委会（驻辖区内的成都高新区国际广场A座）。中国银行、工商银行、建设银行、农业银行、交通银行、国家开发银行、成都银行等多家国有银行都在桂溪街道辖区设有分行，具有中国西部“鸟巢”之称的成都天府国际金融中心，进驻了四川省银监会、四川省保监会和多家商业银行、保险公司、证券公司；正在设计筹建中的金融后台服务中心也在桂溪辖区内。辖区第三产业发展迅猛，占地100公顷，总建筑面积173万平方米，中国西部最大、设施最完备的被称为中国“西部第一馆”的成都“世纪城”新国际会展中心坐落辖区，成为西部会展经济的“发动机”，多次承担各种高规格、大规模、具有全球影响力的会展，在带来较好的经济效益和国际影响力的同时，也让各国的参会代表感受了桂溪的发展变化和独特魅力，由成都“世纪城”新国际会展中心投资、兴建的全球最大单体建筑“环球中心”正在建设之中。全球著名的零售企业、“世界500强”企业瑞典宜家家居、法国欧尚超市、法国迪卡侬运动超市、荷兰凯丹广场落户桂溪街道辖区，与国内著名家电连锁企业苏宁电器自建的苏宁广场及成都本土富森·美家居构成了具有强大凝聚力和辐射力的“新南天地商圈”。

【经济实力】 成都高新区桂溪街道全口径财政收入1996年为494万元，1998年为1186万元，2000年为4004万元，2001年为5005万元，2002年为6078万元，2003年为10058万元，2005年为16254万元，2005年的全口径财政收入为1996年的31倍，2009年达到57300万元。2010年，办事处实现全口径财政收入97300万元，其中：实现国税收入2.76亿元，实现地税收入2.78亿元，实现非税收入1900万元。完成全年目标任务的124%，奋斗目标的119%。2011年，办事处完成全口径财政收入15.9165亿元，比2010年同期增长78%，其中：税收收入15.5343亿元，非税收入3822万元，完成一般预算收入27604万元，完成年度工作目标的169%，完成奋斗目标105%。

2004年底街道辖区共有企业1400余家。纳税在100万元以上的企业有23家，纳税超500万元的有3家。2004年税收入库12，859万元。2009年，引进企业570家，是2008年全年完成量的133.8%；注册资金12.25亿元，其中注册资本1000万元以上的12家，500万元–1000万元以上的6家，当年税收超过100万的达10家。共引进市外资金10.4亿元，完成目标任务的140%。2011年，桂溪街道办事处新引进企业886家，其中注册资金在100万元以上的企业120家，1000万元以上的企业14家，引进省外资金151591万元，完成目标153%；辖区招商引资工作在成都高新区各街道办事处中位居前例。

【天府软件园】 中国中西部最大的国家级软件产业园——天府软件园（一、二、三期）在成都高新区桂溪街道的南部落户。成都天府软件园是一座立足成都，服务全球软件及服务外包企业的国际化生态产业园区。产业园由成都高新投资集团有限公司开发建设，总建筑面积100万平方米，拥有世界一流的市政基础设施、商务配套设施及咨询网络。作为成都发展软件与服务外包产业的重要载体，天府软件园已成为成都软件与服务外包产业的核心聚集区。园区自建成以来，已经吸引了包括IBM、SAP、NOKIA、NEC、DHL、新电、海辉、马士基、埃森哲、华为、腾讯、阿里巴巴等众多国内外知名企业入驻，园区工作人员12000多人。目前，成都天府软件园已成为国内外知名软件和服务外包企业在中国战略布局的首选地以及国内外软件产业资源汇聚的焦点。

【成都高新孵化园】 位于成都高新区桂溪街道辖区的成都高新孵化园是中国西部地区规模最大的孵化基地，由成都高新区管委会统一规划设计，于2002年2月动工兴建，2003年10月投入使用的一个综合性集中式科技成果孵化基地，由成都高新区技术创新服务中心统一管理。园区占地22.64万平方米，总建筑面积22万平方米。成都高新孵化园建有9个孵化单元和综合服务楼、运动健身场所、专家公寓、会议中心等配套实施，其中孵化楼建设由高新区管委会投资为引导，吸引社会资本投资兴建。园区构建软件、IC设计、中医药、新材料等专业孵化器。2003年10月，成都高新孵化园启用，园区软件孵化器一期27000平方米实现100%入驻，引进了任我行公司、华为成都公司等软件企业和研发机构。软件孵化器二、三期引进了联想集团、中兴通信等龙头企业，引进范围涉及软件开发、集成电路设计、信息安全技术、数字娱乐等。2005年孵化园在孵企业达210家。截至2009年年底，高新区创新中心管理孵化面积13.24万平方米，新增企业103家（其中留学人员和博士企业53家），吸引以留学人员和博士为代表的高级人才317人，培育毕业企业42家，形成自主知识产权131项，为企业从政府、银行和投资机构实现融资2.3亿元，规模以上企业实现工业增加值10.2亿元。被工业和信息化部软件与集成电路促进中心以及中国软件与信息服务外包产业联盟共同授予“2009年软件与信息服务外包公共支撑平台最佳园区组织奖”称号；荣获由四川省科技厅等6个部门授予的“四川省集成电路设计产业技术创新联盟”称号，成为四川省首批产业技术创新联盟试点单位。与成都市团市委共建首批成都高新青年（大学生）创业示范园，建成成都·全球多语信息转换中心，并成功承办“第四届中国—欧盟投资贸易合作洽谈会”。成都高新孵化园拥有国家软件产业基地（成都）和技术平台、国家信息安全成果产业化基地（四川）、国家网络游戏动漫产业发展基地、国家数字媒体技术产业化基地、国家863软件专业孵化器四川基地、国家集成电路设计成都产业化基地共6个国家级专业化孵化基地。

【“新南天地”商圈】 新南天地片区位于成都城南高新区范围三环路内，东临天府大道，西靠益州大道，北临火车南站，南靠三环路，位于桐梓林和天府新城的交界地带。2010年12月，成都城南“新南天地”商圈已基本建成并投入运营。一个建成面积55.5万平方米，营业面积40万平方米、2010年营业收入达31亿元的新兴商圈正在城南高新区内崛起。未来两年，还将有大鼎、康普雷斯等项目陆续投入运营，届时整个新南天地商圈建筑面积将达120余万平方米，力争在2013年将新南天地打造成百亿级商圈。

“新南天地”是成都高新区精心打造的重要商圈，目前，商圈内业态以大型商业卖场为主，“世界500强”企业宜家家居、荷兰环达通、法国欧尚、迪卡侬等国际商贸大腕，以及富森美家居、苏宁等6个主力商家组成的新南天地的超级卖场阵容。新南天地的基本规划定位是“新城门户，时尚载体”。根据规划，成都高新区将把新南天地打造成“同步欧洲的时尚之城”的新商圈。该商圈作为一个现代化的、集群式的商圈具有较大的市场半径，商圈的市场定位不仅面向高新区天府新城将来的60万人口，以及成都市区的数百万人口，而且包括整个四川省乃至其他相邻省市。这个总面积逾120万平方米的大型商业圈中，将涵盖五大时尚业态，汇集时尚购物、电器、美食影音、儿童娱乐等。购物环境要求高，档次高，顾客群购买力强。随着凯丹广场的开业，“新南天地”商圈将成为为城南区域服务的最大、最成熟的综合性商圈，商业体量约40万平方米。

特色建筑

【概　况】 成都高新区桂溪街道辖区内拥

有众多的特色建筑，经过多年建设已成为成都高新区乃至成都市的地标性建筑，其中最具代表性的建筑有成都高新国际广场、成都“世纪城”新国际会展中心、中国成达大厦、成都天府国际金融中心、四川广电中心、天府立交桥。

【成都高新国际广场】 成都高新国际广场位于天府大道北段，是2005年以前天府大道沿线三环外建设标准最高、商务环境最好、建筑设计最具个性的甲级写字楼群，由五座各具形态的建筑组成，远看整体建筑犹如将一块宝石切割成五块，打破了传统的建筑形态，形成强烈的视觉冲击。

【成都“世纪城”新国际会展中心】 成都“世纪城”新国际会展中心位于天府大道中段，由规模庞大的建筑群体组合构成，被誉为中国“西部第一馆”，集展览、会议、酒店、餐饮、娱乐、休闲、购物为一体。新国际会展中心拥有九个室内展馆，面积达20万平方米，整个展馆成弧形银杏叶状向外展开，展厅采用无柱单层机构，最高处净高21米、最低处12米，建筑和施工的难度和技术含量相当高。

【中国成达大厦】 中国成达大厦位于天府大道中段，成达大厦是中国成达工程有限公司总部办公大楼（公司前身为化工部第八设计院），建成于2008年，位于天府大道中段279号，楼高145米，建筑面积75000平方米。这是成都第一座外立面不规则的建筑，奇特的外形让人过目难忘，又因夜晚灯光射出时有水晶的质感，民间别称“水晶塔”。

【成都天府国际金融中心】 成都天府国际金融中心位于成都市高新区天府大道北段西侧，是一个智能化、生态化的大型多功能办公园区，用地面积约22万平方米，总建筑面积37万平方米。办公院区首先被考虑建成一个公园，绿地率达到41%，所有建筑物都坐落在树林的背景中。建筑群采用相似建筑造型，以7号楼为核心，由高到低沿半圆形依次展开，形成独特的向心之势。所有建筑外立面由纵横交错的钢条包裹，现代感和立体感十足，有西部“鸟巢”之称。

【四川广播电视中心】 四川广播电视中心位于天府大道南延线新会展中心旁，由四川广电集团投资兴建、中国建筑第四工程局总承包，总投资11亿余元。2007年2月1日开工建设，2011年8月竣工，总建筑面积13.5万平方米。其中，主楼56700平方米，地上31层，地下2层，高135米；裙楼69500平方米，地上5层地下2层；辅楼8800平方米，地上6层地下1层。工程首创在国内抗剪环形梁，获得QC成果全国工程建设优秀质量管理奖；工程设计获中国建设筑总公司设计方案一等奖；钢结构获2008年中国建筑钢结构金奖；主体结构获四川省2009年度结构优质奖；2010年获中建总公司科技示范奖；2011年获四川省科技进步奖。工程是四川省政府重点建设项目，十大文化标志性工程。据悉，四川广播电视中心大楼的设计、建筑、装饰及设施设备属于全国一流、西部第一，而且是目前成都市首个能够停直升机的大楼。

【成都天府立交桥】 成都天府立交桥（斜拉桥）是成都市（1995—2020）城市规划“五路一桥”中特指的一桥，位于成都市人民南路南沿线跨火车南站交汇处，是辖区由北向南的起点。天府立交桥桥梁索塔外观呈“A”字形，塔高78.3米，箱形断面，直径达8米的桥徽是最能代表成都历史文化的金沙遗址出土的“太阳神鸟”造型。天府立交桥是成都市自二十世纪以来最大的市政工程之一，是成都市的标志性建筑。

天府新区与桂溪街道

【背 景】 中共四川省委书记刘奇葆在2010年9月1日到2日召开的四川省深入实施西部大开发战略工作会议上提出，要规划建设天府新区，形成以现代制造业为主、高端服务业集聚、宜业宜商宜居的国际化现代新城区。“天府新区”的建设目标是成为继上海浦东新区等又一个国家级新区，在带动成都现代产业发展的同时，进而带动整个西部经济发展。“天府新区”的建设可以吸引先进制造业和高端服务业，比如IT产业、新材料、航天航空、物流、金融、商贸等。四川省人民政府于2011年11月16日批准并原则同意《四川省成都天府新区总体规划（2010—2030）》。

【规划范围】 天府新区以成都高新技术开发区南区、成都经济技术开发区、双流经济开发区、彭山经济开发区、仁寿视高经济开发区以及龙泉湖、三岔湖和龙泉山（简称“两湖一山”）为主体，主要包括成都市高新区南区、龙泉驿区、双流县、新津县，资阳市的简阳市，眉山市的彭山县、仁寿县，共涉及3市7县（市、区）37个乡镇和街道办事处，总面积1578平方公里。其中，在成都范围内的面积有1293平方公里，约占整个天府新区规划面积的81%。

按照规划安排，天府新区分为近期（2011—2015）、中期（2016—2020）和远期（2021—2030）三个实施步骤。其中近期新增城镇建设用地160平方公里，以国家级成都高新技术开发区和经济技术开发区为依托，基础设施先行，高技术产业、现代制造业以及高端服务业快速推进。中期新增建设用地150平方公里，实现再造产业成都目标；远期则新增城镇建设用地150平方公里，基本建成宜业宜商宜居的国际现代新城区。

【高新片区建设思路】 瞄准高端产业和产业高端，坚持高起点高标准，引进一批具有全球影响力的知名企业和龙头项目，提升城市的国际化现代化品质，努力把天府新区高新片区建设成为创新发展的高端示范区，为把天府新区建成现代产业、现代生活、现代都市“三位一体”的国际化现代新城区贡献力量。

【高新片区发展规划】 2011年到2012年，成都高新区将加快其区内天府新区两大组团“大源组团”和“中和组团”建设发展，陆续新开工650亿元项目，天府新区高新天府新城片区位于成都市南中轴天府大道，北起绕城高速，南与双流华阳接壤，包括“大源”、“中和”两个组团，总用地面积55平方公里，其中建设用地48平方公里，规划人口74万人。

【大源组团】 大源组团位于桂溪街道南部，是成都天府新城的核心区域，地处外环路（绕城高速）以南，锦江以西，成昆铁路以东，高新区界以北区域，面积12.2平方公里。是桂溪街道未来除新会展片区外，另一经济增长区域。预计未来2–3年内，投资超过百亿元、从业人员超过10万人、中国西部最大的金融后台服务产业园将在这个区域崛起。截至2011年，成都高新区金融后台集中建设区项目总投资已超过110亿元，项目占地面积千余亩，其业务内容几乎涵盖了金融行业所有的后台支持和服务功能。

大事记

CHRONICLE OF EVENTS

1月

5日　桂溪街道党工委召开了领导班子民主生活会征求意见会，机关、村（社区）、社区卫生服务中心、幼儿园、辖区企业、街道行政效能监督员等30余名代表参会。

6日　桂溪街道召开社区（村）2010年度目标工作完成情况汇报会。街道领导班子全体成员及街道目标考核小组对各单位目标完成情况进行了检查。

7日　桂溪街道组织召开创业、就业之星表彰座谈会。临江村、各社区就业工作者以及创业、就业典型共40人参会。

▲　桂溪街道综合文化活动中心组织各社区文体协会骨干召开"桂溪街道2010年文体协会工作研讨会"。

▲　桂溪老年大学在和平社区广场举办了一场学习成果汇报演出。高新区社会事业局局长吕毅、成都老年大学协会秘书长李云峰等到场观看。

9日　桂溪街道组织开展机关工作人员年终考核测评会。

10日　桂溪街道召开党工委办事处领导干部民主生活会，高新区党工委委员、纪工委书记李岷雪，纪工委、组织部有关人员，辖区社区、群众、企业、人大、监督员代表参会。

▲　桂溪街道目标考核小组对各社区、村2010年度创新、为民办实事等工作进行了考核认定。

11日　市委常委、高新区党工委书记敬刚到桂溪街道三瓦窑社区点评创先争优活动，肯定了街道和社区工作成绩，提出了建议和希望，并走访慰问了2户困难户。

▲　桂溪街道办事处举行了就业帮帮队表彰座谈会，街道党工委委员、办事处副主任王子琦，高新区就业处相关人员、受表彰的55家企业及75名代表参会。

13日　苏州市副市长黄钦带队考察了和平综合农贸市场的管理及生猪溯源体系建设工作。

14日　桂溪街道办事处召开工程建设例会，街道主要领导和分管领导参会。

▲　桂溪街道办事处在和平学校举行了

2010年度党工委书记民主评议、街道工作实绩民意调查、领导班子年度考核民主测评、非领导职务民主测评等，辖区各界代表300余人参会。

▲ 桂溪街道办事处主要领导召集相关部门和社区对双源社区便民市场（夜市）管理方案及摊位分配方案进行了研讨。

15日 桂溪街道与非公企业党支部联建的狄邦公司党支部图书馆举行了开馆仪式，街道党工委副书记、纪工委书记陈长贵，街道党工委委员、党政办主任瞿蓉芳等参加了仪式。

17日 党工委副书记、办事处主任张学文带领财政所工作人员对双源社区廖俊等5户贫困家庭进行了走访、慰问。

18日 桂溪街道办事处在双源社区院落内广泛开展了"腊月送卫生 文明迎新春"志愿服务活动。

19日 桂溪街道办事处召开2010年度工作总结表彰会。街道领导班子全体成员、辖区"成都好人"杜淑云同志、街道各部门、各社区（村）及相关单位代表180余人参会。

20日 成都高新区党工委副书记、管委会副主任冯亚曦，高新区机关工委书记尹刚，高新区机关工委副书记张义薇在桂溪街道党工委书记樊晓峰等领导陪同下，到社区困难户李兴菊家中慰问，送上了新春祝福及慰问金。

▲ 和平社区召开年终总结表彰会，街道党工委书记樊晓峰，党工委副书记、纪工委书记陈长贵等领导参会并颁奖。

▲ 三瓦窑社区召开年终总结表彰会，街道党工委委员、办事处副主任全少英参会并颁奖。

▲ 桂溪街道党工委委员、武装部部长马玉良一行，走访慰问了彭友根和张怀兵等7户困难家庭，为他们送去大米、牛奶、食用油等慰问品。

▲ 桂溪街道党工委委员、办事处副主任洪敬涛率城建科相关同志一行，与双源社区120号院的7户贫困家庭户进行了座谈、慰问。

21日 桂溪街道党工委委员、三瓦窑派出所所长吴若欢率党政办、综治办相关同志，对和平社区的17户困难户进行了慰问，为他们送去了新春的祝福及慰问品。

▲ 双祥社区召开年终总结会，党工委副书记、纪工委书记陈长贵等领导参会。

▲ 桂溪街道党工委副书记、综治办主任张仲常带领综治办工作人员对和平社区冯华成、练玉清等4户贫困家庭进行了走访、慰问。

24日 桂溪街道隆重召开2010年"文明和谐院落"表彰大会，街道党工委书记樊晓峰，街道党工委委员、办事处副主任全少英，社区负责人、辖区农转居院落楼栋长及居民代表参会。

▲ 高新区党工委委员、纪工委书记李岷雪带队到桂溪社区卫生服务中心开展节前慰问。

24日—25日 桂溪街道党工委委员、办事处副主任王子琦带领各村、社区、公安、电管所、卫生、教委、消防等职能部门人员，联合开展节前安全生产、消防防范、食品安全专项检查整治行动。

25日 桂溪街道班子成员与临江村两委成员座谈，对2011年的工作给予厚望。

▲ 桂溪街道召开了军转干人员年终座谈会，并致以节日的问候。

26日 街道党工委召开了149次会议。

▲ 桂溪街道党工委委员、办事处副主任全少英一行，分别到驻桂溪辖区的四川省武警森林总队、成都市消防支队走访慰问，向部队官兵送去了慰问金和慰问品。

▲ 双源社区召开年终总结表彰会，桂溪街道党工委书记樊晓峰，党工委副书记、街道办事处主任张学文等领导参会并颁奖。

▲ 桂溪街道党工委书记樊晓峰，党工委

副书记、街道办事处主任张学文及部分班子成员到桂溪社区卫生服务中心开展节前慰问。

▲ 桂溪街道党工委副书记、纪工委书记、总工会主席陈长贵，街道群团负责人及专职人员先后深入桂溪环卫公司工会、兰门餐饮有限公司等企业基层工会集中慰问39名企业困难职工，为他们送去慰问金和新春祝福。

▲ 桂溪街道党工委副书记、纪工委书记陈长贵，街道党工委委员、党政办主任瞿蓉芳及永安社区负责人等入户慰问“道德模范·成都好人”杜淑云，并送上节日祝福及新春问候。

▲ 街道召开了行政效能监督员年终座谈会。

27日 桂溪街道党工委书记樊晓峰带领党政办工作人员对和平社区芦登友等8户贫困家庭进行了慰问。

▲ 高新区人事劳动和社会保障局副局长王红，就业处处长邓换生一行，在街道党工委委员、办事处副主任王子琦的陪同下，到双源社区慰问就业困难人员林振跃。

28日 桂溪街道党工委书记樊晓峰率班子全体成员及社区卫生服务中心医务人员到黄龙溪桂溪敬老院看望慰问孤寡老人，送去了党和政府对他们的诚挚问候。

▲ 桂溪街道党工委副书记、综治办主任张仲常组织辖区各村、社区治保主任，街道综治巡逻大队召开节前综治工作安排会。

▲ 桂溪街道综治巡逻大队在名都公园组织全体队员开展了2010年度年终军事训练考核。

30日 桂溪街道党工委书记樊晓峰，党工委副书记、办事处主任张学文，党工委委员、武装部部长马玉良，看望慰问了桂溪环卫工人，为他们送去了慰问金及新春佳节的问候。

▲ 桂溪街道党工委委员、党政办主任瞿蓉芳带领党政办工作人员对和平社区吴传霞等5户贫困家庭进行走访、慰问。

2月

10日 桂溪街道党工委副书记、办事处主任张学文主持召开文明院落建设工作专题会，并安排布置了院落环境整治工作。

▲ 桂溪街道党工委委员、办事处副主任王子琦组织各社区、临江村就业负责人及就业工作人员共25人召开工作收心会，布置全年重点工作。

11日—12日 桂溪街道主要领导、分管领导和相关部门人员参加了高新区转非安置工作培训会。

14日 桂溪街道召开办公会，对转非安置、深化“领导挂点、部门包院、干部帮户”活动、民生热线平台建设、文明院落建设等重点工作进行了安排部署。

▲ 桂溪街道对机关人员和社区人员下基层工作记录进行了督查。

15日 桂溪街道党工委书记樊晓峰召集有关科室研究了就业援助、就业托底及民政帮扶政策。

▲ 桂溪街道全面开展《党员证》换发工作。

▲ 桂溪街道党工委副书记张仲常主持召开节后治安防范工作会议。

▲ 桂溪街道党工委委员、武装部部长马玉良召开会议，对做好省、市“五十百千”工程迎检各项工作进行了安排部署。

16日 高新区工委组织部在街道组织开展了新调整干部（洪敬涛）任职情况的回访测评。

▲ 桂溪街道党工委副书记、纪工委书记陈长贵主持召开会议，就组建党员突击队、强化群众工作进行了安排。

▲ 桂溪街道党工委委员、办事处副主任

王子琦一行，到对口扶贫单位——彭州市九尺镇永兴村进行了帮扶慰问。

▲ 为确保辖区烟花爆竹各点位的安全，党工委委员、办事处副主任王子琦带队对销售点位消防安全情况进行了检查。

17日 桂溪街道党工委书记樊晓峰主持召开重点建设例会，研究了近期重点建设项目。

▲ 桂溪街道党工委副书记、纪工委书记陈长贵参加对口联系的双祥社区筹备组工作会，并就如何深入院落、居民家中走访做出具体要求。

18日 桂溪街道党工委召开150次工委会，传达了高新区转非安置工作的要求，并对近期街道转非安置工作程序、分工、方案、培训以及建立党员突击队等工作进行了安排部署。

▲ 桂溪街道举行机关全体人员参加的政治学习，传达了高新区党工委、管委会《关于印发〈关于进一步强化基层组织建设提高社区建设管理水平的十一条措施（试行）〉的通知》（成高委发［2011］2号）精神。

▲ 桂溪街道接受了"五十百千"工程省级检查。

19日—20日 桂溪街道党工委副书记张仲常召集机关部门、社区负责人会议，安排维稳工作，并到社区及重点场所巡察。

21日 委领导冯亚曦到桂溪街道调研工作并提出相关要求。

▲ 桂溪街道综治办与苏宁电器商讨如何加强治安防范工作。

▲ 桂溪街道组织就业托底安置队伍人员召开座谈会，街道党工委书记樊晓峰等领导到会。

22日 桂溪街道在和平社区广场举行了隆重的党员突击队成立暨启动仪式，高新区党工委委员、组织部部长林海，组织部副部长杨俊，街道党工委书记樊晓峰，党工委副书记、办事处主任张学文等领导出席仪式并向各社区党员突击队授旗。

23日 桂溪街道党工委副书记张仲常到双祥社区筹备组了解近期工作开展情况，要求社区扎实做好稳定工作。

24日 委领导张绍文到桂溪街道调研综治维稳工作并提出相关要求。

▲ 桂溪街道组织召开2011年民生和社会救助工作会。

25日 桂溪街道组织开展了"凝聚党旗下，文明先锋行"为主题的党员爱心服务日活动。

▲ 内江市威远县武装部部长瞿部长一行在高新区党工委委员，武侯区武装部部长林明全的陪同下，到桂溪街道考察调研武装工作。

▲ 桂溪街道党工委书记樊晓峰到双祥社区院落入户走访了多户居民。

26日 桂溪街道组织各社区、临江村就业工作人员开展一季度主题活动——"走进健康春天行"。

▲ 桂溪街道班子成员到锦江大礼堂观看了四川省预防违纪和职务犯罪展览。

28日—3月1日 桂溪街道组织街道、村相关领导和工作人员进行转非安置工作专题培训。

3月

1日 桂溪街道举办了"巾帼风采·我最美丽"之女性健康知识讲座，辖区109名妇女参训。

▲ 桂溪街道党工委副书记张仲常组织辖区各村、社区，派出所、综治办召开综治工作会并安排维稳工作，并到临江村进行了走访。

2日 桂溪街道召开2011年转非工作安排会，高新区两委办、机关工委、经发局、地税局相关负责人，街道中层以上干部、各社区书记主任及主任助理参会。

▲ 桂溪街道分管领导对双祥社区居民反映的环境和住房问题进行了现场查看并提出解决措施。

▲ 桂溪街道在益州社区天府软件园A区顺利开展了“春季血液应急2011爱心献血活动”，辖区共有108人参加体检，72人体检合格，献血16800毫升。

3日 省卫生厅厅长、省食安办主任沈骥，省卫生厅副厅长、省食安办副主任赵万华带队对双源综合农贸市场食品安全工作进行实地调研。

▲ 成都市委组织部长朱志宏听取了部分街道对口扶贫工作计划，桂溪街道党工委书记樊晓峰到会汇报。

▲ 高新区工委组织部副部长杨俊到桂溪街道调研党员突击队等工作。

▲ 桂溪街道党工委委员、办事处副主任全少英带队对19家学校幼儿园食堂和医疗机构进行急性呼吸道传染病专项卫生检查。

3日—5日 委领导张绍文连续3天到街道、社区、村调研转非维稳工作，并对下一步工作提出了要求。

4日 桂溪街道召开转非工作领导小组会议，对转非工作进展情况、维稳形势进行了研判，并对下一步工作进行了安排。

7日 委领导杜必强到桂溪街道调研转非工作推进情况。

▲ 桂溪街道综合文化活动中心举办了2010年街道文化工作展及各社区特色文化活动展。

9日 街道党工委书记樊晓峰率部分班子成员，到辖区转非安置工作涉及的勤俭、民乐、大源、铜牌村走访，了解转非工作推进情况。

11日 桂溪街道在和平、双源、三瓦窑三个农迁社区开展了党员突击队（骨干）培训及演练工作。

12日 第三届桂溪杯篮球联赛在南新运动场火热拉开了序幕，桂溪辖区内企事业单位共十三支队伍参加了此次比赛。

14日 桂溪街道党工委书记樊晓峰带队到双源社区现场办公，了解近期工作动态，对维稳、信息收集、宣传等工作提出了要求。

15日 桂溪街道党工委副书记张仲常主持召开综治维稳工作例会。

15日 桂溪街道召开惠民政策宣传工作第二次会议，街道主要领导和分管领导参会，对宣传工作和统一解释口径提出了要求。

16日 桂溪街道在和平广场组织开展了法制宣传日活动，发放资料三千余份，受教育群众达6000人次。

▲ 桂溪街道党工委副书记、纪工委书记陈长贵深入辖区各农迁社区党支部调研今年党建工作及党员突击队建设情况。3月16日 桂溪街道办事处召开了惠民措施宣传培训会，并对社区工作人员进行了惠民政策宣传工作抽查。

17日 桂溪街道党工委书记樊晓峰、办事处主任张学文到大源村现场办公，调研并安排转非工作。

▲ 桂溪街道党工委副书记、纪工委书记陈长贵一行到辖区非公企业巅峰软件进行走访，调研该企业党建及工青妇工作开展情况，并送去了慰问品。

18日 成都高新区党工委副书记、管委会副主任冯亚曦到桂溪街道现场办公，并安排了近期转非、维稳工作。

▲ 委领导杜必强到街道调研，并对下一步工作提出了要求。

▲ 桂溪街道组织永安社区各物管公司召开城乡环境综合治理测评工作协调会议。

19日 桂溪街道组织召开社区戒毒（社区康复）工作座谈会。

22日 委领导冯亚曦到街道和平社区、双

源社区现场办公，并安排了近期转非、维稳工作。

▲ 双源社区老年活动中心正式启用，街道主要领导和分管领导出席了会议。

▲ 桂溪街道城管执法中队开展了指导员、副中队长、组长职位竞聘。

▲ 桂溪街道党工委副书记、纪工委书记陈长贵到电子科大科园信息中心为积极分子和党员主讲了党课。

▲ 桂溪街道召开专题会，逐一筛查农转非院落多媒体运行情况并确保稳定运行。

23日 桂溪街道在和平广场启动“三月风华”巾帼作品巡展，展出作品107件，高新区机关工委副书记张义薇到现场观看。

▲ 桂溪街道召开辖区党小组长培训会，高新区工委组织部部长林海、街道主要领导及分管领导到会并作指示。

▲ 委领导张绍文到双源社区调研维稳、转非工作。

24日 天津市商务委主任王树培、副主任于强一行到和平综合农贸市场考察交流。

▲ 桂溪街道召开了综治巡逻大队副组长以上骨干任命大会，街道纪工委书记明确提出廉政要求。

▲ 铜牌村转非安置工作小组、村两委成员召开阶段性工作总结会。街道主要领导到会指导工作。

25日 桂溪街道组织召开机关全体政治学习会，学习了《高新区工委关于社会建设工作实施意见》，并要求加强群众走访帮扶，做好稳定工作。

25日—28日 全国春季糖酒会期间，街道城管执法中队出动150人次、50车次，发现并整改问题200余件，取缔流动商贩300余起，纠正越门占道经营120起，清理乱张贴100余处，清理了外围违法盒饭供应点30余家，取缔违规充气拱门20座，维护了糖酒会良好的市容秩序。

28日 委领导杨东到街道调研街道职能、转非维稳、公共服务体系建设、社会事务、财政等工作。

▲ 桂溪街道办事处召开了工程建设例会。

▲ 桂溪街道党工委办事处召开办公会，要求围绕“五民五好”开展好民生工作，促进辖区稳定。会议还对党风廉政建设工作提出了要求。

▲ 桂溪街道党工委书记樊晓峰到双源社区重点人员廖秀群家进行了走访慰问。

29日 成都高新区党工委委员、管委会副主任杜必强到街道调研转非安置工作，并对下一步工作进行了安排。

▲ 桂溪街道组织召开“文明和谐院落”评选动员大会。辖区农转居社区主任、主任助理及院落片长参加会议。

30日 桂溪城管执法中队为新聘用的24名队员开展城管人员岗前培训工作。

31日 桂溪街道党工委委员、武装部部长马玉良主持召开城乡环境综合整治工作会，对测评迎检工作及“清洁城市、美化家园”活动进行了安排。

▲ 桂溪街道办事处召开家具制造企业会议，对家具整治工作提出了要求。

▲ 桂溪街道相关分管领导到双祥社区协调解决电梯机房故障的问题。

▲ 桂溪街道综治巡逻大队各中队分别召开了维稳工作会。

4月

1日 桂溪街道举行了非公企业党务工作培训及拓展训练，街道党工委副书记、纪工委书记陈长贵主讲。

▲ 桂溪街道组织召开各社区就业业务主办工作述职会。

▲ 桂溪街道承办高新区“红十字会”工作目标研讨会。

2日 桂溪街道召开社区稳定工作会，对转非期间的维稳工作及“清明节”坚守岗位、做好民生工作等提出了要求，街道党工委书记樊晓峰，党工委副书记、办事处主任张学文参会。

▲ 桂溪街道党工委副书记、综治办主任张仲常主持召开农迁社区维稳工作会议。

▲ 卫生部科教司副司长金生国、省卫生厅科教处处长苏林、市卫生局科教处处长魏新斌等到桂溪社区卫生服务中心检查指导工作，高度肯定了中心的工作成绩。

▲ 桂溪街道党工委书记樊晓峰率部分班子成员、辖区企业代表到对口帮扶的彭州市九尺镇永兴村进行走访慰问。

7日 全国人大常委会副委员长周铁农率队到桂溪街道和平综合农贸市场检查指导工作，市委常委、副市长赵小维，四川省卫生厅厅长沈骥，高新区两委办副主任张静，街道党工委副书记张仲常及相关负责同志陪同视察。

▲ 桂溪社区卫生服务中心在二楼健康教育室开展了“医疗救助”健康教育和健康促进知识讲座。

11日 桂溪街道党政办主任召集各部门负责人对社区、村目标工作进行了研讨，提出了调整方案。

▲ 桂溪街道党工委办事处召开办公会，要求在做好转非工作的同时，围绕年初制定的工作思路做好下一步工作安排。

12日 桂溪街道组织人员对益州、南新、永安社区的房屋中介机构、流管站工作情况进行走访检查。

▲ 桂溪街道党工委委员、办事处副主任全少英召集农迁社区负责人、相关部门负责人就加强社区管理服务体系建设进行了研讨。

▲ 桂溪街道与高新区城管执法局对永安片区车辆清洗美容商家出摊占道问题，召集8户商家进行座谈协调。

13日 桂溪街道在双源社区召开了维稳工作会议，委领导冯亚曦、张绍文及街道班子成员参加会议。

15日 桂溪街道召开大会，传达了4月14日高新区领导工作会议及4月15日高新区纪工委会议精神，并提出工作要求。

▲ 桂溪街道接受了成都市流管办服务管理信息采集维护专项检查。

16日 桂溪街道党工委委员、办事处副主任全少英带队赴灾区为对口援助学校（汶川县雁门小学）送医送药，参与重建工作。

18日 市委常委、高新区党工委书记敬刚到桂溪双源、双祥社区调研，两委办副主任卢哲平、宋大勇以及街道主要领导等陪同。

▲ 桂溪辖区规模以上企业成都欧美科石油科技股份有限公司、成都润兴消毒药业有限公司顺利通过了四川省统计执法检查。

18日—22日 桂溪街道办理了各村转非进社保劳动力范围人员续保协议签订、退休人员参保领取养老金的手续。

18日 街道城管执法中队召开了作风纪律整顿大会，街道分管领导参会。

18—19日 桂溪街道流管办对和平、三瓦窑、双源社区出租房屋公示牌进行检查，查看出租房屋信息更新情况。

20日 综治巡逻大队召开了作风纪律整顿大会，街道分管领导参会。

▲ 由高新区管委会、成都市体育局主办，高新区社会事业局、成都棋院、桂溪街道办事处承办的“运动成都，‘棋’乐融融”2011年成都市全民棋类健身活动启动仪式暨第二届“国手”桂溪行活动在和平社区广场隆重举行，委领导杨东莅临活动现场。

▲ 桂溪街道办事处召开了创建文明城市

活动安全消防工作会，街道党工委委员、办事处副主任王子琦参会并提出要求。

21日　成都高新区党工委副书记、管委会副主任冯亚曦在成都高新区发展策划局副局长彭继咸的陪同下到桂溪街道检查指导文明城市复查、文明示范院落建设等工作，并实地察看了和平社区文明示范院落工程建设的推进情况。

▲　桂溪街道召开第152次工委会。

▲　新津县卫生局副局长杨建新一行20余人，到桂溪社区卫生服务中心考察调研。

22日　桂溪街道召开党群联席会，总结近期工作并安排下一步工作。

▲　桂溪街道在欧尚超市门前广场开展了以“绿色消费、绿色生产”为主题的大型环保宣传活动。

25日　桂溪街道党工委办事处召开办公会，对转非工作成绩给予了肯定。要求围绕“服务企业、服务群众”的核心，做好全体人员的作风教育。

26日　桂溪街道召开了综治巡逻大队、城管执法中队骨干作风整顿会议，街道主要领导参会并提要求。

▲　桂溪街道接受了中国残疾人联合会检查团对残疾人示范工作创建情况的检查，重点到桂溪和平卫生服务站检查了重症精神病的管理工作。

27日　桂溪街道党工委副书记、办事处主任张学文主持召开文明城市复查工作例会，传达了高新区第二次文明城市复查迎检调度会精神，对下一步工作进行了安排部署。

▲　桂溪街道党工委书记樊晓峰带队到联系单位和平社区现场办公，对和谐文明院落评比、创新社区管理机制等进行调研。

▲　桂溪街道党工委副书记、纪工委书记陈长贵带队到对口帮扶的彭州市九尺镇进行党建、纪检及共建工作调研交流。

28日　桂溪街道联合武侯区二医院组织美沙酮维持治疗知识讲座，街道党工委副书记、综治办主任张仲常出席会议。

▲　桂溪街道召开重点企业座谈会，听取企业意见，通报街道经济和社会发展成果。街道主要领导参加了座谈会。

▲　市文明办、高新区文明办相关同志对和平社区文明示范院落建设情况进行了实地查看，并给予好评。

29日　桂溪街道召开了机关大会，传达了高新区纪工委《关于贯彻落实党工委领导干部会议精神，切实加强机关干部队伍作风建设的指导意见》。

▲　高新区篮球队、四川金强青年篮球队对抗赛暨双源运动中心启动仪式在双源体育运动中心举行，委领导李岷雪出席仪式并观看了比赛。

5月

3日　桂溪街道党工委委员、武装部部长马玉良率相关人员到肖家河街道交流生活垃圾分类收集处置试点工作。

4日　桂溪街道组织召开综治巡逻大队作风纪律整顿会，街道党工委副书记、综治办主任张仲常参会。

5日　桂溪街道综合文化活动中心获得成都市文化局授予的“成都市文化活动示范基地”称号。

6日　桂溪街道在和平社区广场开展了以“我为贫困母亲送温暖、我为贫困母亲办实事”为主题的现场慰问活动。

▲　成都高新区党工委副书记、管委会副主任冯亚曦到桂溪街道调研指导政务服务工作，对精细化服务、一站多居模式、“零距离”服务等政务服务工作给予高度评价。

9日　桂溪街道党工委办事处召开办公会，要求各部门围绕年初提出的工作思路，做好特色亮点工作的思考。

▲　桂溪街道主要领导主持召开了街道民生热线建设问题研讨会。

11日—18日　桂溪街道对各社区和临江村2011年就业重点工作及就业托底工作开展情况进行检查指导。

12日　桂溪街道党工委副书记、办事处主任张学文主持召开文明示范院落建设工作推进会，对相关工作进行了安排。

▲　街道主要领导主持召开了卫生城市复查工作会，对实地考察和资料归档工作进行了安排。

▲　桂溪街道党工委委员、党政办主任瞿蓉芳带队参观学习了芳草街道民生热线建设情况及规范化服务建设情况。

13日　桂溪街道组织开展了惠民政策知识竞赛，来自社区、村100余名工作人员、楼栋长等参加了活动。

14日　“快乐相伴·运动高新”暨青春文明梦想系列活动之第四届趣味运动会桂溪分赛区活动在成都职业技术学院顺利举办。

▲　桂溪街道组织开展了“保护动物、文明养犬”主题宣传活动。

16日　桂溪街道正式启动农民工子女入学合同换发工作，截至5月18日换发合同190份。

17日　桂溪街道指导各社区组织开展“5·17”世界电信和信息安全日集中宣传活动。

▲　配合高新区“中国劳动保障监察宣传片”摄制，展示了桂溪街道劳动保障监察一级网格工作人员开展企业用工信息采集、进入企业宣传法律法规的工作场景。

18日　成都市总工会保障部部长杨元凯、市总工会保障部副部长陈涛一行6人调研桂溪辖区企业工会建设情况。

20日　桂溪街道组织相关村及推进组召开了铜牌、大源村自愿拆迁户附着物的补赔偿及签订住房安置协议工作会议。

▲　桂溪街道召开工作会，与社区负责人代表签订了年度工作目标责任书。

22日　由桂溪街道承办的高新区“青春、文明、梦想”趣味运动会在职业技术学院取得了圆满成功。

23日　市残联理事长宋辉一行，到桂溪和平社区卫生服务站精神管理办公室检查指导工作。

▲　桂溪街道党工委办事处召开办公会，要求全体人员积极思考特色亮点工作。

▲　桂溪街道党工委副书记、办事处主任张学文主持召开了综合治税工作会议。

24日　桂溪街道2011年党员轮训启动仪式及第一次专题培训隆重举行。

▲　桂溪街道办事处在新会展中心北湖开展了2011年抗洪抢险演练工作。街道主要领导及分管领导出席活动并指挥演练。

▲　高新区城市管理和环境保护局局长陆军到办事处调研城市管理工作。

▲　桂溪街道组织召开了各社区、村党务工作者会议，对七一系列活动进行了梳理和安排。

▲　桂溪街道组织和平社区7名就业托底队员召开座谈会。

25日　委领导李岷雪带队到桂溪街道调研共创共享主题活动开展情况，街道党工委书记樊晓峰围绕“五民五好”措施落实情况进行专题汇报。

▲　张家口市副市长侯桂兰一行18人，到桂溪和平社区卫生服务站调研指导工作。

▲　桂溪街道综治巡逻大队、新会展中心派出所在天府软件园开展了治安防范宣传活动。

25日—27日　桂溪城管执法中队以“努力

打造一支群众满意的城管队伍”为主题，组织全中队70余人集中举办了为期3天的法律法规业务培训。

26日　桂溪街道召开党工委第153次会议。

▲　桂溪街道召开优秀团员、优秀志愿者表彰大会，街道党工委书记樊晓峰出席并讲话。

▲　高新区国土分局陶斯祥副局长一行到街道与石羊、桂溪街道主要领导、分管领导研讨拆迁困难户工作。

▲　桂溪街道组织召开安全生产工作会议，街道党工委委员、办事处副主任王子琦参会并做重要指示。

28日　桂溪街道机关支部与狄邦公司支部举行了联谊观影活动

30日　国务院发展研究中心市场经济研究所所长任兴洲，副所长王微等5人莅临双源农贸市场调研指导工作，桂溪街道党工委副书记张仲常陪同调研。

▲　江苏省无锡市高新区质量技术监督局局长胡宏带领无锡高新区相关部门到和平综合农贸市场参观交流。高新区质量技术监督局局长张建忠，街道党工委副书记张仲常陪同。

31日　成都高新区就业督察组组长王振甲一行到和平社区和三瓦窑社区检查重点工作落实情况。

6月

1日　桂溪街道党工委副书记张仲常主持召开综治工作会议，对近期治安防范工作及禁毒月、禁毒日活动进行了安排。

2日　根据市委组织部安排，桂溪街道组织各社区、村书记开展了社会管理网络集中培训。

3日　桂溪街道组织各社区100余名党员在综合文化活动中心观看了红色经典电影《大浪淘沙》、《地雷战》。

▲　桂溪街道党工委委员、办事处副主任全少英率相关人员到敬老院慰问看望了老人及工作人员。

▲　桂溪街道机关政治学习会议传达了高新区关于进一步加强干部日常教育管理的通知精神，通报了高新区内设机构及干部任免相关情况，并开展了安全常识知识竞答活动。

7日　桂溪街道党工委办事处召开办公会，明确落实好惠民政策和做好分房工作是街道近期的重点工作。

▲　桂溪街道党工委书记樊晓峰带队到双祥社区现场办公。

8日　桂溪街道组织召开了农转居居民天然气、光纤初装费等惠民政策专题部署会，街道领导班子全体成员、相关业务科室、各社区负责人参会。

9日　桂溪街道党工委副书记、办事处主任张学文主持会议对双源餐饮集中点管理工作进行了研讨。

▲　桂溪街道组织辖区各支部30余名老党员参观金沙博物馆并进行了座谈。

▲　桂溪街道办事处召开创建和谐劳动关系街道动员会暨集体合同知识培训会，辖区企业代表等70余人参加会议。

10日　桂溪街道主要领导、分管领导与各村书记、主任对天然气光纤初装费补贴等惠民政策实施进行了研讨。

▲　桂溪街道在双源社区启动了天然气光纤初装费补贴宣传动员工作。

▲　桂溪街道进行和平幼儿园办园方的招投标评选工作。

▲　市委市政府目督办相关人员检查了双源、双祥农民集中居住区配套建设情况。

▲ 桂溪街道对新招聘综治巡逻队员进行了岗前教育培训动员会。

11日 双源社区与《华西都市报》在阳光家园联合组织开展了群众唱红歌活动，桂溪街道党工委副书记、办事处主任张学文出席了此项活动。

13日—14日 桂溪街道组织人员在中考考场和平学校开展了志愿服务工作。

▲ 桂溪街道流管办对社区近期常态化工作进行暗访，并对辖区内涉及食品的出租房进行抽查。

14日 桂溪街道党工委书记樊晓峰带队检查了临江村家具生产企业、双源手工基地的安全生产情况。

15日 桂溪街道党工委副书记、办事处主任张学文主持召开文明城市复查工作会，传达高新区第三次调度会精神并安排近期工作。

▲ 四川省地方志编撰委员会罗副主任到街道指导桂溪年鉴的编撰工作，街道领导樊晓峰、张学文等参加了研讨。

15日—16日 桂溪街道办事处顺利完成了铜牌村、大源村879户1764套农迁房分房工作。

17日 桂溪街道召开廉政风险防控机制建设动员会，对开展廉政风险防控机制工作进行全面动员和部署。

18日 桂溪机关支部全体党员赴北川县参观地震遗址，缅怀罹难同胞，感受重建家园的变化。

20日 桂溪街道党工委办事处召开办公会，要求全体共同做好困难党员的走访慰问、“七·一”演出、文明城市复查、双祥分房入住、天然气光纤综合补贴等工作。

▲ 街道召开了综治工作会，传达廉政风险防控机制建设工作会议精神，对近期综治工作进行了安排部署。

21日 “七·一”来临之际，桂溪街道党工委书记樊晓峰到结对帮扶的和平社区困难党员姚仲成家中进行了走访慰问。

▲ 桂溪街道办事处与税务、工商、综合实体等部门共同研讨了综合治税工作。

▲ 桂溪街道在阳光家园举办了“学党史 颂党绩 强信念”党史知识竞赛。桂溪街道党工委副书记、纪工委书记陈长贵及各村、社区党员代表130于人参加了活动。

22日 桂溪街道组织召开双祥社区新分房领钥匙入住工作会，对相关工作进行了安排部署。6月25—26日双祥社区顺利发放钥匙1600余户。

▲ 桂溪街道办事处向高新区民政部门提出了调整双源社区地域管理范围和新建社区的请示。

23日 桂溪街道党工委副书记、办事处主任张学文到双源社区与老党员、困难党员座谈，并到困难党员徐旭成家中走访慰问。

24日 “见证荣耀·同心同行”隆重庆祝建党九十周年表彰暨文艺演出在和平广场拉开帷幕。高新区党工委委员、管委会副主任杨东等到场观看演出，为获奖人员颁奖并致词。

▲ 桂溪街道党工委副书记、办事处主任张学文主持召开文明城市复查工作推进会，对存在的问题提出了整改措施，并安排部署了下一步工作。

25日—26日 桂溪街道文明办、城管中队及相关责任单位及时处理文明城市复查近期媒体曝露的问题，并督促各职能部门对照《文明城市建设测评细则》进行自查自纠。

26日 桂溪街道双源社区开始分院落发放天然气光纤初装补贴，第一天发放约1000户。

30日 桂溪街道隆重举行了“党建顾问团”成立仪式，街道党工委副书记、纪工委书记陈长贵出席活动。

▲ 委领导冯亚曦一行到桂溪街道和平社区走访慰问了冯树章、范成章、黄洪兰等六位贫困老党员，并向就业托底人员赠送了防暑

降温物品。

7月

1日　桂溪街道班子全体成员率机关工作人员准时集中收看了党中央庆祝中国共产党成立90周年大会。

4日　街道党工委办事处召开办公会，要求结合联系群众工作做好近期文明城市复查、拆迁遗留综合问题整治等重点工作。

7日　开展了街道武装部民兵工程抢险分队点验工作。

8—9日　街道办事处召开会议，安排部署勤俭、民乐、铜牌、大源村集体资产处置工作，并开展业务培训。

8日　开展了第二季度机关干部考核评分工作。

9日周末，组织辖区青年党员在办事处开展了青年党员轮训工作，由西南财大心理学教授主讲。

11日　桂溪街道召开第155次工委会，通报了高新区7月8日会议关于细分双源社区并新设社区的精神，研究决定了两个社区的人员组成。

12日　桂溪辖区企业与彭州市九尺镇永兴村签订了生猪认养协议。

▲　桂溪街道第三批暑期社会实践学生到岗参加暑期社会实践活动。

13日　高新区党工委委员、管委会副主任杨东到桂溪街道调研指导社区建设和民生工作。

▲　桂溪街道党工委副书记、办事处主任张学文召集相关部门和社区就深化文明城市复查工作进行了安排部署。

14日　桂溪街道组织召开二季度考核领导点评与集体谈话会，街道党工委书记樊晓峰对街道二季度工作进行了点评。

▲　桂溪街道2011年入党积极分子培训在阳光家园开课，参训人员60余名。

▲　桂溪街道在和平社区举行“三进四送”为主题的高校毕生专场招聘会，共有18家参会单位，提供岗位100余个，初步达成用工意向20余人。

▲　由四川大学华西公共卫生学院、成都市第二人民医院等相关专家15人组成的评估组，对桂溪社区卫生服务中心进行评估考核。

18日　桂溪街道党工委办事处召开办公会，要求各部门近期要共同做好文明城市复查迎检、新社区筹备等重点工作。

▲　桂溪街道召开了维稳工作会，传达了上级维稳文件精神，并对近期工作进行了安排和部署。

19日　桂溪街道在和平社区广场开展了“缉枪治爆”宣传教育活动。

▲　桂溪街道分管领导对辖区各小区、院落“四防”设施情况进行了检查和督促。

19—20日　桂溪街道对双源、双祥社区流动人口管理工作进行暗访并督促问题整改。

20日　桂溪街道党工委副书记、办事处主任张学文组织召开防汛工作会议，街道防汛工作领导小组成员、各社区负责人参加了会议。

▲　桂溪街道党工委副书记、办事处主任张学文组织召开财政收支预算工作推进会。

21日　桂溪街道党工委书记樊晓峰率街道领导班子成员对和平社区、双源社区的文明城市复查迎检、消防安全等情况进行了督查。

▲　桂溪街道机关二支部换届选举顺利进行了公推大会，选举产生了正式候选人，并进行了公示。

▲　成都电视台CDTV-1对桂溪街道就业服务亭情况进行了采访报道。

▲　桂溪街道与高新区公安分局在和平广

场举办了“打击银行卡犯罪”宣传咨询活动。

▲ 桂溪街道主要领导带队慰问了在大邑县参加训练的8位武装民兵。

22日 桂溪街道党工委书记樊晓峰组织召开了重点建设例会，听取了近期重点建设项目推进工作汇报。

▲ 委领导李岷雪到街道对文明城市复查迎检、行政效能建设及反腐倡廉工作进行了安排部署。

▲ 桂溪街道党工委书记樊晓峰以“加强领导干部党性修养、自觉起好模范带头作用”为题主讲党风廉政建设党课，机关、村、社区、卫生服务中心等共计200余人参加。

22日—23日 桂溪街道举行了辖区工会主席培训工作。

23日 桂溪街道组织60名居民参观了成都市统筹城乡科学发展之路主题展览。

25日 桂溪街道办事处举办了第二季度财统人员会议。

▲ 桂溪街道办事处组织辖区内近30家企业相关人员进行了知识产权保护工作专题讲座。

26日 中央电视台《中国新闻》栏目组到桂溪街道、和平及双源社区对就业托底援助工作进行了采访。

26日、29日 桂溪街道分批对辖区军转干进行了座谈和慰问。

27日 桂溪街道组织召开食品安全清理整顿工作动员会，要求各火锅店按食品安全标准经营，开展全面的自查自纠工作。

▲ 桂溪街道召开拆迁遗留问题及综合整治工作会议，对工作进行了安排部署。

▲ 桂溪街道衔接交警六分局在辖区内开展了车辆乱停放集中突击整治行动。

28日 街道第156次党工委会议强调，近期的重点工作是文明城市复查迎检工作。

▲ 桂溪街道在中建三局棕榈泉项目工地放映了包括流动人口、治安防范、禁毒宣传等宣传内容的PPT和电影。

▲ 桂溪街道劳保所举行了就业协管员二季度主题活动——“我为就业做什么”演讲比赛。

29日 成都电视台记者到和平综合农贸市场采访了关于生猪溯源情况。

▲ “八·一”前夕，街道党工委书记樊晓峰带队走访慰问了驻辖区的森林消防支队、特勤消防中队、特勤二中队。

▲ 桂溪街道完成了年度入党积极分子培训及结业考试工作。

▲ 桂溪街道完成了机关二支部公推直选换届的党员大会直接选举工作，并开始公示。

30日 桂溪党工委副书记、办事处主任张学文带队，会同区城管执法局等部门，对广和一街进行了集中整治。

8月

1日 桂溪街道党工委办事处办公会议强调了近期的重点工作是文明城市复查迎检工作，要确保各项测评指标达标。

▲ 桂溪街道党工委书记樊晓峰，党工委副书记、办事处主任张学文率部分班子成员一行，到三瓦窑、和平社区督察指导文明城市复查迎检工作。

▲ 桂溪街道办事处会同高新区社会事业局、公安分局，对广和一街无证经营网吧进行了查处。

▲ 桂溪街道在双源社区广场隆重举行“廉政文化进社区”文艺晚会，高新区纪工委副书记、监察局局长吴方、综合室主任刘晓东，街道班子成员及1000余名群众观看了演出。

3日 福建省福州市创建文明城市考察团

在成都市委副秘书长张孝军等陪同下，到和平综合农贸市场进行了考察。

4日　桂溪街道召开各社区、村党建工作会，对近期的党建工作和特色亮点打造进行了安排。

▲　桂溪街道城管执法中队与成都市交警六分局一大队、交委、客管处等多部门联合，对辖区内的“火三轮”、“野的”进行突击整治。

▲　高新区两委办主任卢哲平到街道调研并安排近期维稳工作，街道主要领导和分管领导参加调研座谈。

5日　桂溪街道办事处与高新区消防中队在临江村举行了消防安全培训。

▲　桂溪街道分管领导带队到双源、双和、双祥社区走访了解维稳动态。

▲　高新区统征办相关同志到街道研讨临江村拆迁、拆迁难点户遗留问题整治工作，并到临江村进行了实地查看。

▲　桂溪街道主要领导带队到金牛区成都晚霞社会养老服务中心进行了考察。

▲　桂溪街道组织全体机关人员学习了未成年人思想道德建设测评内容，并对做好高新区民生服务平台（民生热线）工作进行了安排。

9日　桂溪街道召开了社会治安形势分析研判会，8月10日　召开了近期维稳工作分析研判会。街道分管领导参会。

10日　桂溪街道组织召开了大学生暑期实践活动表彰会。

▲　桂溪街道在南新社区开展了“写字楼文化月”系列活动。

▲　桂溪街道办事处进行了双源餐饮集中点的比选评审，并对结果进行了公示。

▲　桂溪街道办事处召开了城市生活垃圾处理费半年工作总结会。

▲　桂溪街道办事处对和平小区、双源小区雨污分流情况进行检查，另外对辖区防汛重点部位也进行了巡查。

11日　桂溪街道组织召开媒体座谈会，邀请四川日报、新浪四川等9家媒体座谈，高新区发展策划局宣传处负责人、街道主要领导、分管领导等参加。

11日—12日　桂溪街道办事处进行了为期两天的辖区统计从业资格证培训。

12日　央视CCTV-4《中国新闻》栏目对桂溪街道就业托底帮扶工作进行了宣传报道。

▲　成都市卫生局基药处负责人率温江、崇州、大邑、邛崃卫生局领导到桂溪社区卫生服务中心检查指导国家基本药物制度实施情况。

▲　桂溪街道综合文化活动中心组织辖区困难群众子女开展暑期观影活动，得到辖区居民的一致好评。

13日　桂溪街道举行了辖区中年党员轮训活动，由街道党工委副书记、纪工委书记陈长贵主讲，各社区百余名党员参加。

15日　桂溪街道办事处主任张学文等一行到双源社区调研指导社区细分后的各项工作。

▲　桂溪街道党工委办事处召开办公会，传达了敬刚书记、韩春林主任在8月12日高新区党工委（扩大）会议上的讲话精神，要求继续做好文明城市复查迎检、食品卫生等工作。

▲　桂溪街道召开党建顾问团第一次工作会议，围绕辖区党建带群团、两园一圈模式打造等进行了研讨。

16日　桂溪街道党工委书记樊晓峰等一行到和平绿洲幼儿园视察指导工作，确保今秋顺利开园。

▲　四川省劳动厅仲裁管理处处长刘强华、成都市人力资源和社会保险局仲裁管理处处长赵雅轩一行到街道调研劳动保障监察、劳资纠纷调解工作。

17日　桂溪街道党工委书记樊晓峰、办事处主任张学文等与成都市晚霞老年中心负责人共同探讨托老工作。

▲ 桂溪街道2011年“食品安全”科普征文活动圆满结束，共评选出19篇优秀文章予以表彰，并于19日组织参与活动60余名青少年参加了为期一天的食品安全教育活动。

▲ 桂溪街道城管执法中队召开“临检阶段”动员大会，联合交警六分局二大队，在和平社区开展了整治车辆乱停放活动，发放宣传单1000份，规范乱停放50余辆，开出罚单50余张，拖走违法车辆10余辆。

18日 桂溪街道组织召开2011年度目标工作培训会，街道分管领导、目督办相关同志、各社区（村）负责人及目标员参会。

▲ 达州市残联副理事长刘飞一行到和平社区卫生服务站精神管理办公室调研交流工作。

19日 召开党建工作会，对窗口行业创先争优活动总结、筹备工委组织部街道现场会等进行了安排。

22日 桂溪街道召开文明城市迎检动员会。本周，街道全员行动起来，继续深入开展文明城市复查迎检各项工作。街道主要领导带队到各社区、院落、街巷进行了现场督查，并每天到点位进行巡视和安排迎检工作，保持最佳迎检状态。

23日 桂溪街道办事处对辖区食品安全情况进行了检查。

▲ 桂溪街道综治办召开全国文明城市复查迎检工作会。

24日 桂溪街道对和平社区、三瓦窑社区的安全工作进行了检查。

25日 《成都日报》记者对天和东街8号院文明院落建设情况进行了采访，并于次日刊载。

▲ 桂溪街道在益州社区组织书画协会开展了廉政文化书画现场创作会，展示基层党风廉政建设工作成果。

26日 桂溪街道经发科组织召开重点企业中秋座谈会。

▲ 桂溪街道办事处召开辖区商业地产座谈会，与会人员就企业存在的问题和发展趋势进行了探讨和分析。

▲ 桂溪街道综治办组织相关社区召开了名都公园拆迁维稳专题工作会议。

▲ 桂溪街道在双祥社区及南新社区组织开展了义务理发、义诊、家电维修、法律咨询、地铁文明上下扶梯宣传等“党员爱心服务日”活动。

▲ 桂溪街道办事处召开会议，研讨社区便民服务中心“一站多居”的管理模式。

▲ 成都电视台记者对桂溪收容走失的智障儿童过程进行了采访。

▲ 桂溪街道主要领导及分管领导到和平幼儿园检查开园准备情况。

▲ 桂溪街道办事处组织召开了重点企业中秋座谈会，成都工投资产、富森美家居、百施特金刚石钻头有限公司等几十家重点企业负责人参会。

29日 成都高新软件园第一联合党支部选举大会在桂溪街道四楼会议室举行。

30日 桂溪街道组织召开个体工商户签订区域性集体合同协商会，进一步促进和谐劳动关系街道创建工作。

▲ 成都市20余名市民代表在高新区社会事业局文化处副处长宗翔，街道党工委委员、办事处副主任全少英的陪同下，到桂溪街道综合文化活动中心进行参观交流。

31日 桂溪街道党工委组织开展老年党员培训会，街道党工委副书记、纪工委书记陈长贵主讲，辖区村、社区、企业、卫生中心等110余名党员参加了培训。

▲ 南新社区在新南天地商圈举行了“3C”模式进商圈启动仪式，街道党工委副书记张仲常，三瓦窑派出所副所长叶波及商家负责人代表出席活动。

9月

1日　桂溪街道党工委召开第158次会议，传达了委领导敬刚、韩春林的讲话精神，对临江村自愿拆迁工作进行了初步安排。

▲　桂溪老年大学举行开学典礼，并开展了健康知识讲座。

▲　桂溪街道综治办人员到临江村走访了解近期维稳工作情况，并就如何对村民做好征地拆迁的正面宣传和政策解释进行了指导。

▲　名都公园改建工程打围后，桂溪街道抽调30名综治队员加强了现场的24小时稳控工作，对个别围观人员进行了劝离，同时，积极配合高新区发展策划局做好了网络舆情监控工作。

▲　桂溪街道办事处在和平社区广场进行了义务消防队队员培训。

2日　桂溪街道召开了临江村自愿拆迁工作会，讨论制定了临江村自愿拆迁工作方案，街道主要领导安排布置工作。

▲　桂溪街道纪工委组织人员参加了高新区机关行政效能社会评议调查。对街道、社区的廉政风险防控机制自查表、承诺表进行了汇总，经街道纪工委初审、党工委会审定风险等级后进行了公示。

5日　桂溪街道主要领导率办事处分管领导及相关科室负责人到临江村调研自愿拆迁事宜，并对相关工作进行了安排部署。

6日　桂溪街道承办了高新区政协委员中秋联谊会。

6日—9日　桂溪街道全体机关工作人员分批次在大邑县四川预备役高射炮兵师一团开展了国防习武日活动。

7日　桂溪街道临江村组织召开了村民代表大会，表决通过了“自愿拆迁相关原则”事宜。

19日　桂溪街道主要领导、分管领导召集四个村书记研讨拆迁难点户推进工作。

▲　桂溪街道和平社区就业托底队伍全体队员送来写有“为民想、为民作，托底就业显真情”字样的锦旗，街道党工委书记樊晓峰代表街道接待了全体队员。

▲　桂溪街道对居民的信访诉求问题进行专题研判。

20日　桂溪街道组织召开辖区综治工作例会，对治安防范、防邪、禁毒流动人口管理等多方面工作进行了安排部署。

▲　美国农业部、兽医协会考察团到和平综合农贸市场考察了生猪溯源、食品准入等工作情况。

▲　委领导张绍文率公安分局、国土局、两委办综合处相关负责同志到桂溪街道研判信访工作相关事宜，街道主要领导、分管领导参会。

21日　委领导冯亚曦率两委办、发展策划局、社事局相关同志，到桂溪街道召开高新区基层治理专题调研会，桂溪、石羊街道党工委书记、各社区书记参加座谈。

22日　高新区国土分局局长官旭、副局长陶斯祥与街道主要领导对临江村自愿拆迁的相关工作进行了研讨。

▲　桂溪街道办事处组织辖区110家企业相关人员开展了《社会保险法》及劳动争议及仲裁案例培训会。

23日　桂溪街道主要领导召集会议，对临江村自愿拆迁工作进行了安排。

▲　桂溪街道主要领导、分管领导与高新建设公司负责人就双祥社区建设及管理等问题进行了协调、研处。

▲　迎接了高新区财政局相关同志对办事处2010–2011年政府采购工作开展情况的检查。

26日　高新区纪工委在街道组织开展了对陈治平同志的党风廉政建设情况的民主测评和调查谈话。

27日　桂溪街道在综合文化活动中心举办了辖区居民创作的廉政文化书画作品展。

▲　桂溪街道组织开展社区建设工作培训会，邀请绵阳市南山街道御营新村联合党委书记易德顺授课。街道全体领导班子成员、机关全体工作人员、各社区两委及工作人员近160余人参会。

28日　配合高新区劳动处检查四川艾孚网络科技有限公司和四川精锐动画有限公司2家用工单位未购买职工社保及瞒报情况。

▲　桂溪街道对铜牌村钉子户（胖哥饭店）的拆迁维稳工作进行研判。

29日　桂溪街道召开中心组学习研讨（扩大）会，班子全体成员及中干以上人员围绕社会管理服务与创新进行学习并发言。

▲　桂溪街道分管领导带队走访了中节能环保、富通集团等公司的党群共建工作。华通投资有限公司召开大会宣布公司党委成立。

29日—30日　桂溪街道举行临江村拆迁工作培训会，拆迁工作组30多名成员参训。高新区国土分局副局长陶斯祥等到会讲解相关政策。

30日　桂溪街道召开节前会，强调了国庆期间的值班、带班请销假等事宜，并传达学习了上级有关加强保密工作特别是手机保密工作的文件。

▲　桂溪街道组织窗口工作人员到芳草街道学习综合岗软件使用。

▲　桂溪街道组织各社区（村）相关人员进行了综治维稳工作研判。

10月

8日　桂溪街道党工委召开第159次会议。

▲　桂溪街道党工委书记樊晓峰、办事处主任张学文带队到临江村调研指导拆迁工作。

9日—10日　桂溪街道党工委书记樊晓峰、办事处主任张学文带队到铜牌村指导拆迁难点户整治工作。

10日　和平、双源、双祥三个社区召开党组织换届选举动员会，桂溪街道党工委书记樊晓峰、办事处主任张学文和相关领导分别参加了会议。

▲　市流管办检查组组长叶齐林到桂溪街道检查指导流动人口常态化管理工作。

11日　桂溪街道组织人员到辖区各工地进行了艾滋病防治知识的宣传活动。

▲　桂溪街道党工委副书记张仲常、党工委委员洪敬涛和民乐村负责人等就民乐市场用水问题进行了研判。

12日　桂溪街道在和平广场顺利承办了高新区廉政文化进社区文艺晚会，成都高新区党工委副书记、纪工委书记李岷雪等出席并观看演出。

▲　桂溪街道机关进行了第三季度人员考核工作，并于14日—19日进行公示。

▲　桂溪街道组织劳保协管员开展了“快乐金秋　活力四射”三季度趣味运动会。

▲　全国人大法工委行政法室副主任黄薇一行10人，到高新区桂溪社区卫生服务中心进行实地考察。

13日　泰和家园自主择业流动党员对建立流动党员服务站工作进行了研讨。

▲　桂溪街道对天府名居油烟扰民的3家餐馆进行了联合执法。

14日　桂溪街道综治委组织召开综治维稳工作研判会。

▲　成都高新区老年人趣味运动会桂溪街道分赛在双源社区绿化健身广场举行。

15日　风云球王三人足球争霸赛成都站活动在高新区桂溪街道大源体育公园举行。

15日—16日　桂溪街道组织辖区40名青少年参加了“青春文明梦想”之高新游活动。

17日　桂溪街道对双祥社区流管站的房屋清查工作进行了督导。

18日　桂溪街道办事处在临江村召开了拆迁工作动员大会。

▲　桂溪街道召开了第三季度考核领导点评与集体谈话会，高新区人事部门相关同志、机关全体人员参加。

▲　桂溪街道针对长城南苑夜间噪音扰民的问题，召开了各方参加的协调会。

18日—22日　桂溪街道做好了新会展中心第十二届西博会期间的综治维稳、食品安全、市容秩序保障等工作。

19日　桂溪街道党政办主任主持召开会议，对创建国家级示范卫生服务中心、党务公开相关工作进行了安排。

21日　桂溪街道组织和平、双源、双和社区党组织分别召开了公开推荐大会。

▲　桂溪街道办事处举行了创建和谐劳动关系街道、辖区规模以下企业及个体工商户区域性集体合同签约仪式，辖区50余家企业及个体户参加。

22日　桂溪街道组织机关人员参加了高新区趣味运动会，取得团体第三的成绩。

25日　成都市文明办对和平社区的文明院落创建情况进行了暗访。

▲　高新区相关部门对街道的财政绩效支出（就业奖励）情况进行了检查。

26日　成都市组织开展了和谐劳动关系模范企业检查工作，国电大渡河顺利通过验收。

▲　桂溪街道党工委书记樊晓峰，党工委副书记、纪工委书记陈长贵分别到和平、双源、双和社区指导社区党组织换届选举工作。

27日　桂溪街道组织召开“三电”设施安全保护工作会。

28日　山东大学教授李士雪、中国社区卫生协会副会长兼秘书长陈博文率领全国示范社区卫生服务中心复核评估专家组，到成都高新区桂溪社区卫生服务中心开展创建全国示范社区卫生服务中心现场复核评估工作。

29日　街道羽毛球协会顺利承办高新区羽毛球赛。

30日　和平、双源、双和社区党组织换届选举公推直选大会正式召开。桂溪街道党工委书记樊晓峰、办事处主任张学文及部分班子成员分别出席了大会。

11月

3日　桂溪街道机关、各社区（村）、小学、卫生服务中心和“两新”组织党组织在党务公开栏对党费收支情况进行为期一周的公示。

4日　桂溪街道召开会议，专题研究临江村拆迁工作。

4日—7日　高新区就业督察组到桂溪街道双源、双和、双祥、和平、三瓦窑社区检查2011年就业重点工作完成情况。

5日　桂溪街道和平卫生服务站代表高新区接受了国家中医药管理局专家组的检查评估。

▲　桂溪街道成功举办“快乐嗨翻天”亲子趣味运动会。

6日　全面完成双土中心村14户和铜牌村1组10户（保利项目用地）“钉子户”的拆迁工作。

7日　桂溪街道党工委副书记、纪工委书记陈长贵召集和平、三瓦窑、双源、双和社区新任党总支书记进行任前廉政谈话。

▲　桂溪街道党工委副书记张仲常率综治办相关人员一行，到原吸毒人员魏某家中进行了家访。

8日　桂溪街道在辖区锦晖小学开展了禁毒宣传活动。

▲ 桂溪街道在和平社区广场成功举办高新区惠民演出进社区活动。

▲ 合肥市卫生局副局长张申平一行到桂溪社区卫生服务中心考察调研。

9日 桂溪街道在双祥社区开展了以“全民消防，生命至上”为主题的安全用电宣传活动。

10日 桂溪街道召开第八届居委会换届选举动员暨培训会。

10日—16日 桂溪街道分二批次对130余名街聘人员进行了主题“激发潜能、熔炼团队”的系统培训。

11日 桂溪街道举行了永安社区流动党员服务站成立大会，20多名流动党员参会。

▲ 三瓦窑、和平、双源、双和等社区纷纷召开了选举动员大会，街道党工委书记樊晓峰及各分管领导、街道工作指导委员会相关同志参会。

▲ 市城调队在桂溪辖区进行了投资软环境测评及民生民意调查。

12日 桂溪街道召开永安社区物管工会联合选举及成立大会。

15日 桂溪街道组织各社区、机关各科室人员开展ISO14001培训。

▲ 桂溪街道党工委书记樊晓峰带队到双祥社区召开了现场办公会。

17日 桂溪街道召开工委（扩大）会议，专题研讨深入推进院落自治建设及设立社区综合服务站等工作。

18日 开封市政府副秘书长张婉红带队到和平综合农贸市场考察生猪溯源及食品安全工作。

▲ 桂溪街道迎接高新区城市管理和环境保护局ISO14001内审检查。

19日 桂溪街道主要领导召集拆迁工作会议，就加快电力通道建设涉及的种植户拆迁工作进行了安排部署。

▲ 国务院食品安全督察组到和平综合农贸市场检查食品安全工作。

20日晚，中共成都市委常委、成都市公安局局长李昆学到东苑调研社会治安工作。

23日 成都高新区党工委副书记、管委会副主任冯亚曦到桂溪街道调研社会建设管理工作。街道领导樊晓峰书记、张学文主任及部分班子成员参加了座谈。

▲ 桂溪街道接受高新区城乡环境综合治理工作检查。

24日 桂溪街道党工委召开第162次会议，研究了社区居委会换届的相关事宜。

▲ 桂溪街道针对辖区老党员举办了老年养生保健知识培训会。

25日 桂溪街道武装部部长马玉良等相关人员与蒲江县复兴乡领导班子进行了工作座谈。

▲ 桂溪街道组织非公企业党员在南新社区欧尚商场开展了教育法律公益咨询活动。

26日 桂溪街道组织辖区青年参加了高新区单身青年联谊会。

27日 桂溪街道接受成都市城乡环境综合治理月末测评。

28日 桂溪街道党工委办事处召开办公会，要求结合当前形势和辖区实际，提出明年的工作思路。

▲ 桂溪街道完成了122家限上个体户的名录库录入工作，今年新增限上150家个体户的目标任务已全面完成。

29日 办事处主要领导及分管领导到双和社区调研居委会换届选举工作。

▲ 桂溪街道迎接了成都市、区、县低保工作的交叉检查。

▲ 成都高新区城管环保局副局长王普德与市政市容处副处长朱红雁等到桂溪街道调研了垃圾分类收集试点工作。

▲ 成都高新区工委组织部副部长杨俊带队到桂溪调研了全年党建工作情况及明年工作

打算。

30日　桂溪街道党工委副书记、办事处主任张学文主持召开了居委会换届选举工作例会，对前一阶段工作进行了小结，下一步工作进行了部署安排。

▲　桂溪街道党工委副书记、办事处主任张学文组织各分管领导和部门对预算执行情况进行了研讨并进行了调整。

12月

1日　桂溪街道社区卫生服务中心及各社区广泛开展了“行动起来，向零艾滋迈进”的专题宣传活动。

▲　桂溪街道相关人员到对口扶贫的彭州市九尺镇永兴村，确定了认养黑毛猪项目及帮扶53户贫困户的计划。

2日　桂溪老年大学举行了首次教学理论研讨会，党工委委员、办事处副主任全少英及市老年大学有关领导出席。

▲　桂溪街道总工会在成都消防大队特勤二中队举办了工会物管联合会“消防大练兵”职工技能大赛，19个物管单位的职工参赛。

▲　桂溪街道残联在和平社区举行“12·3国际残疾人日”表彰暨残疾人趣味运动会。

▲　桂溪街道在和平社区广场开展劳动保障法律法规宣传，发放宣传资料200份。

▲　桂溪街道组织召开了2012年辖区就业工作务虚会。

5日　双祥社区25号院内召开“领导下社区—双祥社区院落坝坝会”，街道党工委副书记、纪工委书记陈长贵参会。

6日　桂溪街道主要领导召开会议，传达了高新区工委（扩大）会议精神。

▲　桂溪街道召开2011年流动人口服务管理工作培训会。

7日　和平社区天仁北一街1号院围绕“加强院落管理服务”为主题组织召开院落坝坝会。街道党工委书记樊晓峰，党工委委员、党政办主任瞿蓉芳参会。

8日　双源社区组织152号院落党小组长、楼栋长、党员及居民代表召开院落坝坝会，街道党工委副书记、办事处主任张学文率财政所相关负责人参会。

9日　高新区社会事业局局长吕毅及相关人员一行，到桂溪辖区视察社区配套用房资源情况。

▲　桂溪街道机关工作人员参加了高新区组织的选拔干部民主推荐会。

▲　成都市劳动关系三方对桂溪街道创建和谐劳动关系街道的工作进行检查验收。

▲　桂溪街道召开社区居委会换届选举工作例会，安排居民代表选举工作。

▲　成都高新区党工委委员、管委会副主任杨东到双祥社区、高新置业公司等地调研社区配套设施情况，街道党工委书记樊晓峰、党工委副书记、办事处主任张学文陪同。

10日　成都市城调队调查员到桂溪街道三瓦窑社区、永安社区进行了综合文明指数测评。

11日　和平、三瓦窑、双源及双和社区投票选举了社区居民代表。

12日　桂溪街道召开党工委办事处办公会，要求做好年终总结迎检和对社区、村的考核工作，按高新区工委（扩大）会议要求从简举行会议、活动。

▲　桂溪街道召开了2011年民主生活会征求意见会，30余名各界代表参会。

13日　成都高新区国土局局长官旭一行到桂溪街道与主要领导专题研究了临江村电力通道建设供地等拆迁有关事宜。

▲　高新区人事劳动和社会保障局副局长

王红带队检查了桂溪街道及各社区促进充分就业工作目标完成情况。

▲ 桂溪街道召开了街道领导班子党风廉政建设和惩防体系建设测评会，樊晓峰同志代表班子成员进行了述职述廉。

14日 桂溪街道召开了2011年度辖区禁毒工作总结表彰会，街道党工委副书记张仲常参会。

▲ 桂溪街道召开了社区、村目标完成情况汇报会。

▲ 西藏自治区卫生厅党组副书记、厅长普布卓玛，西藏自治区卫生厅党组成员、副厅长贺青华一行到桂溪社区卫生服务中心考察学习。

15日 桂溪街道接受了ISO14001环境管理体系外审。

16日 桂溪街道召开了机关人员年度考核动员会。

▲ 桂溪街道举行新兵入伍仪式。

19日 桂溪街道进行了领导班子及班子成员民主测评、党工委书记民主评议等工作。

▲ 桂溪街道城管执法中队做好了第四次城乡环境综合治理测评的市容秩序保障工作。

20日 配合做好了高新区对班子成员联系群众工作的测评。

▲ 桂溪街道召开了辖区非公企业工会、工会联合会座谈会，街道党工委副书记、办事处主任张学文，党工委副书记、纪工委书记、总工会主席陈长贵参会。

21日 高新区城管执法局副局长王普德一行到桂溪辖区英郡一期检查了垃圾分类试点工作。

▲ 桂溪街道召开163次工委（扩大）会，会议传达了市委十一届九次全会、区工委（扩大）会议精神，并对落实会议精神提出了要求。

22日 桂溪街道代表高新区接受市民生目标检查。

▲ 街道主要领导、分管领导召集相关部门、各社区负责人，专题对深化院落自治建设工作进行了研讨。

▲ 桂溪街道召开社区居委会换届选举工作会，对下一阶段选举工作进行了安排。

23日 郑州市郑东新区如意湖街道办事处主任一行到桂溪参观，考察社区建设、城市管理工作。

▲ 桂溪街道接受了市公安局对东苑流动人口管理服务工作的指导。

▲ 桂溪街道召开了党员领导干部民主生活会。高新区纪工委、监察局综合室主任刘晓东参加，五名各界代表列席。

24日 桂溪街道在南新运动场举行了“两园一圈”非公党建工作模式启动仪式及非公企业党群迎新联谊活动，区工委组织部林海部长、杨俊副部长、市委组织部一处唐美处长、袁海晗副处长，街道主要领导和分管领导等出席。

25日 桂溪街道总工会、桂溪羽毛球协会举办了桂溪羽毛球迎新赛，街道代表队获得第一名。

27日 成都高新区党工委副书记、管委会副主任冯亚曦到和平社区困难户胡会芬家中慰问，高新区党群工作局副书记张义薇，桂溪街道领导樊晓峰、张学文陈长贵等领导陪同。

▲ 桂溪街道在和平社区广场组织开展了“冬季战役”禁毒宣传教育活动。

28日 和平、三瓦窑、双源、双和社区举行了第八届社区居民委员会换届选举大会，选举产生了新一届居委会委员。

▲ 街道党工委召开第164次会议，确定了2012年工作思路，通报了陈治平同志任职情况。

29日 启动冬季向环卫工人送温暖活动，高新区城管环保局副局长王普德、街道主要领导向环卫工人发放了保暖衣服和慰问金。

特　载

SPECIAL RECORDS

桂溪街道2011年度基层基础、创新推动社会管理和公共服务工作开展情况

成都高新区桂溪街道党工委书记　樊晓峰

2011年，桂溪街道党工委、办事处在成都高新区党工委、管委会的正确领导下，按照“以科学发展观为指导，以稳定为基础，以民生为重点，积极创新社会管理服务体系，强化服务意识，优化组织结构，深化惠民活动，促进辖区文明和谐”的工作思路，不断完善组织领导、责任分工、狠抓落实的责任机制，求真务实、真抓实干，圆满完成了年度各项目标任务，受到了上级的肯定和群众的好评，树立了成都高新区街道工作的良好形象。

一、民生工作成效显著

（一）卫生创建促服务　全国评估排第一

今年来，桂溪社区卫生服务中心坚持创建促服务的工作思路，加大投入新建了中医馆、完善了双源新中心的配套设施、进行了中心外围环境的综合打造。通过了ISO9001认证，参与了高新区创建全国中药先进单位工作，被成都高新区评为“群众最满意的民生工程”，国家复核评估的群众满意率达到88.58%，在全国排名第一。10月，全国示范社区卫生服务中心复核评估专家组对各项评估指标打出了高分，并总结出了十大优点向全国推广。11月，桂溪社区卫生服务中心以全国评比分数第一的成绩获得国家卫生部颁发的“全国示范社区卫生服务中心”称号，并进行经验交流发言。

（二）促进辖区居民充分就业　创建和谐劳动关系街道

街道高度重视今年的重点工作，要求要认真落实，责任明晰，分工明确，分解到人。

一是强化毕业生就业观念转变工作，让其乐于从基层做起，从底层做起。通过开展“三进四送”、专场招聘会以及就业服务月等一系列就业服务活动，鼓励应往届毕业生树立就业信心，按需推荐就业岗位，有效解决了高校毕业生

的就业问题。目前2008年–2011年毕业的大中专学生235人，其中往届生161人（暂无就业愿望6人），就业155人，就业率96.3%；应届生74人，已落实单位70人，未就业4人（其中暂无就业愿望1人），就业率94.6%。贫困家庭高校生4人，就业4人，就业率100%。在读生371人。

二是针对辖区低保和低保边缘困难家庭中的就业困难人员（以下简称“双困”人员）就业难问题，桂溪街道创先启动就业托底帮扶活动。采取“不定时”工作制，每月组织“双困”人员参加公益活动并给予300—500元/人的工作补贴。通过就业托底、公益性岗位、就业服务亭等多种帮扶措施，辖区“双困”家庭从196户降为年底91户。由“输血”式帮扶变为自食其力的“造血”，给了他们一个重获生命精彩的机会，此举走在了成都市充分就业创新工作前列，中央电视台国际频道CCTV–4《中国新闻》栏目、《中国就业》杂志、《成都日报》时政专题等多家媒体对此进行了报道和高度赞扬。

创建和谐劳动关系工作方面，2010年12月30日，高新孵化园被省人力资源和社会保障厅授予“省级和谐劳动关系商务园区”称号，成为全市首个模范和谐劳动关系商务园区。在创建工作中，街道劳动保障监察网格工作人员工作成效明显，代表成都市参加了中央电视台新闻频道“中国劳动保障监察宣传片”采访拍摄，并作为世界劳工大会的经验交流材料在大会上进行交流。

（三）辖区文化百花齐放　居民生活丰富多彩

街道加大文化投入，建成了南新运动场、大源体育运动公园、文化活动中心标准化图书室，包括足球场、篮球场、羽毛球场、棋牌活动区、科普活动室等设施，覆盖人群4万人。举办了纪念建党90周年晚会、全国风云球王三人足球争霸赛成都站比赛、第三届“桂溪杯”篮球赛、成都市全民健身棋类运动启动仪式暨第二届“国手桂溪行”等大型的文体活动。在暑期，举办了青少年篮球专业培训及动漫、素描、书法学习班。对桂溪老年大学292名农转居老人提供每学期30元的学费补贴。2011年，被评为成都市首批综合文化活动中心一级站、首批基层文化活动示范基地。

（四）关注食品安全　保障居民健康

注重解决好群众关心的菜篮子安全问题，以规范管理为突破口，积极探索菜市场经营管理新模式，在如何处理好菜市场的公益性原则和市场化经营中找到了有效平衡点，国务院发展研究中心市场经济研究所所长任兴洲率有关经济学专家到双源农贸市场进行了专题调研，对桂溪街道办事处管理菜市场的有效形式给予了肯定。切实抓好食品安全，率先在全市分别开展了猪肉和蔬菜溯源试点工作，2011年，国家、省、市各级领导和国外组织多次莅临考察，全国人大常委会副委员长周铁农等各级领导、美国农业部和兽医协会代表、市消协、腾讯大成网及消费者代表对此项工作给予了好评。

（五）关心特殊群体　普及惠民措施

2010年5月，街道率先开办了成都市首家以失地农民为对象的老年大学，一年来，在办学规模不断扩大的同时，办学质量也大幅提升，目前已有12个专业21个班，在读学员达647人次，正在全力申报创建四川省A级老年大学。四川省老年大学、成都老年大学等相关领导应邀参加了桂溪老年大学论文研讨会，充分肯定了桂溪老年大学“起点高、进步快、成绩大”。

鉴于和平小区建成10多年来，一直没有幼儿园，居民对此反映强烈。经街道办事处努力于今年9月正式启用全市第一所公益性幼儿园——和平绿舟公益性幼儿园，并给予农转非人员的子女每月100元的学费补贴，另外还为就读街道举办幼儿园的757名农村居民和失地农民子女给予每人每天2元的生活补贴，共补贴

16.43万元。

在关心辖区特殊群体方面，街道从3月开始，在高新区范围内率先组织实施了农转非人员天然气光纤（综合）补贴发放工作，共发放金额3569.64万元。

二、党建群团工作硕果累累

（一）创先争优　内容丰富　成效显著

街道党工委按照创先争优活动的总体要求，组织开展好各项工作，发挥了基层党组织的战斗堡垒作用及党员的先锋模范作用，1月，成都高新区党工委领导敬刚、冯亚曦分别到三瓦窑、和平社区点评了街道、社区的创先争优活动，充分肯定了街道和社区的各项工作。

结合此项工作，街道于6月24日成功举办“见证荣耀　同心同行”七·一表彰暨文艺汇演。通过媒体的先进传播方式，运用LED大屏幕播放了辖区的5个先进基层党组织、12名优秀共产党员先进事迹，并对其进行了表彰，起到了良好的示范作用，在辖区范围内营造出浓厚的宣传氛围。成都高新区党工委委员管委会主任杨东为获奖人员颁奖并致词。

（二）创新党员轮训　先锋模范作用更加突出

5月下旬，街道举行了2011年党员轮训启动仪式。街道党工委根据不同需求分为老、中、青等班次，采取组织出题和党员点题相结合的形式实行菜单式培训。共开展特色培训7场，共培训党员800余人。对个别居住辖区外的党员开办了“移动党课”，把党课送到家门口。9月27日，街道邀请绵阳市南山街道御营新村联合党委书记易德顺进行专题授课，学习借鉴“铜头、铁嘴、飞毛腿”的独特基层工作经验。

此外，根据永安社区军转干部居住集中的情况，桂溪街道党工委于11月成立了永安社区流动党员服务站，泰和佳苑的22名军转干部党员通过这一平台积极参加社区建设公益活动，促进了军转干部的作用发挥与稳定，受到了党员和社区的好评。

（三）创新非公党建模式　深化群团工作建设

为进一步深化“两新”党建工作，桂溪街道创新在软件园、孵化园、新南商圈启动了“两园一圈”非公党建工作新模式，以此探索化解非公企业党建工作难题。同时在辖区成立了党建顾问团为辖区非公党建服务。12月24日，街道隆重举行了“两园一圈”非公党建工作模式启动仪式暨迎新党群联谊会，成都高新区工委组织部部长林海、副部长杨俊、成都市委组织部一处唐美处长、袁海晗副处长等莅临，他们认为此项工作开创了天府新区“两新”党建工作新模式，目前成都市委组织部以此模式在全市推广，对全市开展好“两新”经济党建具有示范带动作用。

做好非公企业党建工作的同时，狠抓群团工作建设，坚持“三色、三抓、三联”的工作主线，取得了实质性成效。创新成立的社区“三八突击队”、“社区服务岗”、“天涯坊”、“心理辅导站”等，为社区建设发挥了特有贡献。和平社区志愿者服务站获得“四川省城乡环境清洁志愿服务示范点”称号；桂溪街道妇联被评为成都市家庭教育工作先进集体，桂溪街道社会事务服务中心被评为成都市“工人先锋号”荣誉称号。

三、加强社会管理创新工作初见成效

（一）创新社会管理　推进社区细分

按照成都高新区关于进一步加强基层组织建设提高社区建设管理水平的“十一条”措施及加强社会建设和管理服务创新工作的要求，7月，街道对双源社区进行了划分，新成立双和社区筹备组，及时组建了双和社区临时党总支，对各院落党员进行了重新分组。新入住的双祥社区成立了临时党支部，转接石羊街道和桂溪街道党组织183名党员，组织开展系列活动，为双祥社区开展的有序分房、平稳入住、落实惠民政策以及新转非政策的推进等提供了有利的政治保障。年底，完成了农迁社区党组织和居委会的换届选举工作。

（二）深化文明评选　助推院落自治

成都高新区乃至成都市部分区（市）县陆续启动的“文明和谐家庭”、“文明和谐院落”创建评选，最初源于桂溪街道的试点。街道在农迁社区院落和居民中广泛开展评比活动，参与评选的4个农迁院落居民达7400多户，参与度达99%。活动对于提高居民综合文明素质、强化院落自治能力发挥了重要的作用，活动投入近248万元，奖励金达188.4万元，评选出文明和谐家庭标兵户519户、文明和谐家庭6928户、文明和谐示范院落3个、文明和谐院落5个。

结合成都高新区深入推进院落自治建设的具体工作要求，在开展文明和谐院落评选基础上，街道主要领导和分管领导深入和平、双源、双祥、三瓦窑社区举行院落坝坝会，围绕院落自治与居民面对面交流，进一步拉近了干群关系，为下一步推进院落自治打下了基础。

（三）积极培育各类社会组织

桂溪街道党工委、办事处积极探索农转居社区物业服务新模式，在各农转居社区成立了物业服务中心，并投入343万元专项经费用于现有物业人员经费支出。此外，街道特别注重对其他社会组织的培育，辖区共成立44个社会组织，其中便民服务类6个、社会事务类4个、文化体育类33个、慈善救济类1个，增强了居民自我教育、自我管理、自我服务意识。如“爱之家”组织参与各社区整治流浪犬工作，引进并协助著名足球运动员姚夏筹建“猎豹足球俱乐部”等。四川省特级音乐教师郑文雅，国家二级演员、四川清音表演者王小萍，四川省美术协会会员文云仙，成都市规划局原办公室主任苟正康，成都战旗文工团知名舞蹈演员邵丹，四川省知名舞蹈演员张薇薇等知名人士都加入了文体协会并成为群众老师。

四、经济工作及其他重点工作取得重大突破

（一）经济建设工作再上新台阶

全年完成全口径财政收入16.9823亿元，实现2.9亿元的一般预算收入，比去年同期增长86.48%，超额完成年度工作目标的78%，为成都高新区建设发展做出了较大贡献。

（二）拆迁遗留问题综合整治工作再获新进展

按照成都党工委书记敬刚调研天府新区项目建设时提出加快解决南区拆迁遗留问题清理的要求，桂溪街道集多方力量，不分昼夜加大了对拆迁遗留户的综合整治力度，完成了商务核心区项目、铜牌村1组保利项目和高新消防站项目用地全部拆迁遗留户34户的协议签订工作，打通了关键环节，解决了阻碍天府新区建设发展、遗留长达8年之久的大难题。

（三）城市管理　疏堵结合工作再添新举措

2011年，街道党工委、办事处结合失地农民就业问题、疏堵结合的市容整治要求，在全市创新了管理模式，在失地农民集中居住的双源、双祥片区开设了便民市场（祥和源市场），设立固定摊位21个、灵活摊位48个，通过社区和就业部门对申请人的就业和家庭情况认定后进场。既缓解了沿街为市的占道经营、兜售捡种蔬菜等问题，又解决了失地农民的就业问题，这一举措深受辖区居民的好评。此外，新建了餐饮集中点，引导社区居民楼下餐饮经营户到此经营，疏堵结合，解决了部分商家油烟扰民问题。

经济社会建设硕果累累 大力加强街道社会建设

——在2011年工作总结会上的讲话（摘要）

成都高新区桂溪街道党工委副书记、办事处主任　张学文

2011年工作总结

2011年，桂溪街道党工委、办事处在成都高新区党工委、管委会的领导下，按照“以科学发展观为指导，以稳定为基础，以民生为重点，积极创新社会管理服务体系，强化服务意识，优化组织结构，深化惠民活动，促进辖区文明和谐”的工作思路，紧扣年度重点工作，不断完善组织领导、责任分工和狠抓落实的工作机制，全年工作取得良好的成绩。

（一）积极推进重点工作　确保辖区和谐稳定

继续深化具有街道特色的“领导挂点、部门包院、干部帮户”走访帮扶活动，既符合高新区关于加强群众联系工作的要求，又实现重点工作推进过程的平稳。

1. 拆迁安置工作。（1）桂溪街道办事处制定和落实临江村整体自愿拆迁工作实施方案，组织全体村民投票选择拆迁政策，组织村民签订拆迁协议1700户，占总户数的95.99%。（2）完成了勤俭、民乐、铜牌、大源村四个村的征地补偿安置工作，转非安置总人数6923人，随后进行了5682人的转非进社保工作（其中应退休人员1418人）。（3）完成铜牌、大源两个村9个组的自愿交房户涉及附着物补偿协议和住房安置协议签订工作，涉及户数879户、2665人。6月，顺利完成两个村转非村民农迁房1764套农迁房分房和结算、领钥匙入住工作。街道办事处多次协调建设单位解决双祥社区设施配套、商铺出租等问题，确保转非人员入住稳定。（4）拆迁遗留问题综合整治工作。按照成都高新区党工委对加快解决南部园区拆迁遗留问题的要求，桂溪街道办事处集多方力量，不分昼夜加大对拆迁遗留户的综合整治力度，商务核心区、铜牌村1组保利项目和高新消防站项目用地上的拆迁遗留户35户全部签订拆迁安置协议。

2. 落实相关惠民补贴政策。从3月开始，街道办事处组织实施农转非6794套房屋、5500余人员天然气光纤补贴、综合补贴惠民工作，共发放补贴费3569.64万元。同时，做好涉及原和平村2组、石墙12组的稳定问题。此外，街道继续开展了农转非人员就业奖励金的发放和每月核实工作。

3. 在及时解决群众反映问题并维护稳定方面，接到来信来访181件，259人次，办结率98.8%。7月成都高新区开通政务服务呼叫中心（民生热线）以来，共受理并解决群众反映的问题20余件。另外，通过区社情民意收集和办理制度，共计解决问题40余件。持续开展

综治、信访、禁毒、防邪的宣传教育活动，实施“打黑除恶”、“扫除黄赌毒”、加强校园周边治安防范等行动。并重点加强成都市级部门、成都高新区管委会、会展中心、大型商场、园区等重点区域的治安防范力度。做好中考、高考、公务员考试的考场治安防范工作。圆满完成新世纪会展中心举行的糖酒会、西博会、汽车展等大型展会和会议的治安防范、市容秩序、食品卫生的保障工作，受到上级领导和来宾的高度肯定。

（二）落实五民五好　深化惠民行动

街道办事处继续坚持推进“五民五好”工作措施，出台了《关于在二〇一一年进一步加强民生和社会救助工作的补充意见》，进一步加大民生帮扶力度。

全年，向321人次提供医疗救助金共计110万元。向5068名60岁以上的老人发放春节慰问金25.4万元，向5908名老人发放了生日慰问券价值17.72万元，向6971名老人发放重阳节慰问金34.86万元，向1431名80周岁以上老人发放长寿补贴金50.91万元。由7支志愿队伍对16名老人开展居家养老服务。向低保户发放低保金31.5万元，1039人次。对226名低保及低保边缘户无劳动能力发放民政爱心援助款2.26万元，向653名低保边缘人员发放爱心购物券价值5.95万元。为所有残疾人员建立档案，免费为2646人次提供金额达18.25万元的残疾人康复训练费，向582名残疾人发放慰问券价值2.91万元，发放残疾人特困补助金5.26万元，526人次。在大源双河绿化健身广场筹建了残疾人阳光家园。

积极筹建并于9月开办绿舟和平幼儿园，解决了和平社区居民反映强烈的幼儿入学问题，并给予农转非人员的幼儿每月100元的学费补贴。对农村居民和失地农民子女就读街道办事处举办的幼儿园，给予2元/人·天的生活补贴。

桂溪社区卫生服务中心在团队建设、内部管理上狠下工夫，持续开展“六免费”、“五进社区”和“三免四优惠”等惠民活动，让辖区居民享受到了改革发展的成果。免费为34787人建立个人健康档案，并提出干预措施；免费接种国家Ⅰ类疫苗12593人次；免费进行高血压糖尿病病人健康管理11011人；免费开展孕产妇访视，访视孕妇488人、产妇204人；免费为4416名0—36个月儿童的保健；免费为60岁以上老年人进行了基本体检。开展“三免四优惠”服务，惠民79548人次，优惠金额约27万元。10月28日，全国示范社区卫生服务中心复核评估专家组进行了现场复核评估工作，并对各项指标表示满意。11月，桂溪社区卫生服务中心以全国评比分数第一的成绩获得卫生部颁发的全国示范社区卫生服务中心授牌，并进行经验交流发言，成为全国社区卫生工作示范的标杆。

（三）创新管理服务　加强社区建设

按照高新区“十一条”措施及加强社会建设和管理服务创新工作的要求，桂溪街道党工委、办事处成立社会管理创新工作领导小组及办公室，在重点工作中按照要求进行了落实和探索。开展了社区建设的专题培训，并召开中心组学习研讨会、党工委（扩大）会专题对社会建设和管理服务创新进行了研讨。

对原双源社区进行区域管理调整，新设立双和社区，对人员进行了调整和充实，为精细化管理打下了基础。同时，正在逐步实施对双祥社区的细分准备工作。在工作中，注重将表现优秀的村干部、聘用人员充实到社区两委、筹备组、工作站，为他们提供发展空间。

10月，全面启动并完成了双源、双和、和平社区党总支部公推直选工作，产生了新一届社区党组织领导班子，班子成员大专以上文化程度的达93%，平均年龄38岁。细化了党小组设置，农迁社区党小组由33支增加到85支。12月，完成了三瓦窑、和平、双源、双和社区居委会换届选举工作，将结合院落党支部、院委会、议事会的选举和调整，完善社区建设和管理服务的组织框架。

积极探索农转居物业服务新模式，在和平、双源、双祥、双和等农迁社区均成立社区物业中心，组织人员参加专业脱产培训，并投入343万元专项经费用于现有物业人员经费支出。加强对社会组织的培育，辖区共成立44个社会组织，其中便民服务类6个、社会事务类4个、文化体育类33个、慈善救济类1个。居民通过参与组织，实现了服务自我与社会，丰富了社会管理服务内涵。

在近几年开展"和谐文明家庭"、"和谐文明院落"评选活动的基础上，2011年，桂溪街道办事处又投资248万元继续开展评选活动，并通过调整评选规则、广开宣传路径、开展系列活动等措施将评选工作不断完善与深化。成立院落管理小组实行了精细化管理，办事处巧妙地将日常工作融入到评选活动中，赋予社区自治更加充实的内容，对居民自觉参与社区建设、完善院落的自治组织、提升文明素质和自我管理水平、进一步改善干群关系，起到了积极的促进作用。

以文化促进和谐和管理。街道办事处投入300多万元，在双源社区建设完成7800平方米的大源体育运动公园，包括足球场、篮球场、羽毛球场、棋牌活动区等设施，覆盖人群4万人。投入5万建成文化活动中心标准化图书室。举办了纪念建党90周年晚会、全国风云球王三人足球争霸赛成都站比赛、第三届"桂溪杯"篮球赛、第二届国手桂溪行等大型的文体活动。在暑期，举办了青少年篮球专业培训及动漫、素描、书法班。对桂溪老年大学647名学员中的280名农转居老人提供每学期30元的学费补贴，并对12名距离较远的老年人给予20元的交通补助。街道综合文化活动中心自去年投入使用以来，不断完善设施和加强文化工作，2011年，被评为成都市首批一级综合文化活动中心、首批基层文化活动示范基地。辖区文体队伍在社区管理服务、提升素质、促进和谐方面进一步发挥了作用。

在社区硬件设施配套方面，实施重点工程建设项目8个，总投资2139万元。已完成和平一期院落绿化改造、和平一二期居民用电户表线路改造、双源社区餐饮集中点土建等工程，大源三期幼儿园装修、双源南一街景观打造等工程也基本完成，正在推进街道科技商务楼装修、和平社区服务中心装修程、街道城管治安大队基地建设等工程。实施双源、双和及和平社区各院落绿化裸土整治和居民楼道粉刷、祥和源便民市场建设、社区卫生服务中心中医馆装修、南新社区运动场管理用房建设等小型工程15项，总投资630万元。祥和源便民市场有固定摊位21个、灵活摊位48个，为街道弱势群体就业提供了平台；餐饮集中点建成后，已成功引入5家原双源居民楼下油烟扰民餐饮店。

（四）促进充分就业　提升帮扶质量

辖区有总劳动力19469人，城镇劳动力就业率98.7%。举行大小型招聘会27场，参加企业46家，提供岗位2244个，达成意向691人，上岗286人。全年通过岗位引荐成功上岗198人。共处理劳动纠纷271起，涉及2899人、2255.2万元。

亮点工作方面，一是采取"不定时"工作制托底帮扶，对辖区只具备部分劳动力的25位居民纳入就业托底对象，每月定期参加公益活动并给予300—500元/人的工作补贴，已开展公益性活动388次，发放工作补贴10万元。通过就业托底、公益性岗位、就业服务亭、花车等帮扶措施，"双困"家庭从196户降为91户。中央电视台中文国际频道CCTV-4《中国新闻》栏目对成都高新区桂溪街道帮扶"双困"人员进行报道。二是开展和谐劳动关系街道创建工作。成立了创建领导小组，建立了劳动关系三方协调机制，辖区劳动合同签订率达到99.7%，企业在劳动保障部门用工备案登记率99%，企业员工参保率99.18%。街道劳动保障工作代表成都市接受了CCTV“中国劳动保障监察宣传片”采访拍摄，作为世界劳工大会的经验交流材料。

(五)加强党群建设　深化文明创建

街道党工委按照创先争优总体要求，组织开展了公开承诺、领导点评、双向述职、群众评议、评选表彰各项工作。1月，成都高新区党工委领导敬刚、冯亚曦分别到三瓦窑、和平社区点评了创先争优活动。成立了各社区党员突击队，并深化其志愿服务功能；细化了社区党组织设置，3月23日，组织召开了党小组长培训会，成都高新区党工委委员、组织部长林海参会并讲话。新建立了党员“管理记录册”，加强了基层组织的管理。创新开展了党员轮训、党建顾问团、永安社区流动党员服务站等特色工作。新建非公企业党委1个、独立党支部14个。启动了辖区“两园一圈”党建工作新模式。开展了表彰及文艺演出、党史回顾短信、知识竞赛、征文比赛等“庆七·一”系列活动。群团工作方面，建立完善了6个社区及规模以上企业劳动争议调解组织，完成了170余家非公企业建会情况筛查，新建非公企业工会36家（含1家工会联合会及2家外资企业建会），开展职工送温暖活动12次，完成农迁社区及进城务工农民新市民素质培训200余人，免费为一线困难职工送体检卡528份；组织开展了“巾帼风采，我最美丽”三月风华主题系列活动，成功调解妇女纠纷案件6例。通过创新开展天涯坊志愿者服务活动，拓宽了外籍志愿者服务方式。成功承办了成都高新区级趣味运动会、羽毛球赛、亲子活动等。

在文明城市复查迎检、巩固创建成果方面，完善组织领导和例会制度，制定并落实文明城市复查迎检工作方案，确保了街面、院落、市场、窗口、迎检点位以及街道、社区创建资料各项指标达到最佳迎检状态，受到上级和群众的好评。投资160万元实施了3个社区17个院落的文明院落建设工程，在成都市测评中，高新区排名全市第一，桂溪街道排名高新区第一。还获得共青团四川省委、四川省城乡环境综合治理工作领导小组办公室“四川省城乡环境清洁志愿服务示范点”授牌。

(六)加大整治力度　提升环境质量

今年是全省城乡环境综合整治的关键之年，按照上级要求，街道办事处进一步加大了城乡环境综合整治力度。投入资金1200万元进行170万平方米的道路清扫，已清运垃圾38500吨。投入41万元对辖区公厕进行日常清扫、维修管理。同时，在英郡一、二期进行了生活垃圾分类收集处置工作试点。投入40万元疏掏沟渠河道1万余米，清运淤泥近2万方。拆除违章广告1.1万平方米，清理占道灯箱、广告牌2830次，查处清理无证摊贩6000多个，联合交警整治乱停乱放车辆500余次。目前，共受理相关投诉6180件，办理回复率为100%，在成都市数字化城管中名列全市前茅，在成都高新区多次排名第一。

(七)确保经济增长　加强对口扶贫

全年，街道办事处完成全口径财政收入169823万元（其中一般预算收入29155万元），比去年同期增长86.5%，超额完成年度工作目标的78%，完成奋斗目标11%。新引进企业886家，其中注册资金在100万元以上的企业120家，1000万元以上的企业14家。引进四川省外资金151591万元，完成目标153%。召开了辖区重点企业联谊会、统计培训会等，加强与企业的联系和服务工作。

街道办事处多次与对口帮扶的彭州市九尺镇永兴村协商，出资18.5万元进行现代农业示范园大棚控温设施配置、服装来料加工作坊两个扶贫项目支援，并联系企业认养黑毛猪，关注当地的贫困户生产生活。向高新区对口帮扶的理塘县拨付20万元发展大蒜种植项目。

(八)健全教育监督　加强党风廉政建设

一是认真落实党风廉政建设责任制，启动

了廉政风险防控机制建设，开展了日常干部教育培训、党员轮训、两支执法队伍集中培训、机关人员拓展培训等工作。二是做好警示教育，使党员干部时刻保持清醒头脑，提高自律意识。街道领导与相关部门、社区人员进行廉政谈话，与新任命和当选的社区负责人、新招聘人员进行上岗前谈话等。三是深化行政效能建设，按照成都高新区作风整顿要求，积极开展了机关、社区的作风督查和整改工作。四是加强工作措施，开展了财务审计、小金库检查、规范招投标、小工程审计等工作。五是强化服务意识，落实重大事项的决策听证制度，定期收集社情民意，召开各种形式会议，开展第三方满意度测评，虚心听取群众意见。六是做好党务、政务、财务公开工作，已制定了实施方案，年内完成街道、社区、村的“三务”公开工作。

2012年工作安排

2012年，街道党工委、办事处确定了“紧紧围绕加强社会管理和创新实践活动，以改善民生为出发点，加强党建为着力点，规范服务为突破点，提高群众满意度为落脚点，不断促进思想理念新觉醒，争创文化建设新成就，推动街道各项事业新发展”的工作思路，将重点做好以下工作：

（一）围绕重点工作　密切联系群众

将以维稳为重心，做好当前和今后一段时期的转非后续工作，全力维护稳定局面。为此，一是积极落实各项民生措施，深化“领导挂点、部门包院、干部帮户”活动，坚持困难群众的排查，落实惠民利民措施。二是畅通民意诉求渠道，抓好规范化服务型政府建设，促进形成稳定和谐的氛围。三是继续加强大信访格局建设和治安整体联动机制建设，确保推进重点工作过程中实现辖区的稳定。

（二）加强社区建设　创新管理服务

继续做好居委会、党支部的选举，选好、配好基层领导班子。实施对双祥社区的细化管理，划分为2-3个社区。探索和创新管理服务模式。一是通过培育新型社会组织，把政府扶持和市场机制结合起来，积极引导社会组织参与管理服务。二是完善院落党支部、议事会、院委会，深入推进院落自治，三是设立社区综合服务站，为居民提供更方便快捷的服务，四是坚持通过文明和谐院落、和谐文明户评选活动，增强居民参与基层自治的原动力，不断完善基层治理结构。

（三）落实便民惠民政策　维护和谐稳定

街道办事处将结合“领导挂点、部门包院、干部帮户”群众工作的开展，加快各社区院落、办公场所等硬件设施建设，根据成都高新区管委会的重点工作要求，抓好农转非后续维稳工作和惠民政策的落实，深化就业和民政帮扶措施。结合民生热线、听证会、社情民意等，畅通民意渠道，及时协调解决群众反映的问题。

（四）深化环境综合整治　提升区域对外形象

巩固文明城市创建成果，继续深化城乡环境综合整治工作，加大水和大气环境综合整治，开展文明示范社区、社区院落综合整治，确保街面、院落、市场、河道清洁卫生，确保各项测评成绩优良。

（五）壮大区域经济　确保持续发展

抓住天府新区建设契机，继续开展招商引资及企业服务工作。做好现有企业协税护税工作，为辖区稳定、民生、和谐等重点工作提供有力的经济支撑。

（六）强化团队建设　打造一流桂溪

将按照加强干部教育管理工作的要求，整合各种师资力量，通过集中式及专题式培训、外出考察等形式，拓展思路，提高素质，增强业务能力，更好地服务于成都高新区重点工作和天府新城建设。

专 文

SPECIAL ARTICLES

街道老年大学教育规范化之管见

成都高新区桂溪老年大学常务副校长　谭伯祥

改革开放以来，随着城市政治、经济和社会建设的发展，为了落实党中央、国务院关于“老有所养、老有所医、老有所教、老有所学、老有所为、老有所乐”的老年工作目标，丰富老年人精神文化生活，提高老年人的综合文化素质，满足老年人就近上学的愿望，全国各大城市的街道都纷纷办起了老年大学。街道老年大学与大专院校老年大学、企业老年大学、乡（镇）老年大学有很大区别，街道地处城市市区，地盘狭小，财力不足，校舍简陋，生员较少，学员文化水平参差不齐，兴趣爱好各异，开办老年大学困难很多。有的只设唱歌、跳舞的少数专业，规模很小；有的不配专职管理人员，不请专业老师；有的利用街道办事处的会议室作教室，根据本辖区人力资源情况开展一些力所能及的活动，没有正规地设置班级和开设专业课程；有的甚至只是挂个牌子，没有进行老年教育活动。

2011年12月2日，桂溪街道老年大学首届理论研讨会在桂溪街道办事处五楼会议室举行，常务副校长谭伯祥在会上交流的论文“老年大学教学规范化管理之我见”获优秀论文一等奖。

在学习贯彻《国家中长期教育改革和发展规划纲要》（2010–2020年）中，为了提高老年教育质量，中国老年大学协会老年教育学术委员会成立了老年大学教育现代化和规范化两个课题组，对老年大学教育如何实现现代化和规范化进行专题研究，为老年教育指引了方向。街道老年大学承担了本辖区的老年教育任务，街道老年大学教育也应实行规范化，才能很好地落实《国家中长期教育改革和发展规划纲要》(2010–2020年)的基本要求。

(一)街道老年大学教育规范化的重要性和必要性

规范化地办好城市街道老年大学教育既是基层党委、政府的应尽的职责,也是老年教育事业健康发展的本质要求。同时也是广大老年人的希望。

1. 街道老年大学教育规范化是国家老年教育法规的要求。《中华人民共和国老年人权益保护法》明确提出"老年人有继续教育的权利。国家发展老年教育,鼓励社会办好各类老年学校。各级人民政府对老年教育应当加强领导,统一规划。"国家以法律的形式规定,各级政府要加强对老年教育的领导,要保障老年人受教育的权利,办好老年学校。中共中央国务院在《关于加强老龄工作的决定》中要求"各地要重视发展老年教育事业,……鼓励和指导社会力量按照有关规定兴办各类老年学校。各种老年教育主要为老年人提供物质文化生活所需要的知识和技能;使更多的老年人能就近参加学习。"《国家中长期教育改革和发展规划纲要(2010–2020年)》中明确"重视老年教育",这是中共中央第一次在党中央文件中写上了老年教育,将老年教育纳入国家总体教育发展的战略规划,使老年教育规范化。《中国老龄事业发展"十二五"规划》要求"加强老年教育工作。创新老年教育体制机制,探索老年教育新模式,丰富教学内容。加大对老年大学(学校)建设的财政投入,扩大各级各类老年大学办学规模。"加强街道老年大学教育规范化建设是有法可依的,是法律法规赋予各级人民政府的职责。

2. 街道老年大学教育规范化是学校性质的要求。2002年8月版的《古代汉语词典》对学校的解释是:《礼记·学记》:"古之教者,家有塾,党有庠,术有序,国有学。"古时候从家庭到国家都设立有学校。2003年2月版《现代汉语词典》对学校的解释是:(1)专门进行教育的机构。(2)学习的专门场所。强调要有专门的机构和校舍。2003年4月版的《辞海》对学校的解释是:"有组织、有计划地进行系统教育的机构。起源于奴隶社会。中国古代的学校,据《孟子》所载:'设为庠、序、学、校以教之。'在开始产生时,往往不是专门的教育机构,而兼为习射、养老的场所。其后的学校一般称为学。清末兴办近代教育,在1902年(光绪二十八年)的《钦定学堂章程》中称为学堂。1912年的学制中改称为学校。"上述的解释对学校的定性非常明确,学校就是一个由教育机构和教学场所组成的专门的组织或单位。街道老年大学名字叫大学,那就应该是有足够的场地和健全机构的规范的教学组织。

3. 街道老年大学教育规范化是教学目的要求。江泽民同志指出:"办好老年大学有利于团结广大老同志,使他们寓乐于学,老有所为,实现他们服务社会的崇高理想,为推进精神文明建设发挥积极作用。"老年大学教育的教学目的就是使老年人老有所学、老有所乐、老有所为、学中求乐、乐中有获,引导他们形成积极向上的精神风貌,健康快乐的生活方式,增进他们的身体素质,提高他们的政治文化素质。要达到此目的,就要有专门的机构来组织,就要提供足够的场地来使用,就要有教学经验的教师队伍,就要有学员学籍的管理,就要有公共大课的组织,就要有各种专业课程的安排,就要开展各种课外活动和对外学习交流,就要有教学成果展示和运用,就要有财务的管理。一句话,就是要使街道老年大学的教育规范化。

4. 街道老年大学教育规范化是广大老年学员迫切的要求。街道社区的老年人成份较复杂,有矿山、工厂等企业单位退休的,有学校、医院、科研等事业单位退休的,有国家机关和部队单位离、退休的,也有农转非居民和城市无业居民中的老年人。他们由于受教育程度不同，工作和生活环境不同，他们的兴趣爱好也各异。有的要学吹拉弹唱，有的想学摄影照相，有的要学蹦蹦跳跳，有的想学书法国画，有的要学传统武术，有的想学语言文学，有的要学电脑操作，有的想学中医按摩，有的要学养花养草，有的想学打球赛跑。要满足社区老人们的求学要求，就要开办规范化的街道老年大学。

（二）街道老年大学教育规范化要达到的基本标准

开办街道老年大学参照省、市、区级老年大学的要求，比照乡（镇）老年大学的标准，基本达到以下教学条件。

1. 要有明确的办学宗旨。办学宗旨是老年大学建设发展的总方向和总方针，是一切教学活动的指南，决定老年大学成败。应以马列主义、毛泽东思想、邓小平理论、“三个代表”重要思想为指导，坚持科学发展观，遵守宪法、法律、法规和国家政策，遵守社会道德风尚。应该有增长知识、丰富生活、陶冶情操、促进健康、服务社会等方面的内容。

2. 要有健全的领导班子和工作人员队伍。要按照街道老年大学章程的规定成立校委会，重大问题由校委会集体决定。为了加强对老年大学的领导，落实教学经费，街道老年大学的校长（法定代表人）一般应由街道办事处主任兼任，并配备一名主持日常工作的专职的常务副校长，要设置办公、教务、后勤等工作部门，配备由在编和聘用人员相结合的3-5人的工作人员队伍。学校领导和工作人员应做到政治业务素质强，具有开拓创新精神，爱岗敬业，热爱老年教育事业，热心为老年人服务，工作有序，真抓实干，分工合作，成绩显著。

3. 要有完善的基础设施。街道老年大学的软硬件设施要齐全，应有1000平方米以上的教学和办公设施，要有1000平方米以上的室外活动场所。声乐和乐器教室出黑板（白板）桌子椅子外，还应有钢琴或专门乐器。舞蹈和武术教室里面应装配镜子和拉杆，还应有音响设备和临时存放衣物的柜子。书法国画教室投影设备和桌子板凳。电脑教室和学校办公室都应配计算机。各专业教室都应配备相应的教学设备。还应有卫生和喝水设施等。

4. 要有健全的管理制度。制度建设是街道老年大学规范化建设的重要保证，街道老年大学应该建立一套完整的规章制度。要建立各种会议制度，各类学习制度，学员管理制度，教师管理制度，学籍管理制度，课堂管理制度，考勤制度，各类教学器材管理制度，评比先进集体和个人制度，财务管理制度等。要规定校长到工作人员的工作职责，班主任到班委会委员的职责。还要设计各个岗位的任职条件和任职能力。

5. 要有专业的教师队伍。教学质量的提高，关键在教师。街道老年大学要组成三结合的教师队伍，教师队伍中既要有德高望重、教育教学经验丰富的老一辈学者、教授、专家，又要有思维敏捷、风华正茂的优秀中青年教师。要根据开设专业的需要配齐、配足专业老师。还要加强对教师的教育培养和管理，要关心他们的成长和进步。

（三）街道老年大学教育规范化应注意的问题

街道老年大学教育涉及政策和措施、硬件和软件、制度和管理、人、财、物等方方面面的问题，但我个人认为应注意一下主要问题。

1. 提高对街道老年大学教育规范化重要性和必要性的认识，领导重视是关键。领导是解决街道老年大学教育重大问题的关键。街道党工委和办事处领导、老年大学领导应认真学习中央关于加强老年教育的重要指示，认真学习国家和地方关于加强老年教育的法律法规，进一步认识创办街道老年大学对提高中老年人政治文化素质的重要性，对加强基层和谐社会建设的必要性的。正确处理好经济建设与老年教育的关系，自觉加强对街道老年大学的领导，把街道老年大学校舍建设纳入经济和社会建设规划，切实解决街道老年大学教学场地问题，统筹解决老年教育的人财物的问题。

2. 街道老年大学要进行登记注册，取得法律主体地位是老年大学教育规范化的基础。现在有的街道老年大学教育是凭街道党工委或办事处的会议决定，就叫上几个人把老年大学办起来，或是街道领导根据上级的指示就让街道上有一定组织能力的离、退休人员把老年大学办起来的，没有正式登记注册，在办学过程中遇到很多实际问题。只有真正落实办学场地和注册资经，制定章程，正式的申请并登记注册，成为法人主体单位，才能明确学校工作人员的人事和工资关系，解决后顾之忧，安心老年教育工作。如无正式的注册登记，明确经营范围，就不能依法开展教学活动，就不能在银行开设账户，就不能进行正常的经济往来。没有登记注册，就不能在财税部门申领票据，进行正规的教育收费。没有正式的登记注册，不能雕刻公章和制作钢印，就不能发放学员证书和结业证书，进行正常的学籍管理，也不能解决对外合作中债权债务方面的问题。街道老年大学没有法律主体地位，不能与临时聘用教师签订服务协议，明确双方的责权利关系，不便对教师队伍的管理。

3. 提供足够的教学经费是街道老年大学教育规范化的根本保证。“巧妇难为无米之炊”，老年大学教育要规范化运行需要足够的经费作保证。老年大学教育带有公益性和福利性，只是象征性地收取少量费用，收取的报名费远远不够学校正常运转的开支。老年大学要正常开班行课，还有很大的资金缺口。所需经费来源，首先是需要街道办事处财政给予支持，这是经费的主要来源。第二是所在辖区的企事业单位的赞助和社会捐助，这是临时和次要的经费来源。第三是老年大学成立老年艺术团，参加对外的演出获得一定收益，作为老年大学的辅助性经费来源。只有有了足够的教学经费才能保证老年大学建设上档次、上水平。

4. 保证教学质量是街道老年大学教育规范化的重要措施。搞好街道老年大学的教学质量是保证老年大学健康可持续发展的重要方面。要想有较高的教学质量，一是制定教学计划。根据办学宗旨、目的和教学大纲的要求制定切实可行的教学计划，明确专业设置、班级编排、上课教师、教学内容、教学时间、教学目标和教学要求等内容，并在实践中充实和修订，保证计划的可操作性。二是要加强对各科教师教学活动的管理。开学前准备教材和收集老师的教学计划，新进教师试讲，跟班现场了解教学效果，查看《教学日志》，召开座谈会收集学员意见，考核教学效果。三是加强课堂管理。坚持考勤和请假制度，统一着装（有着装要求的专业），严格课堂纪律，明确上下课礼节，检查教学进度和效果。四是加强教学成果的检验和运用。根据学员所学专业特长组成表演队或艺术团，参加本级和上级的演出活动，节假日组织对社区和企事业单位作演出和展示活动，一学年或一学期组织一次学习成果汇报会，能上台展示的科目，如声乐、民乐、舞蹈、时装、武术等都现场演出，书法、国画、摄影作品用展板展出，电脑、中医按摩用文字加照片展示，并请专业人员现场评分，根据分数高低评出先进集体和个人，用以激发老师和学员们的积极性，以保证街道老年大学发展道路越走越宽扩。

以创建为契机　着力体制机制创新
促进社区卫生服务可持续发展

成都高新区桂溪社区卫生服务中心主任　熊　伟

为深入贯彻《中共中央国务院关于深化医药卫生体制改革的意见》及省、市深化医药卫生体制改革的有关精神，进一步推进社区卫生服务体制、机制改革，加强社区卫生服务中心的内涵建设，维护社区卫生服务公益性质，依据卫生部办公厅《关于开展全国示范社区卫生服务中心活动》的文件精神，桂溪社区卫生服务中心于2011年全面开展创建示范社区卫生服务中心活动。我现将桂溪社区卫生服务中心创建活动的具体做法与体会作简要汇报。

一、基本情况

桂溪社区卫生服务中心于2007年10月由原高新区桂溪卫生院整体转型而来，桂溪街道办事处斥资数千万元，打造了政府举办公益性非营利的功能齐全、布局合理、环境温馨舒适的桂溪社区卫生服务中心，中心覆盖桂溪街道办事处管辖范围，服务面积21.5平方公里，辖12个行政村和7个社区。服务人口83979人，其中常住人口56125人，流动人口27854人。

中心建筑面积3200平方米，业务用房面积2866平方米。设置免疫规划科、儿童保健室、妇女保健室、全科诊疗科、中医药馆、康复科、中西药房、检验、影像、功能等科室。

中心现有职工49名，其中注册医师20名，注册护士17名，高级职称3名（其中：注册全科副主任执业医师1名），硕士研究生6名。

二、具体做法

四川省、成都市、高新区各级政府高度重视，给予中心大力的支持和指导。中心在创建活动中以“高新区社区卫生综合改革”为契机，做到狠抓“四个落实”促达标；编制“一个规划”促发展；理顺“一个体系”促保障；推行“五个机制”促运行；落实“三个服务”促惠民。让辖区居民分享改革的成果和创建的实惠。

（一）高度重视，狠抓创建“四个落实”

1. 组织落实。高新区、桂溪街道办事处将“创建活动”纳入今年工作的重要议事日程和目标管理。加强领导，形成街办、社区、中心齐抓共管的工作态势，成立以街道办事处主要领导任组长，中心主任任副组长的创建领导小组，并制订了桂溪《创建全国示范社区卫生服务活动方案》等，确保创建活动顺利开展。

2. 资金落实。街道办事处将“创建活动”纳入专项管理，配备专项经费，用于创建所需社区动员、宣传培训、资料准备、专家指导等。确保创建活动有效运行。

3. 责任落实。按照创建评估指标体系要求，实行评估指标责任制管理。将创建任务落实到街办有关科室、各社区和社区卫生服务中心，确保评估指标项目落到实处。

4. 督查落实。建立街办、社区、中心创建联系、督查机制，按照标准，规范运作，定期督查，及时整改，不断完善，确保创建活动圆满达标。

（二）着力长远，制定“一个发展规划”

2009年，中心在开展辖区卫生专项调查基础上，聘请院校专家进行调研并制定了《高新区桂溪社区卫生服务可持续发展规划（2009—2013年）》（以下简称《规划》），于2009年3月正式实施。五年目标：人人享有基本公共卫生和基本医疗卫生服务。锁定五年，全面推进社区服务可持续发展的运行机制和管理体制改革，建立健全设施完善、运行科学、人才稳定、功能良好、老百姓满意的社区卫生服务体系，做到辖区居民“小病在社区、大病进医院、康复回社区”。力争到2013年，在桂溪街道建成机构设置合理、服务功能健全、人员素质较高、运行科学、管理规范、机制稳定、措施有效的社区卫生服务机构，中心服务水平达到全国社区卫生服务先进水平。

（三）深化改革，建立“一个新的管理体系”

桂溪社区卫生服务中心全面贯彻落实国家医药卫生体制改革有关政策，不断深化社区卫生综合改革，在高新区开创的“政府办、街道管、三级考、社会评”的具有高新特色的社区卫生服务管理体系引领下，明确社区卫生服务中心为街道办事处下属的公益性事业单位，街道办事处负责将社区卫生服务工作纳入社区建设统筹规划和社区建设目标，并整体推进。同时，街道办事处负责对所辖社区卫生服务中心的人员、财务、设施、设备和日常工作进行全面管理，对社区卫生服务机构负责人实行聘任和绩效考核，理顺了管理体制，将社区卫生服务真正纳入大社区建设中。

（四）开拓创新，推行“五个运行机制”

1. 实行管办分离，探索社区卫生服务管理新模式。在高新区特有的街道办事处直接管理社区卫生服务中心的体制下，桂溪社区卫生积极探索社区卫生服务“政府办、街道管”的管办分离模式，从根本上确保政府医疗卫生行政管理部门“有所为，有所不为”地成为维护医疗卫生市场秩序的监管者、最广大群众利益的维护者、公共卫生资源合理配置的调节者。让政府卫生主管部门真正从“办医院”转向“管医院”。桂溪成立了由街道办事处分管领导牵头的社区卫生工作委员会，建立了街道办事处、社区等多方参与的沟通协调机制，并在社区探索推行网格化管理模式，引导居民树立健康理念和健康保健意识。近年来，社区居民健康知识知晓率、形成率逐步提升。

2. 实施街办财政管理，推行政府全额预算的收支两条线管理制度。2008年以来，桂溪街道紧扣社区卫生服务改革思路，按照《成都高新区社区卫生服务机构收支两条线管理办法（试行）》文件精神，启动了对桂溪社区卫生服务中心收支两条线管理的改革。中心将收入、支出纳入街道财政，集中分户管理、核算，中心财会人员由街道财政所委派，实行预算制。在财政部门指导下，加强对“收支两条线”管理，科学核定收入和支出项目，合理预算，合理使用，保障中心正常运行。从源头上让医务人员从“以药补医”、“以医养医”的经济利益中剥离出来，真正体现社区卫生服务的公益性质。

3. 实施人事制度改革，推行全员聘用和定编定岗不定人制度。中心根据高新区《社区卫生服务机构人员配备方案（试行）》，明确了社区卫生服务机构医技人员均实行定编、定岗、不定人的岗位管理制度。按照“公开招聘、合同聘用、岗位管理、绩效考核”的办法，进行双向选择，竞争上岗。对原有编制人员进行考试，凡不符合要求的人员通过离岗待退、转岗、培训等办法进行分流，同时广泛面向社会公开招聘优秀医技人员，建立起了“能进能出”的灵活用人机制。通过人事制度改革，中心卫生技术人员占100%；大学本科及以上占28.57%；中级职称及以上占18.36%；高级职称占6.12%；研究生硕士6人。

4. 实施绩效工资制，激发职工的积极性和创造性。中心按照《成都高新区社区卫生服务中心工作人员薪酬分配体系指导意见（试行）》，本着“改善服务、控制成本、激发活力、提高效率”的原则，制定了中心职工绩效考核办法，实行了职工以岗位工资和绩效工资为主要内容的收入分配制度。中心通过每月的绩效考核确定员工的绩效工资，体现多劳多得、优劳优得，充分发挥医务人员的积极性和创造性。

5. 建立绩效考核制度，提高财政资金的使用效率和效益。高新区建立了将社区卫生服务工作纳入对街道办事处的年度目标考核；街道办事处建立了每半年聘请“第三方”专业机构（四川大学或中医大学）对社区卫生服务机构进行绩效评估；社区卫生服务中心建立了每月对员工进行岗位绩效考核的三级绩效考核评估制度。通过绩效考核，不断改进服务质量，提高服务效率；通过绩效考核，在安排和拨付基本公共卫生服务项目补助经费时与机构考核结果挂钩，有效提高财政资金的使用效率和效益；通过绩效考核，进一步推动社区公共卫生基本服务项目扎实开展，逐步提高社区基本公共卫生服务水平。逐步建立“政府出资，机构服务，百姓受益”的公共卫生服务财政投入机制。

（五）惠及于民，提供“三个特色服务”

1. 搭建多元化服务平台，实施“四合一”服务。桂溪社区卫生实行了集“社区卫生、计划生育、残疾人康复、社区精神卫生”于一体，兼容基本公共卫生服务和基本医疗卫生服务的多元化服务平台，真正实现了辖区居民“进一扇门享受所有医疗卫生服务”综合、便捷、及时与高效的社区公共卫生服务。

2. 多部门联动，扎实推进精神卫生管理服务。2009年6月，由高新区残联牵头在桂溪社区卫生服务中心成立了高新区社区精神卫生管理办公室，建立了由卫生、民政、残联、公安、人事、财政等多部门联动管理精神疾病救治体系；构建了辖区精神疾病患者救治管理“组织网络”、“治疗网络”和“防治网络”等三大网络；实施了重性精神病患者高标准、全覆盖的医疗、生活保障制度。中心与成都市精神卫生中心（成都市第四人民医院）签订了《开展社区精神疾病管理治疗工作协议书》，市精神卫生中心每个月安排专家到社区，完善了社区精神疾病诊治流程，确立双向转诊标准，建立了就医绿色通道，为全区382名重性精神疾病患者提供门诊与住院救治“一条龙”服务。提高医疗和康复水平，降低精神疾病致残率，减少重性精神疾病患者肇事肇祸发生率，促进了家庭的稳定和社会的和谐。

3. 传承中医药文化，推广社区中医药适宜技术服务。中心按照国家、省、市《关于创建全国中医药特色示范社区活动》等文件精神，充分发挥中医药“简、便、廉、验、效”的特色和优势，为辖区群众提供中医药特色诊疗服务。一是大力营造浓厚的中医药文化及中国传统文化氛围，打造中医馆，二是以中医“治未病”为重点，大力推广多种中医适宜技术，都开展了针灸、火罐、中药敷贴、热疗、牵引、按摩、刮痧、TDP等10项以上的中医药服务。三是并定期举办健康教育讲座，普及中医养生、保健和调理等健康知识。四是开展了老年人、高血压、糖尿病、孕产妇、儿童中医药保健及健康管理。逐步将辖区长期接受中医诊疗的慢病患者纳入档案式微机化管理，并在此基础上初步建立随访机制，在中医慢病患者身上体现出健康管理理念。同时，积极创建成都市、四川省、全国社区中医药工作先进单位活动。2009年，获得成都市中医药特色示范社区卫生服务中心、2011年获得四川省社区中医药先进单位称号，中医治疗和中医药服务达到国家标准，并于今年11月初即将接受国家社区中医药先进单位评审。

（六）科研引领，提升社区卫生服务能力

一是参与卫生部疾病控制局组织的“全国高血压社区规范化管理”项目。二是参与中国疾病预防控制中心组织的“中国大城市中青年人饮水习惯与健康相关知识调查项目”。三是参与成都市卫生局、成都市保健院共同组织的“成都市社区0-3岁婴幼儿早期教育干预研究”。四是参与成都市第一人民医院“温阳利水治则配合罗格列酮改善代谢综合征（脾肾阳虚）糖脂代谢紊乱”的临床研究。五是通过ISO9001质量管理体系认证。

（七）文化活动带动团队合作精神

培育一支能团结协作、服务意识强、充满活力的中心团队，必然需要某种特质文化的支撑。因此，中心把组织和举办形式多样的文化活动，树立团队意识、增强队伍活力作为打造中心文化的重点。

年初，中心举办了以“我们是相亲相爱的一家人”为主题的职工迎春团拜会，极大地丰富了职工的文娱生活，进一步增强了职工凝聚力，激发了职工活力。2011年7月，中心组织全体员工分2批进行2天的《团队拓展训练》。9月，在高新区社会事业局举办的建党九十周年文艺汇演上，中心又积极组织员工参加了合唱和舞蹈节目演出，获得了全区文卫系统二等奖和三等奖的良好成绩。10月，中心举办了2010年摄影展览，中心共征集到摄影图片63幅，其中《山水风情篇》50幅、《卫生服务篇》13幅，收到了良好的效果。同时，为配合中心创建省级和国家级示范社区卫生服务中心，进一步提高中心在社区居民中的知晓率和满意度，营造中心与社区间文化氛围，促进精神文明建设，中心以健康教育为先导，与双祥社区联合举办了摄影图片展览，展览共征集图片179幅，其中《山水篇》表达了同志们寄情于山水间，对大自然的无限热爱，讴歌了在党的领导下祖国山河日新月异的变化；《风采篇》呈现了双祥社区和谐美满的生活场景、展现了中心白衣天使的精神风貌。影展产生了一等奖2名、二等奖4名、三等奖6名及优秀奖54名。丰富多彩的活动促进职工密切配合、展示才华、争取佳绩，既丰富了职工的文化生活，又展现出中心优秀团队富有团结、和谐、进取的白衣天使形象。

三、创建成效

（一）居民享有均等化的基本公共卫生服务

1. 健康档案管理：建立规范化建档34581人，规范化建档率达62%；

2. 预防接种：0-6岁儿童预防接种建证率100%、接种率100%。

3. 儿童健康管理：0-3岁儿童系统管理率96%，新生儿访视率100%。

4. 孕产妇健康管理：早孕建册率92.1%，产后健康管理率100%。

5. 老年人健康管理：65岁以上老年人健康管理率85%。

6. 慢性病管理：高血压建档率57.74%，规范化管理率96.69%，血压控制率75%；糖尿病建档率40.32%，规范化管理率91.06%、血糖控制率70%。

7. 重性精神病患者管理：重性精神病患

者建档率81.01%，规范化健康管理率100%。

(二)居民“看病难、看病贵”得到有效缓解

1. 门诊服务人次：2009年较上年同期增长52.04%；2010年较上年同期增长51.15%；2011年上半年较上年同期增长39.24%。

2. 门诊次均费用：2008年较2009年同期下降1.22%；2009年较2010年同期下降1.64%；2011年较上年同期下降4.08%。

3. 全面实施国家基本药物制度，有效地降低了药品价格，西药下降42%、中药下降28%，单处方费28.26元。

4. 贫困救助：辖区159名长期患病、低保人群通过分梯度的医疗救助，得到了及时、有效的全方位治疗。

(三)居民知晓率、满意度得到明显提高

2011年9月，第三方绩效评估组调查结果显示：居民知识知晓率98.8%、居民满意率88.58%。

(四)获得的荣誉

2011年，获得高新区管委会“群众最满意的民生工程”称号。

2011年9月，全省第一名获得“四川省示范社区卫生服务中心”称号。

2011年11月，获得“全国示范社区卫生服务中心”称号。

陈羽，成都高新区桂溪街道办事处助理调研员。2008年2月至2010年5月，参加四川省扶贫开发领导小组和省委组织部组织的第三批对口扶贫工作，到高新区对口的甘孜州理塘县任政府副县长。两年期满后，在县委、县政府的热情挽留下，在省、市和高新区组织部门的支持下，继续参加了第四批对口扶贫工作，并纳入四川省委组织部“千名干部人才援助藏区行动”计划。因此，2010年5月至2012年6月，任甘孜州理塘县县委常委、县政府副县长。2007年10月为街道党工委写的调研文章《“小手牵大手”共建文明社区》获成都市委宣传部“成都市思想政治工作创新案例获奖作品”二等奖。在挂职期间，撰写的《关于对西部国家级贫困县对口扶贫工作的一些思考》在甘孜州委政研室《调研与决策》2010年第一期上发表，其文中关于环境保护的观点，被2010年四川省两会代表（科教界）作为提案上交两会。撰写的《浅谈聂山旅游区的开发与保护》论文被四川省科协（技术经济和管理现代化研究会）评为2010年度优秀论文成果一等奖。三篇文章均在《光明网》上公开发表，特此收录。

——编者注

关于对西部国家级贫困县对口扶贫工作的一些思考

成都高新区桂溪街道办事处助理调研员　陈　羽

自从十年前，国家实施西部大开发战略以来，西部广大地区的社会和经济诸方面都取得了长足的发展。但是，与东部和沿海发达地区相比仍然存在着巨大的差距。笔者是2008年初，被派到成都高新区的对口扶贫单位——甘孜州理塘县挂职副县长工作的。近两年来，

本人到过甘孜州十八个县中的九个县（理塘县附近），并且几乎跑遍了全县24个乡镇中70%的乡镇。经过近两年来的工作实践和调查研究，现以理塘县的情况为例，就目前正在开展的对口扶贫工作提出一些意见和建议，仅供各位领导参考：

一、目前的现状

理塘县是新时期国家扶贫开发工作的重点县之一，位于四川省西部，甘孜藏族自治州西南部，地处青藏高原东南隅，有“世界高城、草原明珠、雪域圣地”之称。全县幅员面积14182平方公里，是四川省土地面积第二大县。全县平均海拔4100米，县城海拔4014米，理塘县气候恶劣，年均气温仅为3℃，极端最低温度为-30.7℃，全年无霜期短仅为40天，自然灾害频繁。高原缺氧现象十分严重，含氧量仅为内地的50%，被称为人类“生命禁区”。是全国海拔最高、气候最恶劣、环境最差、条件最艰苦的县份之一，被国务院确定为全国10个六类区县之一。全县辖5个片区工委，24个乡（镇）、214个村民委员会，人口6.1万人口，有藏、汉、回、彝、羌、土家等民族，其中藏族人口占95%，属藏民族聚居区；国道318线（川藏公路主线）、省道217线惯穿县境，交汇于县城，连接川、滇、藏、青四省区，是香格里拉旅游环线上的中心城镇和一级支撑点。县城距州府康定284公里，距省会成都654公里。历史上，理塘县城就是“商贾云集、茶马互市”之地，现已成为甘孜州南部各县的必经之地和入藏入滇的咽喉和物质集散地，称为康南中心。

由于自然条件的限制和恶劣气候的影响，长期以来理塘的社会和经济发展十分缓慢，各项基础设施建设严重滞后，全县教育、卫生、广电等社会事业十分落后，人民群众看病难、行路难、读书难、用电难、吃水难、就业难的问题十分突出。特别是，基础设施建设问题更加突出，理塘县是目前全州唯一一个还没有完成《县城控制性详细规划》的县，（最近正在进行）就更不用说乡镇规划了。由于没有《县城控制性详细规划》，本县各区乡的居民及周边各县的居民擅自到县城（高城镇）修建住房，使县城镇面积盲目扩大，目前，县城已经建成面积达6.2平方公里，全县40%以上的人口都居住在县城。各项基础设施建设严重滞后，城市道路、电力线路、通信线路及原有的简易给、排水工程都年久失修，远远不能够满足人们的生产生活需求。急需进行大规模的基础设施建设，需进行雨、污分流工程、城市道路改造工程、城市自来水工程、污水处理厂、垃圾处置场、电力及通信线路改造工程建设。（其中，城市自来水工程和垃圾处置场工程已经由国家投资正在建设中）。

各乡镇及村落的基础设施建设就更加落后，就乡村道路而言，全县除地处318国道和217省道上的乡村以外，其余的道路基本上都是低等级的土路，还有部分村没有通路。就乡村建设而言，一般乡村都是依山而建，傍水而居的自然村落。从最近进行的对地质灾害的拉网式排查结果看，许多村子都不同程度地存在着地质灾害的隐患。各乡政府、卫生院、派出所及林业站等等各单位大都建在比较大的村落间，条件非常简陋，许多单位的居住和办公用房都不能够完全分开。只有国家投资力度比较大的各级学校，才是当地最好的建筑和居住办公条件最好的单位。

据了解自改革开放以来，理塘县的社会、经济各方面都得到了长足的发展。但是，客观地讲，在医疗和教育方面却存在着退步的现象，在计划经济年代，县医院和区乡卫生院的医生都是以全国各地医科大学分配来的本科毕业生为主，而现在医生都是以州卫校毕业的中专生为主。就教育方面而言，以前各区乡都有中学，县上都有高中，而现在，大多数区乡只有小学，县上也只有初中而没有高中了。而且，教师的个人素质和整体教学水平也有所下降。

就生态环境而言，青藏高原是我们国家的上风上水和大江大河的发源地，生态环境已经十分脆弱，许多4000米以上的高山，仅仅由20厘米左右厚的草甸覆盖，草甸下面就是泥沙甚至是黄沙。随着草场的过载和人为的破坏，沙漠化现象已经日趋严重。如果不采取强有力的措施加以保护和恢复，就是对子孙后代的犯罪。近年来国家实施的“退耕还林、退牧还草”工程就是一项有力的保护措施。但是，还需要加大环境保护的力度。

二、产生的原因

首先是由于自然条件的限制，海拔太高许多人都有高原缺氧反映，道路交通又十分不便，加之恶劣气候的影响，长期以来理塘的社会和经济发展十分缓慢。到目前为止，理塘县基本上还没有一家上规模的工业企业，除移动公司、电信公司和电力公司稍大一点外，其余的都是些餐饮、宾馆等服务型小企业。因此，到2007年理塘县全口径财政收入仅570万元，由于进行了水电开发和矿产开发，2008年全口径财政收入终于突破了1100万元。而为了维持全县党政机关、24个乡镇机关、县级各单位、部门和医院、学校等事业单位的正常运转，每年通过财政转移支付和其他渠道的开支就需要几个亿，仅仅财政供养人员的工资开支就需要一个多亿。地方财政的收入与支出相差甚远，真可谓“杯水车薪”。

由于，理塘县的地方财政十分拮据，中央财政和省、州各级财政给的钱除各类专项资金外，绝大多均用于“吃饭”（维持政府部门的正常运转）。因此，基础设施建设严重滞后，地区的贫困状况也十分突出。近年来，作为新时期国家扶贫开发工作的重点县之一，国家加大了扶贫力度。各省也进行了具体的落实，就四川省而言，每个县都安排了一个省级机关单位和一个经济较发达的市、县进行对口扶贫支援，贫困状况有所改变。但是，由于历史欠账太多，到目前为止，还没有解决根本问题。同时，由于省委、省政府在安排省级各机关单位和经济相对发达地区的市、县到各贫困县进行对口扶贫工作时，仅仅对各援助单位提出了一些原则性的要求，而没有落实具体的经济指标（任务），所以，各援助单位和各援助市、县的对口扶贫力度完全是根据其领导的重视程度而定，在扶贫资金和扶贫项目上差距较大。

在人才方面，计划经济年代，大中专毕业生都是由国家统一分配工作，人才的配置基本上是全国、全省统筹安排，哪怕是再贫穷再偏僻的乡镇，都有医术较好的医生和水平较高的老师。然而，改革开放以来，计划经济向市场经济转型后，东西部的经济发展差距逐渐加大，在大中专毕业生就业方面，国家不再包分配，实行双向选择。由于自然条件和经济条件的限制，内地和经济发达地区的大中专毕业生就没有人愿意到边远贫困的地区工作。加之，改革开放后打破了“铁饭碗”建立了人才流动机制，大量优秀人才又纷纷涌向沿海经济发达地区和从边远贫困地区纷纷调回内地。一方面年轻的人才进不去，另一方面，现有的人才又留不住，就逐渐形成了目前这种医疗水平和教学质量下降，优秀人才严重匮乏的现象。

三、几点建议

西部的广大地区是我们国家的生态屏

障，地广人稀，气候恶劣，物产贫乏，生态环境已经十分脆弱。从国家利益出发，从爱护资源保护生态环境出发，必须采取如下一些措施：

1.首先，建议国家要进一步加大对西部贫困地区的扶贫力度，要像去年“5.12”汶川大地震以后，安排沿海经济发达地区对口支援地震灾区那样，安排沿海经济发达地区，每年拿出当地财政收入的一定比例的资金来对口扶贫西部贫困地区。将生活在这片土地上的人们全部“养起来”，加强基础设施的建设，尽快改变他们的生存空间和改善他们的生活环境。

2.今后，对西部各贫困县的县委、政府领导班子的年终考核，千万不要用GDP增长多少？全口径财政收入增长多少？这些指标来考核。而是，首先要考核该县在过去的一年中，社会是否稳定？人们是否安居乐业？然后，要看该县恢复了多少生态环境？破坏了多少生态环境？恢复了生态环境就进行奖励，破坏了生态环境就扣发工资。否则，西部地区的GDP和全口径财政收入的增长将会是以破坏环境和牺牲生态为代价换来的。

3.西部广大地区的矿产资源和水力资源比较丰富，但是，矿产开发和水电开发对生态环境的破坏程度都是比较严重的。因此，国家要严格控制开发规模和程度。对于矿产资源而言，可以进行必要的勘探工作，探明矿种和储量。除国家急需的矿种可进行开采外，尽量将其作为国家的战略储备，留给子孙后代去采外。对于水力开发而言，要认真做好规划，要做到有序开发、合理开发，要尽量少建电站，要建就要建上规模上档次的大电站，绝不能够遍地开花，要尽最大努力少破坏生态环境。

4. 西部广大地区的生态旅游资源十分丰富，国家要加大对旅游基础设施的投入，积极支持旅游开发。当然，也不能够盲目开发、过度开发。要通过认真规划，进行“适度”的开发利用。“适度”的开发利用可以提高当地广大农牧民的收入，“适度”的开发利用有利于生态环境的保护。良好的生态环境又可以促进旅游开发，要让宝贵的旅游资源在“适度”的开发利用中得到保护，在保护中得到充分的利用使之形成一个良性循环。

5.国家要不断地提高西部贫困地区广大干部职工的政治待遇和工资待遇，以吸引内地和沿海经济发达地区的广大优秀人才前去工作和生活。同时，还要将现有的干部职工进行素质和技能的培训，要采取请进来和送出去的方法。将内地优秀的专业技术人才派到各县对应的工作岗位，对当地人员进行传帮带。要将当地的业务骨干选送到内地和经济发达地区进行挂职培训。只有这样才能够提高广大机关干部、中小学教师和广大医务人员的整体水平和业务素质，从而才能提高广大农牧民的文化素质和身体素质。才能够使当地的经济和社会得到全面协调地发展，从而实现构建和谐社会的宏伟目标。

总之，西部广大的地区都是我们国家的上风上水和大江大河的发源地，也是我们国家的最后一片净土，生态环境已经十分脆弱。要保护好这片净土，仅仅靠一个县、一个州和一个省的力量是远远不够的。而是要从国家的全局利益出发，由中央来统筹安排，要举全国之力，要调动沿海经济发达地区的人力和财力来共同来努力，才能够保护好我们的生态环境。只有保护好了这片净土，我们国家的社会和经济才能够得以实现稳定和可持续发展，才能够实现中华民族的伟大复兴。

——摘自光明网

浅谈理塘县格聂山旅游区的开发与保护

成都高新区桂溪街道办事处助理调研员 陈 羽

格聂山旅游区位于甘孜州理塘县境内，该旅游区目前虽尚未开发，但已经有许多国内外户外运动爱好者到此旅游。格聂山旅游区有丰富的自然旅游资源和人文旅游资源，是一个极具开发潜力的旅游区。众所周知，旅游开发在给地方经济带来增长的同时，也会给生态环境和资源带来破坏。因此，如何把握好开发与保护的“度”的问题，如何运用科学的方法，使旅游资源在开发中得到保护使之实现可持续发展的问题，就是一个重要研究课题。以下是笔者的一些肤浅的看法仅供各位同仁参考。

一、概 述

理塘位于四川省西部，甘孜藏族自治州西南部，地处横断山脉北段，青藏高原东南边缘。全县大部分地区海拔载3600—4600米之间，县城海拔4014米，著有世界高城之称。幅员面积14182平方公里，辖5个片区工委，24个乡（镇）、214个村委会，总人口6.7万余人，其中藏族占总人口的96%。虽然国道318线穿城而过，直达拉萨，省道217线经此连接川、滇、藏、青四省区，但路况差、等级低、冬季冰雪路段多，距州府康定284公里，距省会成都654公里。理塘县气候恶劣，全县年平均气温仅3℃，同时，高原缺氧现象十分严重，有人类生命禁区之称，属国家级贫困县之一。

理塘县具有十分丰富的自然旅游资源和人文旅游资源，自然资源如：世界最大的古冰帽遗址—海子山（典型代表：神话铁匠山）、毛垭大草原、无量河源草原蛇曲（湿地）、高山海子、瀑布、溶洞及天然热喷泉群等等。人文资源如：长青春科尔寺（三世达赖建于1580年）、七世达赖诞生旧居（理塘县先后诞生了七世和十世达赖）八一国际赛马节、高城镇古藏寨民居等等。理塘县还是从国道318线到稻城亚丁的必经之路，也是目前川、滇、藏香格里拉生态旅游区的一个重要的支撑点。

而格聂山旅游区则是理塘县境内一个集人文旅游资源和自然旅游资源于一体的尚待开发旅游区。她是世界规模最大、最典型的古冰帽遗迹——“稻城古冰帽”的组成部分，拥有罕见壮丽的雪峰群和康南第一峰，拥有丰富的山地冰川、高原湖泊、温泉叠瀑、草原森林、湿地莽原、河流峡谷等生态资源，还有藏传佛教、藏寨乡村等独特人文资源。用二十个字总结为“奇在古冰帽，美在雪峰群，绝在大山水，胜在原生态。”早在几年前，两名美国著名的登山爱好者在攀登格聂山旅游区主峰——格聂神山时遇难。由此，格聂山一度成为了国内外关注的对象，她在国外的知名度大大提高。近几年来，一直有中外游客慕名前来旅游。它除了是登山爱好者向往的圣地外，还是科考人员、朝拜者、驴友、自驾度假者等神往的地方。

这里的古冰帽、森林、雪峰群、温泉（沸泉）、草原以及神秘的宗教文化，以它们独特的魅力吸引着各类旅游者。如果能将该旅游区有效地开发利用起来，不仅能够逐渐改变理塘县国家级贫困县的面貌，而且能进一步拓宽该县与外界的交流，使该县在社会和经济各方面得到更好地发展。目前，国家对藏区的各项优惠政策对格聂山旅游区的开发很有利，康定机场的建成、亚丁机场的立项待建以及川藏铁路项目已进入准备阶段，这些都将大大提高格聂山旅游区的可进入性。并且，其所处的旅游区位也大大加大了该旅游区的可开发性。在《中国香格里拉生态旅游区总体规划》中，格聂山处于中国香格里拉生态旅游区的腹心地带；在《甘孜州旅游发展总体规划》中，格聂山属于五个重点开发旅游产业区之一的亚丁香格里拉核心旅游产业区；也是甘孜州旅游局打造的康南黄金旅游环线，亚丁（稻城）——格聂山（理塘）——措普沟（巴塘）三大旅游片区的中心地带。在《理塘县旅游发展总体规划》中，格聂山旅游区是全县旅游发展的重要支柱。目前，县上投资50万元人民币搞的《格聂山旅游开发区总体规划》已经通过了省上有关部门组织的专家组的评审。

二、目前格聂旅游区的基本情况

1. 地理位置

格聂山旅游区位于理塘县西南部，与巴塘县、乡城县、稻城县相邻。其地理坐标为东经99.8，北纬29.8，位于沙鲁里山中段，海子山南端，定曲河和希曲河之间。规划面积---平方公里，属理塘县禾尼乡、喇嘛垭乡和章纳乡所辖。核心景区入口位于嘛垭乡政府所在地，距县城71公里，距州府康定350公里，距省会成都725公里。虽然距离发展中城市路途较远，但如前所述，现康南地区已建成康定机场，且亚丁机场已经立项待建，川藏铁路项目也已经进入前期准备阶段，这些条件都将大大缩短格聂山旅游区与周边城市的距离，并提高其可进入性。同时，格聂山旅游区自身所处的地理位置也大大提高了该旅游区开发的可行性：（1）国道318线横贯县域东西，省道217线始于理塘，连接稻城亚丁和云南香格里拉县。这使得理塘县成为了重要的旅游交通要道。（2）理塘县处于川、滇、藏香格里拉生态旅游区的中心地带，旅游区位条件好。（3）格聂山旅游区除了自身具有丰富的旅游资源外，理塘县境内还有其他十分丰富的自然旅游资源和人文旅游资源，与之相呼应。

2. 旅游资源

（1）自然资源

格聂山是青藏高原乃至世界规模最大、最典型的古冰帽遗迹——“稻城古冰帽”的组成部分。古冰帽亦可称“石头山”，是喜马拉雅山造山运动留给人类的珍贵古冰帽遗迹。古冰帽是许多地质学家、生物学家等科学考察人员考察的对象，过去很多科考人员为考察神秘的古冰帽专门赴稻城考察，而现在除稻城之外格聂山旅游区也为科考人员提供了又一片神秘的古冰帽考察地。特别是铁匠山，作为古冰帽活动遗迹，岩石怪异、造型奇特，堪称鬼斧神工，实乃人人所叹之奇状。身临其境，能够使人感到非常震撼，产生登月球的感觉。

格聂山内高山湖泊（海子）星罗棋布，是第四纪冰川作用的遗迹。如虎皮坝河曲清纯婉转，河岸绿草青青，又有繁花点缀，周边森林密布，这里犹如一处原生态的天然园林，在阳光的沐浴下使人流恋忘返。格聂山内泉眼广布、水量充足，如：嘎巫沸泉、仲拿沟温泉、热日卡温泉群以及冲八峡瀑布。除了这些，格聂山内原始森林广布，森林生态系统保存良好，生物多样性明显，以针阔叶混交林带和暗针叶林带最为典型，深秋构成的彩林景观色彩丰富、美轮美奂。而查冲西的天然牧场和草原景观保持了较为完整的草原湿地生态系统，绿草如茵、繁花似锦，还有松茸、獐子菌、虫草、贝母及大黄等菌类和药用植物。蓝天之下，雪山之间，成群的牛羊自由自在，是草原风光最典型的代表，也是游牧文化最好的载体。

在格聂山景区内，还具有十分丰富的珍稀动植物资源。如：国家I级重点保护的野生动物有白唇鹿、林麝、豹和雪豹等；国家II级重点保护动物兽类黑熊、藏原羚、藏猕猴等；鸟类有秃鹫及苍鹰等。有列入《中国珍稀濒危植物红皮书》的长苞冷杉，国家III级保护的树种康定杨、毛燕杜鹃、丽江云杉等。另外，格聂山的气象景观也十分丰富，有日照金山奇景、云海、雾瀑、冬春雪景、冰瀑冰挂、日出、彩虹、太阳雨和皓月等。在这里你可以真切地体会到"一山有四季，十里不同天"以及"东边日出西边雨"的景色。

格聂山旅游资源类型丰富，集合了类型各异的地质地貌形态和丰富多彩的生物景观，以海拔6204米的格聂山主峰（四川第三高峰）为中心，拥有雪峰群、原始森林、草原、海子、温泉、云海等构成了复杂而多样化的景观类型，分布错落有致、密度大、组合完美。其核心旅游资源世界一流，垄断性强，其景观奇特，资源丰富、生态原始、保持完好、具有重要的科学和美学价值，确实是一个极具开发潜力的景区。

（2）人文资源

格聂山旅游区拥有神秘悠远的宗教文化和丰富多彩的民俗文化。格聂山主峰就是一座充满宗教气息的神山。海拔为6204米的格聂山主峰为康南第一峰、四川第三高峰，被藏区称为神山中的"第十三女神"，是藏区的三大苦修之地，也是佛教24座圣地之一。格聂山脚下有至尊噶玛巴一世活佛曲吉、迪松钦布1164年修建的康巴藏区最古老的白教（现为黄教）寺庙——冷谷寺，寺院位于格聂山和海拔5807米的肖扎神山峡谷之中，寺内不仅收藏了大量经文而且还存放有，稀世之宝——母鹿角、从石中取出的法器——反转海螺和被誉为"格聂之心"的奇石。同时，格聂山旅游区的藏族民居高低错落，红顶白墙，几十户人家组成的寨子，犹如古代城堡，很有特色。而分布在格聂山旅游区的溜索、铁索桥、伸臂桥等更是充满了藏区和山区的特色，加上当地的民族歌舞、民族服饰、民间传说、藏戏等民族文化，这些丰富的人文资源使格聂山旅游区的开发变得更有意义更有价值。

三、旅游市场分析

1. 市场前景分析

根据理塘县文化旅游局提供的2005年至2007三年的调查资料显示，四川省和重庆市是理塘县主要的客源地，这表明短程市场在近期和未来一段时间内将是理塘县旅游发展的支撑市场。同时，以广州、北京、天津、上海等城市的旅游市场也表现出积极的上升趋势；从海外旅游者来看，理塘县的海外游客以欧美旅游者为主，同时日本、泰国等近程海外市场有较好的增长潜力。而从整个甘孜州的旅游市场来看，甘孜州接待的游客主要来自国内，其中成、渝两地游客最多，约占总数的70%，其余的客源以云南、广东、北京、上海、海南、天津等地为主；从入境游客结构来看，甘孜州2007年接待入境游客115045人次，其中欧美游客65576人次，为接待量的57%，已成为欧美旅游者的首选旅游目的地。在整个甘孜州游客旅游流向中，以稻城、理塘为主的康南地区约占全州接待游客总量的22%。从游客者的目的来看，旅游者来理塘的主要目的有：过境观光、节庆游、民俗考察及藏族文化研修等。

2007年甘孜州共接待游客326.196万人次，实现旅游收入23.4359万元，较2006年同比分别增加10.68%和12.2%，其中，接待入境游客11.05045万人次，同比增长22.15%，创汇3912万美元，同比增长33.54%。而2007年理塘县接待中外游客13.52万人次，实现旅游总收入9213.112万元，呈现出良好的发展态势。以下是甘孜州和理塘县旅游市场情况表：

表1　2005-2007年甘孜州旅游经济运行情况

年份 / 类别	2005年	2006年	2007年
国内旅游人次（万人）	225.37	285.29	314.6921
国内旅游收入（万元）	143109.95	185432.43	204549.74
入境旅游人次（万人）	5.9	9.418	11.504
入境旅游外汇收入（万美元）	1709	2929.27	3912
旅游总收入（亿元）	15.7	20.8867	23.4359
相当于全州GDP	30%	30%	29%

表2　2005-2007年理塘县旅游接待情况

年份 / 类别	2005年	2006年	2007年
旅游总人次（万人）	8.1067	9.7061	13.52
旅游总收入（万元）	5660.725	6913.23	9213.112
入境旅游人次（万人）	0.4236	0.3261	0.3021
旅游外汇收入（万美元）	31.34	23.86	20.33

以上两表的数据反映出，甘孜州和理塘县前几年的旅游市场都比较好，特别是国内旅游市场已成为甘孜州和理塘县的主要旅游客源市场。同时，海外入境旅游市场也表现出良好的发展潜力。近两年，由于受到2007年"八一"事件（十四达赖集团策划的分裂活动）的影响，旅游市场受到了毁灭性的打击，随着维稳形势的不断好转，今年的旅游市场已经有所回升，我们相信理塘的旅游发展前景必将是非常广阔的。

2. 目前理塘旅游接待能力的现状：

近几年，理塘县的旅游接待能力较从前有了很大的提高。目前，理塘县旅游接待设施较齐全、比较有知名度的酒店有康南酒店、明珠酒店、布达拉酒店、格聂酒店、高城宾馆等，其中康南、明珠、格聂酒店相当于三星级酒店，其客房设施设备和餐饮质量都较好，收费也较合理（一般套房为每人280元/天，单间为每人120/天，标间为每人60元/天）。除了上述酒店之外，理塘县内还有许多小的旅店和招待所，游客可根据自己的喜好选择住宿地。随着理塘旅游业的发展，理塘县县城内旅游接待能力得到提高的同时，境内所属景点地的旅游接待能力也得到了相应的提高。就格聂山旅游地而言，游客可到乡镇接待中心或藏民"家庭旅馆"住宿。在与当地工作人员和藏族居民的接触过程中，游客在享受热情的接待的同时，还能详知近几年格聂山旅游地的发展变化和人们传说中的格聂神山故事，在现实与传说中领略格聂美景。

四、格聂山旅游区开发与保护的几点意见

1. 处理好开发利用与保护的关系：

目前，格聂山旅游区尚处于一种待开发状态。从县城到核心景区入口的道路仅仅是简易的通乡公路，进入核心景区还需要骑马，转完所有景点需要几天时间。景区里面只有几个小小的藏族村落和一座康巴藏区最古老的白教（现为黄教）寺庙——冷谷寺，还没有任何专业旅

游设施。生态环境也没有受到太多的人为破坏，是一个原生态旅游的天堂。她深深地吸引了大批中外慕名而来的登山爱好者、科考人员、朝拜者、驴友（户外运动爱好者）和自驾度假者前来观光。据参加《格聂山旅游开发区总体规划》评审的旅游专家和地质专家说：“这里可以说是我们国家仅剩的最后几片净土之一”因此，生态环境的保护工作十分重要。

如何解决好开发与保护这对矛盾，就是我们研究的主要问题。青藏高原是我们国家的上风上水和大江大河的发源地，生态环境已经十分脆弱，许多4000米以上的高山，仅仅由20厘米左右厚的草甸覆盖，草甸下面就是泥沙甚至是黄沙。随着草场的过载和人为的破坏，沙漠化现象已经日趋严重。如果不采取强有力的措施加以保护和恢复，就是对子孙后代的犯罪。近年来国家实施的“退耕还林、退牧还草”工程就是一项有力的保护措施。

格聂山旅游区就地处青藏高原东南边缘，生态环境的保护工作任务十分繁重。但是，由于当地的自然条件恶劣、气候寒冷、高原缺氧、交通不便，社会和经济发展十分落后，人们的环保意识更加落后。当地的村民随意乱砍滥伐景区的树木，乱搭乱建破坏景区环境的现象时有发生。最近，两个乡的相邻两个村的村民之间为了眼前利益，发生草场纠纷，险些引起双方群体械斗。格聂山旅游区有着十分丰富的自然和人文旅游资源，如果不加以充分的开发利用也是一种对资源的浪费。适度的开发利用，可以提高当地广大农牧民的收入。同时，随着外来旅游人员的不断进入，一些先进的思想观念、生活方式及环境保护意识都会影响当地的农牧民，使他们逐渐改变过去的生活方式和随意乱砍滥伐景区的树木，乱搭乱建破坏景区环境的行为，随着收入的提高和生活方式的改变，为争夺草场而发生的群体纠纷也将会逐步消失。但是，如果过度的开发，又将给本来就比较脆弱的生态环境造成破坏，大量的游人涌入会产生许多生活垃圾和白色污染。同时，为了满足游人的生活及游玩需求而盲目新建的一些生活及旅游设施，同样会破坏景区的生态环境，这一点在其他已经过度开发的旅游景区已经成为了不争的事实。

如何把握好开发利用的“度”就是问题的关键。“适度”的开发利用有利于生态环境的保护，良好的生态环境又可以促进旅游开发。让宝贵的旅游资源在“适度”的开发利用中得到保护，在保护中得到充分的利用使之形成一个良性循环，这就是我们的目的。

2. 格聂山旅游区旅游开发的市场定位

根据格聂山旅游区只能够进行“适度”开发利用的原则，那么，我们对景区的旅游开发就应该有一个准确的市场定位，这个定位是什么喃？那就是，首先把旅游区定位于“低投入、高产出”开发的原生态旅游区。在客源开发上要确立“以高端消费群体（VIP贵宾接待）为主体，以登山爱好者、科考人员、朝拜者、驴友（户外运动爱好者）和自驾游者群体为辅助”的市场定位。

因为，格聂山旅游区具有与其他景区不同的特点。首先，她是我们国家仅剩的最后几片净土之一，生态环境也还没有受到太多的人为破坏，是一个原生态旅游的天堂，保护资源的责任重大。因此，从保护生态环境的角度出发，也应该对进入景区的人数进行限制。其次，该旅游区规划面积大2050平方公里，景区内海拔高度差距大，最高点6204米，最低点3100米，大部分地方海拔都在3800米以上。气候条件恶劣，高原缺氧现象严重。所以，这又从游客的身体状况上限制了大批的人，因不能够适应恶劣的气候条件，而不敢到格聂山旅游区旅游。加之，格聂山旅游区每年的适游期也较短（仅半年左右）。综上所述，格聂山旅游区的开发利用，决不能够以眼前利用为重，以牺牲生态环境为代价，靠每天吸引大量的游人进入景区的“量”来获利。而应该是以保护生态环境为主，严格限制每天进入景区的游人数量，积极组织各类消费水平高的贵宾团队，以“质”来取胜，从而使景区实现可持续发展的目标。

3. 实施格聂山旅游区开发的具体措施

根据《格聂山旅游开发区总体规划》，应该努力将格聂山旅游区建设成为保护、利用、管理一流的，与国际接轨的世界级旅游区。要把生态环境保护放在优先地位，增强科技支撑，提升环境保护的科技含量，确保格聂山旅游生态环境、地域文化及经济社会实现协调可持续发展。要实现以上目标，首先，是要采取政府主导战略：“实施政府主导、企业参与、社会联动模式”，其核心是突出政府在旅游区规划、保护、建设和管理过程中的主导地位，企业在特许经营制度下积极参与相关经营项目建设，将旅游区域内的社区及相关团体的发展与旅游区的发展更加紧密地联系在一起。几项具体措施如下：

1. 政府要做好开发的前期基础工作，如：搞好旅游区的总体规划，（这一点政府已经做了）要加强必要的基础设施建设，改善景区的道路交通条件，（目前正在进行中）；保障通信畅通。要组织动员社区群众的积极参与，要充分做好宣传教育工作，让景区内的广大农牧民认识到旅游开发将会带给他们的好处，并让他们树立保护生态环境的意识。还要组织当地的农牧民进行旅游接待的基础知识培训，提高他们的技能和旅游服务水平。（这项工作县扶贫办已经开始进行）

2. 县政府要成立一个以县文化旅游局为主，县公安局和景区所涉及的各乡政府参与的景区管委会。主要负责景区的管理和协调工作，负责景区的对外宣传，负责与各大旅行社联系组织各类高消费的团队来旅游，并在旅游旺季组织设卡，收取门票。

3. 政府要充分动员企业参与到旅游开发中来，根据理塘县高原缺氧情况严重的状况，在县城建设旅游基础设施时，要从“以人为本”的角度出发，要尽量考虑减少外来旅游者的体力消耗，并配备必要的增氧设施。目前，理塘现有的宾馆、饭店都没有考虑以上因素，都需要进行必要的改造。政府要充分调动企业的积极性，将自己现有的宾馆设施进行必要的升级改造。（如：有条件的宾馆可以增设电梯、在宾馆房间内增加供氧设施。）政府要引进一个具有相当实力的企业，组建一支以中高档越野车为主体的旅游车队，并且每辆车上都必须配备增氧设备（如：便携式氧气罐、袋或筒）。以提高理塘县旅游硬件设施的档次。

4. 根据以保护为主的原则，在景区内除按总体规划要求建一些必要的设施（如：景点示意图、导游指示标牌、游人休息的生态座凳及公厕等）外，要尽量少建人为的宾馆、饭店设施，以免破坏环境。在核心景区外的喇嘛垭乡和章纳乡政府所在地，政府要加强基础设施建设的投入，兴建一些公共卫生设施和给排水及处理设施。要进一步改善乡级卫生院的医疗卫生条件，要对乡容村貌进行必要的整治，以满足旅游开发的需求。要在两个乡政府所在地，分别建一个游人接待中心，其主要作用是，组织安排游客有序地进入景区，为游客提供咨询服务，设置马匹服务站，提供马匹租赁服务，并为游客安排食宿及为游客组织民间歌舞表演等等活动。

5. 进入景区后，游客的食宿问题应该以民居接待为主。乡政府要动员广大农牧民积极投入到民居接待工作中来，将自己现有的住房进行必要的改造，（民居建筑不变，在原有基础上增添厨房餐饮设施、卫生设施等）建成固定的民居接待点（家庭旅馆），为游客提供安全卫生的餐饮和住宿环境。在近期没有必要建宾馆、饭店，只有等到将来开发到一定程度，确实需要建设时再建。在核心景区内，要禁止建设任何宾馆、饭店。其食宿问题主要靠核心景区内几个自然村庄的民居接待为主，同时，在适当的地方临时开辟出露营区，满足自搭账篷的需要，并集中为营区配备野营灶、生态厕所、医疗服务等。以最大限度地保持核心景区的原始生态状况。

6. 政府要指导旅游企业、餐饮企业和广大农牧民增强服务意识，提高服务质量。充分利用理塘非常丰富的人文和自然旅游资源，开发出一批根据不同季节开展的独具地方特色旅游项目。如：组织游客在毛哑大草原上采白菌并搞野炊；组织游客在高山湖泊（海子）中垂钓并在湖边品尝自己钓起来的鲜鱼；组织游客进行格聂神山徒步探险游；组织游客铁匠山（古冰帽遗址）进行科考游等等。对每一位游客都要用接待贵宾的方式来接待，对每一个团队都要有专人全程陪同，无论搞什么活动，都应该是为每一个团队单独搞的，要让他们在理塘有宾至如归的感觉，要让他们吃好、玩好，玩得开心、玩得高兴，要让他们从内心感到，到理塘格聂山旅游不是花钱买罪受，而是一种身份（贵宾）的象征。

总之，要想将格聂山旅游区建设成为保护、利用、管理一流的，与国际接轨的世界级旅游区。这是一个艰巨、浩大的系统工程，不可能一蹴而就，必须坚持在统一规划的前提下分步实施，量力而行，确保项目建设一个成功一个，避免低水平建设和重复建设。要有效地保护旅游生态环境质量，加强环境教育，增强社区居民和旅游者生态环境保护意识。格聂山旅游区内的广大农牧民、寺庙僧人和居士都格聂山旅游区的守护者和建设者，也是地方民俗文化的重要载体和人文旅游资源的重要组成部分，他们理应在未来的规划建设和发展过程中发挥积极作用和受益。因此，在格聂山旅游区未来的开发建设中要坚持以“科学发展、富民惠民、共建和谐”为指导，将景区建设成为一个以旅游为龙头促进富民安康工程的典范。成为一个旅游生态环境、地域文化及经济社会实现协调可持续发展的世界一流的精品旅游区。

——摘自光明网

“小手牵大手”共建文明社区

——成都高新区桂溪街道办事处思想政治工作的新探索

成都高新区桂溪街道办事处助理调研员 陈 羽

近年来，随着成都市推进城乡一体化进程的加快，地处天府大道沿线，我市向南发展中心地带的桂溪辖区的城市化进程也不断加快，耕地急剧减少，失地农民和农转非人员不断增加，高新区管委会为了解决他们的居住问题，相继投资建设了一个又一个大型的农转非人员集中居住小区。越来越多的“农转非人员”进入社区成为“城市人。他们人虽然进了城变为了市民，但是，他们的思想观念却还是农民。如何管理和服务好这些农转非人员集中居住区的居民，特别是，如何从思想上转变他们的观念，这一重任就落在了各街道办事处的肩上。桂溪街道党工委非常重视该项工作，为此，桂溪街道党工委就如何做好农转非居民的思想政治工作做了一些新的探索。

一、开展“小手牵大手”共建文明社区活动的背景

目前，随着成都市征地拆迁政策的不断完善，特别是将农民全部纳入了社会保障体系以后，解决了老年人生活的后顾之忧，也鼓励

年轻人积极就业和购买社保。人均35平方米的住房安置标准，将他们从农村搬进了城市的居民小区，从“农民”变为了“市民”。但是，他们长期形成的因循守旧、自由散漫、小富即安的心态根深蒂固，缺乏新环境下的发展能力及健康的精神追求。这些人普遍文化水平较低，思想观念落后，生活卫生习惯教差。他们中的很多人都满足于那种“打点小麻将，吃点麻辣烫”的生活，且再就业择业观念很有问题，普遍存在挑肥拣瘦、眼高手低、高不成低不就，且不愿外出打工的现象。要彻底改变这些农转非居民的思想观念，不可能一蹴而就，也不是一时就能够完成的，而是需要一个较长的时间过程。如何做好这些人的思想政治工作，使他们尽快地从农民转变为市民，这是一道摆在我们面前的难题。于是，党工委决定在做好日常思想政治工作的同时，结合本辖区居民思想的实际情况，充分利用独生子女在家庭中的特殊地位及对家长的影响力，在辖区内选择了一个具有代表性的纯农转非居民的集中居住区——和平社区，与社区内的高新区和平学校一道，在社区居民和学生中开展了以“小手牵大手”共建文明社区活动为载体的思想政治工作试点。

二、“小手牵大手”活动的具体做法

1. 首先是找准突破口，狠抓农转非居民子女的思想教育

俗话说，“皇帝爱长子，百姓爱幺儿”。中国的绝大多数老百姓对自己子女都比偏爱，他们对单位领导、同事或朋友的话可以不听，但是，对其子女的话基本上都是言听计从。特别是现在的独生子女，在家庭中具有特殊的地位，并对家长有着较强的影响力。加之，他们的可塑性强，思想观念易改变。因此，我们认识到，要想尽快地、彻底地改变这些农转非居民的思想观念，必须以狠抓农转非居民子女的思想教育为突破口，让学校与社区两委密切配合，全方位地抓好中小学生的文化知识和思想素质教育，使他们能够尽快地从“小村民”转变为“小市民”。用他们的思想和行为去影响和带动他们的家长尽快转变思想观念。

2. 学校与社区密切配合，全方位地抓好中小学生的文化知识和思想素质教育

一般情况下，学校的教育与校外和家庭教育是脱节的。但是，自活动开展以来，在学校与社区两委密切配合下，将校内外教育有机地结合起来了。学校主要负责上学时间对学生的文化知识教育，放学以后则由社区负责对学生进行思想素质教育和行为规范教育。实现了对学生教育的全方位覆盖。

社区与学校共同制定了“新三好”评选方案，由社区、学校和家长共同介入。凡学生要参加“新三好”评选，首先，要在学校通过推荐或自荐，在班级超过半数得票后，填写新三好登记表，然后，到所在居民院内征求楼栋长和两名邻居的亲笔签名意见，最后到社区居委会签意见并盖章，才能被评为“新三好”学生。如果家长在社区有不文明的行为，将影响学生的评选。

和平社区居委会还捐资设立了“和平奖学金”，专门用于奖励各年级品学兼优学生。学校和社区共同制定章程，确定候选人名单，名单在学校公示一周后，报请“和平奖学金”管委会审批，颁奖大会由社区领导亲自为获奖同学颁发奖金及证书；将获奖同学的事迹在校及社区进行公开宣传表扬，并向其家长发喜报。

3. 社区与学校共同开展了丰富多彩的活动

学校共青团、少先队，组织了学生志愿者，长期为社区内的老弱病残、优抚对象、特困家庭、弱势群体等提供力所能及的援助服务。引导学生做好事，开展了“我为社区做一

件好事，提一条建议；为学校老师做一件好事；为邻居做一件好事；每天为父母做一件好事；用节约的零花钱为长辈买一件礼物”的系列活动。

学校还组织文明监督岗进入社区：由各年级学生分片包干院落和楼栋，对社区内不文明着装、不文明用语、不爱护环境等不文明现象进行监督，并组织学生积极参与清洁社区外墙污渍、清除牛皮癣、打扫社区环境卫生等公益性劳动。学校还组织学生小广播员到社区广播站进行创文明城市、维护社会公德、安全卫生等方面的宣传。学校还组织小记者队、歌舞队、鼓号队、体育队等积极参与社区组织的各项文体活动。

每当节假日及寒暑假期间，社区居委会则派人协助学校对学生进行校外管理。社区充分利用了现有的资源，为学生开放各种有益的文体活动场所，为学生组织书法、绘画比赛和各种知识讲座，并组织学生走向社会，参加社区组织的各种丰富多彩的宣传教育活动。如组织参加“学习雷锋树新风”、“社区是我家，爱护环境靠大家”、“远离毒品，珍爱生命”、“崇尚科学，破除迷信”、“我是社区小交警”等等活动。丰富了学生的业余文化生活，提高了学生的思想素质。

4. 充分利用“市民学校”加强对居民的思想观念教育

社区在狠抓农转非居民子女的思想教育的同时，充分利用社区“市民学校”这一阵地加强了对农转非居民的思想观念教育，组织了一系列内容丰富的技能培训和知识讲座。在子女的影响和带动下，广大居民能够积极踊跃地参加各自感兴趣的技能培训和知识讲座。

首先，分期分批地免费为农转非居民组织了《再就业择业观念引导性培训》和各种职业技能培训。其次，开展了由学生和父母共同参与的以家庭为单位的“文明家庭”评选活动，倡导“尊老爱幼、男女平等、夫妻和睦、勤俭持家、邻里团结”的家庭美德。要求学生每天上学、回家都要向父母长辈告别、问好。让孩子学会了文明礼貌，并以孩子的行为影响和带动一家大小，培养了家庭成员的社会公德和社区责任感。再次，利用社区“市民学校”，传授教育子女全面和谐发展的知识、方法和技能，帮助家长走出育人误区。然后，经常性地为居民组织了各类专题知识讲座，如：文明礼貌常识、科普知识、法律知识、卫生与健康知识等等，努力提高居民的科学文化素质。

三、开展“小手牵大手”活动的成果

和平社区自开展“小手牵大手”共建文明社区活动以来，人们的精神面貌和思想观念都发生了较大的变化，中小学生更勤奋好学，更加文明礼貌，学校的整体成绩得到了不断提高。广大的农转非居民的思想意识、文化素质和文明程度也都不同程度地得到了提高。特别是再就业择业观念得到了很大的改变，他们都能够积极寻找适合自己的工作岗位，在去年市上组织的创充分就业社区检查中，和平社区就业率在高新区名列前茅，跨入了全市再就业工作的先进行列。

“小手牵大手”共建文明社区活动开展以来，在社区居民中引起了强烈的反响，小广播员到社区广播站进行创文明城市、维护社会公德、安全卫生等方面的宣传后，家长们都说：“孩子们的广播我们爱听，并从中了解了许多知识，记住了不少道理”。过去的一些不文明现象正在逐步消失，如：过去学校开家长会，“七、三班在那儿哦？”一个声音传来。“来了，来了！”老师赶紧迎出去，只见一件白色的汗衫提到了胸口上，手里夹着一支烟，脚上一双拖鞋发出啪嗒啪嗒的声音。“X的，简直不好找。”老师气得眼泪快掉下来了。会间，手机

音乐突兀而起，一男子随手扔下香烟：“喂，啊！哪儿在茶坊喔，在开家长会！”粗大的声音旁若无人。X老师微笑的脸快僵硬了：左边几个家长在拉家常；右边的人进进出出……老师讲完了，家长一哄而散，留下一片狼藉。如今，那位衣帽不整的家长说：“连娃娃都知道讲文明了，大人咋好意思再乱扔垃圾，光膀子、穿拖鞋到处跑。”又如：八年级某同学因家长生意忙而疏于管教，渐渐成为一匹难以驯服的“野马”，脾气暴躁的父亲往往只会对其拳脚相向，父子对抗特别严重。自社区推荐他上市民学校后，孩子父亲利用“市民学校”，经常求救教育方式，父亲暴躁脾气逐渐改变，父子间沟通逐渐增多，孩子表现明显好转。当邻居问他有何家教秘诀时，他笑答道：“多亏了市民学校”。

“小手牵大手”共建文明社区活动，还得到了市区有关各部门的关注和好评。和平社区于2004年12月，荣获中共成都市委、成都市人民政府“文明社区”称号和“成都市社区文化建设先进单位”称号。2005年7月，荣获中共成都高新区工委“先进基层党组织”称号。2007年1月，荣获中共成都市高新区工委组织部“2006年度基层党建、基层民主政治建设‘三联’工作先进单位”称号。

总之，通过开展“小手牵大手”共建文明社区活动以来所取得的成绩是显著的，广大农转非居民的综合文化素质和精神文明程度都得到了明显的提高，思想观念也有了不同程度的转变。目前，桂溪街道党工委已经将和平社区的经验和成果，正在辖区内新建的大型农转非人员集中居住小区——双源社区进行推广。六月底，双源社区党支部与社区内的大源学校在广场上举行了“小手牵大手”共建文明社区活动的启动仪式。

四、“小手牵大手”活动对今后抓思想政治工作的启迪

1. 抓思想政治工作是一项我们党自成立以来长抓不懈的工作，也是我们党的优良传统和作风。但是随着时代的变迁、社会的进步，抓思想政治工作的方法应该是与时俱进，不断发展、不断变化、勇于创新。

2. 抓思想政治工作不能千篇一律、照本宣科，要根据不同的时代特征、不同的工作对象和不同的社会群体，有针对性地去开展工作。

3. 在确定了思想政治工作的对象以后，要根据工作对象群体或个体的特点，从“以人为本”的角度去思考问题，努力寻找工作的切入点，认真找准工作的突破口。

4. 在当前的市场经济环境下，人们的思维方式和价值观念都发生了巨大变化，过去那种空洞无物的说教式思想政治工作方法已经不灵了。必须寻找新的工作载体，将思想政治工作的内容融入到各种丰富多彩的具有目的性的各项活动中去。

——摘自光明网

校园一角

街道组织机构

STREET ORGANIZATION

街道党组织

【中共桂溪街道党工委】 中共成都高新区桂溪街道党工委于2002年7月成立，是中共成都高新区党工委的派出机构，领导桂溪街道的各项工作，在街道各行政组织、经济组织、群众组织中发挥领导核心作用。负责贯彻执行党的路线、方针、政策和国家的法律、法规，组织实施上级党组织的决议，讨论、决定辖区内党的建设、经济建设、社会事业发展的重大问题，完成各项任务；领导基层党组织开展党的思想、组织和作风建设，坚持党管干部原则，依照权限，做好干部的培养、选拔、使用和管理工作，负责基层党组织的设立及调整，审批新党员，对党员进行教育和管理；发挥基层党组织的战斗堡垒作用，激发党员的先锋模范作用，深化社区党建工作；领导街道办事处的工作，支持和保证行政组织、经济组织依法行使管理职能，保证上级政府的政令畅通，促进街道经济和各项社会事业的发展；领导街道思想政治工作和精神文明建设，组织实施社会治安综合治理，开展形势、政策、法制宣传教育，提高党员群众的思想政治觉悟和科学文化素质，创造良好的社会环境；领导人民武装、统战工作和工会、共青团、妇联等群团组织，支持群众组织独立负责地开展工作；开展本辖区省、市、区属单位的协调工作和人民代表工作，密切党群关系，促进共同发展，推进社区建设；实施党工委以及办事处领导班子的自身建设，推进党风廉政建设，教育党员、干部遵纪守法，增强勤政意识，同违法行为作斗争。

【2011年中共桂溪街道党工委成员及分工】

街道党工委书记樊晓峰：主持街道全面工作

街道党工委副书记张学文：协助党工委书记开展街道工作。

街道党工委副书记、纪工委书记陈长贵：主持街道纪工委工作，负责党建、人事、宣传、群团工作，分管党政办公室工作。

街道党工委副书记张仲常：负责综治、维稳、信访、流动人口服务管理、市场管理工作，兼任街道社会治安综合治理办公室主任。

街道党工委委员王子琦：负责劳动就业、社会保障、经济、安全、动防、防洪、城乡统筹及农业工作，分管劳动和社会保障所、经济发展科工作。

街道党工委委员全少英：负责社会事务、计划生育、老龄、社区建设工作，分管社会事务和人口与计划生育科、社区管理服务中心工作。

街道党工委委员洪敬涛：负责国土、拆迁安置、城市建设工作，分管城市管理科工作。

街道党工委委员、武装部部长马玉良：负责武装民兵、预备役、征兵、城管执法、环保工作，分管城管执法中队工作。

街道党工委委员瞿蓉芳：主持党政办工作，负责办事处目标、机关内部协调管理工作，分管社会事务服务中心工作。

街道党工委委员、三瓦窑派出所所长吴若欢：协助张仲常开展综治、维稳工作。

街道党工委委员、三瓦窑社区书记陈治平（2011年12月14日被中共成都高新区工委组织部聘任为街道党工委委员）：主持三瓦窑社区全面工作。

【中共桂溪街道纪工委】 中共成都高新区桂溪街道纪工委是中共成都高新区纪委、成都高新区监察局的派出机构，纪工委受党工委和上级纪委的双重领导，其职责是：负责落实上级党委和纪委关于加强党风廉政建设的决定，维护党的章程和其他党内法规，检查党的路线、方针、政策和决议的执行情况，对党工委及其成员和其他党员、干部实行党章规定范围内的监督；协助党工委贯彻落实党风廉政建设责任制，加强党风廉政建设，纠正部门和行业不正之风，对党员、干部进行党风廉政、党纪政纪教育；受理对党组织或党员违反党纪、败坏党风等行为的检举、控告，受理党员对所受处分不服的申诉，维护和保障党员的正当权利和合法权益；检查所属单位党组织和党员、干部违反党的章程及党内法规的案件，并按照《关于处分违犯党纪的党员批准权限规定》和干部管理权限履行审批手续；负责辖区纪检监察、党风廉政建设和反腐败工作；完成上级纪委和街道党工委交办的各项工作任务。

纪工委书记：陈长贵

纪工委委员：瞿蓉芳、韩霜、徐爱武、周学儒

纪工委干事：宋立新

【桂溪街道武装部】 成都高新区桂溪街道武装部于2007年7月成立，是成都高新区桂溪街道党工委的军事部，街道办事处的兵役机关，受成都武侯区人民武装部和成都高新区桂溪街道党工委领导。街道武装部主要职责是：组织和带领民兵、预备役人员维护社会治安，参加两个文明建设和抢险救灾。协助有关部门做好拥军优属工作和军（警）民共建工作；负责民兵组织建设，完成民兵、预备役组织的整顿工作和预作；负责本区域的征兵工作和预备役士兵、预备役军官登记统计工作；协助有关部门开展国防教育，做好退伍军人的安置和军烈属的优抚工作；做好战时兵员动员工作；完成街道党工委、办事处和上级军事机关交办的其他工备役军事训练，并做好训练和执勤中武器装备的管理、维护和安全工作任务。

武装部部长：马玉良

武装干事：郭科

党工委工作机构

【党工委办公室】 桂溪街道党工委办公室2002年7月成立，是中共成都高新区桂溪街道党工委的办事机构，承担街道党工委的日常工作，负责街道党组织建设、政治宣传、纪律检查、行政监察、精神文明建设、工会、共青团、妇联等党务群团工作，负责人大代表、政协委员的联络工作。

主任：瞿蓉芳

副主任：李丛节

工作人员：宋立新、王有兴、张小梅、符佳毅、李丽、欧光蓉、胡静、杨琴敏

【社会治安综合治理委员会办公室】 桂溪街道社会治安综合治理委员会办公室2002年7月成立，是贯彻执行桂溪街道辖区综治委和上级社会治安综合治理委员会的工作指示并承担维护社会稳定、社会治安综合治理、来信来访、防邪、禁毒、流动人口服务管理、农贸市场管理职能的综合管理机构。

社会治安综合治理办公室主任：张仲常

社会治安综合治理办公室副主任：李天福

桂溪街道综治特派员：王际明

工作人员：宋荣娥、徐爱武、杨燕、张帆、田理会、但永宏、罗小敏、袁佳、熊鑫、刘杰慧

【综治巡逻大队】 桂溪街道综治巡逻大队成立于2011年，其前身是桂溪街道治安城管巡逻大队（1996年成立），是承担综合治理、维护社会治安和稳定的一支半军事化管理的队伍，受社会治安综合治理办公室领导和管理。

【2011年桂溪街道综治巡逻大队人员名单】

治安巡逻大队副大队长：陈军

治安巡逻大队副教导员：刘剑

中队长：王利、周林、苏开福、崔静彧

副中队长：贾先强、漆洪建、先海涛

组长：漆贵洪、李代强、晏江、刘洪军、赵庆源、但永宏、张占伟、王磊、郭华、叶志远、秦沛、林美远、敖锡伟、张小波、黄东、朱鹏云

副组长：郑万兵、周加波、李保友、赵翊、张光平、葛长勇、徐伟、方洪雨、曾军、白成荣、卢明、银亮、蒋华伟

队员：林振奎、黄军、何浩、吴兵、廖中良、吴成金、李加军、李明、刘年、王洪根、伍贵云、李靓、敬红花、林文、胡羚、杨陈、袁华、林振丰、张万刚、李长辉、刘志威、吴军、刘静、马涛、郑浩、白代勇、林振东、林家华、钟文成、钟文强、彭云贵、袁军、马明、陈能虎、蒋维雄、王路、林文峰、徐言刚、刘振、代大根、唐炳祥、徐言林、张怀兵、王际成、林美昌、廖远松、何光胜、刘青勇、廖建明、郑长志、周建、廖文、朱昌华、谭国平、高传云、谭德君、文忠、朱世明、张维春、廖波、郑三峰、陈培、周强、赵勇、袁旭东、张永鑫、郑义、吕建国、蒋元伟、魏夕见、薛兵、张正德、徐炳林、范国元、文明强、杜强、游江、徐辉、李军、付建均、张庆、张杰、季跃平、李进、李道明、江林、黄建彬、王坤、徐飞、白林、倪天龙、彭建刚、李建伟、张成林、易昆、李治刚、林云洪、罗家龙、罗进、白润、林波、张洪建、袁进、张杰、廖洁、李敏、郭家建、汪强、徐田、方显廷、王明、郭奇、赵斌、叶羽、张军、何发勇、吕宗建、刁雪元、方开超、黄友伟、佘江、肖伟、陈兴建、李文强、姚成均、蔡建林、张世国、袁建国、向东旭、秦大忠、陈静、高俊、侯义、郭洪、李云祥、马骏逵、佘建、郭林、涂翔宇、卢德富、刘波、范杰、陈贵、张志强、邓刚、张长君、李泽祥、马勇、李涛、龙江、胡波、卢军、程辉、张阳、唐宇、王元鹏、冯默牒、成洪刚、刘杨、刘强、邵伟峰、高翔、刘建、沈阳、王伟、李涛、陈大智、白代发、陈兴国、雷刚、李刚、徐孝刚、张昆、郑海、周杨、汪云波、谭志强、程文宇、何明、苏欢、张文龙、白代伟、李翼、翁雪燕、李万东、王正华、王成、廖远凯、徐军

村级党组织

【永安村党总支】 中共成都高新区桂溪街道永安村总支部委员会是领导永安村村民委员会

及各种组织开展各项工作的基层党组织，截至2011年有8个党小组，80余名党员。

党总支书记：陈古锡

党总支副书记：贾成英

支部委员：汪玉先、王平、方义彬

【和平村党支部】　中共成都高新区桂溪街道和平村支部委员会是领导和平村村民委员会及各种组织开展各项工作的基层党组织，2011年前有8个党小组，81名党员。因征地拆迁大部分党员分别转入和平社区党支部、新北社区党支部、新光社区党支部、紫薇社区党支部南新社区党支部以及庆安社区党支部，截至2011年和平村党支部党员总人数为8人。

党支部书记：杨人瑞

党支部副书记：秦开珍

支部委员：符顺福

【红光村党支部】　中共成都高新区桂溪街道红光村支部委员会是领导红光村村民委员会及各种组织开展各项活动的基层党组织，截至2011年有5个党小组，52名党员。

党支部书记：彭建国

支部委员：徐正根、刘桂蓉、晏代富

【石墙村党支部】　中共成都高新区桂溪街道石墙村支部委员会是领导石墙村村名委员会及各种组织开展各项活动的基层党组织，截至2011年有6个党小组，104名党员。

党支部书记：袁德昌

党支部副书记：李世荣

支部委员：廖泗河、白俊、林素香

【五岔子村党支部】　中共成都高新区桂溪街道五岔子村支部委员会是领导五岔子村村名委员会及各种组织开展各项活动的基层党组织，截至2011年有8个党小组，69名党员。

党支部副书记：付冬林

支部委员：张国清

【双土村党支部】　中共成都高新区桂溪街道双土村支部委员会是领导双土村村名委员会及各种组织开展各项活动的基层党组织，截至2011年有11个党小组，69名党员。

党支部书记：田春贵

支部委员：刘斌

【建设村党支部】　中共成都高新区桂溪街道建设村支部委员会是领导建设村村名委员会及各种组织开展各项活动的基层党组织，2006年最后一届有5个党小组，45名党员。（2006年12月张基勇调到街道双源社区筹备组组长）2006年最后一届党支部书记张基勇。

党支部副书记：成华利

支部委员：赵伟

【勤俭村党支部】　中共成都高新区桂溪街道勤俭村支部委员会是领导勤俭村村名委员会及各种组织开展各项活动的基层党组织，截至2011年有1个党小组，5名党员。

党支部书记：陈华永

党支部副书记：廖远建

支部委员：陈治平

【民乐村党支部】　中共成都高新区桂溪街道民乐村支部委员会是领导民乐村村名委员会及各种组织开展各项活动的基层党组织，截至2011年有8个党小组，58名党员。

党支部书记：李露英

支部委员：李德春

【铜牌村党支部】　中共成都高新区桂溪街道铜牌村支部委员会是领导铜牌村村名委员会及各种组织开展各项活动的基层党组织，截至

2011年有9个党小组，64名党员。

党支部书记：李宗根

党支部副书记：高冬

支部委员：贺嵩

【大源村党支部】　中共成都高新区桂溪街道大源村支部委员会是领导大源村村名委员会及各种组织开展各项活动的基层党组织，截至2011年有6个党小组，53名党员。

党支部书记：王书义

党支部副书记：杨利强

支部委员：高世成、敖锡富、刘忠平

【临江村党支部】　中共成都高新区桂溪街道临江村支部委员会是领导临江村村名委员会及各种组织开展各项活动的基层党组织，截至2011年有8个党小组，110名党员。

党支部书记：杨根

党支部副书记：张洪建

支部委员：古学军、张蓉华

社区党组织

【和平社区党总支】　和平社区党总支是由和平社区全体党员选举产生领导本社区全面工作，支持和保证居民委员会、经济组织、群众自治组织充分行使职权的基层党组织，成立于2001年12月4日，2011年12月支部换届为党总支。

党总支书记：李国涛

党总支副书记：张庆、胡艳

总支委员：邓强、郭术清

附表：

序号	获奖名称	获奖单位或个人	授予单位
1	获成都市“标准化志愿服务站”称号	和平社区党总支	成都市总工委
2	被评为成都高新区组织部“先进基层党组织”	和平社区党总支	成都高新区组织部
3	被评为”先进基层党组织“	和平社区党总支	桂溪街道党工委
4	获桂溪街道“建党90周年知识竞赛”优秀奖	和平社区党总支	桂溪街道党工委
5	被评为“党建工作先进集体”	和平社区党总支	桂溪街道党工委
6	被评为“群团工作先进集体“	和平社区党总支	桂溪街道党工委
7	被评为“平安社区”	和平社区居委会	成都市文明委
8	参加成都市第四届老年人运动会健身腰鼓比赛获优胜奖及第二名	和平社区居委会	成都市老协
9	参加成都高新区"和谐家园．幸福高新"第二届曲艺大赛，获第三名	和平社区居委会	成都高新区社会事业局
10	参加成都高新区劲舞暖冬广场健身舞比赛，获第三名和组织奖	和平社区居委会	成都高新区社会事业局
11	获成都高新区第二届残疾人手语大赛一等奖	和平社区居委会	成都高新区社会事业局
12	被评为“计划生育工作目标先进单位”	和平社区居委会	桂溪街道办事处
13	被评为“综合目标二等奖”	和平社区居委会	桂溪街道办事处
14	获“桂溪街道惠民政策知识竞赛”三等奖	和平社区居委会	桂溪街道办事处
15	获桂溪街道"12.3"国际残疾人日"趣味运动会二等奖	和平社区居委会	桂溪街道办事处
16	被评为“城乡环境综合整治工作先进集体”	和平社区居委会	桂溪街道办事处
17	被桂溪街道办事处评为老龄工作先进集体	和平社区居委会	桂溪街道办事处
18	被评为“食品安全工作先进集体”	和平社区居委会	桂溪街道办事处
19	被评为“财务管理工作先进集体”	和平社区居委会	桂溪街道办事处

【双源社区党总支】 双源社区党总支是由双源社区党总支全体党员选举产生领导本社区全面工作，支持和保证居民委员会、经济组织、群众自治组织充分行使职权的基层党组织，于2008年12月成立，有总支委员5人：党总支书记严雨坤，共有党员288人，下设五个支部，各支部有支委成员3人，有党小组15个和15个下设支部成员；2011年党总支书记胡华英。

党总支书记：胡华英

党总支副书记：苏德君

总支委员：赵伟、彭建

附表：

序号	获奖名称	获奖单位或个人	授予单位
1	先进基层党组织	双源社区党总支	中共成都高新区党工委
2	志愿者工作优秀项目（“金字塔教育”学生辅导项目）	双源社区党总支	高新区志愿服务工作委员会、中共成都高新区直属机关工作委员会、成都高新区精神文明建设委员会办公室
3	党建工作先进集体	双源社区党总支	桂溪街道党工委
4	维稳工作先进集体	双源社区党总支	桂溪街道党工委
5	综治工作先进集体	双源社区党总支	桂溪街道党工委
6	武装民兵工作先进集体	双源社区党总支	桂溪街道党工委
7	成都市十大明星社区	双源社区居委会	成都市明星社区评选组委会
8	充分就业工作先进社区	双源社区居委会	成都高新区充分就业工作领导小组
9	社区建设工作先进集体	双源社区居委会	桂溪街道办事处
10	安全工作先进集体	双源社区居委会	桂溪街道办事处
11	老龄工作先进集体	双源社区居委会	桂溪街道办事处
12	优秀共产党员	胡华英	中共成都市高新区工委
13	优秀共产党员	姜素群	中共成都市高新区工委

【三瓦窑社区党总支】 三瓦窑社区党总支是由三瓦窑社区党支部全体党员选举产生领导本社区全面工作，支持和保证居民委员会、经济组织、群众自治组织充分行使职权的基层党组织，成立于2002年6月26日，有6个党小组，党员73人。2011年党总支书记陈治平。

党总支书记：陈治平

党总支副书记：陈善军、叶莉

总支委员：罗安松、陈岚

附表：

序号	获奖名称	获奖单位或个人	授予单位
1	被评为“先进基层党组织”	三瓦窑社区党总支	中共成都高新区党工委
2	被评为“2010年度维稳工作先进集体”	三瓦窑社区党总支	桂溪街道党工委
3	获桂溪街道“纪念建党90周年党史知识竞赛”一等奖	三瓦窑社区党总支	桂溪街道党工委
4	被评为“2010年度党建工作先进集体”	三瓦窑社区党总支	桂溪街道党工委
5	被评为“先进基层党组织”	三瓦窑社区党总支	桂溪街道党工委
6	获成都高新区“第一届老年人艺术节”舞蹈比赛三等奖	三瓦窑社区居委会	成都高新区社会事业局
7	获2011年成都高新区“老年人趣味运动会桂溪街道分赛区”三等奖	三瓦窑社区居委会	成都高新区社会事业局
8	获“和谐家园.幸福高新”第八届社区文艺汇演二等奖	三瓦窑社区居委会	成都高新区社会事业局
9	获“12.3国际残疾人日”趣味运动会三等奖	三瓦窑社区居委会	成都高新区社会事业局
10	被评为“2010年度城乡环境综合整治（环保）工作先进集体”	三瓦窑社区居委会	桂溪街道办事处
11	被评为“2010年度民政工作先进集体“	三瓦窑社区居委会	桂溪街道办事处
12	被评为“2010年度安全工作先进集体“	三瓦窑社区居委会	桂溪街道办事处

续表

序号	获奖名称	获奖单位或个人	授予单位
13	被评为“2010年度社区建设工作先进集体”	三瓦窑社区居委会	桂溪街道办事处
14	荣获“桂溪街道惠民政策知识竞赛”三等奖	三瓦窑社区居委会	桂溪街道办事处

【双祥社区临时党支部】 双祥社区筹备组临时党支部是由双祥社区党支部全体党员选举产生领导本社区全面工作，为加强基层组织建设和党员管理，增强凝聚力，更好地服务于广大党员群众、使群众自治组织充分行使职权的基层党组织，成立于2011年3月3日，共有党员200余人。

党支部书记：李后全

党支部委员：高琴英、范琴

附表：

序号	获奖名称	获奖单位或个人	授奖单位
1	纪念建党90周年党史知识竞赛优秀奖	双祥社区临时党支部	桂溪街道党工委
2	2010年度维稳工作先进集体	双祥社区临时党支部	桂溪街道党工委
3	桂溪街道惠民政策知识竞赛一等奖	双祥社区筹备组	桂溪街道办事处
4	“12.3”国际残疾人日趣味运动会三等奖	双祥社区筹备组	桂溪街道办事处
5	2010年度城乡环境综合整治（环保）工作先进集体	双祥社区筹备组	桂溪街道办事处
6	2010年度民政工作先进集体	双祥社区筹备组	桂溪街道办事处
7	2010年度安全工作先进集体	双祥社区筹备组	桂溪街道办事处
8	成都高新区老年人趣味运动会桂溪街道分赛区一等奖	双祥社区筹备组	桂溪街道办事处
9	桂溪街道三季度“快乐金秋、活力四射”趣味运动会三等奖	双祥社区筹备组	桂溪街道办事处
10	2010年度维稳工作先进个人	高琴英	桂溪街道党工委
11	纪念建党90周年征文活动优秀奖	范琴	桂溪街道党工委
12	纪念建党90周年征文活动二等奖	付智君	桂溪街道党工委
13	2010年度党建工作先进个人	范琴	桂溪街道党工委
14	成都高新区“我为就业做什么”演讲比赛优胜奖	张蕴月	成都高新区促进充分就业工作领导小组
15	成都高新区2010年度促进充分就业工作先进个人	廖丽蓉	成都高新区促进充分就业工作领导小组
16	2010年度坼迁安置工作先进个人	苏云福	桂溪街道办事处
17	2010年度社区服务工作先进个人	梁玉梅	桂溪街道办事处
18	2010年度物业工作先进个人	王建	桂溪街道办事处
19	桂溪街道二季度“我为就业做什么”演讲比赛三等奖	张蕴月	桂溪街道办事处
20	2010年度民政工作先进个人	张国清	桂溪街道办事处
21	桂溪街道二季度“我为就业做什么”演讲比赛三等奖	刘利	桂溪街道办事处
22	2010年度流动人口管理工作先进个人	李姝莉	桂溪街道办事处

【双和社区党总支】 双和社区党总支是由双和社区党总支部全体党员选举产生领导本社区全面工作，支持和保证居民委员会、经济组织、群众自治组织充分行使职权的基层党组织，成立于2011年10月，共有党员138人。

党总支书记：魏尤年

党总支副书记：成华利、李佳

总支委员：茹宗仁、陈立容

附表：

序号	获奖名称	获奖单位或个人	授予单位
1	2011年成都高新区第二届“和谐家园.幸福高新”曲艺大赛组织奖	双和社区居委会	成都高新区社会事业局

续表

序号	获奖名称	获奖单位或个人	授予单位
2	2010年城乡环境综合整治工作先进集体	双和社区居委会	桂溪街道办事处
3	2010年招商引资工作先进个人	魏尤年	桂溪街道办事处
4	2010年维稳工作先进个人	成华利	桂溪街道办事处
5	2010年信息宣传工作先进个人	李　佳	桂溪街道办事处
6	2010年文化工作先进个人	陈立容	桂溪街道办事处
7	2010年司法工作先进个人	茹宗仁	桂溪街道办事处
8	2010年城乡环境综合整治工作先进个人	宁月荣	桂溪街道办事处

街道群团组织

【桂溪街道总工会】　桂溪街道总工会于2006年9月正式成立，在组织建设方面，街道总工会按照相关法律法规，选举产生主席、副主席。选举产生工会经费审查委员会、工会女职工委员会、工会劳动争议调解委员会、工会法律监督委员会、工会劳动安全监督委员会。工会委员会下设工会办公室。另外，分别成立机关工会一工会、机关二工会。各社区成立社区工会委员会。截至2011年，街道总工会批准成立辖区企业基层工会组织258个。

主席：街道党工委副书记、纪工委书记陈长贵

副主席：蒋艺兰

委员：王无、邓雯、李露音、胥理清、秦开珍、田海波

【共青团桂溪街道工作委员会】　共青团桂溪街道工作委员会成立于2002年7月，其前身为共青团桂溪乡工作委员会，于1996年成立。共青团桂溪街道工作委员会有委员7人，下设办公室。各社区有独立团支部。截至2011年，辖区新成立非公企业团支部67个，成立志愿者服务队36支，注册志愿者600余人。

委员：罗王军、董涛、王秋霞、吴瑕、李伟、陈洁

【桂溪街道妇女联合会】　桂溪街道妇女联合会于2002年7月成立，其前身是桂溪乡妇女联合委员会。桂溪乡妇女联合委员会于1996年成立，1997年第一届妇女代表会议正式召开。桂溪街道妇女联合会重点开展“女性素质工程”“女性家庭文明工程”“社会维权工程”等建设活动。

委员：张琼、左晓红、高国容、张小梅、李丽、成华利

街道行政机构

【桂溪街道办事处】　2002年7月，成都高新区桂溪街道办事处成立，是成都高新区管委会的派出机构。桂溪街道办事处下设党政办公室、社会事务和人口计划生育科、经济发展科、城市管理科、财政所、劳动和社会保障所、社区管理服务中心。街道办事处承担教育、科学、卫生、防疫、民政、司法、老龄、人口与计划生育工作。承担街道经济发展计划的编制和组织实施，街道企业、农村集体经济组织和其他经济组织的管理和服务、招商引资、环境保护、安全生产、防汛、统计工作；承担土地管理、农房建设管理、征地拆迁、环卫、市容市貌、绿化、

城管执法等工作；承担街道财政预决算管理、财务会计培训与管理、内部审计等工作，协调工商和税务部门；承担辖区内劳动就业和社会保障等公共服务职能；承担辖区内文化、社区建设等公共服务职能。

【2011年桂溪街道办事处领导及分工】 街道办事处主任张学文：主持街道办事处工作，分管财政所工作。

街道办事处副主任王子琦：负责劳动就业、社会保障、经济、安全、动防、防洪、城乡统筹及农业工作，分管劳动和社会保障所、经济发展科工作。

街道办事处副主任全少英：负责社会事务、计划生育、老龄、社区建设工作，分管社会事务和人口与计划生育科、社区管理服务中心工作。

街道办事处副主任洪敬涛：负责国土、拆迁安置、城市建设工作，分管城市管理科工作。

街道办事处党政办主任瞿蓉芳：主持党政办工作，负责办事处目标、机关内部协调管理工作，分管社会事务服务中心工作。

街道办事处调研员刘焕春：协助副主任王子琦，负责劳动就业、社会保障工作。

街道办事处调研员张景山：协助党政办主任瞿蓉芳，负责地方志工作。

街道办事处助理调研员王无：协助党工委副书记陈长贵，负责工会工作。

街道办事处工作机构

【办事处办公室】 成都高新区桂溪街道办事处办公室于2002年7月成立，是成都高新区桂溪街道办事处的行政办事机构，前身是成都高新区桂溪乡人民政府办公室，成立于1997年9月，承担办事处的人事、目标、规服、档案、文印、机关事务等管理职能。

主任：瞿蓉芳

副主任：李从节

工作人员：蒋艺兰、朱涛、徐全、杨林、吴暇、张渝康（地方志）、余剑侠、秦璐、杨津、张和平、江虹

后勤人员：吴永德、李有福、李晓明、龙文昌、旷才琼、温定强、石映春、胡吉、刘燕、陶小利

【城管执法中队】 桂溪街道办事处城管执法中队于2010年12月28日成立，是承担城市管理、环境保护、商招店招、队伍建设等工作的职能部门。

城管执法中队中队长：郭科

工作人员：廖宗儒、邓雯、朱贞俊、韩蕾、葛利萍

【2011年城管执法中队队员名单】

指导员：陈光南

副中队长：李华富、谭峰

数字化平台：石红、刘晓敏

文书：高翔、刘辉

一组：张家洪、黄松、蔡汝涛、张逸、张永洪、黄波、王庆、王凤波、白佳、黄政杰

二组：夏敏、范旭均、苏波、彭源虎、黄体勋、苏冯滔、汪王雄、马祯模、余立杉、张诚

三组：陈波、唐忠程、梁学洪、魏涛、毛亨友、杨万里、刘宝华、杨浩、燕静

四组：高瑞、张宇、郑万明、林森、李强、张敏、马开斌、谢波

五组：廖远龙、郑万平、刘熊伟、晏威、敖聪、乔正、苏章、李锐、罗松、胡云强

六组：张朝刚、郭怀福、苏能荣、徐林、袁龙其、罗吉彬、白登志、范建毅、陶燕军、张维

新

【社会事务和人口与计划生育科(兼司法所)】

桂溪街道办事处社会事务和人口与计划生育科于2002年7月成立，是承担教育、科学、卫生、防疫、民政、司法、老龄、人口与计划生育等职能的管理、服务机构。

副科长：陈攀慧

工作人员：高国容、周学儒、胡智敏、付燕、杨小清、郭宗文、张一军、伍彩云、舒远金、李莉、彭赟、尹玲、胡国群、杨洪明、彭梅、杨平、韩付萍、林晓艳、黎建军、罗志中、张彬、唐静、曾礼树、方义国、张媛、刘伟、蔡娟、廖克强、杨娜、孙敬、谭静、张晶、刘惠琼、冷锡英

【经济发展科】 桂溪街道办事处经济发展科于2002年7月成立，是承担经济发展计划的编制和组织实施、企业、农村集体经济组织和其他经济组织的管理和服务、招商引资、安全生产、市场管理、防汛、统计等职能的机构。

科长：李婷

工作人员：何义忠、石旭东、何明山、黄建明、徐霞、刘丹、邱玉梅(临江村会计)、龙建、唐伟

【城市管理科】 桂溪街道办事处城市管理科是承担辖区工程建设包括社区公共设施建设、农房管理、土地监察、征地拆迁、规划建设、街面绿化、社区院落改造、房屋维修等职能的机构。

科长：李发云

副科长：曾林彬

工作人员：陈古金、王斌、廖永伟、王兰、鄢华容

【财政所】 桂溪街道办事处财政所承担街道财政预决算管理、财务会计培训与管理、内部审计、协税护税等职能的机构。

所长：韩霜

工作人员：谢名清、王静、何顺燕、高超、杨莉、刘桂蓉、钟文君、刘汉蓉、黄平会、张燕、陈绍强、钟顺蓉、段永宁

【就业和社会保障服务中心】 桂溪街道办事处就业和社会保障服务中心(原劳动和社会保障所，于2011年11月16日更名)是贯彻执行就业和社会保障法律法规及政策，负责辖区内的相关宣传和咨询；承担辖区内城乡劳动者职业培训、就业和再就业服务、劳动输入等工作；负责辖区内城乡居民社会保障经办服务工作；负责辖区内劳动关系协调、劳动者权益维护工作；承担街道党工委、办事处及主管部门交办的相关业务工作的职能机构。

所长：张琼

副所长：林世良

工作人员：周旭东、熊艳、廖志国、周能、李义、王鑫、陈玉萍、陈洁、任洁、陈辛、廖丽蓉、彭远超、李丹、张娜、高利华、王倩、敖娟、廖丹、王燕飞、田倩、张蕴月、胡颖、张耀文、袁佳、谢娜、严琳、李科、王勤、张丹、刘利、张锐、王紫微、谭先琼、敖小军、王春冬、杨飞、陈敏、王晓劼、谢义忠、陈飞、林敏(小)、林敏(大)

【社区管理服务中心】 桂溪街道办事处社区管理服务中心是承担社区建设的指导和服务、文化建设、文化市场监管、小区和院内的绿化和保洁等职能的机构，下设综合文化活动中心专职负责文化建设、文化市场监管。

科长：徐德文

工作人员：董萍、左晓红、简志伦、谢芹春

综合文化活动中心主任：董涛(享受副科级待遇)

工作人员：何沙鸥、谭宇

村级自治组织

【永安村村民委员会】 桂溪街道永安村村民委员会是永安村村民进行自我管理、自我教育、自我服务的基层群众性自治组织，接受永安村党总支领导。

村委会主任：王开惠

村委会委员：王平、甘晓丽

【和平村村民委员会】 桂溪街道和平村村民委员会是和平村村民进行自我管理、自我教育、自我服务的基层群众性自治组织，接受和平村党总支领导。

村委会主任：符顺福

村委会委员：刘朝阳、张占斌

【红光村村民委员会】 桂溪街道红光村村民委员会是红光村村民进行自我管理、自我教育、自我服务的基层群众性自治组织，接受红光村党总支领导。

村委会主任：徐正根

村委会委员：郭忠清、李保友

【石墙村村民委员会】 桂溪街道石墙村村民委员会是石墙村村民进行自我管理、自我教育、自我服务的基层群众性自治组织，接受石墙村党总支领导。

村委会主任：廖泗河

村委会委员：解梅、周义

【五岔子村村民委员会】 桂溪街道五岔子村村民委员会是五岔子村村民进行自我管理、自我教育、自我服务的基层群众性自治组织，接受五岔子村党总支领导。

村委会主任：付冬林

村委会委员：郭开成、周远华

【双土村村民委员会】 桂溪街道双土村村民委员会是双土村村民进行自我管理、自我教育、自我服务的基层群众性自治组织，接受双土村党总支领导。

村委会主任：胡华英

村委会副主任：刘兵

村委会委员：胡登云、张淑蓉、宋素华

【建设村村民委员会】 桂溪街道建设村村民委员会是建设村村民进行自我管理、自我教育、自我服务的基层群众性自治组织，接受建设村党总支领导；2006年最后一届村委会主任——李后全

村委会委员：陈利、郭彬

【勤俭村村民委员会】 桂溪街道勤俭村村民委员会是勤俭村村民进行自我管理、自我教育、自我服务的基层群众性自治组织，接受勤俭村党总支领导。

村委会主任：陈治平

村委会委员：廖远建、林传咏

【民乐村村民委员会】 桂溪街道民乐村村民委员会是民乐村村民进行自我管理、自我教育、自我服务的基层群众性自治组织，接受民乐村党总支领导。

村委会主任：高兴贵

村委会委员：蒲晓玲、唐云

【铜牌村村民委员会】 桂溪街道铜牌村村民委员会是铜牌村村民进行自我管理、自我教育、自我服务的基层群众性自治组织，接受铜牌村党总支领导。

村委会主任：高冬

村委会委员：余静容、刘连宇

【大源村村民委员会】 桂溪街道大源村村民委员会是大源村村民进行自我管理、自我教育、自我服务的基层群众性自治组织，接受大源村党总支领导。

村委会主任：高世成

村委会委员：敖锡富、杨利强

【临江村村民委员会】 桂溪街道临江村村民委员会是临江村村民进行自我管理、自我教育、自我服务的基层群众性自治组织，接受临江村党支部领导。

村委会主任：张朝忠

村委会委员：刘泽富、张玉聪、张会英、古学军

工作人员：卢巧、刘勤、雷天寿、卢文、郑从信

社区自治组织

【和平社区居民委员会】 桂溪街道和平社区居委会是根据《中华人民共和国居委会组织法》由和平社区全体有选举权的居民民主选举产生的群众性自治组织，接受和平社区党总支的领导，成立于2002年2月6日。在居委会的领导下分别成立了社区团支部、妇代会、老协会，残疾人协会，计生协会，调解委会员，民间艺术团，志愿服务站等机构。

居委会主任：张庆

居委会委员：张艳、杨林

工作人员名单：李伟、黄伟、张德才、晏其顺、高丽华、谢娜、彭元超、胡颖、张耀文、李科、李井、伍彩云、杨洪明、邓强、朱艳、陈亚莉、方文、李伟、乔勇、陈诚、宋成成、李保刚、冯发明

【双源社区居民委员会】 桂溪街道双源社区居委会是根据《中华人民共和国居委会组织法》由双源社区全体有选举权的居民民主选举产生的群众性自治组织，接受双源社区党总支的领导，成立于2007年9月。在居委会的领导下分别成立了社区团支部、妇代会、老协会，残疾人协会，计生协会，调解委会员，民间艺术团，志愿服务站等机构。

居委会主任：胡华英

居委会副主任：赵伟

居委会委员：姜素群、张英、张红全

工作人员：黄平会、向永聪、杨津、谭静、张基明、颜邦贵、雷明富、何霞、林小艳、卢清云、敖小军、张丹、廖丹、钟建英、江利、蒙佳、钟明辉、卢兵、陈辛、陈敏、王小吉

【三瓦窑社区居民委员会】 桂溪街道三瓦窑社区居委会是根据《中华人民共和国居委会组织法》由三瓦窑社区全体有选举权的居民民主选举产生的群众性自治组织，接受三瓦窑社区党支部的领导，成立于2002年6月28日。在居委会的领导下分别成立了社区团支部、妇代会、老协会，残疾人协会，计生协会，调解委会员，民间艺术团，志愿服务站等机构。

居委会主任：陈善军

居委会副主任：高小兰

居委会委员：张祥春、陈岚、罗安松

工作人员：钟文君、何译、林阳、舒远金、敖娟、张娜、杨小清、吴瑕、张黎明、胡国群、徐影、李洪元

【双祥社区筹备组】 双祥社区筹备组是桂溪街道办事处为管理双祥社区成立的临时性管理机构，其主要职责是筹建双祥社区两委，

在两委成立之前代行使其党支部和居委会的管理职能。

筹备组组长：李后全

筹备组副组长：高琴英、梁玉梅

筹备组组员：苏云福、佗薇薇、范琴、张国清

工作人员：李姝莉、付伟、廖丽蓉、张蕴月、田倩、严琳、刘利、王勤、张锐、谭先琼、杨娜、孙敬、高琴、张晶、江虹

【双和社区居民委员会】 桂溪街道双和社区居委会是根据《中华人民共和国居委会组织法》由双和社区全体有选举权的居民民主选举产生的群众性自治组织，接受双和社区党总支的领导，成立于2011年12月。在居委会的领导下分别成立了社区团支部、妇代会、老协会、残疾人协会，调解委员会、民间艺术团，志愿者服务站等机构。

居委会主任：成华利

居委会副主任：茹宗仁

居委会委员：陈立容、宁月荣、闵万军

工作人员：杜双久、陈云龙、蔡兴彬、张步云、王倩、王燕飞、袁佳、王紫薇、李利、胥倩

社区工作站

【益州社区工作站】 益州社区工作站是成都高新区桂溪街道办事处的派出机构，行使社区居委会的管理职能，负责益州社区的全面工作。

工作站副站长：罗王军（主持工作）

工作人员：何雪、王秋霞、李茜、庄福明、朱昌兵、张亮、杨敏、尹玲

附表：

序号	获奖名称	获奖单位或个人	授予单位
1	2011年度信息宣传工作先进集体	益州社区工作站	桂溪街道党工委
2	2011年度维稳工作先进集体	益州社区工作站	桂溪街道党工委
3	2011年度信访工作先进集体	益州社区工作站	桂溪街道党工委
4	011年度城乡环境综合整治工作先进集体	益州社区工作站	桂溪街道办事处
5	2011年社区服务工作先进个人	罗王军	桂溪街道办事处
6	2011年信访工作先进个人	庄福明	桂溪街道办事处
7	2011年地方志工作先进个人	何雪	桂溪街道办事处
8	2011年招商引资工作先进个人	朱昌兵	桂溪街道办事处
9	2011年流管工作先进个人	张亮	桂溪街道办事处

【永安社区工作站】 永安社区工作站是成都高新区桂溪街道办事处的派出机构，行使社区居委会的管理职能，负责永安社区的全面工作。

副站长：魏尤年（2011年6月调任）

冷文（2011年7月11日到任，主持工作）

工作人员：林健英、曾森、秦秀娟、王锐、张一军、杨平、尹诚诚、李想

附表：

序号	获奖名称	获奖单位或个人	授予单位
1	民乐协会参加四川省2011手风琴艺术节暨第四届手风琴比赛喜获铜奖	永安社区民乐协会	2011中国上海第84届世界杯手风琴锦标赛组委会、四川音乐家协会
2	合唱协会表演唱荣获四川省老年大学合唱比赛一等奖	永安社区合唱协会	四川省老年大学
3	合唱协会《山丹丹开花红艳艳》被高新区选送参加“颂歌献给党 红歌暖人心——成都市第十届老年人艺术节文艺展演”	永安社区合唱协会	成都市老龄工作委员会

续表

序号	获奖名称	获奖单位或个人	授予单位
4	在省委党校礼堂参加"颂歌献给党 永远跟党走"——成都市第十届老年艺术节，作为优秀节目来展演	永安社区合唱协会	成都市老龄工作委员会
5	武术协会荣获了"2011年'运动成都'社区广场健身活动月成都市集体项目展示活动"集体拳术（40式）二等奖	永安社区武术协会	成都市体育局
6	柔力球队荣获了"利通·佳年华杯"成都市第四届老年人运动会柔力球竞赛优秀奖	永安社区柔力球队	成都市体育局
7	合唱协会合唱了一首《山丹丹开花红艳艳》参加了高新区首届艺术节比赛，荣获三等奖	永安社区合唱协会	成都高新区社会事业局
8	武术协会参加" '运动成都 活力高新' 2011年高新区社区太极拳"比赛喜获三等奖	永安社区武术协会	成都高新区社会事业局
9	门球协会参加高新区第十四届"高新杯"门球赛第三名	永安社区门球协会	成都高新区社会事业局

【南新社区工作站】 南新社区工作站是成都高新区桂溪街道办事处的派出机构，行使社区居委会的管理职能，负责南新社区的全面工作。

站长：陈近

工作人员：杜在春、陈利、秦芳、刘建（2011年8月任职）、宁月荣（2011年1月—2011年7月任职）

附表：

序号	获奖名称	获奖单位或个人	授予单位
1	群团工作先进集体	南新社区工作站	桂溪街道党工委
2	党建工作先进个人	杜在春	桂溪街道党工委
3	流管工作先进集体	南新社区工作站	桂溪街道办事处
4	城乡环境综合整治工作先进集体	南新社区工作站	桂溪街道办事处
5	文化工作先进集体	南新社区工作站	桂溪街道办事处
6	司法工作先进集体	南新社区工作站	桂溪街道办事处
7	安全工作先进集体	南新社区工作站	桂溪街道办事处
8	综合目标三等奖	南新社区工作站	桂溪街道办事处
9	招商工作先进个人	陈近	桂溪街道办事处
10	城乡环境综合整治工作先进个人	刘建	桂溪街道办事处
11	城市管理工作先进个人	秦芳	桂溪街道办事处
12	统计工作先进个人	陈利	桂溪街道办事处

街道办事处直属机构

【桂溪敬老院】 桂溪街道办事处敬老院位于四川省双流县黄龙溪镇学府路17号，是桂溪街道办事处全额拨款修建、管理的政府公益性慈善机构，服务对象是全辖区的五保老人。该院占地面积约2000平方米，建筑面积1717平方米，拥有床位60个，最大饱和床位数80个。现有"五保"老人40人，其中成都市高新区桂溪街道16人、石羊街道20人、芳草街道2人名、成都市武侯区火车南站街道2人。

敬老院目前有汽车1部，配备了食堂、餐厅、会议室、阅览室、健身器材、医务室、43寸背投电视、DVD、棋牌、全自动洗衣机、冰箱、电话、空调等公共设施；每间房间配有衣柜、床、床头柜、电视机、热水器、卫生间等设施，敬老院具备了优越的生活条件。为进一步丰富老年人的文化生活，2010年新添置两台机麻、羽毛球等文化活动器材，并花费6000余元为老年人购买了衣服。

敬老院有工作人员8人，其中专职院长1名、炊事员2名、护理员5名。护理员坚持每天为老年人清扫室内外卫生，收拾洗涤物品，为行走不便的老人送水送饭，就医取药等，使老年人在敬老院颐养晚年。

院长：方义国

工作人员：张彬、黎建军、曾礼树、唐静、刘惠琼、冷锡英、罗志中

【社区卫生服务中心】 桂溪社区卫生服务中心是成都高新区桂溪街道办事处举办的公益性非营利性医疗机构，是成都市及各区基本医疗定点机构，成立于2007年10月，是由原成都高新区桂溪医院转型而来。中心下设和平社区卫生服务站、天府软件园卫生服务站和中医馆。辖12个行政村和6个社区，户籍人口47000人，流动人口约21800人（其中"低保"101人、残疾566人、60周岁以上的老年人4776人、育龄妇女6953人、0–3岁的儿童1082人）。中心拥有X光机、B超机、全导联心电图机、半自动生化分析仪、微量元素分析仪、全自动血液细胞分析仪、视力筛查仪等检查仪器以及雾化吸入仪、TDP治疗仪、口腔治疗椅、电针机等治疗设备，门诊观察床16张。开设了全科诊疗、计划免疫、妇女保健、儿童保健、口腔诊疗、中医诊疗、康复理疗、医学检验、医学影像、健康教育等服务项目，为社区居民提供"六位一体"服务。人员构成：现有工作人员72人，其中医务人员49人，其中注册医师20人，注册护士17人；高级职称3人（其中：注册全科副主任执业医师1人），硕士研究生6人。

主　任：熊伟

副主任：黄勇

工作人员名单：黄维田、黄轶、杨仕林、邓运书、陈贵勤、王梅、杨聚华、周敏、邓永杰、张家莉、朱晓燕、薛智勇、刘宜梅、张昱、黄维庆、易正奎、李天福、张翔、冯惠、徐平洪、黄静，张修贵、白桂林、蔡小玲、陈兴梅、何扬玲、陈艳、邓莉、邓秋蓉、牟正玲、罗江会、吴启英、李佩、李成娜、熊伟、郭怡静、叶佳、游玉华、马红梅、陆菡、刘汧、石娅莉、杨智、伍小英、杨玉、夏庆、陈龙飞、叶敏、高徐琴、侯秀彬、何勇、刘诸敏、肖庆华、周丽、李觅、林海涛、袁杰聪、李强、徐丹、赵娟、钟杨梅、谌国芬、邹萍、张忠荣、蔡魏霜、黄再华、黄新睿、何涛、钟思娟、龚国才、刘兰、卢正维

【桂溪老年大学】 桂溪老年大学是桂溪街道办事处全额拨款兴建的一所公益性老年教育机构，为独立的法人机构，成立于2010年3月19日，法定代表人张学文。学校暂位于高新区天仁北一街26号的桂溪综合文化中心二楼，占地面积2500平方米，建筑面积1200平方米。学校根据学员需求设立教学班，2011年春季学期开设10个专业20个教学班，秋季学期开设12个专业21个教学班。各班设班委会，班委会有3–5人组成，每个班设有班长和委员。学校设办公室、教务处。

校长：桂溪街道党工委副书记、办事处主任张学文兼任

常务副校长：谭伯祥（主持学校工作）

工作人员：牛键蓉、赵迁、宋克基

街道公安工作机构

【三瓦窑派出所】 成都高新区三瓦窑派出所是成都市公安局高新区分局的派出机构，其工作职能是：维护社会稳定、打击犯罪、依法管理辖区内的特种行业、公共娱乐服务场所和枪支、弹药、爆炸、剧毒等危险物品、依法查处治

安案件，调解治安纠纷、对辖区群众进行法制宣传、管理辖区内的实有人口（包括常住人口、暂住人口和境外在本辖区居住人员）、接受群众的报警、求助，为民排忧解难，解决群众的实际困难，积极为群众办好事、办实事。三瓦窑派出所辖区面积18.2平方公里，有大小街道64条，居民院落140个（其中农村院落83个，小区院落57个），楼栋372栋，房屋52884套，实有人口29270户，91530人（其中常住人口20888户，68059人），人户分离人员2871户，8039人，暂住一月以上人员5511户，15432人。境外人员179人，重点人口122人，监改人员18人，机关团体企事业单位19个，大中小学幼儿园13所，变电站、加气站3个，餐饮娱乐53家，特种行业13家，旅店5家，银行17所，网吧6家，大型农贸市场4个，大型商场6个。社区民警13人，责任区8个，社区警务室3个（警务室标识、装备齐全），村委会1个，社区筹委会4个，专职巡逻队1个，156人。守护力量862人（其中保安520人，门卫61人，其他守护人员281人）。

所长：吴若欢

教导员：李永辉

副所长：杨溢、叶波、韩勇

民警：李书鹏、温仑勇、陈赟、吕磊、刘卫兵、林建军、刘真英、潘茜、张建新、张继国、丁茂明、胡彬、隆建、胡猛、王迅、潘君、孟庆一、郑建国、黄卫东、何平、赵国、杨巍、王际明、李建耘、雷鸣、魏杰、雷舒、张厚坤、陈强、刘东、王德、段昕、杨静博、郭勇、应力、陈娟

【新益州治安派出所】 成都高新区新益州治安派出所是成都市公安局高新区分局的派出机构，其工作职能是：维护社会稳定、打击犯罪、依法管理辖区内的特种行业、公共娱乐服务场所和枪支、弹药、爆炸、剧毒等危险物品、依法查处治安案件，调解治安纠纷、对辖区群众进行法制宣传、管理辖区内的实有人口（包括常住人口、暂住人口和境外在本辖区居住人员）、接受群众的报警、求助，为民排忧解难，解决群众的实际困难，积极为群众办好事、办实事。新益州治安派出所于2007年开始筹建，2008年11月正式挂牌，是为适应成都市向南发展战略、市委、市政府南迁、城南经济大发展形势需要而成立的。辖区位于成都市高新技术产业开发区“天府新城”区域内，毗邻“天府新区”，北起府城大道，南达高新孵化园，西至益州大道，东临天府大道，主要由成都市机关集中办公区，以金融、总部经济为代表的成都中央商务区和高端产业的现代化新城组成，辖区面积1.5平方公里。辖区内共有机关、团体、企事业单位360余家，总人口16000人，其中暂住人口3045人，无常住人口，在辖区工作境外人员8人。2011年辖区共发刑事案件32件，破刑事案件12件，打击处理3人，行政拘留3人。2011年3月，成都市公安局为新益州治安派出所记集体三等功一次。7月，新益州治安派出所被成都市公安局高新分局评为“先进党支部”。9月，新益州治安派出所被公安部授予“一级公安派出所”称号。11月，新益州治安派出所被共青团成都市委授予“团徽闪亮——成都市共青团创先争优示范单位”荣誉称号。

所长：周又光

教导员：骆永红

治安副所长：何刚

刑侦副所长：张云忠

基础副所长：李恒萍（2011年5月调入）

刑侦民警：张艺兴、耿雷、张熹

治安民警：刘青峰、周云鹏、刘澈、李云辉、陈岷佳、萨永、李伟、乔宇、李党军、鄢翔、刘威、岳欣、陈潜、曹毅、杨兰、谭尧、赵晓明、田雪、杨辉、赵祖石、程曦、张鹏（2011年1月调入）、李亚军（2011年7月调入）

内勤民警：周璟、李崎

陈潇鸿（2011年1月调出）、谭俊（2011年7月调出）、郭勇（2011年12月调出）

协警：黎珍宏（女）、肖金银、范文宇、廖明、邹亮、冯俊、夏文俊、何贤清、张涛、伏翰林、陈麟、饶亚平、李本华、陈岑、李汶秀（女）、叶廷、陈欣、乔建民、蒋万玲、彭金华、王仁俊、史磊、江贵留、王泓霖、姚生、文彩军、刘劲、张博、赵雄飞、许振超、刘梦、何云鹏、黄悦（女）、魏文琪（女）、李孟洋、杜松、钟民秋、潘阳、赵永波、陈亮、赵金波、查峤、周帅、曾文杰、杜文、卢熙、谢杨胤、薛莹（女）、赵园（女）、陈勇、徐振宇、迟海、蒋亚军、韩林成、张佳（女）、卢洋舟、杨英奇、文曲、李华兵、李坤、杨俊、夏冬明、陈耀、周威、邬青峰、刘磊、唐劲、高镐、宁云、李建伟、陈磊（1988年2月15日出生）、易雪（女）、王慧杰（女）、阿根杰刻、董杰、苏佳、张国立、朱文康、周明、陈平、李雨竹（女）、樊郁斌、曾强、曹兴、廖凯、周杨、王勇、李亮、何达、蒋志杰、陈磊（2011年3月调出）、部普超（2011年1月辞职）、曾舒（女2011年4月辞职）、夏威（2011年8月辞职）、江伟强（2011年8月辞职）、彭鹤立（2011年9月辞职）、刘梦（2011年11月辞职）、迟海（2011年12月辞职）、程博（2011年12月辞职）

【新会展派出所】　成都高新区新会展派出所是成都市公安局高新区分局的派出机构，其工作职能是：维护社会稳定、打击犯罪、依法管理辖区内的特种行业、公共娱乐服务场所和枪支、弹药、爆炸、剧毒等危险物品、依法查处治安案件，调解治安纠纷、对辖区群众进行法制宣传、管理辖区内的实有人口（包括常住人口、暂住人口和境外在本辖区居住人员）、接受群众的报警、求助，为民排忧解难，解决群众的实际困难，积极为群众办好事、办实事。派出所辖区有街道8条，居民院落小区5个，党政机关1个、企事业单位264家，特种行业3家，公共娱乐场所2家，小学1所。辖区现实有人口8298人，1195户，其中常住人口428户，1400人，人户分离有1314人。无重点人口和监改对象。登记境外人员223人，办理暂住人口登记4970人（其中办证数1890人）。登记出租房屋938户，签订出租房屋责任书903份，签订用工单位责任书376份。派出所有民警30人（女3人），其中所长1名、教导员1名、副所长3名、社区民警8人、治安民警11人（1名借调分局）、刑侦民警4人、内勤2名。

所长：魏勇

教导员：周朝晖

副所长：刘昕、李非、李攀恒

治安民警：刘青峰、周云鹏、刘澈、李云辉、陈岷佳、萨永、李伟、乔宇、李党军、鄢翔、刘威、岳欣、陈潜、曹毅、杨兰、谭尧、赵晓明、田雪、杨辉、赵祖石、程曦、张鹏（2011年1月调入）、李亚军（2011年7月调入）

内勤民警：周璟、李崎

陈潇鸿（2011年1月调出）、谭俊（2011年7月调出）、郭勇（2011年12月调出）

街道公共管理、服务机构

【石羊工商所】　成都高新区石羊工商所是成都市高新工商行政管理局的派出机构，管理范围为成都高新区石羊、桂溪两个街道，1996年6月成立。工作职能是：依据法律、法规的规定，对辖区内的企业、个体工商户和市场经营活动进行监督管理，保护合法经营，取缔非法经营，维护正常的经营秩序。

所长：李艺

副所长：何宗伟、侯文捷

工作人员：高群、黄洪彦、扎西尼玛、邓荣

【地税第一直属分局管理四科】 成都高新区地税局第一直属分局管理四科现有工作人员11人，其中正式干部8人。办公地址在高新区万象北路家和街18号B幢3楼。工作职能：主要负责成都高新区石羊、桂溪两个街道非房地产、建安、区本级、涉外企业的其他税收征收管理工作。

科长：谭丽霞（主持工作）

工作人员：刘青、陈琦、张俐娟、张兰、赵美名、许世伟、潘超、黎扬阳、乔黎、周小红

【南区供电所】 成都高新供电局桂溪供电所于1997年11月18日成立，2010年7月桂溪供电所与石羊供电所合并，更名为成都高新供电局南区供电所。南区供电所现有员工22人（其中管理人员5人、专职电工17人）。拥有各种技能人员10人（其中“国网公司优秀技能人才”1人、技师4人、高级工2人、中级工3人）。供电所下设运行维护组、抄表收费组和业务受理组，担负着高新桂溪、石羊街办部分高压客户和全部低压客户的供电任务，供电区域面积51平方公里。现有高低压客户共24300户，2011年完成售电量5610万千瓦时。

2011年南区供电所荣获成都电业局农电安全生产先进集体荣誉称号。2011年4月参加成都高新供电局农电技能竞赛获得团体优胜奖。2011年5月供电所职工王盛代表成都电业局参加四川省电力公司农电技能竞赛，获得团体一等奖，9月代表省公司参加国网公司竞赛。2011年10月供电所三位职工参加成都市百万职工技能大赛（农电竞赛）获得团体三等奖。2011年南区供电所实现安全生产事故、影响和损害企业形象的重大服务事件、稳定、廉政建设重大事件“零”的目标。

所长：严常伟

副所长：王豪

工作人员名单：王盛、宋远洪、李江、周俊、张海霞、田科娜、喻秋静、聂坤元、饶俊红、张静、周国彬、张永才、魏才富、白登义、刘德钦、池家良、杨林、敖平、高远明、廖永禄

街道教育机构

【成都高新区锦晖小学】 成都高新区锦晖小学诞生于2010年8月，是成都高新区管委会以高标准、高品质启动的一所公办小学。学校位于成都高新区锦晖东街66号，地处天府新城腹心地带，占地20042平方米，建筑面积16405平方米，办学规模为36个教学班。学校现有一二年级6个班，学生163人。教师23人，其中中学高级教师4人，小学高级教师8人，全国模范教师1人、四川省特级教师1人、四川省骨干教师2人、全国优秀大队辅导员1人、成都市优秀青年教师及市骨干教师3人、成都高新区学科带头人及优秀教师6人。校长：付云涛（中学数学高级教师）2010年8月起担任成都高新区锦晖小学校长，主持学校全面开展工作。

【成都高新和平学校】 成都高新和平学校是直属于成都高新区管委会的一所九年一贯制学校。学校南临三环路，西接天府大道，东邻红星路南延线。学校占地30亩，建筑面积15800平方米，全校现有教职工139人，50个教学班。和平学校现有中学高级教师26人，小学高级教师49人，中学一级教师18人。硕士及参加研究生课程班学习并结业的19人，省、市、区（县）级以上的学科带头人、优秀班主任、优秀青年教师、优秀教师、优秀教育工作者等76人。此外，学校还建立了由省特级教师、优秀教研员、成都市优秀校长等专家组成的教师成长指导团队。学校坚持探索九年一贯制学校的管理模式，把全校九个年级分为起始学段（一、四、七

年级)，分化学段(二、五、八年级)，毕业学段(三、六、九年级)。2011年初中升高中的考试中，学校学生考上重点中学人数为120人，上重率为58.5%，据不完全统计，升入省级以上重点中学人数为145人，升重率为71%，创新同类学校的各项中考纪录。

2011年学校先后被成都市教育局、成都市环境保护局评为“成都市绿色学校”，“成都市健美操协会会员单位”、“成都市信息技术教学示范校”、“成都市教师发展基地学校”、“成都市科技教育示范校”、“成都市教育学会会员单位”。被中央教科所培训中心授予“全国作文教学先进单位”、被四川省教育学会授予“四川省教育学会九年一贯制学校管理学术委员会常任理事单位”。

2011年学校在科技教育方面获得了成都市科技活动基点学校、科技教育示范学校，综合排名并列全市第五名的优异成绩。5月学校在成都市二十七届青少年科技作品制作比赛获团体一等奖，在成都市青少年科技教育工作者创造发明科学论文科教制作比赛获团体二等奖。6月在国际青少年创新大赛中国赛区精英选拔赛中荣获银奖，成都市第十四届青少年科普知识竞赛获团体特等奖。11月在成都市青少年科技教育系列活动中获优秀组织学校。12月在成都市第三十一届青少年电子作品制作比赛中获团体一等奖，在第二十七届成都市青少年科技创新大赛中获一等奖，成都市第七届青少年机器人创新实践活动比赛中获团体二等奖。

2011年是学校在艺术教育方面获成都高新区第七届中小学生艺术节团体总分一等奖。获“成都联通杯”2011年全国排舞大赛(四川分赛区)暨四川省首届排舞大赛一等奖。获“2011年成都高新区艺术节校园集体舞比赛”二等奖。获“2011年成都市艺术人才大赛舞蹈比赛”一等奖。获“2011年成都高新区艺术节合唱比赛”一等奖。获“2011年成都市小学生综合运动会”团体一等奖。6月，在第十六届“全国中小学生绘画书法比赛”中，学校闵婕老师指导李韵等17位学生分别获一、二、三等奖。5月，在成都高新区第七届中小学生艺术节剪纸、书法、摄影大赛中获中学组一等奖。5月，在成都高新区第七届中小学生艺术节课堂器乐大赛中，获课堂器乐大赛小学组一等奖。5月在成都高新区业余篮球预赛(学校组)第二届教职工篮球联赛中荣获冠军。6月在成都市第七届少儿书信文化活动中获优秀组织奖。

2011年6月学校体育教研组在成都市“兴教怀”教师专业技能大赛中学校获一等奖。学校教师赵昌龙参加成都高新区“科学赛课”获一等奖，教师毛唯参加成都高新区“体育教师说课比赛”获一等奖，教师梅妍参加成都高新区“美术教师技能比赛”获二等奖，教师白熙、杨明参加成都高新区“英语教师技能比赛”获三等奖，教师闵婕参加中国教育学会美术教育组委会主办的“全国教师美术作品竞赛(专业组)”其油画作品《柳江小景》获三等奖。

校长、党支部书记：邓铭，2003年7月—2011年8月任成都高新和平学校校长、党支部书记。

校长、党支部书记：于建，2011年9月任成都高新和平学校校长、党支部书记，主持学校全面工作。

副校长：林淑琼，女，中共党员。2008年9月起任成都高新和平学校副校长，分管学校教学工作。

党支部副书记：廖有俊，男，中共党员。2003年9月起任成都高新和平学校党支部副书记，分管学校德育及安全工作。

【成都高新世纪城南路学校】 成都高新世纪城南路学校是成都高新区高标准启动的一所

九年一贯制义务学校。学校位于成都世纪城南部，东临锦江，紧邻高新区天府软件园二期。主要为高新区南部园区企业员工和失地农民子女服务。高新世纪城南路学校占地20579.4平方米，学校建筑面积20000多平方米，学校可招生规模达36个班。校园环境幽雅宁静，周围绿树环绕，同时拥有能容纳上千人同时就餐的餐厅及可控全校师生开展各项体育活动的室外、室内体育场馆、实验室、多媒体教室、形体室、音乐室、阅览室、微机室等功能配备齐全的教学生活辅助设施，各班教室均配备投影交互电子白板教学系统、广播等一流的现代化教学设备。学校现有在编教师43人，38人达到本科及以上学历，市优秀教师3人，区学科带头人1人，区优秀教师7人。学校现有25个班，共1014名学生，其中一至六年级19个班，782人，七年级6个班，232人。校长：高坚（中学数学高级教师）2009年任成都高新世纪城南路学校筹备组组长，2011年任成都高新世纪城南路学校校长负责学校全面工作。

2011年，学校教师张永丽在2011届青少年创新大赛及中国赛区精英选拔赛中被评为“优秀教练”；学校教师彭春容所带的班级在2010–2011学年度中被评为“成都高新区先进班集体”。4月学校荣获“运动成都”2011年成都市青少年体育俱乐部定向运动越野比赛一等奖。学校学生乔洪成、李乐飞、汤泽伍、闵严凯、靳腊云、毛宣、余文琴、蓝心怡、毛文静、李秋月、李燃、郑雄、李配权、乔亮、龙有超在2011年成都高新区软式垒球联谊赛中获得第一名。学生朱嘉徽、樊睿在2011年全国小学生英语竞赛（NECPS）中获得一年级组全国二等奖。

【成都高新大源学校】 成都高新大源学校创办于2006年8月1日，是成都高新区管委会为适应新城南经济发展着力打造的教育教学设施一流的九年一贯制学校。学校占地28000平方米，现有46个教学班，学生2000余人。学校拥有现代化的教育教学设备，有一支区、市、全国优秀教师和学科带头人引领的教师队伍，吸引了全国重点高校的优秀大学毕业生23人、硕士研究生5人。目前学校共有教职员工100余人，其中特级教师1人，区级以上名优教师占32%，被列为成都高新区新大学生教师培养基地。学校已建立起无线电测向、定向越野、足球、健美操等十多个社团，获得了14个单项奖，2个集体奖，一等奖17人，二等奖22人，三等奖33人。校长：李鸣，负责学校全面工作。

【成都七中初中】 成都七中初中学校是由成都七中领办的直属于高新区管委会的公办初级中学，位于成都市高新区天环街199号，三环路桂溪立交外侧。学校占地面积44，749平方米，建筑面积27，657平方米。学校创办于2008年9月，现有31个教学班，学生1456人。教师105人，其中高级教师23人，中级教师40人。

校长、党支部副书记（成都七中副校长）：杨斌，负责学校全面工作；党总支书记、副校长：李笑非（成都七中校长助理），协助负责学校工作，分管教学、教师引进和培养、科研和党总支工作；副校长、工会主席：邱兴华（成都七中教育处副主任），协助校长分管德育、安全和工会工作。

【成都美视国际学校】 成都美视国际学校于2002年经四川省教育厅批准投资建成，是一所从小学到高中十二年一贯制寄宿式学校。学校地处成都高新技术开发区人民南路南延线，占地230亩，校园环境优美，设施先进。现有在校中外学生2200余人。建校十年来，先后荣获“全国民办教育先进集体”、“榜样中国四川省十大教育品牌学校”的殊誉，成为西南地区一所既获得IB（国际文凭）授权，又通过

AdvancED（世界先进教育促进组织）、AI（国际认证）、NCPSA（美国私立学校委员会）认证的世界认可的国际学校。2011年学校荣获“全国创建和谐校园先进单位”、“学生营养与健康示范学校”、“2010年度成都预防医学会先进会员单位”。

成都美视文化有限公司董事长、成都美视国际学校学校监事，陈硕（美籍华人、教育学硕士）。成都美视文化有限公司总经理、成都美视国际学校法定代表人、学校董事会董事长杨德明（美籍华人）。

成都美视国际学校校长林华玉，负责学校全面工作。中学部校长徐德雄，负责中学教学常规管理、学籍管理、中学招生考务、教师培训、教学科研和教研组织工作管理，中学生德育、社会实践、家校联系、课余活动、宿舍管理和托管生管理，以及年级组和班主任工作管理；指导学校共青团、学生会开展工作。小学部校长杨开智，负责小学教学常规管理、学籍管理、教师培训、教学科研和教研组织工作管理，小学生德育、社会实践、家校联系、课余活动、宿舍管理和托管生管理，以及年级组和班主任工作管理；指导小学大队部开展工作。国际部校长刘建华，负责国际部教育教学工作。副校长陈康（中共党员、中国学生营养与健康促进会理事），主持学校安全及物业管理部工作。

【成都职业技术学院】 成都职业技术学院是四川省人民政府批准、教育部备案的全日制普通高等院校，隶属于成都市人民政府，是成都市第五所市属高校，也是成都市第一所公办综合性职业技术学院，由原成都市新华职业高中和原成都旅游职业学校两所职业高中于2004年3月合并组建。学院得到世界银行专项贷款用于改善办学条件，先后被国家劳动部职业鉴定中心授牌为“国家职业技能鉴定所”，被成都市旅游局指定为“成都旅游培训中心”，被成都市教育局指定为“成都市职业学校计算机考试中心”。学院以就业为导向，十分注重学生职业能力的培养，学生在毕业时拥有多个行业等级证及上岗证。学院形成了与成都产业发展相匹配的基本涵盖二、三产业的专业体系，紧扣成都走新型工业化道路和发展现代服务业的需要，建成了金融类、计算机应用及软件技术类、旅游管理、电子信息、外语及艺术、机械、建筑等20余个专业，在校生近万名。

成都职业技术学院党委书记周鉴，主持党委全面工作，主管学院党建、组织工作、干部队伍与人才队伍建设、党风廉政建设、宣传、统战、思政和保密等工作；党委副书记、院长贺继明，主持学院行政全面工作，主管教学、科研、人事、财务、安全保卫、后勤、招生就业等工作；党委副书记、纪委书记：何小婉（女），分管党政日常工作、组织人事、财务、宣传统战、纪检监察、审计、档案、成教、培训、技能鉴定等工作，分管党政办公室、宣传统战部、组织人事处、监察审计处、计划财务处、成教（培训）部等部门；党委副书记、副院长凌红（女），分管教学、科研、示范性院校建设、师资队伍建设、思想政治教育、产学合作、对外交流等工作，分管教务处、科研室（高教研究所）、各教学院（部）、示范办等部门；副院长、工会主席王涛分管工会、离退休、招生、就业、学生工作等工作，分管工会、招生就业处、学生处、团委、心理健康教育中心等部门；副院长李王英，分管花源校区全面工作；副院长：齐虹（女），分管安全保卫、学生军事教育、后勤服务、国有资产管理、卫生防疫、基本建设等工作，分管保卫处（武装部）、后勤产业处、基建办等部门；副院级调研员杨仕清分管教育技术、教学督导、教材图书、信息技术研究等工作，分管现代教育技术中心、教育督导室、信息科学技术研究院等部门。

党 务

PARTY AFFAIRS

组织建设

【领导班子建设】 2011年1月10日，桂溪街道党工委以“贯彻落实《党员领导干部廉洁从政若干准则》、切实加强领导干部作风建设”为主题，召开领导干部民主生活会。街道党工委书记樊晓峰对2010年桂溪街道领导班子的工作尤其是班子团结务实、驾驭复杂形势和维护稳定等方面工作进行了总结和回顾，提出了班子要从队伍建设、社区治理结构、调动发挥干部的积极性等方面进行改进和提高，通报了街道2011年工作思路和重点工作。班子其他成员纷纷发言总结了工作和个人存在的不足，明确努力方向。班子成员之间开展批评与自我批评，明确需要进一步提高和改进的工作。

【基层民主政治建设】 2011年，桂溪街道党工委在落实基层组织建设“三会”开放、“三联”制度落实、党员互助金、“党员责任岗”活动等日常工作的基础上，继续开展学习实践活动，搞好“回头看”各项工作，抓好社区党组织换届选举工作，搞好党员发展，确保发展质量。

【召开民主生活会征求意见会】 2011年1月5日，为确保2010年党工委办事处领导干部民主生活会的顺利召开，街道组织机关、村（社区）、社区卫生服务中心、幼儿园、辖区企业、行政效能监督员等30余名代表召开民主生活会征求意见会。街道党工委副书记、纪工委书记陈长贵就2010年各方面工作取得的成绩、召开征求意见会的目的和意义向与会者进行了阐述。会议共收集代表意见、建议42条，涉及到社区院落环境、卫生医疗、交通状况、城市管理和治安各个方面。

【2010年度街道党工委书记民主评议会】 2011年1月14日，桂溪街道办事处在和平学校举行了隆重的2010年度街道党工委书记民主评议会，高新区工委组织部王磊以及辖区政协人大代表、机关干部、企业代表、村、社区干部、党员群众代表等共计312人参加了大会。

街道党工委书记樊晓峰在会上做了公开

述职，并对参会代表的质询进行了答复。参会人员认真聆听书记的述职报告，并按照民主评议的要求，当场公开、公正、公平的对党工委书记樊晓峰同志进行了民主评议。经过统计，有96.79%的代表评议为满意，3.21%的代表评议为基本满意。

【2010年度街道党工委、办事处领导班子专题民主生活会】 按照高新区纪工委、组织部要求，桂溪街道精心准备，于2011年1月10日召开了以“贯彻落实《党员领导干部廉洁从政若干准则》、切实加强领导干部作风建设”为主题的桂溪街道党工委、办事处领导干部民主生活会。会议由街道党工委书记樊晓峰主持，高新区党工委委员、纪工委书记李岷雪，高新区纪工委、监察局（审计局）纪检监察审计综合室主任刘晓东，工委组织部工作人员参会。社区（村）负责人、党员、群众、人大、非公企业代表等列席会议。

会上，樊晓峰对2010年桂溪街道领导班子的工作尤其是班子团结务实、驾驭复杂形势和维护稳定等方面工作进行了总结回顾，提出要从队伍建设、社区治理结构、进一步调动发挥干部的积极性等方面进行改进和提高。樊书记带头开展了批评和自我批评，班子成员纷纷发言总结自身情况。会议还听取了列席会议代表提出的建议和意见，张主任通报了会前广泛征求到的各方面意见和回复情况。

李岷雪书记充分肯定了街道2010年的工作成绩，认为民主生活会形式开放，成效显著。他强调要从关心群众的生活、精神上继续强化民生工作，解决四难问题；希望街道党工委班子要加强理论和实践的学习，抓好干部队伍建设、党风廉政建设、社区建设，并对街道明年工作寄予了厚望。

【基层党组织建设】 2011年，桂溪街道党工委按照成都高新区党工委管委会关于细分党组织和社区的要求，在双祥社区成立了临时党支部；开展了细分农迁社区党组织的设置工作，在农迁社区以楼栋为单位组建党小组，党小组由原来的33个增加到85个；街道对双源社区进行了划分，新成立双和社区筹备组，实现了精细化管理模式。

根据《中国共产党章程》和市、区相关部门文件精神，在机关二支部开展了党组织公推直选工作、软件园第一联合党支部选举工作及和平社区、双和社区、双源社区党总支、社区卫生服务中心党支部的换届选举工作。结合居委会选举，完善院委会议制度，开展院落党支部活动，为推进院落自治工作奠定基础。

非公有制企业党组织开展创先争优活动 为深入推进非公有制企业党组织开展创先争优活动，创新活动载体，突出领域特色，按照区组织部《关于在非公有制企业中开展“五有五服务”规范化服务型党组织创建主题实践活动的通知》要求，街道率先在辖区狄邦出国事务服务有限公司党支部建立了支部图书室，配置了党建、时事政治、管理知识、文化生活和企业业务等书籍。2011年1月14日，在狄邦公司会议室举行了支部图书室启用仪式，街道党工委副书记、纪工委书记陈长贵，党工委委员、党政办主任瞿蓉芳参加了仪式。陈副书记希望支部党员要树立正确的人生价值，汲取书籍精华，不断进步，在企业发展方面起到共产党员的先锋作用。

【阳光家园建设】 2011年，阳光家园作为党建工作平台和综合性的活动中心，开展各种为社区和企业党员、群众服务的活动。全年开展活动54次，活动涉及文艺演出、党员大会、社区改造建设听证会、知识竞赛、电影展播、少儿活动、志愿者活动等，参与人数达3000余人。同时利用“阳光家园”现有藏书，开展企业图书室和“阳光家园”图书互换等活动，延伸了“阳光家园”的服务内容。

【非公企业党建工作】 2011年，根据成都市委组织部、成都高新区工委组织部关于在非公有制企业中开展“五有五服务”规范化服务型党组织创建主题实践活动的精神，桂溪街道结合辖区实际，在软件园、孵化园、新南商圈创新建立“两园一圈”非公有制企业党建模式，力争从组织领导、活动场地、经费保障、活动形式等方面实现非公企业党建工作的新突破。

街道党工委指导辖区“两新”组织“创先争优”活动。开展了“倡导文明，共享资源—阳光家园图书室与狄邦党支部图书室书籍换阅活动”、非公企业党组织负责人培训、红歌唱响、互动联谊活动。各企业党组织自发组织了多项活动，如：百施特党支部开展“我为党旗添光彩——党员奉献日活动”，成都国际科技节能大厦项目部开展“创建党员先锋号项目”活动，虹微党支部开展“历史鉴证今日，红心照亮未来”建川博物馆参观活动。

【中共成都高新区工委2009—2011年度表彰】 2011年是中国共产党成立九十周年，中共成都高新区工委决定，授予包括中共成都高新区桂溪街道和平社区支部委员会在内的49个基层党组织“先进基层党组织”称号，授予樊晓峰等235名党员“优秀共产党员”称号，授予陈长贵等35名同志“优秀党务工作者”称号，授予李国涛等6名同志“优秀社区党组织书记”称号。

【中共成都高新区工委2009—2011年度“七一”表彰名单（桂溪辖区）】

先进党组织：

中共成都高新区桂溪街道和平社区支部委员会

中共成都高新区桂溪街道三瓦窑社区支部委员会

中共成都高新区桂溪街道双源社区总支部委员会

中共成都高新区桂溪街道机关社区支部委员会

中共成都百施特金刚石钻头有限公司支部委员会

中共成都美视国际学校总支部委员会

优秀共产党员：

樊晓峰 桂溪街道党工委书记

张学文 桂溪街道党工委副书记、办事处主任

瞿蓉芳 桂溪街道办事处党政办主任

周学儒 桂溪街道办事处主任科员

高国容 桂溪街道办事处主任科员

陈 军 桂溪街道机关二支部书记、综治巡逻大队副大队长

董 涛 桂溪街道综合文化活动中心主任

杜在春 桂溪街道南新社区工作站工作人员

陈 近 桂溪街道南新社区工作站站长

胡华英 桂溪街道双源社区党总支副书记、居委会主任

姜素群 桂溪街道双源社区居委会委员

罗王军 桂溪街道益州社区工作站副站长

魏尤年 桂溪街道永安社区工作站站长

马兴崇 桂溪街道永安社区党员

方礼银 桂溪街道和平社区党小组长

邹先玉 桂溪街道和平社区党小组长

李天玉 桂溪街道三瓦窑社区党员

陈善军 桂溪街道三瓦窑社区党支部副书记

张 昱 桂溪社区卫生服务中心党员

吴从飞 成都优博创技术有限公司党支

部党员

曾荣竺　成都金山数字娱乐科技有限公司党支部委员

高美军　四川虹微技术有限公司党支部党员

宋　殊　成都巅峰软件有限公司党支部党员

程崇辉　成都巅峰软件有限公司党支部党员

林　红　成都中节能环保发展股份有限公司党支部书记

优秀党务工作者：

陈长贵　桂溪街道党工委副书记、纪工委书记

叶　莉　桂溪街道三瓦窑社区党支部副书记

唐文劼璨　利尔化学股份有限公司成都分公司党员

优秀社区党组织书记：

李国涛　高新区桂溪街道和平社区党支部书记

纪检监察

【党内廉政建设】　2011年，桂溪街道党工委对原有领导小组成员进行调整，成立了由党工委书记樊晓峰为组长，党工委副书记、办事处主任张学文及党工委副书记、纪工委书记陈长贵为副组长，其他工委委员为成员的党风廉政建设和惩防体系建设工作领导小组。建立了“一把手”负总责，分管领导具体抓，一级抓一级、层层抓落实的领导体制和工作机制。

7月22日，党工委书记樊晓峰（党风廉政建设第一责任人）为辖区200余名党员干部主讲党风廉政建设党课，樊书记以胡锦涛总书记“七·一”讲话为学习重点，告诫全党当前“四个危险”的警示，就如何进一步加强党性修养，提高自身素质提出了希望，并要求全体党员要将党性修养与实际工作紧密结合，深入开展联系群众工作，诚心诚意为社区居民服务，践行党工委办事处提出的“五民五好”民生工作措施。

街道党工委把推动科学发展、促进辖区和谐作为廉政风险防控机制建设的出发点，制定下发了《关于桂溪街道廉政风险防控机制建设的实施方案》，加强组织领导，落实责任，突出行政审批、行政执法、人事管理、财务管理、城市建设管理以及拆迁安置等重点部门、重点环节、重点领域和涉及群众切身利益、社会反映强烈的难点热点问题，把廉政风险防控机制建设融入到具体业务工作中。

此外，街道纪工委还分别对机关干部、社区卫生服务中心、城管中队及综治巡逻大队全体队员进行了动员与部署，明确要求全体队员围绕中心工作抓关键环节，整体推进风险防控。要求领导干部带头排查问题，带头落实防控措施，切实发挥表率作用。

2011年，街道党工委继续开展“领导挂点、部门包院、干部帮户”的走访帮扶活动，街道党风廉政建设工作也行之有效地渗入到整个走访帮扶过程中。

10月21日，和平、双源、双和三个社区分别举行党组织换届公开推荐大会，产生了新一届党总支班子成员。其间街道纪工委制定了关于严肃换届选举纪律以及纪工委成员联系社区指导选举工作相关制度，确保了整个选举的公开、公平、公正。

街道纪工委落实临江村整体自愿拆迁工作实施方案，组织全体村民投票选择拆迁政策，并召开工作人员动员大会，要求所有人员加

强拆迁政策学习，严守工作纪律，确保群众合法权益。街道纪工委在事前也作了充分调研和政策咨询，广泛征求意见，并在拆迁协议签订中及时派员深入现场监督指导。

街道党工委组织开展了廉政承诺、领导点评、双向述职、群众评议、评选表彰各项工作。1月，市委常委高新区党工委书记敬刚，党工委副书记、管委会副主任冯亚曦分别到三瓦窑、和平社区点评了创先争优活动。2月22日，桂溪街道在和平社区广场隆重举行了党员突击队成立暨启动仪式，突击队共吸纳和平、三瓦窑、双源及双祥社区党员1048人，其中各院落有号召力的骨干分子也积极参与进来。

从5月份开始，街道对辖区所有在册党员，包括“两新经济组织”党员开展分班分批进党校培训活动，并根据不同需求分为老、中、青等班次，培训内容以党务知识、政策理论、国际国内形势为主线，同时采取组织出题和党员点题相结合的形式实行菜单式培训，逐步实现党员培训教育的制度化、规范化、科学化。另根据部分社区党员居住在华阳和中和的特点，特别开办“移动党课”，把党课送到党员家门口，方便党员参加学习。截止12月，街道已开展特色培训7场，共培训党员800余人。

【惩防体系建设】 2011年，根据成都高新区纪工委《关于深入推进构建惩治和预防腐败体系基本框架实施意见》（成高纪［2011］12号）文件要求，街道立足惩治和预防腐败体系建设“六个方面”内容，把改革的推动力、教育的说服力、制度的约束力、监督的制约力、惩治的威慑力结合起来，整体推进惩治和预防腐败体系建设，把桂溪历年来的各种规定、制度、要求、措施整理成册，汇编成书约40余本，分别下发到相关单位，使街道廉政建设又上新台阶。

征兵期间，设置了征兵举报电话，委派一名纪委委员全程参与征兵工作，做到干群、上下、征接等环节相互监督，实现了“三个十不准”、“八项措施”和“九个公开”的目标。

严格对照《公开工作指导目录》，对所有需通过公开栏、网站、文件、会议、入户表等形式公开的内容全部予以公开，积极创造条件保证党员群众更好地了解和监督基层工作，切实维护他们的知情权、参与权、表达权和监督权。

充分运用“三会”开放、“居民议事会”、“社区坝坝会”等成熟的工作模式，落实好重大决策咨询、决策前调查研究、决策听证和公示、决策失误责任追究等制度，讨论通过了双源社区44号院绿化改造方案、双源社区餐饮集中点建设、成立社区物业服务中心等事项；强化监督制约，确保权力正确行使。

完善会计委派制度，建立健全社区、社区卫生服务中心财务会计监督体系和财务管理内部约束机制；按照相关规定，对“小金库”进行自查。严格执行固定资产购置、登记、使用、报废程序，规范固定资产管理，确保国有资产保值增值；坚持建设项目工程例会制度，加大对重点工程建设的监督，按要求委托专业公司组织工程的招投标，杜绝干预招标、虚假投标、串标、非法挂靠等现象。对此，街道党工委书记樊晓峰多次带队督察工程的进展情况，街道纪工委也不定期对工程进行抽查监督，预防违规违纪行为的发生。

街道纪工委在总结案件教训基础上，要求两支队伍针对薄弱环节加大管理力度。一是加强制度建设。从岗位责任制、人员考核奖惩、固定资产清理与管理、车辆维修使用、加油管理、办公用品购买领用、伙食费管理等环节出发坚持以制度管人管物，杜绝违法犯罪的发生。二是强化法制观念。几起案件的发生说明涉案人员法纪意识淡漠，平日学习流于形式，因此，街道纪工委更加侧重学习培训质量，坚持以案说法，增强遵纪守法意识，提高全体队员的政治素养、工作能力，树立相互配合，相互支持的团队精神。三是开展城管业务培训和执法业务测试。组织全体队员进行应知应会考试，提高队员执法管理水平，严格文明执法。四是建立内部监管约束机制。进一步明确工作分工，落实岗位责任，制定符合实际且操作性强的内部监管制度，增强队伍自身免疫力，避免出现推诿扯皮、工作“打折扣”现象。五是严格执行回避制度。杜绝直系或旁系亲属在两支队伍中工作的问题发生。

【纪检监察信访工作】 2011年，街道办事处在成都市文明热线“96110”及成都高新区政务服务呼叫中心民生服务呼叫平台“962000”的基础上，进一步畅通民意诉求渠道，设立网络、现场、电话三条诉求通道，以社区信息资源管理系统数据核心枢纽为依托，以“街道民生服务热线”为群众传递“心声”的窗口，搭建桂溪街道自有的“基层民生服务信息平台”，以便更高效快捷地处理各类民生问题。

街道树立“稳定压倒一切”的思想，贯彻落实信访工作制度，强化领导责任制、规范信访行为，畅通信访渠道，降低信访数量。目前，街道已构建了统一领导、部门协调、统筹兼顾、标本兼治、各负其责、齐抓共管的纪委信访渠道。

【从源头抓防腐败】 2011年，街道纪工委坚持两月一次的纪工委例会制度，及时研究当前街道的热点难点问题，围绕中心，服务大局，及时安排布置相关工作，从而促进了干部职工为群众服务意识，推动各级干部作风的根本转变。

街道纪工委长期坚持违规违纪通报制度。同时，街道纪工委对已出现的违法行为绝不姑息，社区（村）、各部门也积极配合区纪工委查处违纪违法案件。从源头上预防和解决腐败问题，创造性提出了对新进工作人员实行“三段式入门教育”。一是纪检部门开展岗前廉政警示谈话。街道纪工委书记用翔实的内容对每位新进工作人员进行了岗前廉政警示谈话，为其注射了防疫针、铺设了防火墙。如要求其自慎、自省，始终将“以人为本、执政为民”的反腐倡廉核心理念作为根本标准落实到工作中去；时刻保持清醒头脑，用廉政制度规范自身行为等。二是业务部门开展专项技能培训。纪工委责成相关业务部门为新进工作人员提供所需知识和技能培训，如政务写作、人口普查、计划生育、经济普查等，以保证他们在最短的时间内胜任业务工作的需要。三是人事管理部门开展爱岗敬业思想教育。街道纪工委在对新进工作人员开展业务培训的同时，也注重加强他们的职业道德教育，积极协助街道人事管理部门，通过开办讲座、举办拓展活动等形式，讲述高新区区情及桂溪街道发展历程，教育新进工作人员不断加强学习、爱岗敬业、互助友爱，以良好的思想作风和工作作风在各自的岗位上积极进取，努力钻研，干出佳绩。

【纪检监察队伍建设】 2011年，街道办事处聘请专业的第三方测评公司，对街道、各社区开展的各项工作进行专业考评，从去年开始，街道的测评由以前的3个社区扩大到了6个，极大程度提高了政府公信力，为进一步改进工作作风，提高工作效率起到了促进作用。

纪工委也迅速成立了由党工委副书记、纪工委书记陈长贵为组长，所有纪委委员及部分干部代表为成员的督查组，重点对医疗、商业零售、公交、出租汽车等22个窗口行业进行督查整改，同时负责监督整个复查迎检工作，确保桂溪街道文明城市建设管理工作不出现重大失误。

2011年，街道纪工委组织纪委全体成员学习党的十七大、十七届五次全会、中纪委十七届五次全会、市纪委十一届五次全会精神和中共中央《建立健全惩治和预防腐败体系2008–

2012年工作规划》及市委《建立健全惩治和预防腐败体系2008–2012年实施意见》等文件，研究全年党风廉政建设及反腐败工作。同时，街道纪工委加强了纪检干部的学习交流，提高业务能力。如组织纪委成员到天府软件园参观“天府·高新视窗”；率队到彭州九尺镇考察交流；接待长春高新区纪工委及资阳雁江区纪工委，就如何提高行政效能建设、纪律作风整顿等进行探讨。

【纪检活动】 2011年，街道纪工委高度重视、精心组织，充分利用各种形式开展廉政文化教育宣传活动。一是始终将党风廉政建设责任制提示牌摆在醒目位置，时刻用“四项纪律、八项要求”规范自己的言行，坚持填写《廉政日记》。二是举办“见证荣耀.同心同行”隆重庆祝建党九十周年表彰暨文艺演出及“廉政文化进社区”文艺晚会，社区近千名居民观看了演出。三是街道纪工委积极参加高新区举办的第二届党风廉政建设和反腐败辩论赛，选派优秀选手组成街道联队，取得了高新区第三的好成绩。四是益州社区组织书画协会开展廉政文化书画现场创作会，展示基层党风廉政建设工作成果。纪工委不仅组织全体人员前往参观学习，还下发通知要求辖区各党支部全体党员分批前往参观交流。五是举办“学党史 颂党绩 强信念”党史知识竞赛，各村、社区党员代表130余人参加了活动。六是组织基层党员到北川、汶川参观灾后重建工程，辖区内16家企业党员代表共计40余人参加活动。

【2011年街道办事处、村、社区违纪概况】 2011年，桂溪街道治安巡逻大队三中队中队长袁刚，副中队长崔静彧在任职期间严重违纪，具体情况如下：袁刚，男，汉族，现年30岁，高中文化，中共党员，2001年12月雅安武警服役，2003年复员，2004年6月至今在街道治安巡逻大队工作，期间曾任组长职务，2007年8月入党，2010年3月代理三中队中队长，2011年3月被街道综治委聘任为治安巡逻大队三中队中队长；崔静彧，男，汉族，现年35岁，初中文化，中共党员，1994年12月入伍，1997年复员，1997年6月入党，2003年3月至今在街道治安巡逻大队工作，期间曾任组长职务。2006年11月担任桂溪街道机关第二党支部副书记。2011年3月被街道综治委聘任为治安巡逻大队三中队副中队长。

袁刚、崔静彧2人在担任街道治安巡逻大队三中队中队长，副中队长期间，2011年2月底，崔静彧经花样年物业公司美年项目楼宇部保安主管（杨凯）牵线搭桥，与崔静彧、袁刚、黄世强（装饰老板）商定在美视学校（原勤俭村村委会旁）堆放装饰用沙、碳渣、砖堆场的场地，并收受黄世强2000元现金，袁、崔2人各1000元后，擅自同意黄世强私设堆场，故意纵容其违规行为，其行为致使在街道治安、城管队伍中造成严重影响，给队伍的管理及社会带来难以挽回的负面效应。

袁刚、崔静彧2人作为中共党员，并被国家行政机关聘任从事公务人员和担任街道治安巡逻大队三中队长中队长及副中队长职务，同时崔静彧还担任街道机关第二党支部副书记职务，本应模范遵守相关的法律法规和高新区的各项有关规定，严格遵纪守法，认真履行职责，反而利用职务之便，非法收受他人现金2000元，纵容他人私设堆场，严重影响成都高新区、桂溪街道政务服务形象及执法威信，社会影响恶劣，其行为已严重违反党的纪律。鉴于2人在案发后能主动上交赃款，并积极配合街道纪工委的调查。经桂溪街道党工委第154次工委会研究决定，同意机关第二支部免去崔静彧桂溪街道机关第二党支部副书记职务，给予袁刚党内警告处分；同意桂溪街道综治委免去袁刚桂溪街道治安巡逻大队三中队中队长职务，免去崔静彧桂溪街道治安巡逻大队三中队副中队长职务；留队查看三个月，视其表现确定是否留用。

维稳工作

【概　况】　2011年，桂溪街道辖区社会治安综合治理工作在成都高新区综治委、桂溪街道党工委的正确领导下，紧紧围绕以科学发展观为指导，以稳定为基础，以民生为重点，积极创新社会管理服务体系，强化服务意识，优化组织结构，深化惠民活动，促进辖区文明和谐的工作思路，认真贯彻落实省、市、区综治工作会议精神和平安建设总体部署，切实做好社会治安综合治理各项工作，为辖区的社会稳定和经济建设创造了良好的社会环境。

【禁　毒】　2011年，桂溪街道辖区现有吸毒人员43人（男：31人、女：12人）。其中，18人参加尿检（社区戒毒5人，社区康复13人），戒断毒品三年以上2人，打击处理4人，9人外地务工，10人无法联系。

桂溪街道辖区形成以街道办事处领导、派出所、机关各部门、社区干部、楼栋长、志愿者、家庭成员组成的“多位一体”帮教格局，其中街道确定12名帮教专、兼职人员，各小区、院落、楼栋、单元分别确定1名义务帮教人员。同时，利用现有社区卫生服务中心的有利条件，依托以社区卫生服务中心医务人员为主、志愿者为辅的心理咨询、辅导、帮教小组，对社区戒毒（社区康复）人员进行心理辅导，为社区戒毒（社区康复）者彻底摆脱毒魔，矫正心态，树立自信。

针对纳入社区康复的人员中，街道组织社区戒毒（社区康复）人员及其家属开展了形式多样的公益性活动，把丰富社区戒毒（社区康复）人员生活作为推进社区戒毒（康复）工作的突破口和切入点，尽全力帮助社区戒毒（康复）人员摆脱精神困境，重树生活信心。此外，街道综治办还组织社区康复人员开展从业技能培训，帮扶他们自主创业、自谋出路，增强了康复人员的从业信心。针对社区戒毒（康复）人员个人及家庭具体情况，遵循就近、方便、量体裁衣、因人而异的原则，结合戒毒（康复）人员自身情况分类进行岗位推荐。目前，已成功推荐就业13人。

2011年，桂溪街道办事处将所有社区戒毒（社区康复）人员登记入册纳入掌握之中，对14（其中接受美沙酮维持治疗的有10人）名康复人员全部建立了个人档案，设置了“会议记录”、“工作记录”、“谈话记录”等，对康复人员开展全面摸底调查，了解掌握戒毒人员的信息和现实情况，并记录社区戒毒（社区康复）工作的开展情况。

【社会治安综合治理】　2011年，桂溪街道办事处坚持“严打、严防、严管、严治”的方针，把综治工作列入重要议事日程，明确街道党工委书记为辖区社会治安综合治理和维护社会稳定的第一责任人，形成一把手负总责亲自抓，分管领导具体抓的领导格局。每月定期召开综治工作例会，研究分析全辖区治安综治形势，部署治安综治工作，解决影响重、难点问题；建立了辖区物业大联勤，健全整体联动防范体系，不断加强综治群防群治力量的整合，最大限度发挥群防资源的作用；把辖区区域划为若干巡逻责任区，分别明确责任人和工作职责，制定并下发了《桂溪街道综治巡逻大队考核奖惩办法（暂行）》的通知（成高桂委发【2011】24号）；加强治安巡逻大队的业务培训和指导，设立24小时巡逻制度，遇突发事件能迅速出击，快速反应，做到了无案件时防范得牢，有案件时控制得住的要求。

桂溪街道办事处继续深化“新南商圈”大联勤防控机制，形成重心下沉抓防范的格局，通过健全组织、明确责任、强化管理等手段，挖掘新南商圈治安防范力量，制定和细化工作目标，进一步调动商圈参与的积极性，真正形成整体联动、齐抓共管、维护治安、人人有责的工作局面。针对不同环境因素，加强对商圈安保部门的培训和指导，因地制宜的科学合理配置人员，增强巡查力度，提高了驾驭商圈社会治安局势和维护社会稳定的能力，大幅减少各类案件的发生，大力提升消费群体的安全感。

【辖区发案及巡逻队挡现情况】 2011年1—12月，辖区发生刑事案件532起，与去年同期550件比下降3.27%。街道综治巡逻大队挡获现行104起，挡获犯罪嫌疑人164人，其中：刑事案件56起，刑事拘留85人（挡获团伙作案3起，共11人；破获重大案件1起3人），治安案件48起，治安拘留79人，净化了社会治安环境。

【信访、转非工作】 2011年，桂溪街道办事处充分履行信访部门畅通社情民意、化解社会矛盾、维护社会稳定的工作职责，切实构建统一领导、部门协调，统筹兼顾、标本兼治，各负其责、齐抓共管的大信访工作格局，用大信访维护大稳定，取得了较好的工作成效。对省、市、区信访部门交办的信访案件及时调查回复，做到件件落实，事事交代。

2011年，1月—12月来信来访181件（市、区信箱及热线113件），259人次，其中重复来访10件（计：2件），办结171件，办结率98.8%。涉及内容：征地拆迁41件，城市拆迁2件，城市管理48件，物业管理23件，经济纠纷1件，民政1件，城市规划1件，其他64件（耕地使用、人口普查、房产过户、优购住房、设立公厕、户口、住改商、群租、遗产继承、惠民政策、体检、长寿补贴、上学问题、农贸市场、光纤问题、保安打人、地下停车场开伙食团等)。

2011年年初，街道办事处为确保辖区转非、分房工作的顺利推进，多次召开农转非维稳工作专题研讨会，制定并下发了《近期维稳形势研判及工作分解安排》的通知（成高桂委发【2011】86号），落实了领导干部包案责任制。主要工作是加大了农转非工作正面的宣传力度，通过强势的宣传把党和政府的立场、态度及时传递给广大群众，争取公众舆论对合法拆迁的支持；沉入到社区（村），加强与社区（村）的衔接，收集各类涉稳信息；加强重点人员的监控工作，掌握其动态，有效遏制不稳定因素苗头；综治巡逻大队加强巡查力度，确保辖区社会和谐、稳定；信访工作的工作人员认真倾听群众的诉求，了解群众意愿，防止问题积累和矛盾激化。在转非、拆迁工作中，街道办事处、派出所、社区通力协作，齐抓共管，反复宣讲有关法律法规和拆迁安置政策，动之以情，晓之以理，确保辖区农转非、拆迁工作的顺利推进。

精神文明建设

【概　况】 2011年，桂溪街道党工委、办事处在高新区党工委、管委会的领导下，按照“以科学发展观为指导，以稳定为基础，以民生为重点，积极创新社会管理服务体系，强化服务意识，优化组织结构，深化惠民活动，促进辖区文明和谐”的工作思路，紧扣年度重点工作，不断完善组织领导、责任分工和狠抓落实的工作机制，全年工作取得了良好的成绩。

【精神文明建设工作】 2011年，桂溪街道办事处以文化促进和谐和管理。2011年，街道办事处投入300多万元，在双源社区建设完成了

7800平方米的大源体育运动公园，包括足球场、篮球场、羽毛球场、棋牌活动区等设施，覆盖人群40000人。并投入50000元建成文化活动中心标准化图书室。举办了“纪念中国共产党成立九十周年”晚会、全国风云球王三人足球争霸赛成都站比赛、第三届“桂溪杯”篮球赛、第二届国手桂溪行等大型的文体活动。在暑期，开展了青少年篮球专业培训及动漫、素描、书法兴趣班。对桂溪老年大学534名学员中的280名农转居老人提供每学期30元的学费补贴，并对12名距离较远的老年人给予20元的交通补助。街道综合文化活动中心自去年投入使用以来，不断完善设施和加强文化工作，2011年被评为成都市首批一级综合文化活动中心、首批基层文化活动示范基地。

【文明城市建设】　2011年，在文明城市复查迎检、巩固创建成果方面，街道办事处完善了组织领导和例会制度，制订并落实文明城市复查迎检工作方案，确保了街面、院落、市场、窗口、迎检点位以及街道、社区创建资料各项指标达到最佳迎检状态，受到上级和群众的好评。投资160万元实施了3个社区17个院落的文明院落建设工程，在成都市测评中，高新区排名全市第一，桂溪排名高新区第一。街道还获得共青团四川省委、四川省城乡环境综合治理工作领导小组办公室“四川省城乡环境清洁志愿服务示范点”授牌。

【文明社区示范院落建设】　2011年，桂溪街道党工委、办事处在高新区党工委、管委会的领导下，按照“以科学发展观为指导，以稳定为基础，以民生为重点，创新社会管理服务体系，强化服务意识，优化组织结构，深化惠民活动，促进辖区文明和谐”的工作思路，结合年度重点工作，完善组织领导、责任分工和狠抓落实的工作机制。在近年来开展“和谐文明家庭”、“和谐文明院落”评选活动的基础上，2011年，街道办事处又投资248万元继续开展评选活动，并通过调整评选规则、广开宣传路径、开展系列活动等措施将评选工作不断完善与深化。成立院落管理小组实行了精细化管理，办事处巧妙地将日常工作融入到评选活动中，对居民自觉参与社区建设、完善院落的自治组织、提升文明素质和自我管理水平、进一步改善干群关系，起到了积极的促进作用。

2011年2月22日，桂溪街道党工委在和平社区广场举行桂溪街道党员突击队成立暨启动仪式

【志愿者活动】　2011年，街道办事处开展职工送温暖活动12次，完成农迁社区及进城务工农民新市民素质培训200余人，免费为一线困难职工送体检卡387份；组织开展了“巾帼风采，我最美丽”三月风华主题系列活动，成功调解妇女纠纷案件6例。通过创新开展天涯坊志愿者服务活动，拓宽了外籍志愿者服务方式。成功承办了区级趣味运动会、羽毛球赛、亲子活动等。

政 务

ADMINISTRATION AFFAIRS

目标管理

【概 况】 2011年，为促进桂溪跨越式发展，确保街道党工委、办事处各项目标任务的圆满完成，桂溪街道办事处成立了目标管理督查工作领导小组（简称领导小组）。组长由街道党工委书记担任、副组长由办事处主任担任，成员由分管领导及机关各部门负责人组成。领导小组下设目标管理督查办公室（简称目督办），与党政办合署办公，负责领导小组的日常工作。

【政府信息公开】 2011年，桂溪街道办事处共新增主动公开政府信息3150条。主要涉及工作动态及其他应主动公开信息等；在市政府门户网站上主动公开信息1313条，信息发布数量位于高新区各街道办事处前列，按照公开目录（含指南、目录、补充公开），机构信息2条，占0.1%，公布信息公开年报类5条，占0.4%，工作信息类1309条，占99.5%。2011年桂溪街道办事处设置信息公开查询点4处，汇总公开信息1115条；通过《华西都市报》、《成都日报》、《成都商报》、《成都晚报》及成都电视台等媒体发布各类公开信息27余条；通过高新区门户网站和各单位网站发布各类公开信息2479条；通过各种公开栏（屏）发布各类信息500篇；全年通过公开资料发布信息144条；编辑桂溪快讯24期、大事记12期，院落LED显示器发布的信息，为群众了解实情以及政府掌握舆情发挥了积极的作用。

2011年，桂溪街道办事处按照信息公开工作要求，进一步梳理办事处机关及具有依法行使行政职权的单位所掌握的政府信息，及时提供，定期维护，确保政府信息公开工作能按照既定的工作流程有效运作，公众能够方便查询；桂溪街道办事处将进一步梳理政府信息，对原有的政府信息公开目录进行补充完善，保证公开信息的完整性和准确性。同时，进一步推进公开信息的电子化，降低公众查询成本；从方便公众查询的角度出发，进一步整合单位网站信息资源和服务资源。按照信息内容的相关性，做好信息标题与信息全文之间、信息与信息之间、各信息内容类别之间的关联，提高网上服务效率；街道办事处充分利用院落多媒体信息发布平台，及时发布市、区、街道新闻和宣传片，发布通知，进行重大事项公示等，让社区居民第一时间了解街道、社区相关工作；街道办事处结合市政府基层信息公开平台，及时发布市、区、街道工作动态，扩大宣传面。针对街道各项特色亮点工作，及时与媒体对接，进行宣传报道，营造良好的舆论氛围。

【督办督察】 2011年，街道办事处目标管理督查工作实施日常督查、半年检查、年终全面考评的方式进行。

日常督查：加强对目标运行情况的日常监控，特别是经济社会重要发展指标的督促检查。

半年检查：各目标责任单位在全面自查的基础上，形成简要材料报目督办，目督办对半年目标完成情况进行检查。

【民生工程目标任务】 目标为年度工作目标。年度工作目标根据高新区下达的目标任务和交办的重要工作，由各牵头部门按照职能分工拟定目标草案，经目督办汇总整理后，报街道党工委、办事处研究制定；报高新区目督办。

【目标考核街道优秀公务员、先进集体、先进个人名单】

桂溪街道党工委　桂溪街道办事处 关于表彰2011年度先进集体和先进个人的决定

成高桂委发［2012］4号

各社区、村，各派出所，卫生服务中心，敬老院，机关各部门：

2011年，桂溪广大干部群众在高新区党工委、管委会的正确领导和桂溪街道党工委、办事处的带领下，按照“以科学发展观为指导，以稳定为基础，以民生为重点，积极创新社会管理服务体系，强化服务意识，优化组织结构，深化惠民活动，促进辖区文明和谐”的工作思路，圆满完成了年初制定的各项目标任务，在改善民生、加强和创新社区建设和管理服务、维护稳定、文明创建、经济发展等方面涌现出了一批“先进集体”和“先进个人”。

为充分调动广大干部群众的工作积极性，营造创先争优的良好氛围，经街道党工委、办事处研究，决定对在2011年度工作中取得显著成绩的三瓦窑社区等61个“先进集体”和曾森等123名“先进个人”予以表彰。

希望受表彰的单位和个人珍惜荣誉，戒骄戒躁，在今后的工作中做出更大的贡献！希望广大干部群众以他们为榜样，开拓创新，扎实工作，为构建文明和谐的新桂溪而努力奋斗！

附：1. 桂溪街道2011年度“先进集体”名单

2. 桂溪街道2011年度“先进个人”名单

中共成都高新区桂溪街道工作委员会

成都高新区桂溪街道办事处

2012年1月10日

附件1：

桂溪街道2011年度“先进集体”名单

61个（排序不分先后）

（1）综合目标：三瓦窑社区、双源社区、南新社区

（2）党建工作：三瓦窑社区、双源社区、和平社区

（3）群团工作：南新社区

（4）信息宣传工作：益州社区

（5）综治工作：和平社区、双源社区

（6）维稳工作：综治巡逻大队、双源社区、双祥社区、和平社区、三瓦窑社区、永安社区、益州社区、临江村、民乐村、勤俭村

（7）信访工作：益州社区

(8)流管工作：南新社区

(9)城乡环境综合整治工作：和平社区、三瓦窑社区、南新社区、永安社区、益州社区、双祥社区、双和社区、城管执法中队

(10)老龄工作：老年大学、双源社区

(11)文化工作：永安社区、南新社区

(12)民政工作：双祥社区、和平社区

(13)司法工作：南新社区

(14)卫生防疫工作：社区卫生服务中心

(15)安全工作：双源社区、南新社区、双祥社区

(16)食品安全工作：和平社区

(17)防洪工作：临江村

(18)社区建设工作：和平社区、双源社区、三瓦窑社区

(19)财务管理工作：三瓦窑社区

(20)创新工作：就业中心、党政办、经发科、综治办

(21)拆迁安置工作城管科：双土村、铜牌村、临江村、大源村

(22)团队建设工作：社事科、财政所、社区中心、三瓦窑社区

(23)武装民兵预备役先进集体：双源社区

附件2：

桂溪街道2011年度"先进个人"名单

123个（排序不分先后）

(1)党建工作：曾淼（永安）、范琴（双祥）、杜在春（南新）、胡艳（和平）

(2)群团工作：李伟（和平）、杨津（双源）

(3)信息宣传工作：李佳（双和）、叶莉（三瓦窑）

(4)综治：李国涛（和平）、陈军（大队）

(5)维稳：李宗根（铜牌村）、李露英（民乐村）、陈华永（勤俭村）、高琴英（双祥）、成华利（双和）、赵伟（双源）、刘剑（大队）、苏开福（大队）、王利（大队）、先海涛（大队）、王磊（大队）、贾先强（大队）

(6)信访工作：王书义（大源村）、陈善军（三瓦窑）、庄福明（益州）、王锐（永安）、

(7)流管工作：张亮（益州）、李姝丽（双祥）

(8)招商引资工作：胡华英（双源）、陈近（南新）、魏尤年（双和）、朱昌兵（益州）

(9)武装民兵及预备役工作：叶建国（和平）、江林（大队）

(10)城乡环境综合整治（环保）工作：宁月荣（双和）、彭建（双源）、刘建（南新）、张朝刚（中队）、蔡汝涛（中队）、郑万平（中队）、梁学洪（中队）、郑万明（中队）、张先蓉（环卫公司）、田春洪（环卫公司）

(11)城市管理工作：罗安松（三瓦窑）、秦芳（南新）

(12)土地管理工作：高世成（大源村）

(13)拆迁安置工作：张朝忠（临江村）、杨根（临江村）、古学军（临江村）、田春贵（双土村）、高冬（铜牌村）、贺嵩（铜牌村）、余静蓉（铜牌村）、张秀娟（铜牌村）、杨利强（大源村）、佘利萍（大源村）、林传咏（勤俭村）、刘兵（双土村）、陈古金（机关）

(14)老龄工作：方义国（敬老院）、张艳（和平）

(15)文化工作：郑文雅（永安）、吕文叔（益州）、陈立容（双和）、姜素群（双源）、黄伟（和平）

(16)民政工作：张祥春（三瓦窑）、邓强（和平）、张蓉华（临江村）、张国清（双祥）

(17)司法工作：林健英（永安）、茹宗仁（双和）

(18)卫生防疫工作：易正奎（卫生中心）、李强（卫生中心）

(19)医疗服务：陈艳（卫生中心）、陈龙飞（卫生中心）

(21)动物防疫工作：张洪建（临江村）

(20)安全工作：刘泽富（临江村）、李洪元

（三瓦窑）

（22）防洪工作：张庆（和平）、冷文（永安）

（23）统计工作：陈利（南新）

（24）社区服务工作：邹先玉（和平）、罗王军（益州）、李后全（双祥）、梁玉梅（双祥）、王建（双祥）、刘雪蓉（三瓦窑）、林美良（双和）、李素清（双和）、廖永成（双源）、叶少群（双源）

（25）规服工作：张和平（机关）、林小艳（机关）

（26）联系群众（帮扶）工作：王斌、宋荣娥、徐爱武、周旭东、王静、陈玉萍、徐霞、周学儒、左晓红、秦璐

（27）优秀民警：刘真英（三瓦窑所）、潘茜（三瓦窑所）、刘威（新益州所）、房宁（新会展所）

（28）机关工作先进个人：张琼、何顺燕、曾林彬、何明山、胡智敏、谢名清、李天福、余剑侠、蔡娟、简志伦、石映春、钟华

（29）地方志工作：秦开珍（和平村）、何雪（益州）

人事工作

【概　况】 2011年，桂溪街道办事处人事工作以引进人才、培养人才服务桂溪发展为指导，加强体制机制创新，整合机关职能；注重干部培训工作，强化队伍建设；努力维护社会稳定，做好军转干部工作。对机关聘用人员注重凝聚力的培养，全面完善了薪酬体系。

【人员编制】 2011年桂溪街道办事处共有正编人员50名，区聘人员11名，街道聘用人员约为430名（包括治安巡逻大队、城管执法中队队员、协警人员）。

【军转安置】 2011年，桂溪街道办事处始终坚持“做好自主择业军转干部工作，不仅是军转管理服务部门工作的重点，也是我单位的一项光荣义务”这一原则，以高度的政治意识、大局意识和责任意识，将该项工作摆在“为国防及军队现代化建设、推进国家军转安置制度改革做贡献”的重要位置。疏理自主择业军转干部管理服务体系，以维护社会稳定为重点，认真落实自主择业的配套政策。加强政策宣传，将新出台的自主择业相关政策告之军转干部，并与相关职能部门配合，提供办理住房公积金、社保等政策咨询，及时为新进入的自主择业军转干部办理医疗保险关系。建立自主择业军转干部联席会议制度，定期听取其意见和建议，切实掌握军转干的思想和生活状况，为其提供民政、就业、社保等政策解释。春节、“八一”、中秋、端午等节日开展献真情、送温暖活动，对自主择业转业干部进行走访慰问，让广大自主择业军转干部感受到党和政府对他们的关心。成立了“永安社区流动党员服务站”，为十多名军转干部提供组织平台。围绕推进自主择业军转干部就业，抓教育、抓服务、促管理，各项工作取得了长足发展。结合自主择业军转干部大部分年龄在40岁左右，处在事业的黄金时期，就业愿望非常强烈这一现状，紧跟社会就业形势的发展变化，在总结前期经验教训的基础上，对当前存在的一些实质性问题进行了深入分析，引导符合条件的转业干部选择自主择业，发挥其特长为社会做出新的贡献。目前辖区自主择业转业干部中，有6名大胆创业，7名已再次就业。

政务服务

【概　况】 2011年，桂溪街道办事处探索试

点社区服务新模式。将桂溪辖区划分为4个片区，每个片区设立1个街道社会事务服务分中心；探索“一站多居”模式；建设《服务大厅综合业务管理系统》《街道民生服务热线》。办事处在每个社会事务服务中心窗口安装了服务评价器，与辖区窗口工作人员签订了《履职承诺书》，开展了“巾帼文明岗服务进社区”“一个微笑 一句问候”和“政务服务在心中”活动，组织窗口工作人员、街道行政监督员、机关各科室负责人进行规范化服务工作培训，邀请专业讲师进行服务礼仪和阳光心态知识的系统培训。旨在把家的温馨传递到每位服务对象的身边，塑造服务型政府新形象。桂溪街道办事处在社会事务（便民）服务中心设立养老金审核核查点，双源社区开通窗口积极为退休人员进行养老金待遇资格核查，为50余位行动不便老人提供了上门核查服务。

【规范化服务】 2011年，桂溪街道办事处按照高新区规服办相关要求，积极开展各项工作。向规服办报送了双源社区便民服务中心特色材料、如何实现农迁社区点对点服务等先进试点和经验做法。积极做好审批服务事项清理。部门主要领导多次到政务服务中心检查窗口工作情况，采取了拓展培训、趣味运动会、节假日看望慰问等方式关怀窗口工作人员，凝聚团队力量；全年未出现违反窗口纪律、无一件有效投诉的情况发生。辖区的双源社区大厅已申报市级“巾帼文明岗”。同时办事处根据监督员履职情况，对街道聘请的效能监督员实行一年调整一次，监督员采取定时或不定时的方式，对窗口、部门、社区工作人员进行明察暗访，对不符合规范化服务型政府建设的行为进行通报，并提出整改要求，每季度出一期行政效能督查通报，通过“刚（有责必问、违纪必究、出事“买单”的惩戒）、柔（领导关怀和团队建设的打造）”结合的方式，确保大厅服务效率和服务水平的提高，提高群众满意度。

【政务服务中心】 桂溪街道社会事务服务中心于2004年6月试运行，和平、三瓦窑社区便民服务中心于2005年9月成立，双源社区便民服务中心于2007年5月正式向居民开放。2009年3月，正式在辖区4个便民服务中心推行“一窗式”受理工作模式。目前街道社会事务服务中心共设一个咨询接待台、两个社保综合业务窗口、三个“一窗式”综合业务窗口、两个税务业务窗口，2011年3月新增一个工商服务窗口；和平、三瓦窑社区便民服务中心设一个咨询接待台、三个“一窗式”综合业务窗口；双源社区因审批和公众服务事项下沉，设置与街道社会事务服务中心一致（工商、税务除外）。

【政务服务队伍建设】 2011年，桂溪街道办事处根据“一窗式”受理工作模式的特点，办事处对社会事务（便民）服务中心窗口进行统一设置，对窗口工作人员上岗实行严格把关，采取优胜劣汰，考核上岗；将人员管理、绩效考核归口党政办统筹安排，进行统一指导、监督、检查，目前4个便民服务中心共有窗口工作人员23人，其中区聘4人、街聘16人、社区工作人员3人。出台《桂溪街道社会事务（便民）服务中心窗口工作人员岗位工资管理办法》、《桂溪街道社会事务服务中心窗口工作人员服务规范》等工作制度；打破传统的岗位体系终身制，建立新的薪酬分配体系、通过内部人员流转，推进岗位管理从静态向动态转变，合理拉开内部收入差距，形成岗位能升能降的竞争氛围。在加强职业道德教育和执业技能培训的基础上，建立利益导向机制，设立“一窗式”服务专项基金，对能熟练掌握窗口工作办理的流程并获得群众认可的给予一次性奖励，窗口工作人员的岗位津贴每月增加200元。

群众团体

MASS ORGANIZATION

工　会

【概　况】　2006年9月，桂溪街道总工会成立。街道总工会坚持按照创建“示范街道工会”的“六好”标准夯实工会组织建设基础。2009年12月2日，桂溪街道总工会通过成都市总工会验收成为“示范街道工会”，2010年1月，桂溪街道总工会获得市总工会颁发的“成都示范乡镇（街道）工会”荣誉称号。

【工会组织建设】　2011年，桂溪街道总工会在辖区软件园、孵化园、新南商圈建立“两园一圈”非公有制企业党群共建工作模式，街道顺利通过成都市劳资三方“和谐劳动关系街道”验收。

【工会活动】　2011年，街道总工会组织企事业单位群团专职人员开展团队素质拓展。组织召开党群联席会集思广益，拓宽群团专职工作者视野。年末，召开群团研讨会及基层工会总结会，超前谋划群团工作，思考解决当前群团面临的问题及困难，推动群团向前发展。开发“安全生产文化周”暨“和谐物管联盟”之消防技能大练兵项目。组织新市民素质教育培训班2期，促进外来产业职工和农转居民融入高新，参与学员240人。深入开展“四送三助”慰问帮扶活动，覆盖基层一线职工1900余名。开展了“两园一圈”首次活动——非公有制企业党群联谊迎新活动。

【非公企业建会】　2011年，街道总工会公共建立非公企业工会36家（含1家工会联合会，3家外资企业建会），全年签订企业集体合同122家，成都市和谐劳动关系企业争创6家，其中的国电大渡河公司荣获“和谐劳动关系示范企业”。

共青团

【组织建设】　2011年，桂溪街道共青团新建非公有制企业团支部16家。

【共青团活动】 2011年，桂溪街道共青团组织开展“爱心启迪智慧”暑期行。组织开展“优秀青年观金沙”。组织开展“红色唱响 活力桂溪”红歌唱。组织开展“同在一片蓝天”关爱行动。

【志愿者活动】 2011年，桂溪街道新增商铺志愿服务点8个，整合志愿服务队25支。继续深化“党员义工”每月最后一周五志愿服务活动。继续深化志愿服务站建设，加强和平社区成都市心理辅导标准化志愿服务站建设。贯穿“三色、三抓、三联”工作主线，创新成立了社区“三八突击队”、设置“社区服务岗”、外籍“天涯访”、“心理辅导站”。

桂溪街道妇联组织辖区失地农民参加招聘会现场

妇 联

【维权帮扶】 2011年，桂溪街道妇联协调处理妇女及家庭纠纷6起。树立各层面的职工、女性、志愿者先进典型28人。开展“依法维权 关心关爱”维权法宣传活动总计17次，认真接待来信来访者。2011年，街道妇联荣获“为成都市妇女儿童做出突出贡献单位”称号。

【示范教育】 2011年，桂溪街道妇联组织开展“父母大课堂”及类似“父母大课堂”讲座16场。组织开展“三月风华”主题。组织开展“巾帼风采 我最美丽”主题。组织开展“妈妈您辛苦了”文艺汇演。组织开展“快乐嗨翻天”亲子活动。组织开展“和谐文明院落评选”及“文明家庭评选”，“文明家庭户”评选。桂溪群团在街道及社区工青妇队伍中宏扬创新精神和担当精神，注重专干的学习培养，全年举办了有针对性的教育培训。

【组织建设】 2011年，桂溪街道妇联组织企事业单位群团专职人员开展团队素质拓展。组织召开党群联席会集思广益。通过以上思维学习，拓宽了群团专职工作者视野。共青团中央“绿色家居”宣传实践活动成都分场、共青团中央“保护母亲河”主题宣传活动成都分场由桂溪街道团工委成功协办。共青团杭州市委、团成都市委团工委工作现场会在桂溪成功举办。共青团中央组织部副部长褚峰、《中国青年报》副主编、共青团金牛区团委领导调研桂溪共青团工作，给予工作肯定。

资源与环保

RESOURCES AND ENVIRONMENTAL PROTECTION

国土资源管理与利用

【征地拆迁安置工作】 2011年，桂溪街道办事处启动勤俭、民乐、铜牌、大源村征地农转非安置工作。在街道党工委和办事处的统一指挥下，按照“公开公正，依法有序、稳妥推进，透明安置”原则，制定和落实了《2011年桂溪街道征地农转非安置工作实施方案》，于2011年6月在各相关部门的积极参与下，平稳、有序地完成了勤俭、民乐、铜牌、大源村4个村24个组的征地补偿安置工作，涉及转非安置总人数6880人。

2011年6月30日前，完成了铜牌、大源村9个组村民《自愿交房附着物补偿协议》、《住房安置协议》的签订以及分房对算工作，涉及总户数879户，总人数2665人，住房总套数1764套。

2011年国庆节前后，办事处城市管理科会同党政办、社会事业科和临江村两委分别完成了相关拆迁政策培训，组织10个村民小组进行了拆迁政策的投票选择和分组开展拆迁安置协议签订工作。截至12月底，累计签订《拆迁补偿协议》和《住房安置协议》1711户，签字率96%。

根据高新区重点建设项目用地需要，从2011年7月起至2011年11月中旬，在街道党工委和办事处领导的亲自指挥和带领下，陆续对辖区原拆迁遗留问题实施了综合整治。其中，在双土中心村、铜牌、大源村累计综合整治56户（双土村14户拆迁难点户已全部处置完毕）。

【土地执法监督】 2011年，桂溪街道办事处组织巡查222人次，发现乱搭乱建、乱倒渣土苗头9起，按照有关法律法规和政策全部及时处理，结案率100%，土地违法案件发案率控制在5%以内，确保辖区内无一例土地违法案件被区国土分局立案查处或通报现象。

水资源管理

【概　况】 2011年，桂溪街道办事处根据成都市高新区防汛办的要求，展开重点对辖区内各村、各社区的沟渠疏掏和防汛隐患排查与整治工作，桂溪街道办事处对辖区内所属区域河道、市政府周边、会展中心周边、各下穿隧道、沟渠、城市排污（水）管网、建设工地、低洼地段、居民院落、地下停车场、有灾情历史的区域等进行不间断“拉网式”排查。

【河道管理、雨污分流】 2011年，桂溪街道办事处大力开展对辖区的小水域进行清掏，共整治沟渠河道长约10000余米，淤泥近20000方，前后共投入经费近40余万元。同时积极协助区经发局对辖区雨污管网进行普查，并对各社区的雨污问题进行了整改。

环境保护

【概　况】 2011年是“十二五”的开局年，是全国文明城市创建的“复查年”，也是全省城乡环境综合治理的收关年，桂溪街道党工委、办事处按照省委、省政府、市委、市政府的统一部署和安排，以建设“世界现代田园城市”和不断改善人居、产业环境为目标，街道城乡环境综合治理办公室紧紧围绕街道党工委办事处工作思路，继续坚持“完善、优化、提升、示范”八字方针，积极实施城市“净化、绿化、美化、亮化”工程，确保各项工作有序、运行高效，并取得显著成效。

【环保宣传】 2011年，桂溪街道城管执法中队把宣传教育摆在重要位置，每月全面通报城乡环境综合整治的进展情况。以《工作简报》、信息为平台，通过专题、讨论、照片等形式，围绕效能建设进展情况及城市环境整治进行动态报道，全年共发送《工作简报》10期、报送各类信息60余篇。

【大气污染治理】 2011年4月，桂溪街办对辖区内行政机关、部队、企事业单位、建筑工地、农贸市场、个体工商户、居民进行了摸底调查，使用燃煤的主要集中在建筑工地、农贸市场、个体工商户这三大块。办事处重点对农贸市场进行了环境卫生、食品卫生、燃煤等方面的整治，强制三瓦窑临时农贸市场关闭使用燃煤、卫生条件差的个体摊贩；要求和平农贸市场使用燃煤的个体户限期改用清洁能源；做好三环路附近的建筑工地的10多个民工食堂禁止使用燃煤改用清洁能源的宣传工作，并不定期地进行检查、整治。燃煤整治行动，共出动执法人员200余人次，处理燃煤投诉近20次，三环路以内居民均使用清洁能源。

【环境管理体系】 2011年，办事处按照ISO14001环境管理体系标准的要求，识别了桂溪街道办事处本体和区域及相关方面环境因素。根据《成都高新区2011年环境保护工作专项目标》的要求分解并下达了《成都高新区桂溪街道办事处关于分解成都高新区2011年环境保护工作专项目标的通知》。2011年新识别并收集了办事处适用的法律、法规9部，制定了2011年ISO14001环境管理体系培训计划并上报了高新区改进办和人事劳动局。在11月中旬的内审工作中，办事处积极配合高新区改进办的工作，组织30多位重点员工在锦绣城进行了ISO14001环境管理体系的培训，接受了内审工作组的检查。

【扬尘污染治理】 2011年，桂溪街道城管执法中队针对辖区内“工地多，空地多，隐患多，矛盾大”的特点，总结以往的经验和教训，制订和落实了国土管理目标考核制度和工作措施，坚持以临江村、铜牌村、大源村和拆迁空地、建设工地为巡查重点，强化“四级”联动机制，及时消除乱建、乱倒渣土、非法挖土、挖砂石等现象。全年，组织巡查7000多人次，车辆出动2500余辆次，在铜牌村、大源村、金融中心片区挡获10辆乱倒渣土的车辆，全部按照有关法律法规进行了及时处理，结案率100%。

防洪防汛

【概　况】　2011年，在防汛其间，辖区无内涝现象的发生。

【防洪抢险预案】　2011年，桂溪街道办事处继续根据《桂溪街道2011年防汛抢险工作预案》，贯彻“安全第一、预防第一、以人为本、科学防治”的方针，按照“属地管理、专群结合、条块结合、分级负责、分级响应、分级开展、统一指挥”的原则，层层建立防汛工作目标责任制，形成“快速、机动、专业、有序、高效、统一”的防汛抢险工作运行机制，确保辖区平安度汛目标。成立了以办事处主任为总指挥，分管防汛工作的办事处副主任为指挥长，武装部部长为副指挥长，机关各部门负责人和各村、社区主任（负责人）为成员的桂溪街道防汛指挥部。防汛指挥部设在办事处一楼社会事务服务中心，下设防汛指挥部办公室（以下简称街道防汛办），由经发科科长兼任办公室主任，负责指挥部交办的日常工作。

桂溪街道民兵应急分队2011年抗洪抢险实兵演练现场

城市建设与管理

URBAN AND RURAL CONSTRUCTION AND MANAGEMENT

重点项目建设

【概　况】　2011年，桂溪街道办事处累计组织实施和完成了双源、双和及和平社区13个院落的绿化裸土整治工程、和平社区居民楼道粉刷工程、祥和源便民市场建设工程、桂溪卫生中心中医馆装修工程、双源社区餐饮集中点及双源社区卫生中心绿化总平工程、南新社区运动场管理用房建设工程、双祥社区64个非机动车坡道改造工程，涉及工程项目合同管理总数60个，总投资630万元。着力解决了一批社情民意问题，提升了社区居民的生活环境质量，并为确保顺利迎接文明城市复查和接受城乡环境综合整治工作检查发挥了积极作用。全年累计组织各成员单位实施续建重点项目3个，新建重点项目5个，总投资计划2000万元。其间共收集、整理上报工程建设会议议题61项，承办工程建设例会6次，建成项目3个。

【双源社区餐饮集中点项目】　本项目是续建重点工程项目之一，立项批准文号：成高经【2009】405号，工程建设规模1142平方米，工程投资估算290万元，工程招标控制价166万元，第三方造价评审价166万元。于2010年9月16日开工，2011年2月16日竣工。工程设计单位：四川鑫鑫建设装饰工程设计有限公司。技术图审单位：四川省安信建筑设计咨询有限公司。造价咨询单位：四川中建西勘九鼎建设项目管理有限公司。可研编制单位：成都信德隆工程咨询有限责任公司。招标代理机构：四川省晨兴建设工程设计审查咨询有限公司。工程监理单位：成都衡泰工程管理有限责任公司。工程施工单位：通过四川建设网公开招标确定施工单位，中标人为四川省国祥建设工程有限公司，中标施工合同价为141万元，合同工期为6个月，合同订立时间为2011年6月28日。街道工程管理团队分管领导王子琦，科室负责人李孝云，造价员吴超国，甲方现场代表廖永伟，乙方现场负责人张海阔，工程总监黄在全。

【和平社区景观改造项目】　本项目本项目是续建重点工程项目之一，立项批准文号：成高经【2010】284号，工程建设规模：和平社区1期3号院5400平方米院落改造，工程投资估算68万元，工程招标控制价62万元，第三方造价评审价62万元。于2010年12月15日开工，2011年1月25日竣工。工程设计单位为四川大家环境艺术工程有限公司。技术图审单位：四川省安信建筑设计咨询有限公司。造价咨询单位：四川省名扬建设工程监理有限公司。可研编制单位：中国轻工业成都设计工程有限公司。招标代理机构：四川正信建设工程造价事务所有限公司。工程监理单位：成都衡泰工程管理有限责任公司。工程施工单位：通过四川日报招标网公开比选确定施工单位，中标人为江西赣基集团工程有限公司，中标施工合同价为59万元，合同工期为3个月，合同订立时间为2010年11月22日。街道工程管理团队造价员吴超国，分管领导王子琦，科室负责人李孝云，甲方现场代表廖永伟，乙方现场负责人程光华，工程总监黄在全。

【和平社区1、2期户表线路改造项目】 本项目是续建重点工程项目之一，立项批准文号：成高经【2010】304号，工程建设规模，和平社区1092户住户户表线路改造，工程投资估算198万元，工程招标控制价188万元，第三方造价评审价188万元。于2010年11月15日开工，2011年4月25日竣工。工程设计单位四川中新电力设计院有限公司。技术图审单位四川省安信建筑设计咨询有限公司。造价咨询单位四川成化工程项目管理有限公司。可研编制单位中国轻工业成都设计工程有限公司。招标代理机构：四川成化工程项目管理有限公司。工程监理单位成都衡泰工程管理有限责任公司。工程施工单位通过四川日报招标网公开比选确定施工单位。中标人为四川红叶建设有限公司，中标施工合同价为187万元，合同工期为4个月，合同订立时间为2010年11月4日。街道工程管理团队分管领导王子琦，科室负责人李孝云，造价员吴超国，甲方现场代表廖永伟，乙方现场负责人杨贵珍，工程总监黄在全。

【和平社区服务中心装修工程】 本项目是新建重点工程项目之一，立项批准文号：成高经【2010】283号，工程建设规模：5000平方米装修，工程投资估算460万元，工程招标控制价434万元，第三方造价评审价434万元。于2011年9月开工，预计2012年5月竣工。工程设计单位成都粤海装饰工程有限公司。技术图审单位四川省安信建筑设计咨询有限公司。造价咨询单位成都智力建设工程造价咨询有限责任公司。可研编制单位成都信德隆工程咨询有限责任公司。招标代理机构四川省名扬建设工程监理有限公司。工程监理单位：四川佳诚建设项目管理咨询有限公司。工程施工单位通过四川建设网公开比选确定施工单位，中标人为四川华西鲁艺建筑工程有限责任公司，中标施工合同价为373.2万元，合同工期为6个月，合同订立时间为2011年6月1日。街道工程管理团队分管领导洪敬涛，科室负责人李孝云，造价员吴超国，甲方现场负责人鄢华蓉，乙方现场负责人张海阔，工程总监杨三虹。

【双源社区三期幼儿园装修工程】 本项目是新建重点工程项目之一，立项批准文号：成高经【2011】17号，工程建设规模：3377平方米装修，工程投资估算400万元，工程招标控制价354万元，第三方造价评审价354万元。于2011年9月5日开工，预计2012年2月竣工。工程设计单位成都当代环境艺术工程设计有限公司。技术图审单位四川省安信建筑设计咨询有限公司。造价咨询单位四川成化工程项目管理有限公司。可研编制单位中国轻工业成都设计工程有限公司。招标代理机构四川天元工程造价咨询事务所有限责任公司。工程监理单位成都衡泰工程管理有限责任公司。工程施工单位通过四川建设网公开比选确定施工单位，中标人为四川望重工程实业有限公司，中标施工合同价为307.6万元，合同工期为4个月，合同订立时间为2011年8月2日。街道工程管理团队分管领导洪敬涛，科室负责人李孝云，造价员吴超国、鄢华蓉，甲方现场代表廖永伟，乙方现场负责人张林，工程总监邓松。

【双源社区南一街景观改造工程】 本项目是新建重点工程项目之一，立项批准文号：成高经【2011】18号，工程建设规模：双源社区南一街400米街道景观化打造，工程投资估算400万元，工程招标控制价346万元，第三方造价评审价346万元。于2011年9月15日开工，预计2012年1月竣工。工程设计单位四川省大家环境艺术工程有限公司。技术图审单位四川省安信建筑设计咨询有限公司。造价咨询单位四川正信建设工程造价事务所有限公司。可研编制单位中国轻工业成都设计工程有限公司。招标代理机构成都安彼隆建设监理有限公司。工程监理单位成都衡泰工程管理有限责任公司。工程施工单位通过四川建设网公开比选确定施工单位，中标人为四川省上元天骄建筑工程有限公司，中标施工合同价为285.4万元，合同工期为4个月，合同订立时间为2011年8月25日。街道工程管理团队分管领导洪敬涛，科室负责人李孝云，造价员吴超国、鄢华蓉，甲方现场代表廖永伟，乙方现场负责人段柄恒，工程总监翟晓玲。

【桂溪街道治安城安巡逻大队基队工程】 本项目是新建重点工程项目之一，立项批准文号：成高经【2011】16号，工程建设规模：3770平方米，工程投资估算700万元，工程招标控制价644.88万元，第三方造价评审价644.88万元。预计于2012年1月开工，2012年7月竣工。工程设计单位太原王孝雄建筑设计事务所成都分所。技术图审单位四川省安信建筑设计咨询有限公司。造价咨询单位四川省晨兴建设工程设计审查咨询有限公司。可研编制单位中国轻工业成都设计工程有限公司。招标代理机构：成都安彼隆建设监理有限公司。工程监理单位四川省蜀典工程监理有限责任公司。工程施工单位通过四川建设网公开比选确定施工单位，中标人为成都华阳建筑股份有限公司，中标施工合同价为556万元，合同工期为6个月，合同订立时间万2011年10月27日。街道工程管理团队分管领导洪敬涛，科室负责人李孝云，造价员吴超国、鄢华蓉，甲方现场代表廖永伟，乙方现场负责人吴晓波，工程总监孙秀霞。

【桂溪街道办科技商务楼装修工程】 本项目新建重点工程项目之一，立项批准文号：成高经【2009】404号，工程建设规模：3672平方米装修，工程投资估算350万元，工程招标控制价296.97万元，第三方造价评审价296.97万元。因空调采购延误原因于2011年10月13日开工，竣工时间：待定。工程设计单位四川华亚建筑装饰工程有限公司。技术图审单位四川省安信建筑设计咨询有限公司。造价咨询单位四川成化工程项目管理有限公司。可研编制单位成都信德隆工程咨询有限责任公司。招标代理机构成都恒瑞招标代理有限公司。工程监理单位四川省蜀典工程监理有限责任公司。工程施工单位通过四川建设网公开比选确定施工单位，中标人为四川越艺装饰工程有限公司，中标施工合同价为243.9万元，合同工期万6个月，合同订立时间为2010年7月7日。街道工程管理团队分管领导洪敬涛，科室负责人李孝云，造价员吴超国、鄢华蓉，甲方现场代表鄢华蓉，乙方现场负责人刘浪，工程总监孙秀霞。

流动人口管理

【概　况】　2011年，通过街道、派出所、物管三方通力协作的方式，加强商品楼盘里的出租房屋的日常管理工作，贯彻落实“谁出租，谁负责”的流管工作方针。一是院落流管站做好收集资料和登记基础信息工作，物管公司负责收集院落出租屋和流动人口基础信息资料，走访小区内出租屋和流动人员情况，调查掌握流动人口、出租房屋数量，全面准确地进行信息登记，做到无一遗漏；二是建立日常巡查制度和举报制度，街道流管站将在物管公司、社区流管站的配合下定期开展巡查，及时更新出租屋和流动人员信息，查处违法租赁行为，对不符合出租条件、未纳入管理的出租房屋，依法采取措施，责令限期整改。

【流动人口管理】　2011年初，街道综治办着重解决出租房屋底数不清、租赁人员情况不明、非法出租、非法从事其他活动等重大治安隐患问题。截至12月31日，辖区内共有房屋45132套、出租房屋7303套、流动人口45131人、大型用工单位167家。全年为流动人口提供就业岗位1925个，达成初步意向379人，成功上岗226人，协助解决428名外来民工子女入学问题，免费为1850名流动人口育龄妇女进行了“三查”、“三结合”服务，免费给流动人口发放避孕药具500余盒，免费发放《流动人口计划生育爱心券》、办理居住证本、上门办理流动人口免费服务证、派送防暑降温药品、理发、播放电影等，增强了流动人口的归属感。

城乡环境综合治理

【概　况】　2011年，桂溪街道城管执法中队在数字化城市管理上，明确责任，强化考核，加强督查，数字化的处置率、及时率均得到极大提高。截至12月共受理案件6180余起，其中街面秩序2779余件、市容环境2333余件、宣传广告类867余件，结案率为100%，在成都市数字化城管期刊中均名列全市前茅，在成都高新区评比中多次排名第一。

【重点区域整治】　2011年，桂溪街道辖区内聚集市委市政府、高科技软件园、孵化园及新会展、金融中心等政治、经济、文化重要部位，其周边市容秩序规范代表城市形象。桂溪城管执法中队完成30余次线路保障任务，共出动人员900余次，车辆200余辆次；完成了糖酒会、西博会、国际汽车展、商标节等大型展会综合执法14次，出动人数700余次，车辆200余辆次。

【道路交通整治】　2011年，桂溪街道办事处按照“顺畅交通、规范有序、保障功能、安全便民”的原则，针对辖区大源南二街、双源步行街、天久北巷、广和一街等执法难点和广大群众关心的问题。桂溪街办全年投入资金60000元用于道路交通整治工作，加强与交警六分局的沟通和协作，开展执法综合整治活动，有效查处占道经营、无证设摊、擅自占道等违法行为。7月30日，街道城管执法中队会同交警六分局二大队共计40余人联合对广和一街进行了集中整治，共取缔燃煤灶21个，清劝商家占道行为40余次，清理各类乱摆放物品10余车，对30余家破损店招进行统一更换，对破损道路进行修补。

【市容市貌综合治理】 截至2011年12月，街道城管执法中队共拆除违章户外广告、墙体广告11000余平方米；清理占道灯箱、广告牌2830余次；清理牛皮癣3100余次；查处清理各类无证摊贩、夜市排档等违法占道行为30000余次约6000多个；下达调查通知书、限期整改通知书260份；对4家违规当事人实施行政处罚；拆除违章乱建100余处；联合交警整治占道乱停乱放车辆600余辆；发放各类城市管理法律法规宣传单6000余份。

【户外广告管理】 2011年，随着市委、市政府的南迁和打造天府新区的进行，上级领导对桂溪街辖区城市管理标准的要求非常高。为不断提高城市管理、市容市貌、环境卫生质量，街道城管执法中队采取常态管理与突击整治相结合的多种有效措施，确保城市管理工作有秩推进。截至11月初，共拆除违章户外广告、墙体广告10000余平方米；清理占道灯箱、广告牌2800余次，清理“牛皮癣”1000余次。

【油烟扰民专项整治】 2011年，桂溪街道双源社区大源街、大源南二街住宅楼下餐饮店铺共计20家，营业产生的噪声及油烟污染严重影响了社区居民的正常生活。街道城管执法中队针对居民投诉对餐饮店铺油烟扰民进行了摸排走访，严格按照“门前五包”责任制对各经营户作了政策宣传和解释工作，下达了限期整改、停业整顿通知书。通过采取疏堵结合方式，目前，已成功将5家油烟扰民较严重的餐饮店迁至街道餐饮集中点。对广和一街商家私自违规使用燃煤现象，街道采取集中突击整治方法，共取缔燃煤灶21个，真正落实了中心城区禁烧燃煤规定。10月13日，成都高新区城市管理和环境保护局、工商局及桂溪街道城管执法中队等多个部门开展联合执法，对多次投诉的天府名居4栋楼下油烟扰民的3家餐馆进行集中整治，深得居民肯定。

环境卫生

【概　况】 2011年，桂溪街道办事处按照成都市创建“全国文明城市”复查迎检要求，提升桂溪辖区的整体形象，共投入资金1200余万元用于对道路的清扫保洁，垃圾清运，清扫面积170余万平方米。截至12月，清运垃圾3717万公斤；对辖区公厕进行日常清扫、维修管理投入41万元。

【环卫作业市场化】 2011年，桂溪街道办事处通过比选、招标形式确定桂溪环卫公司承担桂溪辖区环境卫生工作。桂溪环卫公司负责桂溪辖区170万余平方米的道路清扫保洁作业，及桂溪辖区垃圾清运作业，年清运垃圾达3700万公斤。为提高清运质量，减少垃圾清运过程中的二次污染，桂溪辖区实行“垃圾不落地”清运作业，每天桂溪环卫公司安排0.6吨或3吨的垃圾车从小区收集垃圾后直接送往压缩站，垃圾得到及时清运，从而减少二次污染。

【垃圾处置费征收】 2011年，成都高新区相关部门下达给桂溪街道办事处征收城市生活垃圾处理费收费工作目标任务285万元。桂溪街道办事处领导高度重视并积极与各相关单位密切配合，征收工作呈现出启动快、数据准、质量高等特点，全年共收取城市生活垃圾处理费362.94万元，超额完成目标任务77.94万元。

【扬尘治理】 2011年，桂溪街道办事处城管执法中队总结以往的经验和教训，针对辖区内“工地多，空地多，隐患多，矛盾大”的特点，制订和落实了国土管理目标考核制度和工作措施，以临江村、铜牌村、大源村和辖区内拆迁空地、建设工地为巡查重点，进一步强化“四级”联动机制，消除乱建、乱倒渣土、非法挖土、挖砂石等现象。全年，组织巡查7000多人次，车辆出动2500余次，在铜牌村、大源村、金融中心片区查处10起乱倒渣土的车辆，全部按照有关法律法规进行了及时处理，结案率100%。

园林绿化

【概　况】　2011年，随着成都市政府提出将成都市建设成为世界现代田园城市的计划发展，城市居民对于居住环境不断提高要求，因此桂溪街道对辖区内整体风格与设施比较陈旧的双源社区进行了整体上的改造。桂溪街道城管执法中队主动衔接街道城建科，对大源南一街景观进行亮点打造，按照现代化社区的建设管理服务理念，对社区整体设计和社区各种设施功能分布等方面进行了科学、合理的规划。工程投资总造价400万元，打造街面总长度约400米，打造内容包括：绿化、人行道、店招、休闲广场，使双源社区居民生活环境得到明显改善。

【道路绿化】　2011年，桂溪辖区绿化由四川升势公司、四川建信公司、四川桂溪绿化公司、四川中林园林公司和高新区建管绿化公司分管。全年清理垃圾11.85万公斤，剪枝4754颗，除草54602平方米，病虫害处理1530平方米。

【绿化景观建设】　随着成都市政府提出将成都市建设成为世界现代田园城市的计划及居民对于居住环境的不断提高，整体风格与设施比较陈旧的双源社区需进行整体上的改造。街道城管执法中队主动衔接街道城建科，对大源南一街景观进行亮点打造，按照一流现代化社区的建设管理服务理念，对社区整体设计和社区各种设施功能分布等方面进行了科学、合理的规划。该工程投资总造价400万元，打造街面总长度约400米，打造内容包括：绿化、人行道、店招、休闲广场，使双源社区居民生活环境得到明显改善。

【小区绿化】　2011年，办事处继续采用外包方式，将农迁社区绿化管养工作外包给四川桂溪环卫公司全面负责，针对农迁社区道路、楼道、走廊、垃圾处理、保洁等，共投资金5469963.39元。其中：社区院内道路总面积138465.17平方米。社区楼道、走廊清扫总面积124380.48平方米。社区绿化保洁、管养总面积103137.76平方米。社区袋装垃圾收运共15549户。确保了农迁社区日常的卫生清洁，使小区的环境更加优美。

城管执法

【概　况】　2011年，桂溪街道城管执法中队在大源菜市场旁新增祥和源便民市场，该便民市场有固定摊位21个、灵活摊位48个，解决了环境脏乱，交通拥堵的问题；在辖区固定点位安装了10余个就业服务亭，为辖区残疾人、弱势群体就业提供了平台；在双源餐饮集中点修建了商铺14间、烧烤摊位12个，成功解决了油烟扰民等问题。

2011年，桂溪街道城管执法中队以文明城市复查为切入点，对广大群众反映小商小贩占道停车的问题，桂溪街道领导加强与上级部门的沟通和协作，重点抓好无证设摊、违章停车、非机动车停放管理，规范停车秩序，增强通行功能。对辖区内重点区域开展执法综合整治活动，有效查处占道经营、无证设摊、擅自占道等违法行为30000余次约6000多个，确保违章行为发现一起查处一起。通过整治优化了桂溪辖区内环境卫生，为“七乱”整治和城乡环境综合整治测评打下了坚实的基础。

【违章建筑查处】 2011年，桂溪街道办事处加大宣传力度，严格查处违章建设。2011年，对全辖区乱搭建窝棚、擅自改变房屋承重结构等违章搭建行为发出限期整改通知书260份，强制拆除融城理想小区、原勤俭村、民乐村、铜牌村已征闲置土地及双土中心村周边等违法建筑18处，合计拆除违法建筑3500平方米。重点对绕城高速天府站出口广告进行了拆除；配合成都高新区执法局、规划局等部门拆除泰和家园违建600平方米，有效地遏制了辖区违法违章行为。

【队伍建设管理】 2011年，为结合城市管理需求，桂溪街道党工委、办事处领导十分重视城管队伍建设，投入人力、财力，对城管队伍职能进行调整和划分，“精细管理，科学安排”是城管队伍建设的主线，能吃苦、肯吃苦、不叫苦是执法队伍特点。对新招聘的队员进行业务培训，开展周末知识讲座，通过邀请市城管的专家授课等形式增强队伍的纪律意识、责任意识和大局意识；通过队伍的内部管理、外部督查、上级考核，提升队伍的战斗能力、精神面貌和工作效能；通过日常对队伍的教育和执法力量整合，实现了城管执法24小时全方位巡查监管，夯实了城市管理的基础。

天府大道下穿隧道

经济建设

ECONOMIC CONSTRUCTION

财　政

【财政收入】　截至2011年12月31日，桂溪街道办事处完成全口径财政收入1.69亿元，比去年同期增长69%，其中：税收收入1.67亿元，非税收入4203万元。完成一般预算收入2.91亿元，完成年度工作目标的184%，完成奋斗目标112%。

从2011年1–12月份税收收入情况来看，房地产及建筑等相关行业税收达到7.94亿元，占整个税收收入的47.44%。近两年来，随着成都市市政府南迁，高新区南区范围内的建设项目如火如荼，使得辖区的房地产行业税收飞速增长。凯旋广场、复地置业、蜀都银泰置业、保利房产等多个商务写字楼及房产住宅小区开工或销售，这些公司缴纳的营业税成为了2011年街道全口径财政收入主要的增长点，房地产企业也成为了桂溪街道全口径财政收入的主导产业。

【预（决）算】　2011年街道办事处启动了对社区项目支出预算的改革。由于以前办事处对社区预算采用定额核定方式，虽然保障了资金的安全性，却让资金的利用率和社区自主性没有得到更好地发挥。鉴于以上情况，我所收集整理了社区近三年的预算执行数据，并到社区实地调研了解预算管理工作情况，决定全面实施社区预算管理模式改革。2011年，办事处以切块方式，只对各社区下达项目经费额度，社区在经费额度内自行进行项目的细化和预算金额的分配。既给予了社区更大的预算自主性，也进提高了社区预算的精细化、准确性和可操作性。从各社区编制的预算来看，都体现出了各自的重点工作和创新、特色工作，从过去的“千篇一律”转变为了现在的“一居一品”，为下一步即将开展对社区预算支出绩效考评工作奠定了基础。此外，每个社区都在定额经费内保留有10%–15%的预留经费，进一步提高了财政资金的利用率。

【预算方案编制】　2011年，随着财政体制改革的不断深化和完善，加强单位预算管理成为财政管理的重中之重。年度预算方案的编制是加强单位预算管理的基础，办事处财政所在预算方案的编制过程中，狠下工夫，多次召开预算管理工作会，邀请各部门参加，收集掌握各部门2011年的工作计划。在认真分析办事处的财力收入及部门的项目资金需求后，编制出了2011年财政收支预算方案，并结合办事处工作重心的转移和预算管理的要求，做以下重要调整：

新增社区物业管理项目，并将物业人员及相关工作经费支出从社区建设项目分离开，单独增加项目，进入到城市维护经费项目支出。增加项目后，便可以更加直观反映社区建设实际工作和经费使用情况，同时也能对物业管理费用有着更加清晰费用使用了解和掌握。

新增社会其他救济项目。将办事处除低保和国家政策性以外的民政救助经费列入此项目内，从而更好地反映出办事处在民生工作的努力和重视。

将城市管理执法和社会综合治理分别设立支出项目。由于城市管理工作和社会综合治理工作已经独立。因此将该项目单独设立以便更好地从费用支出情况中还原出两项工作的实际情况。

公安支出项目要求更加的明细项目。由于以前公安支出未进行明细，不便反映和体现工作实际情况，也不利于对这部分经费的管理。今年，要求各派出所对公安支出进行项目明细，并对个别支出明确规定了支出比例，为逐步规范化公安费用支出奠定了基础。

【会计制度改革】 按照财政部新出台的《基层医疗卫生机构会计制度》要求，街道各卫生服务中心于2011年7月1日起正式启用新的会计制度。本次会计制度的改革将基层卫生服务中心与医院分离，尤其是对基层卫生服务中心的改革，解决了在近两年的卫生工作改革中需到的一系列问题，强化了对财政拨款的监管力度，强化了对预算的管理力度。街道财政所所组织相关人员认真参加上级部门组织的各种培训，并结合实际账务处理，多次召开专题的研讨会。街道财政所完成了卫生服务中心新的预算编制模板、新的账务系统模板、新的会计报表模板的设计。根据这三套模板，卫生服务中心按照时间规定，顺利完成了新旧会计制度的过渡。经过近4个月的实际运用，圆满地达到的改革的预期目标。

【惠农工作】 按照上级财政部门的工作和时间要求，街道办事处组织开展2011年种粮农民粮食直补、综合补贴的发放工作。由于桂溪快速推进城乡一体化建设现在只有临江村村民享受粮食直补。2011年，共向1120户农户（补贴面积2191.02亩，直补18.73元/亩、农资综合直补53.91元/亩），发放粮食直补金和农资综合直补金15.91万元元。经过精心组织，并将公示7天无异议后的面积上报高新财政局、经发局，且没有发生因补贴发放而上访的事件，贯彻落实了中央的惠农政策，保证了农村的稳定。

2011年，街道办事处落实国家商务部、财政部的“家电下乡”，“摩托车、汽车下乡”的惠农政策。严格按照惠农政策的范围进行资格审查，并及时按照标准，对符合要求的农民进行补贴，2011年共补贴“摩托车、汽车下乡”6/辆次，发放补贴金10714元，家电下乡11户，补贴金额为4560.79元。

工商行政管理

【市场监管】 2011年，石羊工商所在抓好辖区内各种市场日常监督管理的同时，组织全所力量投入到食品安全以及全国文明城市复查迎检等专项整治行动。

石羊工商所以食品安全为重点强化市场监管工作，积极开展各项专项整治活动，切实维护广大人民群众消费安全。在全面完成生猪产品质量安全可追溯体系建设基础上，积极督促和平、双源菜市场试点蔬菜溯源工作。按照上级部署开展食用油、食品添加剂、月饼、桶装水、犬只、黑网吧、打击侵犯知识产权和制售假冒伪劣商品以及元旦春节、六一、中秋国庆、校园周边环境等52项专项整治工作，共检查各类经营户3099户，下达责令改正通知书150份，罚款2.1万元。

2011年，石羊工商所多措并举，积极落实全国文明城市复查迎检工作。根据市工商局以及高新区管委会迎接全国文明城市复查工作总体要求，2011年4–8月石羊工商所认真按照高新工商局具体安排部署并结合辖区实际，加强与街办以及相关部门的联系，通力合作，以菜市场整治为中心，结合“规无”、“黑网吧”整治、熟食店整治、户外广告清理整治等目标任务，及时规范商家经营行为，迎检期间新登记个体工商户1633户，发放灵活就业辅导证860户。与局执法分局一道，会同社会事业局、公安分局和桂溪、石羊街道办事处联合执法，对辖区内黑网吧进行了集中查处取缔行动，共查处网吧25家，封存电脑514台，顺利完成了文明城市复查迎检工作。

【消保维权】 2011年，石羊工商所深入开展消保维权工作，切实维护消费者合法权益。石羊工商所不断改进消保维权措施，认真做好消保维权工作，建立重点企业联系制度，推进消费申诉分类处置，及时解决消费争议，解答消费者咨询，跟踪查处消费侵权违法行为，截至12月31日共受理并处理消费者的投诉、举报466件（其中：消费者的投诉398件；举报68件），办理466件，受理率和结办率为100%。

【省卫生厅领导视察】 2011年3月3日下午，四川省卫生厅厅长、省食安办主任沈骥和省卫生厅副厅长、省食安办副主任赵万华带队实地调研高新区双源综合农贸市场流通环节食品安全工作。调研组一行对市场食品安全监管机制建立和工作运行情况、履行食品安全监管职能情况、生猪产品质量可追溯体系、体系建设推进和日常监管情况等方面开展调研，并对进一步加强食品安全监管做出指示。

【全国人大常委会领导视察】 2011年4月7日上午，全国人大常委会副委员长周铁农一行到高新区和平农贸市场检查指导工作。检查组一行先后查看了市场内蔬菜、水果、食用菌等食品市场准入制度的落实、市场开办方第一责任人制度的执行情况，以及生猪质量可追溯体系等工作的开展情况，对市场监管等各项工作给予了充分肯定。

【国务院发展研究中心领导视察】 2011年5月30日，国务院发展研究中心市场经济研究所所长任兴洲、副所长王微等来到高新区双源农贸市场调研，先后查看了市场内蔬菜、肉类等食品市场准入制度的落实、市场内设检测室对入场农产品快速检测情况，并听取了相关人员对农贸市场如何开展食品安全监管、加强市场管理等方面情况的介绍。调研组一行对双源农贸市场在确保食品安全和市场管理方面的工作给予充分肯定。

【福州市创建文明城市考察团考察】 2011年8月3日上午，在成都市委副秘书长张孝军等陪同下，福建省福州市创建文明城市考察团到高新区和平综合市场考察创建工作。考察组一行实地查看并了解了市场在食品市场准入制度的落实、生猪产品以及蔬菜溯源体系工作、市场管理模式、食品安全监管等方面情况。考察组一行对和平综合农贸市场先进的市场管理模式表示赞许，认为值得福州市学习、借鉴。

【美国考察团考察】 2011年9月20日上午美国农业部、兽医协会考察团一行到高新区和平综合市场参观考察生猪可追溯体系。高新区食安办、桂溪街办、石羊工商所相关负责人陪同参观。美国考察团专家详细了解了生猪可追溯体系相关情况，并实地观看了体系的运行情况。考察团成员对高新区在确保食品安全和市场管理方面的工作给予充分肯定。

【成都市领导视察】 2011年9月29日上午，中共成都市委副书记、成都市市长葛红林率队到成都高新区欧尚超市就节前食品安全以及消防安全工作进行了专项检查。葛红林一行详细查看了超市内生鲜食品、散装干杂食品的销售情况，以及进销货台账的建立、索票索证等情况，了解了超市内肉菜溯源实施情况，并听取了商场方落实食品安全规章制度情况介绍。葛市长对超市设置的1元菜品区给予了充分肯定，认为这符合老百姓的需求，办得好。

【商务部领导视察】 2011年11月19日下午，国家商务部部长助理房爱卿率国务院食品安全督查组，在成都高新区管委会副主任唐华、成都高新工商局局长李永才等陪同下，对成都高新区桂溪街道和平农贸市场生猪和肉菜追溯体系工作进行了检查，查看了高新区和平农贸市场落实食品市场准入、市场开办方第一责任人制度的执行情况，以及开展农残快速检测、生猪质量追溯等工作的开展情况，听取了市场开办方负责人贯彻落实《食品安全法》企业主体责任等相关工作汇报。

地方税务

【概　况】 截至2011年12月31日底，管理四科所属桂溪辖区共计4117户正常纳税户，其中：企业3091户，个体1026户。2011年共计实现税收收入（含教育费附加）10.35亿元，其中企业10.24亿元，个体1116万元。

【税源管理】 2011年，管理四科对重点税源（A类）实施精细化管理，坚持重点税源重点管理，科室宏观把握，管理员微观监控，深入企业切实了解企业的生产经营状况，为企业提供切实有效的税收政策支持；一般税源（B类）实施规范化管理，鉴于实际情况，对于绝大多数中小企业，逐渐完善征管手段，做好企业宏观税负的比较，采取质疑、约谈、现场走访等多种形式了解企业的实际税负，通过发票的比对工作加强企业税务征管工作。紧紧围绕个人所得税专项检查和企业所得税汇算清缴工作，确保税款及时足额入库；对零散税源（C类）实施简易化管理，随着桂溪街道基础设施改建扩建的完成，周边的商铺陆续投入使用，相关餐饮娱乐行业的陆续兴起2011年四科登记、注册个体工商户为727户同比增长664户，增幅为1054%。2011年桂溪辖区个体工商户入库税费共计1116万元，同比增长639万元，增幅133.4%。个体工商户税收增幅较大原因，主要是户数增加；其次管理力度加大，四科协同办事处、工商所等相关单位对周边无证无照户进行清理，并发放税务事项通知书200余份，进一步规范了个体工商户的纳税意识，另外四科在核定定额税收过程中严格把关，做到税额公开、公正，税负公平。

2011年，管理四科共计完成委托代征税款900万元，同比增长386万元，增幅75%。委托代征工作完成出色原因是四科与辖区内写字楼物管紧密联系，通过物管取得第一手出租信息资料，为征收工作做好基础。另外加大宣传力度在日常管理中下工夫，在所得税汇算和企业成立时要求企业在租赁办公场所支付租金时取得合法票据。

经济管理

【招商引资】 2011年，桂溪街道办事处招商引资形势较好，全年新引进企业886家，其中注册资金在100万元以上的企业有120家，1000万元以上的企业有14家，引进省外资金151591万元，完成目标153%。办事处经济发展科加大了对辖区企业的服务力度，多次组织辖区重点楼盘招商部、物业部、各社区主任及相关工作人员参加桂溪街道重点楼盘招商引资工作座谈会，就招商引资工作的要点进行培训，多渠道招商显见成效。

【统　计】 2011年，桂溪街道办事处将企业服务和统计工作相结合，定期召开企业财统人员工作会议。同时，邀请业务部门相关人员对2011年定期报表以及统计平台网报程序的使用进行详细讲解，确实做到统计报表数据真实可靠。截至2011年，辖区内企业网上直报率达95%以上；组织统计类各专业培训5场，参加培训人数183人，初步达到预期效果。截至2011年，统计从业资格证考试合格率排所有街道首位。

2011年8月11日和12日，桂溪街道办事处经发科邀请专家教授在桂溪街道办事处五楼大会议室对辖区27家企业进行统计从业资格证培训。9月18日，组织辖区企业进行统计从业资格证考试，参考人员100%全部通过统计从业资格证考试并获得统计从业资格证书。

【市场管理】 2011年，桂溪街道办事处配备专职工作人员负责辖区各农贸市场的监管工作，协助各农贸市场管理方加强管理，规范经营户经营行为。在市场管理上建立了相关工作档案，加强了督查力度，做到了月月有分析，定期有会议。

【农贸市场集中整治月活动】 全年办事处开展了多次的“农贸市场集中整治月活动”，重点就农贸市场出摊占道、车辆乱停乱放、乱堆乱放、卫生环境保洁等问题进行了综合治理，为市场管理方提供了较大的支持，并规范了商家、经营户的经营行为。管理的核心主要从市场管理方入手，严格要求市场管理方坚持每天定时巡查市场各功能区域摊位遵守市场经营秩序情况，对占道经营摊位业主进行说服劝导，要求其规范经营。另一方面，实施信息化管理，利用“溯源系统”，对农产品实现全程的质量监控，确保及时发现、及时追查、及时控制，在很大程度上减少了产品质量问题，特别是减少食品安全问题的产生及危害。办事处主规范了几个方面的工作：在年初与各农贸市场市场签订各项目标责任书，要求市场方作为第一责任人履行其相关职责；制定了具体、详细的检查表格，定期对农贸市场进行检查，结果存档归案，检查不合格之处要求市场管理方及时整改；要求市场方设置消防安全人员，就市场内的消防设备、器材等进行日常维护，定期进行检查并做相应记录；加强市场内部巡查，通过日常巡查，及时解决问题，如消费者投诉、短斤少两、规范计量单位等等。从管理制度建设的规范，不定期地对农贸市场的督查，及时整改，较好地改变了市场的卫生环境、经营秩序，受到了各级领导的肯定，并在全国范围内得到了推广。

【和平综合农贸市场迎接各地视察】 2011年1月13日，苏州市副市长黄钦带领苏州市政府及相关部门莅临和平综合农贸市场参观并指导工作；3月24日，天津市商务处主任王树培、副主任于强率相关负责人一行，到桂溪街道和平综合农贸市场考察交流工作；3月3日，省卫生厅厅长、省食安办主任沈骥，省卫生厅副厅长、省食安办副主任赵万华带队对双源综合农贸市场食品安全工作进行了实地调研；4月7日，全国人大常委会副委员长周铁农率队到桂溪街道和平综合农贸市场检查指导工作；5月30日，国务院发展研究中心市场经济研究所所长任兴洲，副所长王微等5人莅临双源农贸市场调研；5月30日，江苏省无锡市高新区质量技术监督局局长胡宏带领无锡高新区相关部门到和平综合农贸市场参观和交流；9月20日，美国农业部、兽医协会考察团一行在农业部相关领导的陪同下，到高新区桂溪街道和平综合农贸市场参观考察生猪产品质量可追溯体系建设运行情况；11月18日，河南省开封市政府副秘书长张宛红一行考察了和平综合农贸市场的市场管理和建设工作。

【扶　贫】　2011年，桂溪街道办事处的扶贫工作进一步得到了成都市高新区领导、桂溪街道领导班子重视，并对扶贫的基本情况和存在的问题进行制定帮扶计划。2月26日，桂溪街道党工委委员、办事处副主任王子琦带队到对口扶贫村彭州市九尺镇永兴村进行了实地考察和调研，并就2011年桂溪街办扶贫工作与九尺镇和永兴村负责同志进行了交流与座谈，会后对永兴村基本情况进行了实地考察。4月2日，桂溪街道党工委书记樊晓锋，街道党工委副书记、办事处主任张学文率班子成员、相关科室负责同志、辖区部分重点企业负责人一行16人到对口扶贫村彭州市九尺镇永兴村进行了实地考察和调研。听取了九尺镇领导班子对九尺镇和永兴村基本情况的介绍，并就扶贫工作的开展进行了讨论。街道党工委副书记、办事处主任张学文介绍了桂溪街道办事处基本情况，表示办事处将按照扶贫工作目标计划，切实做好相关工作，将继续促进辖区企业参与到扶贫工作中，实现资源和优势互补。在两年内对永兴村现存20余户贫困户将切实关注和帮扶；在规划建设上，将配合镇、村规划，做好相关项目。

【扶贫项目】　2011年，为推动永兴村产业发展，增加困难群众收入，办事处向辖区企事业单位大力宣传永兴村生态黑毛猪项目，经辖区企事业单位和永兴村双方协商，就双方“生猪认养活动”达成协议，目前辖区企业单位已确定购买20只，每头金额预计为3000元，共计约60000元。辖区企事业单位认养的黑毛猪全部由永兴村贫困户养殖，此举将有力改善对口扶贫村贫困户的生活状况。

为支持永兴村经济发展，壮大集体经济实力，拓宽群众就业渠道，增加农民收入，办事处还对永兴村下列二个经济项目进行扶持：

支持永兴村建立现代农业示范园大棚控温设施。项目预算12.5万元，桂溪街道办事处已全额拨付资金12.5万元。项目完工后，可使棚内温度实现常年可控，为永兴村种植合作社下一步进行早春育苗和冬季稀有品种种植打下了基础。

建立服装来料加工作坊。项目预算约25万元，桂溪街道办事处已拨付资金5.5万元，加上本村自筹资金19.5万元，完成了来料加工作坊的建立，项目建成后，可解决本村60名妇女就业问题，村集体也有一部分提成。

此外，为支持理塘县经济发展，拓宽当地群众增收渠道，办事处对理塘县拉波乡大蒜种植基地建设项目提供资金支持，目前已拨付20万元用于支持该县大蒜种植基地项目建设。

【禁　烧】　2011年根据桂溪街道办事处对禁烧工作的安排，办事处分管领导和工作人员轮换值班，街道治安巡逻大队进行昼夜巡查。辖区内各村、社区安排巡查小组并广播宣传

《大气污染防治法》、《成都禁止焚烧农作物秸秆办法》等法规；在临江村和双源社区、大源农贸市场发放了禁烧宣传资料10000余份。为加大了秸秆还田力度，拓宽禁烧秸秆综合利用途径，办事处从加大秸秆还田入手，共落实禁烧工作经费12万元，组织民乐、铜牌、大源村、勤俭村、临江村村民将堆放在道路两旁的玉米秆和垃圾及时进行了清运和集中堆放处理，确保了辖区内无焚烧秸秆现象。

【安全生产】 2011年，桂溪街道办事处发生各类安全事故15起，其中，受伤人数4人，死亡人数2人，直接经济损失200万元，与去年同期相比，事故件数有所上升，死亡人数持平。2011年，辖区无较大及以上（即一次性死亡3人以上）伤亡事故。各类事故死亡人数占全年控制目标的100%。安全生产形势不容乐观，工作任务非常艰巨。

【食品安全工作】 2011年，桂溪街道办事处为进一步加强对辖区内青少年生食品卫生安全教育活动的宣传，积极营造青少年健康饮食教育和食品安全工作的良好氛围，推动食品安全工作的深入开展，使科学、文明、健康的饮食观念深入人心。8月17日，街道开展了食品安全教育科普征文活动，经各个社区的宣传，共征集文章100余篇，办事处从其中评选出优秀作品19篇并予以奖励。8月19日，街道组织了参与暑期“食品安全”征文活动的60余名青少年参加了为期一天的食品安全教育活动。街道对辖区内农贸市场商家进行食品卫生宣传，召开会议强调食品卫生安全的重要性，并对市场进行定期检查与不定期抽查确保居民能够吃上健康放心的食品。

【农经管理和村集体资产处置工作】 2011年8月上旬，桂溪街道办事处完成对临江村的财务审计工作，对审计出的问题及时上报街道纪工委，及时指导各村进行整改。村集体资产处置工作：2011年7月中旬，对勤俭村、民乐村、铜牌村、大源村进行了集体资产处置工作的前期培训，并要求各村做好资产的审查，为下一步资产处置奠定了基础。

【科普工作】 2011年，桂溪街道办事处顺利完成成都市文明城市复查检验工作。辖区内现有科普活动室7个，用于居民日常开展科普学习活动。除双源等原有社区已建科普宣传栏外，11月，办事处为双和、双祥等新建社区安装科普宣传栏，保障社区科普设施建设达100%。每季度更新科普宣传内容一次，并做好更换记录，实现科普宣传覆盖率达100%。

2011年，桂溪街道办事处开展“水环境综合整治宣传”等各类科普活动10余次；结合市、区有关精神开展“科技之春”科普活动月，开展“消费者权益保护”、“法律知识进社区”、“环保工作培训”等讲座；坚持开展社区科普文艺工作，将科技知识融入到文艺活动之中，积极举办与科普有关的文艺演出活动。

产业及企业

【产业概况】 2011年，桂溪街道辖区产业以第三产业为主，中国中西部最大的国家级软件产业园——天府软件园（一、二、三期）在成都高新区桂溪街道的南部落户。桂溪街道辖区的成都高新孵化园拥有国家软件产业基地（成都）和技术平台、国家信息安全成果产业化基地（四川）、国家网络游戏动漫产业发展基地、国家数字媒体技术产业化基地、国家863软件专业孵化器四川基地、国家集成电路设计成都产业化基地共6个国家级专业化孵化基地。桂溪街道辖区的房地产开发十分活跃，以成都市中天盈房地产开发有限公司、华润置地（成都）实业有限公司、四川新希望房地产开发公司等为代表的房地产开发企业所开发的大型商业楼盘、甲级写字楼及五星级酒店在桂溪街道辖区开工建设或已投入使用，为桂溪街道的发展做出了重要的贡献。同时，桂溪街道的服务业也十分发达，以宜家、凯丹、迪卡侬、富森·美家居、苏宁等超大卖场组成的“同步欧洲的时尚之城”——“新南天地”商圈也已成为成都城南区域最时尚、最专业、最成熟的综合性商圈，商业体积约40万平方米，年销售额达30亿元。

【桂溪街道规模以上企业名录】

序号	单位名称	联系人
1	成都欧尚超市有限公司高新店	张科凤
2	四川石达油气发展有限公司	韦老师
3	四川省国茂科技有限责任公司	罗红霞
4	四川先峰汽车维修有限公司	何　力
5	四川华星鑫瑞汽车销售服务有限公司	李灵珊
6	成都宜家家居有限公司	陈传基
7	成都市锦府餐饮有限公司	黄　琼
8	成都宝钢西部贸易有限公司	沙　薇
9	成都世纪城新国际会展中心有限公司世纪天堂洲际大饭店	夏　欢
10	成都世纪城新国际会展中心有限公司假日酒店	夏　欢
11	四川美嘉森名品百货有限公司	管同英
12	四川广电星空电视购物有限公司	李　燕
13	四川广博汽车有限公司	苏　斌
14	中国烟草四川进出口有限责任公司	袁孟友

续表

序号	单位名称	联系人
15	四川邦源医药有限责任公司	辛云霞
16	成都首膳海鲜食府有限公司	张晓兰
17	成都上座餐饮管理有限公司高新分公司	徐　英
18	成都安可信电子有限公司	黄　燕
19	四川贝尔通信系统有限公司	何　晶
20	成都九洲电子信息系统有限责任公司	吴冬梅
21	成都天箭科技有限公司	吴琼珍
22	成都九洲迪飞科技有限责任公司	文云兵
23	成都润兴消毒药业有限公司	刘忆虹
24	四川擎烽通信有限责任公司	熊　伟
25	成都市雨田骏科技发展有限公司	李朝英
26	成都百施特金刚石钻头有限公司	唐兴虎
27	四川省兰月农化科技开发有限责任公司	程晓萍

【四川省电力公司】 四川省电力公司是国家电网公司全资子公司，拥有下属单位46个，直供直管县级供电公司70个，控股、代管县级供电公司108个，用工总量为92879人。截止2011年底，公司拥有500千伏变电站（含换流站）31座，总变电容量4882万千伏安；输电线路103条，线路长度9286.97公里；220千伏变电站146座，变电容量4293万千伏安；输电线路427条，线路长度12610公里；110千伏变电站473座，变电容量3594万千伏安；输电线路1139条，线路长度14581公里。

2011年，公司统调电网日最大用电量4.81亿千瓦时，最大用电负荷2359.8万千瓦，与华中、西北、华东电网交换能力达到1340万千瓦。公司全年完成售电量1526.28亿千瓦时，同比增长16.37%，售电量位居国家电网公司系统第5位。全年完成电网投资（含特高压）290.79亿元，同比增长36.89%。资产总额达到1027亿元，实现营业收入826.2亿元，同比分别增长15.21%和13.03%，保持了平稳健康发展的良好态势。

目前，四川省500千伏电网基本覆盖各市州，西部水电送出五大通道基本形成，成都经济圈500千伏环网全面建成。“十二·五”期间，四川省电力公司将坚持“以特高压电网为骨干网架，各级电网协调发展”的思路，以实现“大电网、大枢纽、大平台”为发展目标，全力打造安全可靠、经济高效、清洁环保的坚强智能大电网，建设“东融三华、西纳新藏、北联西北”的西部电力交换大枢纽；构筑跨省区、跨流域的“水火互济、购送灵活、交换方便、新能源上网高效便捷”的电力资源配置大平台；力争将四川电网打造成为我国能源综合运输体系的重要组成部分和西部电力高地的坚强支撑，实现由局部电网、传统电网向枢纽电网、现代电网的升级和跨越，为推动四川经济社会又好又快发展，谱写更加辉煌的新篇章。

【中国建筑第四工程局有限公司】 中国建筑第四工程局有限公司（以下简称中建四局），世界500强企业“中国建筑工程总公司”大型直属主力公司，A股上市企业中国建筑股份有限公司全资子公司。中建四局前身为1962年8月成立的建设工程部贵州工程公司，至今已有49年历史，2007年正式更名为中国建筑第四工程局有限公司。

中建四局现拥有建筑科研开发、勘察、设计、施工、检测为一体的国家房屋建筑工程总承包特级资质，已获国家建筑最高荣誉“鲁班奖”、省部级以上优质工程奖、国家优质工程奖、全国装饰金奖等各类荣誉260多项，并连续20年被评为“全国守合同重信用企业”、“全国建筑施工企业先进管理单位”，被中国建筑业协会评为“首批全国建筑业AAA级信用企业”。中建四局目前自有员工总数近万人，旗下有5个号码公司，1个地产公司，1个科研设计院，并在上海、北京、贵州、四川、厦门、深圳、珠海等地区都设立了直营公司，主要经营范围集中在华南、西南、华东、京津、冀、闽等几个重点经营区域。由于对广东地区的强力拓展经营，在广东建筑施工企业中名列前茅，并成为“中国建筑”在广东地区排头兵。

近年来，中建四局在企业改革发展中，逐步形成了“房建主业、基础设施建设、房地产开发”三大支撑的经营格局，进入了优质高速发展通道；尤其在房建领域连续承建了大量“高、大、精、尖”项目以及多个城市第一高楼，在国内超高层建筑领域成为业界领先。在广州、深圳两地，中建四局就牵头建设了广州双地标441.75米的珠江新城西塔以及539.2米的珠江新城东塔；441.8米的深圳新地标京基100国际金融大厦、广州太古汇广场；亚洲未来最大轻纺中心广州纺织博览城（85万平方米）、广州亚运村媒体村等重、特大项目。在贵州贵阳、遵义等地，中建四局正在积极实施旧城改造及城市综合体建设项目。在基础设施领域，2009年5月，中建四局正式签约云南省石林至锁龙寺高速公路37.33亿元的施工承建合同，创造了“独家施工总承包全长107公里的高速公路”的云南第一、中国第一。在广东惠州淡水，由中建四局首个自主开发的46万平方米房地产项目“中建·彩虹城”创下当地销售第一的奇迹。

【欧尚超市有限公司高新店】 1961年，欧尚的创始人杰拉尔·米里央在法国北部名为HAUTS CHAMPS的地方建立了首家超市，当时占地600平方米，员工30人，欧尚的名称就来自于其所在地。欧尚是一个具有优良企业文化的家族式企业，家族股份占87%，员工及其合作者占13%，注册资本为1亿美元。欧尚集团除了擅长于大型超市、超市和便利店的经营外，还参与建立了一些相关企业，例如一些专业店和餐饮店，它们在经营方面完全独立运作。

欧尚作为著名的国际化零售企业，世界500强企业之一，1961年始建于法国北部，目前已在葡萄牙，西班牙，意大利，美国，卢森堡等世界11个国家和地区拥有大型零售卖场393家，中小型卖场718家，并涉及建材，餐饮，房地产，银行等多项产业，全球员工将近20万，欧尚1997年进入中国以来，已在上海、苏州、无锡、杭州、成都、北京、南京、天津、宁波等地开设43家大型超市。成都高新店是欧尚在中国成都的第二家店，于2007年11月9日开业，现已营业近五年。商场位于中国成都高新区泰和一街88号，占地面积33333平方米，营业面积近10080平方米，员工370人左右；促销员400人左右。商场分销售部门和服务部门，销售部门有：生鲜处、大众消费品处、百货处、家电处、纺织品处。服务部门有：收银部、收货部、财务部、人力资源部、保安部及IT部。欧尚的经济核心：将越来越多高质量的商品，以越来越低的价格，销售给越来越多的顾客。

欧尚按国家规定，缴纳养老金、医疗保险、工伤保险、生育保险、失业保险、住房公积金等社会保险福利。公司还为员工办理补充大病医疗保险、意外保险。公司还实行13薪工资制度，另外，根据公司规定，员工每工作一日公司将提供一次免费工作餐，每个商场按其经营情况，每三个月计算一次商场业绩奖奖金数额，公司的员工持股计划也是价值观中分享成果的充分体现。

【成都宜家家居】 宜家家居（IKEA）于1943年在瑞典创立，是全球最大的家居用品零售商之一。它采用一站式购物的大卖场经营方式及居家实景的卖场陈列方式，让顾客可以一家大小在商场内享受自助购物乐趣。宜家已在全世界34个国家和地区拥有10多万名员工。在宜家眼里，中国是世界上最具潜力的零售市场之一，至今已经在北京、上海、广州、深圳、成都、大连、南京设立7家商场。成都商场于2006年11月29日开业。

宜家产品系列注重好的设计和功能以及低价格。宜家产品系列拥有为家中每一个房间提供的家居用品解决方案。宜家产品系列有着为浪漫主义者、简约主义者和介于两者之间的每一个人所提供的东西。宜家产品系列互为和谐，所以，无论哪一种风格，设计师和产品开发人员都会努力确保产品符合每一位消费者的日常需要，没有多余的东西。

据宜家统计，2011年共有约340万人次光顾成都宜家家居，平均每天近万人次。会员更是以每年超15万的数量激增，目前已有70万。相应的营业额也随之增长。2010年销售增幅位列全球330家门店第一。成都IKEA也将成为中国首家扩建的卖场，并计划2015年开第2店。

【富森·美家居】 富森·美家居系国内专业致力于大型商业卖场开发、运营、管理、营销策划的现代家居商贸企业，自进驻成都高新区以来，企业在发展现代商贸和现代服务业上取得了显著成效。

成都富森美家居投资有限公司创建于2006年3月，法定代表人刘兵，公司注册资本1.2亿元人民币，在职员工82人，位于成都高新区都会路99号，系富森·美家居旗下的全资子公司。

公司投资运营的富森·美家居建材MALL，建筑面积约10万平方米。自2008年6月7日运营以来，卖场入驻经营商家328家，入驻率达100%，经营产品涵盖国际国内精品知名的装饰建材、家用电器设备和家饰等。2010年实现属地化税收3125万元，现为国内档次最高、运营最好和最知名的高端家居卖场之一。

成都富森美家居实业有限公司创建于2009年5月，法定代表人刘兵，公司注册资本1亿元人民币，在职员工110人，位于成都高新区盛和二路18号，系富森·美家居旗下的全资子公司。

公司投资运营的富森·美家居家具MALL，建筑面积约17.3万平方米。2011年7月30日开业运营，入驻经营商家318家，入驻率达100%。经营产品涵盖国际国内知名的精品沙发及软体家具、进口家具、后现代家具、新古典家具、儿童家具、客厅家具、欧美古典家具和红木家具等高端家具产品。

随着富森·美家居国际城南1期、2期、3期以及中国·成都设计创意中心的矗立运营，新南天地商业中心将成为独一无二的家居商业核心商务区。富森·美家居国际城南三号作品案名国际设计创意中心建筑面积18.8万平方米，紧邻地铁1号线、7号线出站口，距富森·美家居国际商城1期200米，距富森·美家居国际商城2期400米。引入商家范围包括国际国内家装设计公司/独立工作室、国际国内工装设计公司/独立工作室、国际国内装饰公司、国际国内设计创意机构（包括产品设计企划、产品外观设计、机构设计、原型与模型的制作、流行设计、专利商标设计、品牌视觉设计、平面视觉设计、包装设计、网页多媒体设计、设计咨询顾问）、国际国内建筑设计机构（包括建筑设计、室内空间设计、展场设计、商场设计、指标设计、园林设计、景观设计、地景设计）、国际国内创意机构（以创意整合生活产业之核心知识，提供具有深度体验及高质美感的机构）、国内外广告公司（包括设计、绘制、摄影、模型、制作及装置等广告行业）和其他设计创意机构。现代的商业竞争已非单个企业的比拼，而是产业链的竞争。中国·成都设计创意中心整合家居行业上下游各个产业和环节，以空前完整的产业链助力企业取得压倒性的优势。唯有在这样的项目中，企业才能获得行业内国际化的信息、管理上的提升和资源上的共享，推动家居企业公司化的运作，不断提升企业价值。

随着富森·美家居三大项目的抱团确立，将在家居行业形成“洼地效应”，行业资金、信息、品牌、产品、技术将汇聚到这里，地产商兴建精装房将集中在这里，了解时尚趋势，寻找设计精英，采购各种新型、节能、环保、时尚的家具建材，从而形成“房地产家居采购中心”。

【迪卡侬】 迪卡侬集团（2008年成为Oxylane集团）由Michel LECLERCQ先生于1976年在法国创立，在当时开创了把所有运动产品汇集在一个商场内的销售概念。

截至2011年底，迪卡侬在全球18个国家开设了594家商场，2011年集团实现营业额65.1亿欧元，行业排名全球领先。

集团涉足两大领域，是全球体育用品的设计者和品牌的缔造者同时也是运动用品的零售商。集团集研发、设计、品牌、生产、物流及销售为一体。

集团拥有法国第二大的产品设计和研发中心，拥有63个研发人员，8个内部实验室，40个实验室合作伙伴，每年推出150个新项目及3500种新产品，2010年新研发50多个创意产品。

集团从1986年开始发展自有品牌的设计和生产，为所有的运动爱好者，从初学者到专业人员，目前拥有18个自有激情品牌，每个品牌以不同的运动项目分类，包括山地运动，水上运动，自行车和轮滑滑板运动，球拍类和高尔夫运动，健身运动，自然运动和团队运动等。

作为零售商，迪卡侬的概念是将所有的运动产品汇聚一地。我们的商场面积分为4000，8000及12000平方米，平均每家商场拥有35000个产品类别。自助式购物，快捷方便。销售团队热爱运动并且擅长运动，并能够为顾客提供专业的服务。

迪卡侬于1992年进入中国，开始进行采购和生产运动产品的业务往来。至今公司已经在上海、深圳、广州、天津、武汉、中国台湾等十四个城市或地区建立生产分公司。

作为全球领先的体育用品零售商，迪卡侬拥有强有力的研发和创新实力。其在中国乃至全球都可谓独特的商业模式，第一次为中国消费者带来在同一个屋檐下，可以尽情选购60多种运动类型、35000种运动产品的体育自助消费体验，也为对中国长期以来的体育市场和消费习惯带来了冲击。

目前，迪卡侬在中国拥有39家概念店，北京5家，上海9家，深圳、广州、成都、无锡、苏州、大连、天津、佛山各2家，其他分别位于青岛、南京、杭州、长春、嘉兴、西安、江阴、宁波、东莞。迪卡侬成都店商场面积均为4000平方米，提供有包括65个运动项目的运动产品，所有产品根据运动类型进行分类，既有迪卡侬自有的品牌产品，也有其他有关的国际名牌产品。和迪卡侬全球所有商场一样，力求为所有热爱运动的顾客提供价格最为低廉但质量相对优异的产品，同时，商场经常性地组织运动表演、介绍等活动，让所有的顾客都有机会了解、尝试和享受不同运动项目带来的快乐。

迪卡侬是中国政府最好的“全民运动”的响应者及实践人，拥有极具雄伟的在华长期持续拓展计划，计划15年在华开设999家商场，入驻超过50个中国城市。迪卡侬的企业文化独具一帜，公司里满是年轻、活力、体育运动的爱好者；人性化管理，使得员工的职业生涯可以与公司共同成长，深受广大员工的认同。更难能可贵的是，公司具有国际化的氛围，国际团队共同工作，对中方员工本地招聘，优秀员工更能在国际间流动。同时，迪卡侬是优秀的企业社会公民，积极为环境保护、可持续发展的探索和发展做贡献，让最广泛的大众同享运动乐趣。

【凯丹购物广场】　凯丹广场位于成都市盛和一路99号，是集购物、娱乐、餐饮、休闲功能于一体的一站式ShoppingMall，由欧洲最大的房地产开发商之一——环达通房产集团倾力打造。

凯丹广场为成都带来了无数个名头响亮的“第一”：总投资7.3亿元，总建筑面积9万多平方米，在这里能享受到与其他20多个国家Galleria同样原汁原味的国际购物体验；H&M成都首店落户凯丹广场，而世界快速时尚领导者INDITEX集团旗下四大品牌ZARA、PULL&BEAR、Bershka、Stadivarius共同选址凯丹广场，更一口气拿下了超过2000㎡卖场这样的规模在成都史无前例；被誉为“全球化妆品零售权威”的SEPHORA也将做为成都独家店，带给众多时尚达人更加专业的美妆护肤体验。此外，高街品牌UNIQLO的加入更凸显出凯丹广场国际时尚高街品牌首选地这一独特定位。此外，中国内地第一家上市影视企业嘉禾影院、国际潮牌MANGO等近百个时尚品牌都已落户于此。凯丹广场将运用其全球先进的商业理念组合国际时尚品牌，让成都消费者感受到一站式购物的轻松愉悦。

【成都苏宁生活广场】　成都苏宁生活广场是苏宁置业在成都的首发之作，位于天府新城新南天地商圈地带（天府大道北段8号），扼守新南天地商圈门户，紧邻成都地铁1号线和火车南站，占尽地理交通的优势。苏宁生活广场矗立于高端住宅、办公区之中，以12万平方米大型购物中心为核心，地上6层，地下2层，另有超500个免费停车位，涵盖五大时尚业态，汇集时尚购物、电器旗舰、美食影音、儿童娱乐等，采用主力百货、生活超市、精品零售、高档餐饮、娱乐等业态的品牌进行组合搭配，舒适的购物环境给顾客高享受体验。由此打造一种新的生活方式和环境，给大家带来多功能、多特点、全方位的一站式购物、生活、休闲、娱乐的立体空间。

而苏宁置业是苏宁电器集团旗下专业从事高端综合地产开发建设的大型地产开发商，开发领域涉及商业地产、住宅地产、旅游地产、科技地产、物流工业地产五大领域，足迹遍布全国。目前已在全国形成了苏宁广场、苏宁电器广场两类成熟产品线，在全球范围内携手Norman Foster、RTKL、墨菲/扬、NBBJ等众多国际顶尖建筑设计单位规划设计，并在全国进行连锁布局，先后落子南京、无锡、徐州、成都、北京、青岛等全国数十个城市核心商圈，业态涵盖大型购物中心、电器旗舰店、五星级酒店、甲级写字楼、高档酒店式公寓等多种业态。

成都苏宁生活广场由上海船场建筑装饰有限公司倾力进行内装设计，融合水、光、闪电等自然元素为设计理念，打造出自然、简约、惬意的环境氛围，实现功能性与美观性的和谐统一；由全球知名商业房地产服务公司的世邦魏理仕物业管理服务有限公司进行物业管理，

2011年9月30日苏宁生活广场试营业

确保每一个商户及顾客得到全面优质的服务；苏宁集团倾力打造的精英商业管理团队进行全方位的管理招商运营，让每一个苏宁的客户体验到服务是苏宁唯一的产品。按照行业惯例及市场需求，目前我司组织架构设置为：总经办、招商管理部、运营管理部、市场管理部、人事行政部、财务管理部等部门，共计员工300多人。目前入驻苏宁生活广场并开业的商家有苏宁电器西南地区最大体量电器店天府立交EXPO超级旗舰店，横店集团西南第一家五星级影院横店影城，西南首家复合式健身会馆清会舍，国际知名百年箱包新秀丽；市场潮流ICON：UR；全球最大咖啡连锁店星巴克，全球餐厅网络最大的餐饮集团百胜餐饮集团，亚洲区最具规模的保健及美容产品零售连锁店屈臣氏，全球领先幼儿早教品牌金宝贝等国内外知名品牌。首次进驻西南地区将于2012年开业的全台湾最大的餐饮娱乐集团金钱豹国，她拥有400多种风味各异的国际美食及全开放式的厨房，深受各地食客的欢迎，同时还承接各种类型会议及宴会等，该公司表示正是看中了苏宁远大的发展景及正确的市场规划。同时苏宁引进大型电玩，KTV等其他大型娱乐休闲的商家，招商在持续进行中。2011年1月22日苏宁电器EXPO超级旗舰店开业，开业当天人流量空前，销售额突破4000万，刷新了苏宁电器集团首日开业销售记录，2011年的销售额达到5亿元之多。2011年9月30日苏宁生活广场盛大试营业，在业界及高新区新南天地商圈引起了不小的轰动。

成都苏宁生活广场进驻成都城南已近半年，随着各“大牌”的进驻，将会努力促进该区定位城市时尚中心的目的快速达成，并丰富现有商业标准和业态，以不可多得的商业展示面，为居于此地的百万人群提供消费支持，更为周边地区配套综合性商业休闲的新城市时尚中心。

教　育

EDUCATION

学前教育

【概　况】　2011年，桂溪街道辖区内共有8所幼儿园，幼儿教师共83人，职工总数162人，在园的幼儿总人数为1335人。在桂溪辖区的学校共有6所，分别为成都高新锦晖小学、成都高新世纪城南路学校、成都高新和平学校、成都美视国际学校、成都七中初中、成都高新大源学校。

【幼儿园】　2011年，桂溪街道辖区有8所幼儿园，其中成都高新绿舟和平幼儿园在9月底被确认为成都高新区公益性幼儿园。街道办事处完成桂溪街道双祥幼儿园举办单位招投标工作。办事处严格按照教育处、卫生处、高新防控中心要求结合幼儿园实际情况，在托儿机构传染病防控方面，做到严格管理，创新引导，组织召开园长、生活老师，后勤人员培训会，交流经验等形式，未发生安全事故，有效控制了疫情，得到教育处的高度评价。

【义务教育退费】　2011年，为深入实施"惠民工程"，根据成高管发【2007】40号文件精神，桂溪街道办事处认真做好辖区农村居民和失地农民子女高中阶段教育学费补贴工作。2011年，办理高中学生学费退费统计613人，金额73.56万元；办理"中等职业教育券"333人。

【政府奖学金】　2011年，街道办事处根据《桂溪街道关于加强民生保障工作的实施意见》，对辖区农村居民和失地农民子女考入大学的学生实施一次性政府奖学金，其中一本3000元/人、二本2000元/人、三本1600元/人、一专1200元/人、二专800元/人。2011年共审核、办理、发放2011年政府奖学金178人，金额26.26万元。

【失地农民幼儿补助】　2011年，街道办事处根据成高桂街发【2011】17号《关于在2011年进一步加强民生和社会救助工作的补充意见》，进一步扩大教育助学范围，提高教育助学标准，对农村居民和失地农民子女就读街道举办的幼儿园，给予2元/人.天的生活补贴

（44元／月）。上半年绿舟双源幼儿园失地农民在读子女有404人，街办拨付幼儿伙食补贴费71104元（17776元×4月），下半年失地农民在读子女有353人，拨付幼儿伙食补贴费93192元（15532元×6月），全年共拨付幼儿伙食补贴费16.42万元；桂溪街道办事处按照成高桂街发【2011】47号文件精神要求，给予就读绿舟和平幼儿园的农转居居民子女“学费补贴”，在园期间按100元／月，绿舟和平幼儿园农转居居民就读子女66人，街办拨付学费补贴26400元（66人×100元×4月）；按照桂溪街道第162次党工委会议议决事项通知要求，给予绿舟和平公益性幼儿园就读的辖区失地农民子女（3-5岁）40元／人*月的生活补贴，绿舟和平幼儿园失地农民就读子女66人，拨付生活补贴10560元（66人×40元×4月），共计36960元。

老年大学教学

【概　况】　2010年3月19日，桂溪街道办事处创办“桂溪老年大学”，学校位于成都高新区天仁北一街26号的桂溪综合文化中心，占地面积2500平方米，建筑面积1200平方米。截至2011年12月，桂溪街道辖区户籍人口54723人，其中60岁以上的老年人口6317人，占辖区总人口的11.54%。桂溪老年大学2011年春季学期于2月28日正式开课，6月17日顺利完成各项教学任务。桂溪老年大学2011年春季学期设有声乐班、民族舞蹈班、形体舞蹈班、电脑班、拉丁舞班、交谊舞班、国画班、武术班、老年时装模特班、中医按摩班共10个专业课程，共20个教学班，有学员450人。2011年秋季学期于9月1日正式开课，12月22日顺利完成各项教学任务学校在现有10个专业的基础上，新增设民乐（二胡）、书法专业，共开设12个专业，21个班级，共470人。

【老年教育要事】　2012年1月19日，桂溪老年大学被桂溪街道党工委、办事处评为“桂溪街道2010年度老龄工作先进集体”。

4月28日，学校组织民族舞蹈班学员参加“成都高新区第一届老年艺术节才艺大赛”，荣获三等奖。

5月14日，学校组织武术班学员参加“运动成都·武术集体项目展示活动”的42式太极拳和42式太极剑比赛，分别荣获二等奖。

5月27日，学校组织武术班学员参加成都市人民政府主办的第四届老年人体育运动会武术比赛，获得42式太极拳第13名，42式太极剑第16名的好成绩。

6月13日，学校组织声乐班学员参加“四川省老年大学‘唱红歌·颂党恩’红歌大赛”，参赛的女声表演唱和大合唱分别荣获一等奖和三等奖。

6月24日，桂溪老年大学常务副校长谭伯祥被中共成都高新区工委评为2009-2011年度“优秀共产党员”，被中共桂溪街道工委评为“优秀共产党员”。

6月24日，学校派舞蹈队的同学参加由桂溪街道党工委组织的“见证荣耀，同心同德”庆祝建党九十周年大型文艺晚会。老年大学舞蹈队表演的《大地飞歌》，热情奔放，受到与会代表一致好评。歌伴舞《红星照我去战斗》编排精彩，赢得让在场观众阵阵掌声。

10月22日，桂溪老年大学组织学员参加由四川省老年大学组织的全省老年大学体育舞蹈大赛，获铜奖。

11月16日，桂溪老年大学组织学员到桂溪敬老院慰问老人。

12月2日，桂溪老年大学举办首届教学理论研讨会。

【教学管理】 2011年，学校按照桂溪街道党工委办事处统一要求，制订教学计划，按需求设立专业和班级，开设12个专业27个教学班。严格学员学籍管理，建立健全规章制度，加强课堂运行监控，每课时做好考勤和《汇志》，随时掌握教学过程，及时发现问题和改进教学，确保教学质量。年底进行教学成果展示和汇报演出。

附表1：2011年春季学期班委会名单

班级	班长	副班长	学习委员	生活委员	
国画班	王贵玉		邱素华	黄丽华	
形体舞蹈1班	张爱平	李雅江	胡百丽		
形体舞蹈2班	胡荣艳	过建英	王明慧	王玉平	
声乐1班	王晓莺	李洪仁	郭晋果 李文瑛	雷德惠	汪静芳 （文艺委员）
声乐2班	王瑞英		陈远惠	兰其俐	
民族舞蹈1班	周作瑶		汪群英	王明芳	
民族舞蹈2班	张晓红	方义红	范小平	肖丽娟	
民族舞蹈3班	黄丽华		罗汶萍	王文珍	
时装模特班	李咏梅		袁　蓉	胡百丽	
武术1班	袁德昌		李文瑛	陈锦天	
武术2班	刘玉彬		张献英	陈茂华	
交谊舞班	张学敏		罗玉容	高健秋	
拉丁舞班	蒲开琼		张献英	付秀群	
电脑班	钟先春		李咏梅		
中医按摩班	杨桂林		吴远忠	夏亮益	
民族舞蹈（双源）	但胜蓉		闵　莉	左成蓉	
武术班（双源）	符小平		丁　霞	唐传琼	
交谊舞1班（双源）	但胜蓉		丁　霞	林富全	
交谊舞2班（双源）	闵　利		徐永芳	张　玲	
武术班（益州）	范学初	郭晋果	廖友才	任启明	邓佑平 （纪律委员）

附表2：2011年秋季学期班委会名单

班　级	班　长	副班长	学习委员	生活委员	文体委员
国 画 班	谢忠清		邬碧光	邱素华	
电 脑 班	钟先春		徐毓珍	张辉元	
武术1班	袁德昌		蒲志君	李金琼	
声乐1班	屠健红	蒋恩德	李文瑛	程小丽	韩秀蓉
民族舞蹈1班	周作瑶		王明芳	汪群英	
时装模特班	李咏梅		袁　蓉	付秀群	
声乐2班	王瑞英	刘正生	车惜珍	陈远惠	余道贤
交谊舞班	张学敏		罗玉容	高建秋	
武术2班	王晓莺		刘玉彬	毛学芳	蒋　莉
民乐（二胡）班	马天明		汪静芳	钟先春	
拉丁舞班	胡荣艳		付秀群	谢学芳	
书法班	张学敏		邱素华	刘玉彬	
民族舞蹈2班	黄丽华		王明慧	曾晓莉	
形体舞蹈班	汪艳梅		胡百丽	肖丽娟	

续表

班　级	班　长	副班长	学习委员	生活委员	文体委员
中医按摩班	夏亮益		刘　瑶	易　蓉	
双源民族舞蹈	闵　利		徐永芬	曹玉芳	
双源武术班	符小平		陈昌琼	周华蓉	
双源拉丁舞班	但胜蓉		廖永成	张　琳	
益州武术班	范学初	郭晋果	任启明		
双祥武术班	唐传琼		袁龙菊	高泽贤	
双祥民族舞蹈	左成蓉		银月红	徐会君	

附表3：2011年春季学期教师名单

班　级	教　师
国画班	胡文泽
声乐1班、2班	汤辉遂
中老年时装模特	杨家镁
武术1班、武术双源班	吴建新
武术2班、武术益州教学点	陈明英
民族3班、舞蹈队	邵丹
民族3班、舞蹈队	张薇薇
中医按摩班	杨韵和
民族舞蹈双源班	李蓉
电脑班	高枫
民族舞蹈1班、2班	刘沁
交谊舞班、拉丁舞班、交谊舞双源1班、2班	邵泽龙
形体舞蹈1班、2班	戴丽华

附表4：2011年秋季学期教师名单

班　级	教　师
国画班	胡文泽
声乐1班、2班	汤辉遂
中老年时装模特	杨家镁
武术1班、武术双源班、双祥班	吴建新
武术2班、武术益州教学点	陈明英
民族2班、舞蹈队	邵　丹
民族2班、舞蹈队	张薇薇
中医按摩班	杨韵和
民族舞蹈双源班	李　蓉
民乐（二胡）班	郑文雅
书法班	白双政
电脑班	杨　频
民族舞蹈1班、形体舞蹈班、民族舞蹈双祥班	刘　沁
交谊舞班、拉丁舞班、拉丁舞双源班	滕文蓉

【必修课】　2011年，桂溪老年大学定期举行必修课，聘请知名专家、教授、学者来校授课。必修课内容丰富，包括法律、艺术、科普、医疗卫生、文化、心理健康等方面的专题内容，达到

了丰富老年人的精神文化生活，提高文化素质，改善老年人的生活状态，提高老年人的生活质量的效果。2011年4月29日，成都责商管理科学研究院院长、博士谭焱心应邀到老年大学为同学们讲“责商”理论知识，引导学员在家庭，在社会要有责任感，要有良好的人格；2011年9月15日，请成都万和医院院长吕朝林应邀到老年大学为同学们上“中老年人养生”专题课；2011年11月11日，请三瓦窑派出所所长叶波应邀到老年大学为同学讲“如何提高老年人自我防范能力”和“学习识别保健品真伪”的主题讲座。

【第二课堂】 第二课堂是指在第一课堂以外的时间进行的与第一课堂内容相关的教学活动，它是第一课堂的继续和应用，能进一步巩固第一课堂的学习效果。第二课堂深受学员喜爱，在组织形式上多样化、生动丰富。桂溪老年大学采用学校组织和班委会组织两种形式。学员们对参加第二课堂活动都具有很高的积极性。2011年比较大型的活动有：4月22日，声乐1班、武术1班、武术4班在成都三圣乡开展第二课堂活动；5月13日，民族舞蹈班、中老年时装模特班在三圣乡红砂村组织第二课堂活动，表演节目共14个，并邀请永安社区广场健身舞蹈队参加活动，11月18日，中老年时装、国画、二胡班在汇丰花园举办二课堂，特邀永安社区交谊舞队参加活动。

【创先争优活动】 2011年，桂溪老年大学为表彰先进，激励广大教师和学员与时俱进，不断创新，进一步推动学校老年教育工作的深入开展，按照（桂老学发【2012】7号）“关于评选表彰优秀教师、优秀班干部、优秀学员和先进班集体的通知”的要求，自下而上，评出了先进集体和先进个人，现经全校师生自下而上推荐，学校领导和各班班委会集体审定，再经学校公示，决定对交谊舞班等9个先进班集体和胡文泽等6名优秀教师、张学敏等22名优秀班干部、谢学芳等133名优秀学员进行表彰。

2011年年度先进集体、优秀教师、优秀班干部和优秀学员名单如下：

先进班集体（9个）：

交谊舞班、声乐二班、民族舞蹈一班、武术二班、时装模特班、国画班、双源拉丁舞班、双源民族舞蹈班、中医按摩班

优秀教师（6名）：

胡文泽、刘沁、汤辉遂、杨家镁、吴建新、李蓉

优秀班干部（22名）：

张学敏、袁德昌、王瑞英、周作瑶、范学初、李咏梅、胡荣艳、李文瑛、蒋恩德、汪静芳、邱素华、刘玉彬、夏亮益、曾晓莉、钟先春、王晓莺、汪艳梅、陈昌琼、曹玉芳、左成蓉、唐传琼、张玲

优秀学员（133名）：

谢学芳、高建秋、郭晋果、任启明、刘秀连、程小丽、李素清、胡百莉、程永秀、刘学君、胡茂明、熊怀华、史小玲、曾义兰、刘光堤、郑龙香、屠健红、张代珍、张献英、张景芬、管智慧、罗加瑞、谢忠清、邬碧光、王东曦、谭四喜、徐科荣、王贵玉、余道贤、陈远慧、黄双玖、车惜珍、黄维蓉、刘正生、高继红、罗玉容、刘素琼、李明霞、周应才、高起明、陈泽云、张月华、李继凤、胡卫清、王文珍、方义红、王明芳、曾建梅、李泽端、龙玉珍、黄丽华、黄玉芬、叶秀兰、高贵蓉、汪群英、钟国华、蒲志君、陈锦天、凌发全、李金琼、彭茂芳、钟龙萍、徐毓珍、蓝敬先、兰其俐、钟先富、毛学芳、刘丹霞、谢秀菊、谢长蓉、林炳秀、高桂蓉、陈善容、王月华、李慧明、徐之慧、王春兰、符小平、左文英、敖金玉、牟万秀、袁章林、李会兰、尹帮润、徐永芳、李朝秀、王汝芸、刘仲文、侯庆秀、苏建春、黄昌秀、银月红、赵正江、钟定英、王兴蓉、张国清、李春英、贺善清、但胜蓉、张术荣、廖

永成、刘安菊、刘文霞、张基英、赵忠秀、贾登群、付秀琼、詹月莉、罗晓军、王新平、肖雪峰、黄永玲、张珍玉、李美丽、陈俊蓉、高泽贤、徐永秀、徐永华、吕秀芳、汤瑞立、徐义琼、周德芳、许燕、张林、胡砥、胡超、王娟、蒋莉、张健、闵利、钟虹、郭芳、高琼

【中国共产党成立90周年庆典活动】 2011年，桂溪老年大学为庆祝中国共产党成立90周年，于6月13日，组队参加四川省老年大学协会主办的"'福彩杯'唱红歌·颂党恩四川省老年大学红歌"比赛活动，大合唱《因为有你》《走向复兴》和女声表演唱《洪湖水浪打浪》荣获一等奖和三等奖。老年时装模特班20名学员在四川省老年大学协会主办的"'福彩杯'唱红歌·颂党恩比赛颁奖仪式"上作了精彩表演。6月24日，老年大学组织舞蹈队成员参加桂溪街道办事处组织的"见证荣誉、同心同行"建党90周年庆典活动，分别表演了开场舞蹈《大地飞歌》，并为《红星照我去战斗》伴舞。

【学习交流】 2011年，桂溪老年大学通过参加各级理论研讨会，学习交流理论研究新成果、新做法，为桂溪老年大学的办学汲取了好的经验。4月15日，桂溪老年大学工作人员参加了成都老年大学协会组织的中外艺术歌曲教学观摩活动。5月19日–21日，参加了成都市老年大学组织的赴泸州、自贡和资中学习考察活动；7月5日，参加了成都市老年大学协会组织的"第九次理论研讨会暨经验交流会"。9月20日，参加了四川省老年大学协会在郫县举办的"省老年大学班级、艺术团体及各类艺术院校管理经验交流座谈会"。10月14日，学校针对教学实践中出现问题，诚邀成都市锦江区、双流县、华阳、中和、石羊老年大学等友好学校负责人召开"老年大学行政管理，教学管理经验交流会"。10月20日，参加了成都市老年大学协会第一片组"国家老龄事业规划对老年教育事业影响"为主题的研讨会。10月21日，学校组织班委会成员参观"高新视窗"。

【教学理论研讨会】 2011年6月27日，桂溪老年大学发出《关于开展教学理论研讨会征文通知》，10月31日–11月10日组织和指导论文撰写，11月30日组织论文评审和评比，12月2日在桂溪街道办事处5楼会议室召开教学理论研讨会，从53篇论文中，评出一等奖3篇、二等奖6篇和三等奖13篇。会后编印教学理论研讨文集《桂溪老年大学教学理论研讨文集汇编》。获奖论文计划编入《桂溪老年大学》第一期校刊。

义务教育

【成都高新区锦晖小学教学工作】 2011年1月7日，学校接受成都高新区2010年度"民生工程"目标检查，成都高新区管委会两委办副主任卢哲平、社会事业局副局长黄永祥、教育处处长杨晋平等一行到校检查。1月7日，学校举行首届"讲故事比赛"，梁彧《小红帽》、李天浩《狮子和老鼠》、陈欣雨《稻草人》、马思羽《灵猴出世》获一等奖。2月18日，学校举行装修评审会，成都高新建设开发有限公司相关人员和成都高新区社会事业局叶春云、北京清尚设计院孙恺，锦晖小学付云涛、卿恬，在建设公司五楼二会议室进一步商议学校装修事宜。3月12日，学校家委会组织学生参加植树活动。3月25日，学校邀请四川师范大学李松林教授到校与教师一起讨论学校教育理念，提出了"追寻自我教育的和谐境界"这一核心教育理念。3月30日，学校邀请四川教育学院姚文忠教授到校与教师一起参加学校首届"小主人学堂"研讨会，并为学校题词"博採众长兴教育，

八位良师起征程。织锦成晖照天府，留却光采映后生”。4月2日，成都师范银都小学校长朱祥烈、副校长黄敏丽、主任林伟到校交流。4月5日，学校邀请成都高新区小学英语兼职教研员宋武军指导岑杨老师英语备课说课教学活动。4月6日，成都高新区管委会委员、副主任杨东，社会事业局吕毅局长、教育处杨晋平处长、叶春云副处长，到学校视察，指导学校办学定位与办学理念。4月7日，学校教师岑杨到成都高新区新光小学参加成都高新区小学英语教师说课比赛。4月7日，学校邀请银都小学德育处副主任董继宇到学校指导学生气排球团体操。4月12日，学校邀请成都高新区教研室主任陈红、副主任李建萍与教师们研讨学校教育理念和首届“小主人学堂”教育研讨会方案。4月12日，学校教师卿恬到银都小学六年级十班试教美术课《俏花旦》。4月13日，学校教师罗义蘋赴山东参加“韩兴娥阅读教学研讨会”。4月22日，学校家委会组织学生参加科学探索活动。4月22日，在成都市首届“太阳神鸟”杯小学师生征文大赛中，学校学生一年级二班学生贾茗寒的作品《不听话的妈妈》获二等奖、一年级二班学生罗柯辛《第一次有趣的冬游》、一年级二班学生方小源《我和我的小树》分别获得三等奖。4月27日，学校开展“创新三好　新十星”评选活动。4月28日学校装修改造启动，成都高新区建设公司、成都雅兴装修公司入场施工。4月30日，学校组织一年级学生41人到万达广场参加成都市社区活动，学生表演的《气排球操》获得比赛一等奖。5月13日，学校举行首届教育研讨会，主题“小主人学堂中，学生主体意识的培养”。5月18日，《成都商报》第59版，以《小学生可质疑老师　中学生却不敢》报道学校“首届教育研讨会”。5月19日，学校组织20幅一年级学生作品参加成都高新区艺术节美术展览，其中3幅获得一等奖，5幅获得二等奖，10幅获得三等奖。5月25日，学校美术教师卿恬到成都高新实验小学参加“成都高新区2011年中小学青年美术教师课堂教学展评活动”，执教六年级《俏花旦》荣获第一名。5月31日，全校一年级学生到武警成都指挥学院开展社会实践活动。6月17日，学校组织《学堂乐》等两个节目参加成都高新区中小学、幼儿园国学素质大赛获得一、三等奖。表演者分别是一年级二班学生23人家长2人、一年级一班学生王鲜睿。6月20日，锦晖小学与武警四川省森林总队共建协议签字仪式在学校举行，武警四川森林总队政治部副主任陈伟栋、科长曾晓辉、锦晖小学校长付云涛及全体教师出席了签字仪式。6月22日，学校被评为“成都市青少年科技活动基点学校”，成都高新区社会事业局张斌、科技辅导员唐俊锋到校授牌。7月1日，学校一年级40名学生组成的合唱队，代表学校到大源学校参加成都高新区合唱比赛。8月，学校八名教师论文参加成都市教育科研论文比赛，获得二等奖。8月25日，中共成都高新区桂溪街道工作委员会（成高桂委发【2011】71号）批准设立“中共成都高新区锦晖小学支部委员会”。8月25日，成都高新区社会事业局（成高社发【2011】110号）聘任付云涛同志为成都高新区锦晖小学校长。9月1日，学校举行开学典礼。9月2日，成都市教育局副局长崔昌宏一行在成都高新区社会事业局教育处处长杨晋平陪同下，到校指导开学工作。9月3日，中国教育导报第2版对锦晖小学亲子同上“爱与责任”课进行相关报道。9月6日，校长付云涛接受四川日报记者张守帅电话采访关于学习“叶志平校长”的体会。9月7日，学校教师田鹏、郭奕参加成都高新区教师才艺大赛，获三等奖。9月7日，成都商报第56版以“一年级读书娃与老师行拥抱礼”为题对学校开学典礼进行报道。9月9日，学校四位教师获得成都高新区社会事业局表彰，郑燕被评为区师德标兵，岑杨被评为区教坛新秀，刘礼彬被评为区优秀青年教师，陈书书被评为区优秀班主任）。9月13日，学校语文组（税少莲、康文姬、罗义蘋、董晓琴、张树花）在玉林附小承办成都高新区一年级语文教材分析与讲座。9月13日，学校邀请四川教育学院姚文忠教授到校指导学校发展。9月17日，校长付云涛随成都高新区赴上海教育科学研究院学习一周。9月22日：学校迎接成都高新区相关部门的安全工作检查。10月13日，学校举行一年级学生加入少先队仪式。10月13日，学校教师郭奕随成都高新区青年教师团队赴北师大培训学习一周。10月21日，学校邀请四川师范大学文理学院音乐舞蹈系主任教授王敬在学校二楼多功能教室开展主题为《“兴趣变特长”艺术教育成长规划》的家庭教育讲座。10月21日，学校教师郑燕随成都高新区赴上海德育工作培训学习一周。10月22日，成都高新区2011年机关趣味运动会在学校召开。11月28日，学校邀请原成都师范银都小学冯淑蓉校长、黄伟副校长研讨“锦晖小学2011年中小学办学水平评估汇报材料”。11月29日，学校教师康文姬执教的一年级一班班队课《幸福的家》，获成都高新区首届中小学班主任技能大赛（小学组）班队课展示二等奖。12月1日，学校迎接成都高新区社会事业局2011年中小学办学水平评估。12月2日，学校与益州小学一年级语文组开展联校教研活动，益州小学欧婷、张叶晶同课异构，执教《雪地里的小画家》。12月15日，学校承办成都高新区气排球比赛，学校《气排球团体操》项目在开幕式上展示获得好评并获低段组团体一等奖。

【成都高新世纪城南路学校教学工作】 2011年9月1日，成都高新区工委组织部到校指导工作并任命高坚同志为世纪城南路学校校长。9月1日，学校举行2010—2011学年度下期开学典礼。9月8日，学校组织教职工参加高新区青年教师风采大赛。9月10日，学校开展以“放松心情愉悦自我，教师节及中秋”为主题的活动。9月26日至30日，学校初2014级的学生在黄龙溪军训基地进行了为期五天的少年军校训练任务。10月13日，都江堰市驾虹小学相关人员到校考察参观并商定联校教研等活动。10月28日，学校在承办的成都高新区软式垒球比赛中取得第一名。11月2日，学校邀请消防特勤中队到校开展消防演练活动。11月3日，学校举办第三届秋季学生运动会。11月15日，学校和都江堰市驾虹小学“心连心，手拉手”联谊活动在学校举行，并开展语数外三科的教研互动活动。11月25日，成都高新区各学科专家到校听课并指导工作。11月29日，成都高新区社会事业局到校进行办学水平评估检查。12月6日，学校承办成都高新区新进大学生教师课堂指导分会场活动。

【成都高新和平学校教学工作】 2011年2月—6月期间，四川仪陇县实验学校、银山中学、度门中学、大寅实验中学、大寅文昌学校、大寅九龙学校、金城中学、先锋学校、龙桥学校、杨桥学校、四川郫县中信洪石学校、成都华兴外国语实验学校、宁夏石嘴山丽日中学等学校校长、校长助理、教师到成都高新和平学校挂职锻炼、参观学习。3月22日，成都市教育局副局长左华荣带队，成都高新区社会事业局局长吕毅、教育处处长杨晋平陪同到学校调研。3月26日，学校孔子像落成。5月27日，学校在成都高新区业余篮球公开赛预赛（学校组）暨第二届教职工篮球联赛中荣获冠军。6月7–8日，学校承担2011年全国普通高校招生文科考点统一考试工作，共有考生1376人参加高考，共46个考场，1个备用考场。2011年6月13—14日：成都高新和平学校承担了2011年成都市中考考点工作。8月31日，成都高新区党工委委员、管委会副主任杨东，组织部副部长杨俊、组织处处长罗登华，社会事业局副局长黄永祥、教育处处长杨晋平等一行到学校宣布任命于建为成都高新和平学校校长。9月1日，学校召开“崭

校园风景

新的学期，我们一起努力”2011—2012学年秋季开学典礼，校长于建作开学致辞。9月8日，在成都高新区教师风采大赛中，学校获一等奖。9月15日，成都高新区学校安全教育专项交叉检查工作第五检查组到校检查指导工作。9月28日，学校的教师篮球队获成都高新区2011年业余篮球公开赛总决赛亚军。9月29日，由成都高新区经贸发展局张敏副局长带队的区公安、消防、城管、教育、卫生等部门组成的安全检查组到校进行了全面检查。9月1–30日，学校启动了庆祝少先队建队62周年暨第二届“经典伴我成长”国学诵读活动。10月8日，学校健美操队参加第十届万人健美操四川分赛区比赛获浩沙杯健美操二等奖、街舞一等奖。10月25日，学校接待对口支援学校——都江堰胥家学校的领导和教师，并与该校领导、老师一起进行了交流。10月30日，成都市公务员考试在学校设置考点。11月1日，中共成都高新和平学校支部召开了党员大会，进行支部委员改选。11月7日中共成都高新区工委组织部批复（成高组发〔2011〕35号），同意该支部的选举结果及支部委员分工，校长于建任党支部书记，廖有俊任支部副书记。11月3日，学校召开第八届中小学运动会。11月4日，学校举办第八届教职工运动会。11月9日，学校开展“消防演练”活动。11月9日，学校为促进高素质骨干教师队伍的建设，聘请专家建立了以于建校长为组长的“成都高新和平学校导师工作室”。11月19日，四川省会计从业资格考试在学校设置考点，在成都高新区财政局指导下，学校与桂溪街道办事处相关部门配合顺利完成考务工作。11月24日，学校接受了成都高新区中小学办学水平评估。12月9日，学校联合成都高新大源学校举行了纪念“一二·九”七十六周年暨新团员入团宣誓仪式。12月17日，学校团委联合高新大源学校、高新玉林中学团委在毛家湾森林公园里进行了“雷霆出击——我和我的战友们”的主题活动。9月–12月，学校举行第三届“梦想杯”辩论联赛。

【成都高新大源学校教学工作】 2011年2月25日，学校2010至2011学年度上期教学质量分析会在阶梯教室举行。

3月7日，教授戴燕华到校作讲演，就“怎样教孩子学会做人”、“怎样教孩子学会求知”、“怎样教孩子学会健心”三个方面，给予学生家长指导。3月10日，学校开展“法制宣传进校园　争做懂法小公民”春季法制宣传活动。3月4日，学校深入社区进行“学雷锋”活动，由校大队部，团支部共同牵头，部分学生组成义务清洁队伍，走进大源社区，在社区的绿道走廊处开展义务清洁活动。4月19日，学校举办向党的九十周年献礼系列活动。4月8日、15日，学校开展“第二届班主任艺术节”系列活动。4月5日，学校组织学生进行清明节教育活动。5月4日，学校召开以“火热的青春，永恒的精神”为主题的“五四”青年教师座谈会。5月31日，学校举行了建校五周年暨“六·一”儿童节庆祝大会。5月26日，在成都高新区艺术节系列比赛中由学校教师王霜、蒋永庆、田媛编排的“校园集体舞”获一等奖第一名，学校教师许献文，秦莉编排的新编课本剧《皇帝的新装》获课本剧一等奖第一名，学校音乐教师王卿、罗净楠老师负责的校园器乐比赛，取得二等奖第一名，学校的美术教师李艳、沈荣辉、李明霞指导学生制作的剪纸作品，书法作品，摄影作品获多个一等奖。5月14日，成都高新区第三届趣味运动会在成都市职业技术学院举行，学校获得总冠军。5月24日–27日成都市高新区2011年中小学教师招聘初试工作在学校展开。9月1日，学校教师李鸣担任大源学校副校长，主持学校工作。9月1日，学校举行开学典礼。9月9日，学校十名青年教师参加了成都高新区教师风采大赛，其表演的节目《教师畅想曲》获二等奖。9月23日，学校“新老教师结对帮扶活动”开展，有14对各学科的教师和3对班主任教师正式结成师徒。9月29日，学校举行了“走进社区，慰问老人”活动。10月14日，学校快乐剧团《手表》首映礼开幕，这是一群平均年龄才十一、二岁的孩子自编、自导、自演，展现孩子心理世界的短剧。11月11日，学校八年级学生“学习成就人生”演讲比赛在学校操场举行。11月18日，学校第四届学生田径运动会暨第三届教师趣味运动会举行。11月25日，学校举行全校班主任读书交流会活动，班主任老师代表就近期阅读的相关书籍心得与在场老师进行了分享。

【成都美视国际学校教学工作】 2011年4月，学校举办“庆祝中国共产党90华诞”红歌会。2011年5月，校长林华玉、中学部校长文安娜、副校长王岚一行三人，应中加课程合作伙伴——加拿大哥伦比亚国际学院之邀，参加了该校的毕业典礼，看望了在那里就读的美视学子，并就课程的改革进行了深入的探讨与交流。6月成都市副市长傅勇林一行到学校视察工作。9月美国东北大学国际学生招生部副主任Daniel Gerbatch先生来访美视学校。10月，学校学生聚集在操场，进行了“心系苦竹小学捐赠仪式”。12月，学校国际部高中学生与成都七中国际部高中生在成都七中国际部高新校区举行了一场精彩的篮球比赛。12月，美国北德克萨斯大学国际招生部主任Dickie Hargrave女士应邀访问学校国际项目部。

职业教育

【各级领导调研职业教育工作】 2011年11月22日，四川省政协副主席曾清华率省政协部分委员到成都职业技术学院学院视察调研成都现代服务业发展与人才培养工作。曾清华一行视察了学院“高新区成职软件教育园”和“金融超市”实训中心，深入入驻园区的成都智恒数字娱乐有限公司等企业、成都市互联网协会和成都云计算联盟，详细了解学院校企合作共建、育人、就业、生产等情况，认为学院办学特色鲜明，具有三好、三高、三新、三实的特点。一是办学理念好、办学思路好、教学改革好。二是立意高、起点高、水平高。三是办学模式新、办学路径新、办学体制新。四是办学实、合作实、经验实。曾清华副主席指出，学院所取得的成果得益于学院有好的领导班子、好的师资队伍、好的合作伙伴、好的学生。她强调，学校要进一步创新理念，强化管理，巩固成果，使学院成为高职教育的示范。

4月25日，成都市委常委、纪委书记徐季祯到学院考察调研，听取了学院党务、院务公开及加强党风廉政建设和反腐败体系建设方面的工作汇报。他指出，4月21日召开的全省党的基层组织党务公开工作电视电话会议，对全省党的基层组织党务公开工作进行了安排部署。要求学院要把思想认识统一到中央、省委的要求上来。肯定学院党委要高度重视，将党务、校务公开作为一项中心工作来抓，班子成员要做遵纪守法的模范。要尊重民意，注重过程，充分发扬民主，广泛听取党员和教职工意见。要突出重点，把涉及“三重一大”和党员、教职工普遍关心的热点难点问题的解决措施和结果及时公开。要求学院注重制度建设和规范，把党务、校务公开作为一项基本要求，丰富公开的载体，搭建公开的平台。要积极推进二级部门的党务、政务公开工作，重心下移，加强对二级部门的管理和监督。要完善党务、院务公开的考核体系，把群众的满意度作为考核的重要指标。

【国家骨干高职院校建设】 2011年，学院贯彻落实国家骨干高职学校建设培训会议精神，根据国家骨干高职院校建设方案，创新体制机制，以专业建设为核心，加强内涵建设，提高人才培养质量。4月11日，学院召开党委中心组学习会议，分析骨干院校建设的工作现状和面临的主要任务。5月11日，院长贺继明在“5·12”汶川特大地震三周年纪念晚会上带领全院师生宣誓，号召全院齐心协力建设国家骨干高职院校。5月9—10日，学院邀请教育部职业技术教育中心师资资源研究室主任、中国职业技术教育学会副秘书长邓泽民教授来我院指导校企合作、课程建设及科研工作，推进国家骨干高职院校建设。10月31日，学院邀请北京师范大学教育系博士生导师、北京师范大学教育与心理学院副院长、教育系主任、著名教育专家劳凯声教授为师生举行“中国教育体制改革”专题讲座，指导学院创新体制机制推动骨干高职院校建设。5月26日，学院召开国家骨干高职院校建设项目研讨会暨工作推进会。周鉴书记要求骨干院校建设工作要常态化，要结合实际工作实质性推进，以体制机制改革为重点，加快调整、转型、创新，为全面建设奠定扎实的基础。要重点处理好机制体制与专业建设的关系，课程重构和教学组织形式的关系，教学组织形式变化与相关教学管理制度的变化的关系，教学方式转变与师资队伍建设的关系。

【推进合作交流战略】 2011年，学院以构建“大外事”格局为思路，国际国内交流合作有新突破。接待英国、加拿大、法国、德国、新加坡、新西兰等多所院校高层、师生100余人来访交流，与8所境外院校、单位签订合作协议。组织了14个团组共计50人出访新加坡、美国、德国、俄罗斯、台湾、日本等国家和地区。成功申报西部项目、对外汉语教师项目等3个，选派3名教师赴国外学习交流。参加美中友好志愿者项目，聘请2名美国志愿者担任外教。继续做好宜必思经理人才培训班、雅高励志班、雅高精英班工作。接待了大量国内院校考察调研，接受了山东聊城职院、贵州黔东南民族职院共计25名教师为期45天和30天的挂职交流。

【推进集团化办学】 2011年，学院推进集团化办学，加强成都旅游职教集团同市旅游局、市旅游协会和成都文旅集团合作，深入西岭雪山、西来古镇，同企业负责人交流沟通，探讨校企双主体办学体制。4月12日，秦皇岛市教育局副局长杨铁林率团到我院考察交流职教集团化办学经验。6月22日，“成都学术沙龙”系列活动之“人才培养助推成都世界现代田园城市旅游产业发展”专题研讨会和四川省旅游协会首次单列的2011年“成都旅游职教集团”课题评审会在我院召开，就成都建设现代田园城市中的旅游产业发展趋势，以及旅游人才培养等问题进行了深入交流，11个申报课题获得立项。12月29日，该院在集团2011年会上与成都文旅集团签署了《联合培养博士后研究人员意向协议书》，利用校企优势资源，培养和造就高级科技和管理人才；与成都市礼仪职中等10所中高职院校成为了集团首批中高职衔接示范试点校单位，启动航空服务、景区服务与管理、酒店管理、旅游管理四个专业的中高职衔接标准体系建设。

【承办成都社会科学年度论坛分论坛】 2011年，学院积极参与成都市社会科学年会活动，举办专题论坛和科普活动，展示我院服务地方、产学结合成果，助推成都文化大发展大繁荣。12月27日，成都社会科学年度论坛“工业文化与校园文化对接”分论坛在我院举行，省教育厅高教处处长周雪峰就校企文化对接、教育部职业技术教育研究中心研究所荀莉副研究员就职业教育校企合作中工业文化对接的有效途径、成都三味火数码科技有限公司总经理许毅就学校文化与企业文化对接实践、学院院长贺继明就成都职业技术学院校园文化建设分别作主旨发言。12月28日，成都社会科学年度论坛2011“推进成都文化大发展大繁荣”高峰论坛隆重举行。学院院长贺继明教应邀主持“文化教育与文化人才”论坛。学院副院长凌红受邀在论坛上作了题为《以“园区”为载体，实现高职院校“校企文化对接”》的主题发言。

【推进博士后创新实践基地工作】 2011年4月22日，学院采用校企联合申报的方式通过四川省人力资源和社会保障厅组织的全省博士后创新实践基地评审答辩，获批设置博士后创新实践基地。随后，学院建立基地工作领导小组，制定相关管理制度，划拨专项资金，为博士后进站工作创造条件。学院于11月11日与电子科技大学签订了联合招收博士后的协议，有2名博士后候选对象进站工作。11月29日，四川省博士后工作座谈会在泸州召开，为学院等16家今年新设立的博士后创新实践基地授牌。学院将以此次座谈会为契机，加快博士后工作建设步伐，大力实施合作交流战略，借鉴成熟的管理模式和先进的管理经验使博士后工作走上规范化、流程化。以博士后课题研究推动促进学院专业建设、教师成长和教育教学改革，加大产学研合作力度，增强地方经济服务能力。

【推进学习型党组织建设】 2011年，学院成为成都市建设学习型党组织五个试点单位之一。学院将建设学习型党组织与建设国家骨干高职院校紧密结合，高点起跳，加快发展。6月13日，我院党委中心组召开建设学习型党组织动员大会，正式实施《推进学习型党组织建设方案》，对建设工作进行系统安排部署。活动期间，学院重点实施了党员示范、团队示范、教师学习、书香成职“四大行动”。大力推进“双进工程”，先后选派了27名干部、教师赴企业、国外学习，不断提升教师教育业务水平。搭建网络学习、信息交流、图情通报“三个平台”，营造良好学习氛围。2011年，学院成功申报了博士后创新实践基地，正式获批依法治校示范校。学院党委加强中心组理论学习研讨，多次邀请教育专家和行业专家作报告，先后邀请职教专家邓泽民、教育专家劳凯声、西南交大党委副书记何云庵、成都首批乡村规划师袁智敏、麦可思公司副总裁张景岫等知名专家学者举办讲座，研究学院的办学定位等重大问题。特别是在学院申报建设四川省示范性高职院校和国家骨干高职院校中，努力开拓创新，推进合作办学、合作育人、合作就业、合作发展，在办学体制机制的改革上迈出了重要步伐。一是高新区成职软件教育园吸纳了近20家企业入驻，集教学实训、产品研发、生产于一体，校企融合，工学结合。学院被确定为成都建设中国软件名城的五个人才培养基地之一。二是成都旅游职教集团实现校企资源高度共享，现已开展了旅游项目推广、技术咨询、教育服务、师资培训、技能大赛等20多个项目。

【完成首次单独招生工作】 2011年4月11日，教育部办公厅印发《关于2011年部分高等职业院校开展单独招生改革试点工作的通知》（教学厅〔2011〕6号）。《通知》规定，已列入"国家示范性高等职业院校建设计划"的示范和骨干高职院校立项建设单位的高校可以在2011年开展单独招生试点。作为"国家示范性高等职业院校建设计划"骨干高职院校立项建设单位，学院获得教育部备案同意，2011年进行首次单独招生试点，计划招生330人。学院首次单独招生对象分为普通高中文理科和中职类两个大类，实行单独招生的六个专业中，酒店管理、软件技术、电子商务属于国家重点建设专业。4月9日—25日，学院完成网上报名和现场报名工作，4月30日完成了笔试和面试工作，5月20日，学院顺利完成了首次单招录取工作。

【与试点中高职深度衔接】 2011年，成都教育工作会确定学院为市教育体制改革试点项目中高职衔接试点单位。5月26日，我院举行中高职衔接签字仪式。学院党委副书记、院长贺继明与成都市礼仪职业中学校长唐开平签署了《关于中高职深度对接，协调发展合作的战略框架协议》。学院制定了中高职深度对接，协调发展合作试点工作方案，确定了工作时间节点，以专业对接为载体，形成中高职衔接人才培养模式，建立中高职衔接体系和人才成长"立交桥"，成立了教学管理、学生工作、招生考试等配套改革研究与工作组，并下设专业对接研究与工作小组，并特邀省、市、区三级教育行政和教育科研专家与两院校领导班子共同组建院校战略合作委员会，建立联席会议制度，推动试点工作顺利进行。12月29日，在成都旅游职教集团2011年会上，11所中高职院校签署协议，成为集团旅游中高职衔接试点单位。

【对外合作】 2011年9月23日，学院党委书记周鉴与渣打银行展思咨询（上海）有限公司总经理廖子欣在四川省人民政府主办，渣打银行（中国）有限公司承办的"川港金融合作政企校交流会"上签署了《成都金融人才培训基地合作建设框架协议》。按照协议，双方在该学院共建"渣打展思金融学院（暂定名）"，面向成都金融企业开展高端金融人才教育培训，课程由展思咨询（上海）有限公司设计并派遣师资，计划于2012年7月正式投入运营。

6月29日，学院与四川宝岛光学有限公司共建的"宝岛眼视光技术培训基地"在学院青羊校区正式挂牌成立。成都市副市长傅勇林到会表示祝贺，充分肯定眼视光技术是一门很重要的技术，希望这个基地和相关技术为孩子的健康成长，特别是视力健康成长做出积极贡献。9月，学院与四川宝岛光学有限公司联合成功申报的"眼视光技术专业"迎来了首批59名新同学，从而填补了我市此项高等职业技术教育的空白。

【工作成果】 2011年10月20日，成都高职中专教育学会举行2011年年会暨九届一次理事会，来自成都地区50余所高职、中专（中职）会员理事单位的领导和相关人员90余人出席会议。学院党委书记周鉴当选第九届理事会理事长。党委副书记、纪委书记何小婉再次当选学会秘书长。12月29日，成都旅游职业教育集团举办2011年会暨校企合作论坛。年会选举学院继续担任理事长和秘书长单位。

9月28日，四川省第五届高等学校教学名师奖表彰大会在成都隆重召开。学院左桂云教授等50名高等学校教师荣获省"教学名师"称号，其中有11人为高等职业院校坚持工学结合、产学合作的高水平"双师型"教师。左桂云教授是我院继蒋家胜副教授之后第二位获此殊荣的教师。

文化·体育

CULTURE AND SPORTS

文化事业

【概　况】　2011年，桂溪街道办事处以努力提高辖区群众思想道德水准、科学文化素养、社会文明和谐为目标，全面实施文化阵地建设、不断创新文化活动内容与形式、夯实文化队伍建设，积极探索适应本辖区实际的基层文化发展长效机制，努力满足辖区群众不断增长的精神文化需求。在全面推进社区文化建设之际，不断提升文化品位，积极探索桂溪街道“街道、社区、院落”三级文化阵地模式的建设，合理整合辖区资源，结合自身实际，切实加强社区文化基础设施建设，为构建和谐社区奠定了良好的人文基础。年全年，桂溪街道办事处共组织、承办、参加各类文体活动50余次，荣获各类文化体育活动比赛奖项十余个，并率先成为成都首批文化活动示范基地、成都市乡镇（街道）综合文化站一级站。

【基层文化建设】　2011年，为加强基层文化建设，充分发挥文化群聚效应，不断满足人民群众精神文化需求，桂溪街道办事处投入近400万元建成桂溪街道综合文化活动中心，并于2010年5月正式启用。活动中心总建筑面积1300平方米，内设多功能活动室、展示厅、娱乐室、体育健身场地、舞蹈室、社区图书室、老年协会活动室、管理办公室等。2011年综合文化活动中心场地提供给老年大学上课、社区协会活动使用共计三百多余次。

办事处依托街道文化活动中心投入近20万元，开办了桂溪老年大学，并于2010年5月17日正式开学。2011年，老年大学共开设国画、声乐、形体舞蹈、民族舞蹈、交谊舞、拉丁舞、电脑、中医按摩、太极等九个学习专业、十四个教学班，全年教学学员达上千余人，并参加省、市、区各级文艺比赛荣获多个奖项。

2011年，办事处利用大源体育公园场地成功举办了成都高新区篮球队与四川（金强）青年篮球队篮球对抗赛、桂溪“和谐杯”院落乒乓球比赛等活动，并投入12万元购买、安装了一批体育健身器材方便辖区居民使用，现如今每天到公园活动的群众多达3000余人。

2009年，桂溪街道建成3200平方米的桂溪南新运动中心，内设篮球场四块，前后又经过灯光、塑胶、围网改造，形成了篮球运动聚集地，成都高新区各类大型篮球比赛均在此举办。2011年运动中心举办了第三届“桂溪杯”篮球联赛、第二届高新区社区篮球争霸赛、第二届高新区宝贝拉拉队比赛等体育活动。

【民俗文化建设指导】 2009年，桂溪街道办事处指导和平社区成立了桂溪辖区第一支民俗文化队伍——民间艺术响簧协会，自协会成立以来发动协会会员自编、自导、自演了多项民俗文化节目，不仅带动辖区民俗文化发展，更提高了辖区居民对民俗文化的热爱，他们组织的响簧队伍参与了成都高新区2011年民俗闹春活动，得到了广大观众和高新区领导的一致好评。受和平社区民间艺术响簧协会的影响，2011年，双祥社区成立民间艺术协会，并推出了舞龙、幺妹儿轿、龙灯等民俗文化节目。

【社区文化建设】 2011年，桂溪街道辖区有八个社区，其中双源、双祥、双和、和平、三瓦窑为农转居社区，南新、永安、益州为新型城市社区。社区文化建设以依托居民群众，注重推陈出新，兼收并蓄为主要方式，让群众在快乐中潜移默化，融洽感情、丰富生活、促进邻里关系更加和睦。伴随社区机构的建立，文化惠民工程的实施，桂溪街道各社区相继建设了一定规模的文化活动场地、场所，并逐步配套了文化信息资源共享和文化活动的设施设备，为社区文化活动的开展提供了阵地，创造了方便。

街道办事处探索街道、社区、院落三级文化阵地建设，街道、社会组织、居民自治组织共建文化这种模式，让辖区群众实现变被动参与活动为主动参与，变政府给钱组织参与为自己交纳会费积极参与筹建各类社区文体协会。截至2011年年底，参加协会总人数达到1020余人。辖区各社区两委不断创新形式，结合节日的契机，经常开展形式多样、内容丰富的文体活动，全年各社区开展文体活动200余次，为社区和谐建设发挥了重要作用。

【学校文化】 2011年，桂溪街道办事处与辖区学校达成共识，邀请学校参加辖区文化活动，并鼓励社区与学校共同开展活动。4月20日“运动成都·‘棋’乐融融”2011年全民健身棋类活动启动仪式暨第二届“国手”桂溪行系列活动举行，办事处邀请和平学校20名学生参与国际跳棋组车轮战比赛。6月24日，桂溪街道办事处“见证荣耀.同心同行”隆重庆祝建党九十周年表彰暨文艺演出，桂溪街道办事处邀请和平学校合唱队参加表演。

社区文化活动

【和平社区文化活动】 2011年1月18日，和平社区两委在和平广场举办了“成都文化四季风 民俗闹春”2011迎春联欢活动。3月7日上午，和平社区劳动保障工作站在天和东街8号院落举行“庆‘三·八’邻里厨艺交流会”。8月1日，和平社区两委开展了以“我爱子弟兵”为主题的文艺晚会。6月17日晚，和平社区两委在和平广场上开展了“文化遗产 在我身边”宣传演出活动等。

【双源社区文化活动】 2011年4月21日，双源社区两委特邀成都市消防培训中心老师为大家做消防安全知识讲座。7月13日，组织社区中老年朋友在社区老年活动中心开展了中老年象棋比赛。9月27日，双源社区两委和益州社区工作站联合举办了“庆国庆 迎重阳”文艺晚会。11月26日组织40余名中老年朋友在社区多功能会议室开展了“观红色电影 忆峥嵘岁月”志愿者送文化之欣赏红色电影活动等。

【三瓦窑社区文化活动】 2011年3月12日，三瓦窑社区两委组织居民、志愿者40余人在辖区的三个院落进行“植绿、补绿、添绿、除草、修枝、浇水、清洁绿地”等公益性护绿活动。3月4日，三瓦窑社区两委开展庆三八“巧媳妇包抄手”比赛。6月22日，三瓦窑社区两委在社区广场举办了庆祝中国共产党成立90周年文艺晚会。

【双祥社区文化活动】 2011年3月4日，双祥社区筹备组在双祥中街举办了以“娱乐健身”为主题的“三八妇女趣味游园活动”。4月2日，清明节前夕，双祥社区筹备组组织工作人员及群众代表一同祭扫了成都烈士陵园，瞻仰了为国捐躯的先烈。5月6日，双祥社区筹备组在办事处的支持下，联合永安社区工作站在双祥中街举办了以“妈妈，您辛苦了”为主题的母亲节文艺晚会。

【双和社区文化活动】 2011年9月29日，双和社区筹备组举办了首届“庆国庆、迎重阳”文艺汇演。11月8日，双和社区5号院院落管理小组成员组织了居民代表共计20余人，在大源体育公园开展了“绳舞飞扬、精彩有我”活动。11月10日双和社区筹备组组织44号院落小组、48号院落小组、5号院落1小组、5号院落2小组共计48位居民，在大源体育公园参加了首届“快乐运动　魅力无边”趣味运动会。

【益州社区文化活动】 2011年4月26日，“益州社区春季气排球比赛”在天鹅湖花园小区正式举行。7月1日，益州社区工作站举办“运动七·一——乒乓球比赛”。9月9日益州社区工作站举办“月舞中秋　情满益州”系列民俗活动。11月25日益州社区流动人口服务管理站在辖区孵化园诚悦时代物业服务有限公司开展了一次“我运动、我快乐、我健康”趣味运动会等。

【永安社区文化活动】 2011年2月17日，永安社区工作站举行“元宵佳节乐融融——永安社区猜灯谜、品汤圆”活动。3月4日，永安社区工作站在三圣乡开展“庆三八妇女节十字绣作品展暨文体交流会”。4月26日在御府花都网球场开展了永安社区第二届气排球比赛。5月31日，永安社区工作站联合辖区内的阿波罗爱儿坊幼儿园，在武警森林四川总队大礼堂，举行了“欢庆六一”的儿童节文艺演出。7月27日，组织文体总会领导班子及骨干共计40余人，前往新津老君山，开展“全民健身　你我同行”——永安社区登山健身活动等。

【南新社区文化活动】 2011年1月14日，南新社区工作站与欧尚超市高新店联合举办的迎新春晚会。1月14日南新社区书法协会在欧尚超市一楼大厅开始了为期一周的书画展销会。3月4日，南新社区工作站在江南岸小区开展了庆“三八”趣味游园活动。3月12日，南新社区工作站与成都职业技术学院共同来到双流县籍田镇清华村开展共建希望林活动。7月9日南新社区工作站“社区服务岗”成员，外籍老师Michael开办了“暑期要开心　英语玩出来”的英语小课堂等。

【创建文明和谐院落】 2010年7月，桂溪街道“文明和谐院落”评选活动正式启动。为广泛开展“文明和谐院落”评选系列活动，进一步扩大文明和谐院落评选活动的影响，评选活动前期6月11日，办事处在双源体育运动中心举办了一场“和谐杯”院落乒乓球比赛。7月11日办事处为辖区部分青少年举办了绘画、书法、篮球培训等活动。各项活动通过文明和谐院落加分的形式激发了院落居民的团队合作意识，有效地促进了辖区文明和谐院落活动的开展。

【重要文艺演出】 2011年，桂溪街道全年共组织、承办、参加各类文艺演出20余次，获奖杯10余个。6月24日，由桂溪街道党工委、办事处主办的“见证荣耀·同心同行”隆重庆祝建党九十周年表彰暨文艺演出在和平广场开帷。晚会现场，振奋人心的红色歌曲、嘹亮奋进的党员宣誓、优秀共产党人的感人画面，体现了桂溪基层共产党人任劳任怨的高尚情操与默默奉献的可敬精神。6月28日上午，桂溪街道办事处组织人员参加由成都高新区社会事业局举办、肖家河街道办事处承办的《颂歌献给党-永远跟你走》纪念中国共产党成立九十周年成都高新区歌咏比赛，获得此次比赛的第二名。8月1日、10月12日，办事处根据市、区上级相关部门的要求，在和平社区、双源社区举办了“廉政文化进社区”文艺晚会。11月8日，由成都高新区社会事业局主办的“2011年成都高新区文化惠民演出进社区巡演快车”来到桂溪街道和平广场演出。

文化市场管理

【概　况】 2011年，桂溪街道综合文化活动中心采取定人定责的规章制度，以网格划分文化市场，在工作人员有限的情况下，以社区为单位，成立社区监管员，监管和督查辖区内所有文化市场，并坚持开放24小时受理举报电话，每周派专人对辖区文化市场进行巡查，发现问题及时上报和处理。在备案游泳场馆与办理文化经营许可证中，也严格按照相关制度要求收集资料、勘验现场，新增文化经营场所14家。

辖区小区游泳池实景

【夏季游泳场馆安全大巡查】 2011年7月18日，综合文化活动中心工作人员对辖区游泳池进行了安全大巡查。巡查的重点是游泳场所的备案情况以及各项规章制度是否齐全，场所设施设备是否符合标准，警示标识是否按规定设置，救生员是否按规定名额配备到位并持证上岗，各类救生器材是否齐全等，其中国电游泳池、华敏君豪游泳池均检查合格，传奇健身游泳池、凯利滨江游泳池、御府花都游泳池均存在救护人员没有挂证、强制淋浴没打开等问题。针对这些问题，分别对这三家游泳馆负责人提出了意见和整改措施，三家游泳馆负责人也纷纷表示接受，并保证限期整改到位。

【冬季消防安全检查】 2011年12月19日，桂溪街道综合文化活动中心工作人员及社区文化市场协管员一同对辖区文化市场开展了春节前安全消防专项检查。此次检查对辖区复打印企业、出版物企业、娱乐场所进行了消防设施、消防通道的排查，对灭火器过期的企业要求及时整改，确保春节安全。

【网吧管理】 2011年，为了解决网吧接纳未成年人、未挂牌经营、未挂禁止吸烟标示、标牌等问题，桂溪街道办事处综合文化活动中心按照“压缩总量、调整结构、规范发展”的要求，把网吧作为文化市场的重中之重实行重点管理，全年辖区未新办理《网络文化经营许可证》，并对现有网吧按照《条例》和上级领导要求，严格控制“距离中小学校200米之外”，严格要求各网吧必须在入口等显要位置张挂“禁止未成年人入内”警示牌，必须建立上网实名登记制度。实行文化市场协管员分片包干，责任到户的管理办法，定期或不定期地对网吧进行监督检查，加大对接纳未成年人、未挂标识、标牌等问题进行检查，抓住网吧经营特点，在网吧经营最活跃的节假日、寒暑假、放学后等时段，加班加点突击检查。发现问题及时查处，对问题严重的网吧进行整改通知，从源头上治理未成年人进入网吧。通过公布举报电话，接受社会监督，形成全社会共同抵制，打击网吧违法经营的良好氛围。综合文化活动中心与辖区各网吧负责人均签署安全责任书，一旦发现问题，责任将具体到点到人。

8月1日晚20：30分，桂溪街道综合文化活动中心协同成都高新区社会事业局、成都公安高新分局、三瓦窑派出所、街道综治巡逻大队在广和一街对一家无证经营网吧进行查处，共缴获服务器2台，查封电脑40余台，此次对辖区无证经营网吧专项整治工作确保了学校周边文化市场的安全。

【文化娱乐场所管理】 2011年，综合文化活动中心在审批KTV等娱乐场所时，都严格按照审批程序进行审批，对资料不齐全者绝不予以办理《娱乐场所文化经营许可证》。中心工作人员及社区协管员也会定时、定点对辖区娱乐场所进行巡查监管，严厉查处无证经营、赌博机、涉黄涉非和手续不完备等行为，坚决杜绝色情表演及其他不健康的活动。在中心工作人员及社区协管员的巡查下，2011年7月辖区喜洋洋电玩城因涉嫌赌博机停业整改3个月。截至12月31日，辖区共有KTV娱乐场所3家，电玩城3家，演艺团体4个。

【扫黄打非】 2009年，桂溪街道办事处特成立“扫黄打非”领导小组。2011年“扫黄打非”小组组长全少英，副组长董涛，成员何沙鸥、谭宇、姜素群、秦秀娟、王秋霞、佗薇薇、陈立容、黄伟、秦芳、陈岚，小组全年共对辖区网吧、娱乐场所、出版物、音像制品、印刷企业、复打印企业、演艺场所、游泳场所巡查500余次，着力构建了街道、社区两级上下联动工作的机制。全年由办事处牵头，联合各社区文化市场协管员，开展了多项打击黑网吧、非法报刊批销点、非法经营赌博机等行动，

10月24日下午，成都市广电和新闻出版局领导一行3人，在成都高新区社会事业局文化处副处长宗翔、桂溪街道综合文化活动中心主任董涛的陪同下，对作为全市35家“扫黄打非”进社区进乡村试点工作单位之一的南新社区进行了“扫黄打非”工作检查与指导。在检查现场领导们听取了社区“扫黄打非”工作汇报，查阅了工作资料，对社区“扫黄打非”工作给予了高度肯定，同时还对社区下一阶段的“扫黄打非”工作提出了指导。

社会体育

【概　况】 2011年，桂溪街道党工委、办事处在成都高新区党工委、管委会的领导下，认真贯彻落实社会事业局部署，紧紧围绕增强群众身体素质、提高人民生活幸福感为目标，按照“创先争优促发展”的总体思路和力争“和谐桂溪　全民健身”的工作目标，理思路，抓重

点，破难题，不断强化宣传，扎实完善体育设施，广泛开展群众体育活动。全年办事处举办各类体育活动30余次，参加各类体育比赛获得奖项十余次，如：2011年全国排舞大赛（四川分赛区）暨四川省首届排舞大赛团体一等奖、“利通　佳年华”杯成都市第四届老年人运动会健身腰鼓比赛优胜奖、2011年高新区职工羽毛球混合团体赛第一名、2011年成都高新区机关趣味运动会团体第三名等。体育活动的开展，极大地丰富了辖区居民的文体生活，培养辖区居民参与体育运动的积极性，为增强辖区居民体质搭建了一个有力的平台。

【“桂溪杯”篮球联赛】　2011年3月12日，第三届“桂溪杯”篮球联赛在南新运动场火热拉开了序幕，桂溪辖区内企事业单位共十三支队伍参加了此次比赛。通过两年来桂溪街道“桂溪杯”篮球联赛的举办，辖区居民对篮球这项运动产生了浓厚的兴趣，越来越多的队伍也加入到篮球联赛的行列中，如：驻区部队有四川武警森林总队，学校有美视国际学校、高新大源学校、企业有欧尚高新店等，篮球这项运动在桂溪辖区内已然变成了一道亮丽的风景线。

【棋艺比赛】　2011年4月20日上午，由成都高新区管委会、成都市体育局主办，成都棋院、桂溪街道办事处承办的“运动成都，‘棋’乐融融”第二届“国手”桂溪行活动在和平社区广场隆重启幕。高新区管委会副主任杨东，成都市体育局副局长冯晓钟、社会体育处处长罗毅，高新区社会事业局局长吕毅、副局长黄永祥、文化处副处长宗翔，桂溪街道党工委书记樊晓峰，街道党工委副书记、办事处主任张学文，街道党工委委员、办事处副主任全少英，成都棋院院长谢祖瑞、副院长宋雪林、蒋全胜等出席了活动。通过一个半小时的车轮战活动，桂溪辖区广大棋迷与专业棋手进行了棋艺交流，宣传了棋艺文化，促进桂溪街道办事处和平社区与成都棋院的感情交流，从而共同为增强“棋城”文化底蕴做出积极贡献。

【双源社区运动中心启动】　2011年4月29日18点，桂溪街道双源社区运动中心启动，桂溪街道办事处在运动中心承办了一场成都高新区篮球队与四川（金强）青年篮球队篮球对抗赛。本场友谊赛观看群众之多，影响之广泛，极大地推动了篮球运动进社区，全民健身运动的积极开展，居民都纷纷表示希望以后能经常参加这些活动。

【“和谐杯”院落乒乓球比赛】　2011年6月11日上午，桂溪街道办事处在双源体育运动中心举办了一场桂溪“和谐杯”院落乒乓球比赛。此次比赛的开展，不仅增加了各社区院落之间的联系和友谊，更使桂溪街道文明和谐院落的建设和深入得到进一步推广。

【群众体育】　2011年，桂溪街道办事处投入经费为每个自管社区安装健身器材，筹建各类社区体育协会，以带动各社区体育活动的开展，并在协会成立之初给予10000元的经费支持，鼓励引导社区居民通过参加体育协会强身健体、快乐生活。截至12月31日，桂溪辖区已成立体育协会17支队伍，如南新社区成立的武术协会、腰鼓协会、气排球协会，益州社区成立的太极拳协会、篮球协会、羽毛球协会等，这些文体队伍定期在辖区开展各类体育活动，极大地丰富了辖区群众的业余体育生活，进一步调动群众参与体育活动的积极性。现如今，和平健身广场、双源新老广场、南希里广场，只要有场地的地方，无论早上或晚上都随处可见热爱体育运动的群众自发在进行各类体育活动。

医疗·卫生

MEDICAL AND HEALTH

医疗服务

【健康档案管理】 2011年，桂溪街道社区卫生服务中心的健康档案管理工作，累计建档34513人，建档率达61.5%。早孕建册257人，建册率92.1%，产前健康管理率86.02%。0-3岁儿童建档1739人，建卡率为100%，系统管理率为96%，新生儿访视率为100%。65岁及以上老年人健康管理。累计建档管理5003人，健康管理率85%。高血压建档2347人，健康管理率为70.69%，规范管理率为100%，血压控制率75%糖尿病建档640人，健康管理率为47.4%，规范管理率为100%、血糖控制率70%。重性精神病患者建档64人，建档率94.12%（辖区3年内精神疾病流行病学调查重性精神疾病患病率2010年为1.42‰，详见社区卫生诊断报告）。

【健康教育】 2011年，卫生服务中心发放13种健康教育宣传资料，2.8万份。7种健康教育音像资料。宣传栏23个，每月更换1次。健康教育咨询活动9次。健康教育讲座13次。0-6岁儿童预防接种建证人数1727人，建证率100%、接种率100%。中心制定了桂溪辖区突发公共卫生事件应急预案，建立了由街道办事处主要领导任组长的应急队伍。每年开展各种形式的突发公共卫生事件应急演练及培训。

【卫生服务】 2011年，中心综合医疗服务量达135000人次，较上年同期增长12.6%，医疗收入183.3425万元。抗生素处方比例15%，静脉点滴处方比例5%，门诊次均诊疗费用27.47元，门诊次均诊疗费用增长比负1.08%。

【国家基本药物制度】 2011年，中心全面实施基本药品制度。桂溪辖区居民多数为农转居人员，人均收入水平不高，一直以来“看病贵、看病难”成了限制社区卫生服务发展的一块绊脚石。中心改变过去常规的药品进货方式，保证了配送工作的及时高效，实行基本用药制度，落实了基本药物制度奖惩办法。共有420种社区卫生基本用药通过实行基本用药制度，有效地降低了采购和使用成本，其中西药下降42%、中药下降28%，单处方费28.26元，使辖区居民实现了“看得上病、看得起病、看得好病”。

疾病预防

【概　况】　2011年，桂溪街道办事处对辖区6所幼儿园进行安全检查26余次，并在年初与幼儿园签订了安全责任书。加强人用狂犬疫苗的管理，规范犬伤门诊。全年共接诊犬伤患者185人，对其进行了及时的伤口消毒及狂犬疫苗注射185人，狂犬免疫球蛋白注射30人。

【传染病防治】　2011年，桂溪街道办事处按照国家传染病报告登记制度规定，严格法定传染病报告和网络直报工作。按规定时限报告传染病信息13例，无漏报、迟报瞒报、谎报。法定传染病报告率100%、及时率100%，传染病登记本、报告卡、门诊日志（出入院登记）网络直报一致率100%。辖区未暴发传染病疫情。对上级业务结构通知的结核病人做到一周内追访和建档，对已建档的病人按相关技术要求督导其规范服药和定期检查。按要求对管理的艾滋病感染者和2人病人建立档案，并按规范进行随访。宣传开展早孕建卡等HIV初筛检测工作，完成初筛500余人。开展暗娼干预，同伴教育，现场咨询，发放安全套，发放宣传资料等工作。开设腹泻、发热、犬伤门诊，开诊率100%，及时发现疫情，及时配合当地疾控中心进行处理。

【献血管理】　2011年，桂溪街道红十字会利用“5·8”世界红十字纪念日，在各社区设立宣传点，发放宣传材料，开展健康咨询宣传，讲解捐献骨髓的目的和意义，提高大家对“无偿献血，健康储蓄”及用血保证金制度的认识，提高了居民对科学献血无损健康的理念。3月和9月，桂溪街道“红十字”会分别在益州社区天府软件园A区和B区顺利开展“春季、秋季血液应急2011爱心献血活动”。现场发放了《桂溪街道办事处红十字会2011年血液应急爱心献血活动倡议书》600余份，发宣传资料1500余份，两次活动中献血志愿者人数达到260人，其中有165人血液检测合格，共献血液33800毫升。

【防疫工作】　2011年，桂溪街道办事处加强人用狂犬疫苗的管理，规范犬伤门诊。卫生服务中心全年共接诊犬伤患者185人，对其进行了及时的伤口消毒及狂犬疫苗注射185人，狂犬免疫球蛋白注射30人。

基层卫生与妇幼保健

【概　况】　2011年，桂溪街道办事处制定了《桂溪辖区突发公共卫生事件应急预案》和各种传染病应急预案。在春季“甲型H1N1流感”及手足口病爆发期间，办事处按照上级部门要求启动应急预案，对辖区各幼儿园进行筛查，以减少手足口病的发生，举办手足口病防控培训3期，发放各类健康教育宣传资料2万份，在幼儿园实施消毒面积9000余平方米，有效控制了桂溪辖区手足口病。全年办事处在辖区免费开展育龄妇女“乳腺癌筛查”“宫颈癌筛查”“三查”共6309人。

【妇幼保健】　2011年，桂溪街道办事处与辖区内5所学校和6所幼儿园签订了《成都高新区桂溪街道二○一一年食品安全责任书》。在春秋季开学前和开学时对学校、幼儿园食堂进行监督检查，确保学校、幼儿园的食品卫生安全。

爱国卫生运动

【概　况】　2011年，桂溪街道办事处开展爱国卫生运动，在各级领导的大力支持下结合自身情况克服困难努力完成了年初下达爱国卫生各项目标任务。

【“创建”活动、除“四害”活动】　2011年年初，办事处对辖区3个农迁社区划拨专项经费，成立了3支每支10于人的消杀队伍。同时抓住春、秋季灭鼠的有利时机，对辖区七个村、社区内居民院落、农贸市场、餐饮行业商家店铺、建筑（拆迁、待建）工地等进行了两次统一灭鼠。共张贴灭鼠通知200余份。投放鼠药760公斤、堵鼠洞150余个，发放灭鼠技术资料1500余份。有效地将鼠密度控制在市爱卫办规定范围内。根据成都高新区爱卫办安排部署，办事处对辖区低保户发放灭蟑螂药饵400盒，宣传资料500余份。

【禁烟活动】　2011年，办事处履行世界卫生组织《烟草控制框架公约》，进一步做好医疗卫生系统及公共场所禁烟工作。办事处组织相关人员对辖区13家医疗机构和70处公共场所进行宣传。共发放禁烟标识3000余张，各类宣传资料2000余份，禁烟标识牌150余个。

【艾滋病防治宣传工作】　2011年，办事处针对辖区建筑工地较多，流动人口多的特点，在针对社区居民开展艾滋病防治健康教育基础上，重点对辖区内建筑工地、公共场所与重点场所和人群开展干预活动，全年对25家建筑工地进行25次，30家公共场所进行30次干预活动，共发放宣传资料4大类约10000余份，安全套1200只，并对200人进行艾滋病防治基本知识进行问卷调查。

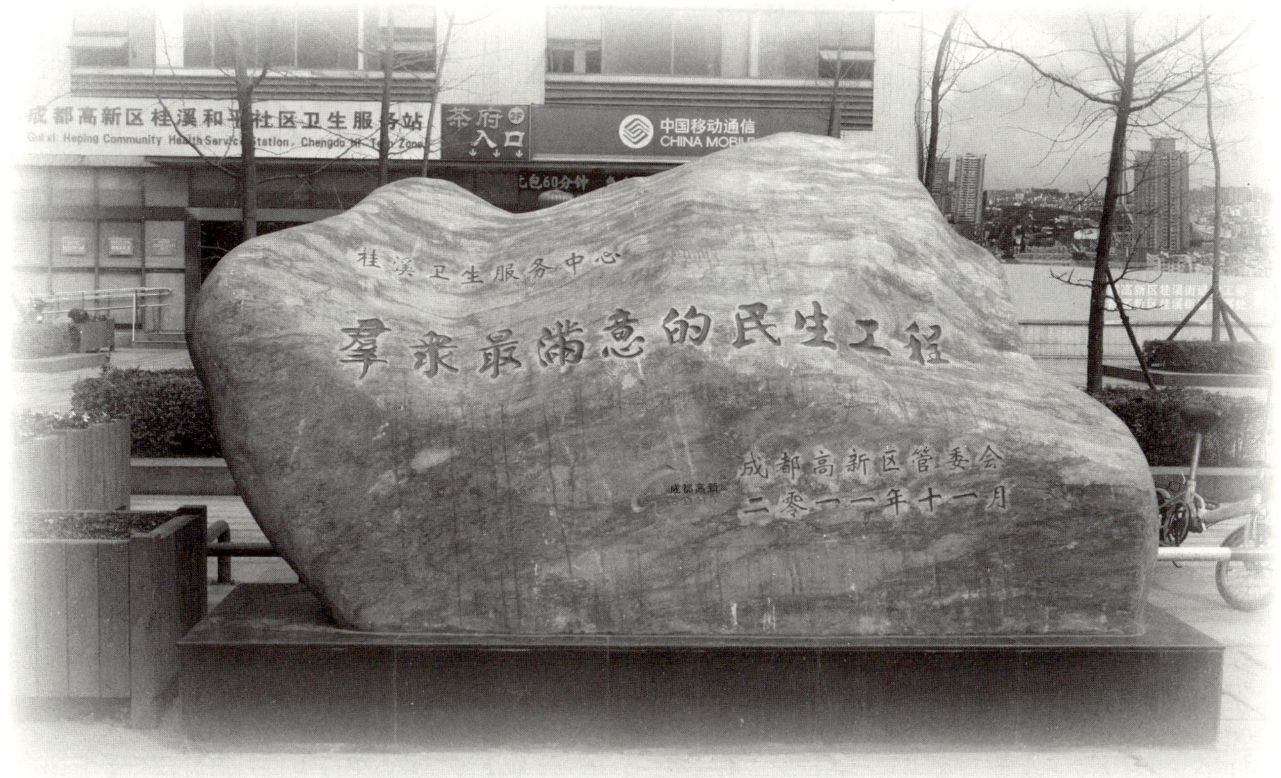

桂溪社区卫生服务中心被成都高新区管委会评为“群众最满意的民生工程”

社会生活

SOCIAL LIFE

人口与计划生育

【流动人口计划生育工作】 2011年，桂溪街道办事处按照流动人口与户籍人口“同宣传、同管理、同服务、同考核”的原则，开展了计划生育的宣传管理服务工作，继续做好辖区流动人口登记管理工作，全年办理流出人口婚育证112人，办证率100%。流入人口查验婚育证1394人，验证率89%，免费技术服务641人/次，“三查”服务率达85%。办理《成都市流动人口计划生育免费服务证》843本，发放爱心券6680元。

【计划生育惠民工作】 2011年，桂溪街道办事处在春秋两季对辖区6301名育龄妇女实施免费生殖健康普查，完成了辖区2011年269名符合计划生育奖励扶助政策对象的登记、公示、上报审核工作，共计发放金额（193680元）。完成28户特别扶助家庭对象的登记、公示上报工作共计发放金额（3.6万元）。独生子女父母奖励金共计享受8719人共发放金额（523140）元。办事处在母亲节来临之际，经过筛选、复核、公示选出20位贫困母亲，向每位母亲发放200元的救助金以及慰问品（牛奶、大米、油），共8000元。办事处在中秋节来临之际，分别为“关爱女孩帮困助学”50人、“救助贫困母亲”2人、“生育关怀”1人送上节日的问候并按800元、2000元、1000元的标准发放慰问金，共计4.5万元。办事处确定了计划生育“三结合”7户新增户的调查、审核、公示、上报工作。配合工商局在中秋、国庆节前夕分别来到三瓦窑和平两户家中为他们送去节日的问候并送去现金500元。规划局为辖区临江村、双源社区屈建琼、何双凤、袁利等送来了慰问品（月饼）和慰问金400元。根据川成人口发［2008］21号文件要求，开展对独生子女死亡、重残家庭进行慰问，送上慰问金5000元/人，共计2户，金额共计10000元。全年为辖区内已婚待孕妇女免费发小剂量叶酸片248瓶。

劳动保障

【概　况】 截至2011年12月31日，桂溪街道办事处共处理劳资纠纷197起，涉及人数2765人，涉及金额2228.49万元，其中，建筑工地88起，涉及农民工人数2641人，涉及金额2187.46万元。换发农民工子女入学合同460份。共为471家企业办理劳动保障年检。

【和谐劳动关系街道创建工作】 2011年，街道办事处开展了和谐劳动关系街道创建工作。年初成立创建和谐劳动关系街道领导小组，建立由街道劳动和社会保障所、街道总工会、经济发展科（企业联合会）共同组成的劳动关系三方协调机制。成立桂溪街道争议调解委员会及工作站。召开多次协调会对创建工作进行安排部署，广泛宣传，开展动员会、集体合同培训会等营造创建和谐劳动关系氛围。

【劳动关系协调】 2011年，辖区企业全面执行劳动合同制度，劳动合同签订率达到99.7%，企业在劳动保障部门用工备案登记率99%，企业员工参保率99.18%，并按时足额缴纳各项社会保险费。辖区内企业421家，规模以上企业127家，其中共有122家企业签订集体合同（含工资集体协议），签订率为99%；规模以下企业294家，个体工商户500余户，集体合同签订率达到99%，辖区内参加创建劳动关系和谐企业活动覆盖面达83.3%。

劳动就业

【概 况】 截至2011年，桂溪街道辖区总劳动力19429人，城镇总劳动力15384人，城镇就业15176人，城镇劳动力就业率98.6%。举行大小型招聘会27场，参加企业46家，提供岗位2244个，达成意向691人，上岗286人。全年办事处通过各种形式推荐成功上岗444人，本区上岗417人，区外27人。为14万人次发放就业奖励金6447万余元。

【特色工作】 2011年，桂溪街道办事处采取“不定时”工作制托底帮扶，使“双困”人员就业坎坷变坦途。对辖区具备部分劳动力的25位居民纳入就业托底对象（三瓦窑社区3人、和平社区7人、双源社区10人，临江村5人）。就业托底人员每月定期参加社区、村组织的公益活动，并给予每月300—500元/人标准的工作补贴。从3月就业托底安置队伍成立以来共组织如院落清扫、文明劝导等多种公益性活动440次，全年发放工作补贴10万元。

【失地农民就业、再就业培训】 2011年，街道办事处将双源农贸市场三、四、五楼作为失地农民的创业场所，统一实行低租金优惠，引进的5家手工业作坊，2010年租金优惠15万元，解决辖区95位居民就业，提供社会岗位155个。6月11日已组织了120多家单位参与工作动员会暨劳动保障法规培训会。在街区进行了走访检查，通过规范街区商铺的用工行为，街区的劳动合同签订率达99%，社保购买率达95%。12月上旬，成立基层劳动争议调解工作站。

社会保险

【概 况】 2011年，桂溪街道办事处协助办理城职、城乡医疗拨付699人，拨付金额288万余元。城职、城乡生育拨付101人，拨付金额76.9万元。共设立政务服务中心以及各社区3个核查点，对年龄偏大、行动不便的离退休人员，采取上门核查服务。全年养老待遇核查认证4063人。集中办理未参加企业职工基本养老保险无保障超龄人员的基本养老保险参保业务29人次。11月起，办理城乡居民医疗保险和大病互助补充保险，通过张贴公告、社区小广播等形式进行大力宣传，并发放宣传资料4000余份。

【农转非人员社会保险】 2011年3-5月，街道办事处进行了勤俭、民乐、铜牌、大源村4个村的转非进社保工作，并制定《桂溪街道转非进社保工作预案》。转非小组全体人员分成四个组到各村推进转非进社保相关工作，利用休息时间反复细致地审核各村参保人员花名册及上报相关资料，将每人的银行卡、密码条、身份证以及续保人员的购买比例一一核对无误后，为其粘贴成套进行发放。对各村转非进社保按劳动力范围的人员做好续保协议的签订，退休人员进行参保领取养老金的办理手续。共有5682人符合参保条件，做到了应保尽保。

老年人权益保护

【老年人文化活动】 2011年，桂溪街道各社区均建立了老年人协会组织，各协会开展活动丰富多彩，每天早晚老年人在广场举行健身、武术等活动。

【为老年人办实事项目】 2011年，桂溪街道党工委、办事处对辖区农村居民和失地农民中5068名60周岁以上的老人按50元/人的标准发放了"春节慰问金"，共发放金额25.4万元。对5908名60周岁以上老人发放了生日慰问券，金额达177240元。对6971名60周岁以上的老人发放了"重阳节"慰问金348550元。对782名80周岁以上老人发放了"长寿补贴金"，全年总金额达509050元。对行动不便的19名80周岁以上老年人各提供轮椅1辆。办事处为丰富辖区老人晚年生活而兴办的桂溪老年大学于2010年5月17日正式开课，桂溪老年大学2011年设置有12个专业21个班，有学员647人次。

【敬老院管理】 2011年，桂溪街道办事处招聘了敬老院工作人员8名，其中专职院长1名、炊事员2名、护理员5名。建立健全了各项规章制度，实行院务公开、民主监督、财务账目清楚，所有采购物资均由工作人员2名、管理员1名、老人代表2名共同前往购买，并将所购物品的数量、单价等每日上墙公布；每月公布财务收支情况并接受街道财政所审计。敬老院会计由街道办事处委派。护理员每天为老年人清扫室内外卫生，收拾洗涤物品，为行走不便的老人送水送饭，就医取药。敬老院通过民主选举选举老人代表9名，协助工作人员做好老年人的思想教育工作，代表老人对敬老院进行管理，对工作人员的工作情况进行民主监督，反映老年人的意见或建议等。

残疾人保护

【概　况】 2011年，桂溪街道办事处将38户、40名残疾人员纳入最低生活保障金救助，并对其中18户低保残疾人员的最低生活保障金给予了20%-80%的上浮。对享受低保救助的残疾人给予100元/人·月的特困家庭专项补助。全年共对526人次给予残疾人特困金补助，金额达52600元。为38名困难残疾人员申请发放了50元/人·月的"慈善购物券"。春节为辖区573名残疾人发放100元/人的慰问金，协调相关部门、单位、个人累计共慰问辖区内的困难残疾人员计656户（667人次），为他们送去了价值1.719万元的慰问品和7.425万元慰问金；"全国助残日"，为辖区582名残疾人发放了50元/人的慰问券。"12·3国际残疾人日"到来之际为辖区残疾人发放了菜油一桶/人。

【扶残助学项目】 2011年，桂溪街道办事处为12名重度视力残疾人员申请发放了《引路人手持机》，为23名残疾人员分别申请办理了轮椅，为11名残疾人申请了机动轮椅车燃油补贴，为13名贫困重度残疾人人员提供了居家安养服务，为10名重度视力、听力残疾人发放了闪光门铃。联系社区康复中心为广大残疾人员开展了3次义诊、健康教育讲座。

【残疾人就业与培训】 2011年，桂溪街道办事处对各社区残疾人进行就业、失业调查统计，进行动态管理。鼓励就业能力的残疾人通过单位就业、灵活就业、市场就业等多渠道方式实现就业，2011年通过就业托底服务队、就业服务亭、推荐单位就业等形式，帮助25名残疾人实现就业。截止12月底，辖区有残疾人678名、有就业能力265名、已就业231名，就业率达87%。

社区基层组织建设

【第八届居委会换届选举】 2011年，桂溪街道办事处根据《中华人民共和国城市居民委员会组织法》、《四川省〈中华人民共和国城市居民委员会组织法〉实施办法》、《成都市社区居民委员会直接选举规程（试行）》等法律法规的要求，以及省、市、区关于第八届社区居民委员会换届选举的有关文件精神，于2011年底指导辖区各社区完成了居民委员会换届选举，依法产生了桂溪街道第八届居民委员会成员。本次换届选举涉及和平、三瓦窑、双源、双和4个社区居委会，三瓦窑、双源、双和社区居民委员会换届选举采取“间接、差额、无记名投票、公开计票”的方式进行，和平社区居民委员会换届选举采取“直接、差额、无记名投票、公开计票”的方式进行。各社区依法推选了选举委员会成员、依法制定了《第八届居民委员会换届选举办法》、推选社区成员代表220名，通过投票选举产生出第八届社区居委会主任4名、副主任4名、委员12名。由于宣传到位、措施得力，选民参与选举的积极性很高，直接选举的和平社区共有选民8002名，参加投票的选民7180名，参选率达89.73%；收回的有效票7166张，有效率达99.93%。间接选举的3个社区共有社区成员代表153名、到会代表150名，到会率达98.04%。

【指导临江村完成拆迁政策的表决工作】 2011年，桂溪街道办事处根据《中华人民共和国村民委员会组织法》的相关规定，指导临江村依法进行了“临江村拆迁政策”的村民表决投票工作，本次投票应到18周岁以上有表决权的村民3549人，实到3362人，同意选择“中心城区拆迁政策”的3084人，同意选择“中和街道拆迁政策”的231人。

【完成双源社区的细化工作】 2011年，桂溪街道办事处按照成都高新区工委组织部《关于进一步强化基层组织建设提高社区管理水平的十一条措施（试行）》的要求，为更加精细化地做好社区社会管理服务工作，经街道党工委办事处研究，报高成都新区社会事业局批准，将双源社区地域管理范围进行了调整，同时新成立了双和社区。调整后的双源社区机构设置不变，北起大源北二街，南至天府二街，东至大源街，西至昆华路。主要由原双源社区的178号院、145号院、152号院、120号院组成。办公地址设在双源社区居委会办公地点（大源西街83号）。新成立的双和社区，由7人组成，设组长1人，副组长1人，成员5人，北起大源北二街，南至天府二街，东至南华路，西至大源街，主要为原双源社区的44号院、5号院、48号院，居委会办公地址暂时设在“阳光家园”。

社区建设管理

【概　况】　2011年，桂溪街道辖区共有和平、三瓦窑、双源、双祥、双和五个涉农社区，居民多为失地农民，存在着人数众多、人员结构复杂，矛盾突出，管理难度大的问题。桂溪街道党工委、办事处十分重视农转居社区的建设和管理，从软硬件环境的打造上入手，投入大量物力、财力，以民生为重点，积极创新社会管理服务体系，强化服务意识，优化组织结构，深化惠民活动，进一步完善社会服务体系，以多项举措促进辖区文明和谐，形成了多主体参与共建共享的社会管理服务新格局。

【社会组织建设】　2011年，桂溪街道办事处社区管理服务中心将培育与引进社会组织作为创新社会建设管理方式的重要组成部分，充分运用政府扶持和市场机制的叠加效应，推动社会组织健康有序发展。中心指导院落管理小组成立文体协会或俱乐部，全年新成立文体类社会组织6个，双祥社区有篮球、腰鼓及民间艺术协会，三瓦窑社区有交谊舞俱乐部等。在严格的登记备案制度和引导资金管理下，文体协会与俱乐部积极开展各类活动，部分协会的自创节目屡次在省、市、区各级比赛中获得名次。

办事处通过引进社会组织，保障服务供给，做到长期性社会服务需求（如办事处将院落清扫、绿化保洁、垃圾清运等服务打包，采用政府购买形式，引进桂溪环卫公司，优化农转居社区生活环境）和阶段性服务需求相结合。在文明城市复查之际，办事处通过益州社区引进“爱之家”小动物保护的服务项目，通过收容流浪犬只推广“负责任养犬”的文明养犬理念，有效避免了社会矛盾，从而实现群众满意、社会受益、NGO组织得到发展、政府职能得到承接的多赢格局。

2011年，桂溪街道新成立社会组织15个，其中便民服务类7个，社会事务类2个，文化体育类6个，完成上级下达的任务。11月8日，成都高新区社会事业局副局长熊虹一行对和平社区“居家安养服务队”的运行情况进行调研，对社会组织培育发展方面的成绩进行充分肯定。

【农转居社区物业管理】　2011年，办事处借助社区物业服务中心，吸纳专业人才与本地劳动力的互补优势，实现了辖区内农转居社区物业服务全覆盖。和平、双源、双祥及新成立的双和社区筹备组均成立社区物业中心，物业中心共有物业从业人员160人，其中已有4人通过考试取得四川省城乡和住房建设厅核发的物业管理企业经理资质。办事处还组织物业服务中心人员参加了为期一周的专业脱产培训，提升了管理能力和服务水平。在物业管理经费投入方面，2011年全年共计投入物业人员专项经费346万元、公用设施维护费34.5万元、公用设施水电费317万元、物业设施设备购置费12.5万元。

各物业服务中心从成立至2011年底共计处理社区居民各类报修4900余件，收取各类物业管理服务费和代收代缴费用共计40余万元，其中双源社区物业服务中心已开始对社区部分公共物业，如群宴基地、室外地下停车场和小区商铺等实施有偿物业服务；和平社区物务中心已开展小区公用水电费收取工作，同时针对小区院内占道停车、业主房屋维修等提供有偿物业服务；双祥社区物业中心工程部从成立至今，已处理业主房屋维修和公用设施维护达3000多件。目前，各社区物业服务中心正在申办其他管理人资质，提升服务水平，更好地服务社区居民。

【农转居社区环境综合治理】　2011年，办事处继续采用外包方式投入495万元用于购买农转居社区（含新成立的双祥社区）物业管理服务，将院落的道路、楼道、走廊的卫生清扫、垃圾处理、绿化保洁与养护外包给第三方服务公司，其中辖区内社区院内道路总面积138465.17平方米；辖区内社区楼道、走廊清扫总面积124380.48平方米。辖区内社区绿化保洁、管养总面积103137.76平方米。辖区内社区袋装垃圾收运共15549户。

上半年，办事处社区管理服务中心结合“全国文明城市”复查及街道党工委提出的“五民五好”民生工作要求，配合党政办做好农转居社区宣传栏整合改造工作。4月，中心深入各农转居院落，实地考察并初步确定宣传栏安装点位，并与相关科室沟通确定宣传内容及版面，其中在“院落自治”栏目中，增加信息互动板块，着力为辖区内社区居民提供更加方便实用的信息宣传及互动平台。6月10日，14个农转居院落的宣传栏整合改造工作顺利完成，不仅为信息宣传与管理提供平台，还有效地改善院落环境，进一步深化文明城市建设工作。

在文明城市迎检期间，中心启动文明城市复查迎检每周一查工作，每周对辖区院落进行巡查，对存在问题进行图文并茂的分析和通报，并要求各社区院落按期完成整改。检查整改活动广泛发动社区居民积极参与全国文明城市复查迎检工作，在全辖区形成文明城市共建共享的浓厚社会氛围，为迎接全国文明城市复查迎检工作奠定了坚实基础。

【社会管理创新工作】 2011年，办事处于10月成立桂溪街道社会管理创新工作领导小组。领导小组下设办公室，办公室设在社区管理服务中心，具体负责街道创新社会管理工作领导小组日常工作，研究创新社会管理工作计划、政策措施和实施方案，向领导小组提出创新社会管理的重大建议，对承担创新社会管理工作的成员单位、社区发挥指导、服务、协调和督促的作用。

【基层精神文明建设及自治管理】 2011年，办事处开展“文明和谐院落”及“文明和谐家庭”评选活动，进一步巩固文明和谐创建成效，全年共计投入资金246万元。“文明和谐家庭”评选经过三年时间已完全融入社区居民的生活当中。各社区根据年初制定的月活动计划，将评选活动与实际工作相结合，通过生动活泼的主题活动传播文明新风尚，广泛开展社会主义家庭美德、公民意识、公民道德宣传教育，受到居民的肯定。通过近一年的文明和谐积分，辖区共计评选出文明和谐家庭户6928户，文明和谐家庭标兵户519户。“文明和谐院落”评选活动步入调整、完善及深化的一年。社区管理服务中心通过调整评选规则、广开宣传路径、开展主题系列活动等措施进一步推进评选工作。在调整中，社区管理服务中心将重点放在良好创评环境与交流平台上，引导院落找准自身的优劣点，进而逐步缩小与示范院落之间的差距。如在流动红旗测评中取消院落互评，每月由第三方测评机构在两个评选片区同步进行测评，并在公开的测评报告中对院落进行点评。在《桂溪社区》上开设专版，每月对院落特色活动及该月评选结果进行宣传公示。再如召开楼栋长座谈会议、举办院落乒乓球大赛，为院落交流提供平台。为扩大评选活动影响，中心还组织文明和谐院落评选系列活动，结合院落日常管理中的重、难点问题，举办针对性较强的主题活动，如在暑假举办青少年培训课程（含篮球、书法、绘画、动漫等），受益人数达到200余人。辖区共计评选出文文明和谐示范院落3个，文明和谐院落5个。

【新成立农转居社区建设】 2011年，成都高新区党工委、管委会为高新区失地农民打造的最大电梯公寓居住小区——双祥社区落成，居民陆续入住。为有效解决居民入住装修期间的物业维修矛盾，社区管理服务中心在桂溪街道党工委委员、办事处副主任全少英的带领下确立物业维修协调例会机制，及时掌握每周物业维修工作进展，第一时间解决物业维修工作中的突出矛盾，为社区居民安心、安全地入住社区提供了强力保障。自2011年3月4日至5月27日，共计召开会议12次，解决了电梯五方对讲系统、二次供水系统浮球阀、配电室改造、雨污水管疏通等问题，督促建设公司维修8309起大大小小的房屋问题，维修率达99.8%。

民政事业

【暖心工程】 2011年，桂溪街道办事处根据《关于在农转居社区开展“暖心工程”活动的通知》文件精神，给予280名就读老年大学的农转居居民30元学费补贴。为112名去世人员送去花圈1个，表示哀悼。为68对新夫妇送去鲜花1束，表示祝贺。为75名90周岁以上老人送去生日蛋糕，表示祝福。各社区两委结合实际情况，在2011年春节来临之际，在社区各个院落通过悬挂灯笼、文艺表演、宣传气球等形式，积极营造节日气氛，向居民表示节日问候，使辖区居民过一个欢乐祥和的春节。

【敬老帮扶】 2011年，办事处在《桂溪街道办事处关于进一步加强贫困群众社会救助工作的实施意见》（成高桂街发【2010】7号）、《桂溪街道党工委、办事处关于进一步做好民生保障工作的实施意见》（成高桂委发【2010】13号）、《桂溪街道党工委、办事处关于开展“暖心”工程的通知》相关文件精神的基础上，又出台了《成都高新区桂溪街道办事处关于在二〇一一年进一步加强民生和社会救助工作的补充意见》（成高桂街发【2011】17号）文件，进一步加大敬老帮扶力度，对辖区农村居民和失地农民中5068人60周岁以上的老人，按50元/人的标准发放“春节慰问金”，共发放金额25.4万元。对辖区低保户和低保边缘户中整个家庭成员无劳动能力的给予特别救助。其中生活方面再给予援助对象100元/人·月的“桂溪街道民政援助爱心款”。全年受助群众226人次，救助金额22600元。

【医疗救助】 2011年，办事处为辖区援助对象在基本医疗保险定点医疗机构发生的符合基本医疗保险规定的住院费用，在扣除各种医疗保险报销和医疗救助后，剩余部分给予90%的应急医疗救助，援助对象在桂溪卫生服务中心以外的其他基本医疗保险定点医疗机构发生的门诊医疗费，在扣除各种医疗保险报销和医疗救助后，剩余部分给予80%的应急医疗救助。

【低保救助】 2011年，办事处按100元/户·月的标准对辖区低保边缘贫困群众发放“桂溪街道慈善爱心购物券”，全年发放653人次，发放金额59500元。

【社会福利】 截止2011年12月底，办事处共进行医疗救助321人次，金额1103334.7元，其中贫困群众医疗救助累计74人次、发放救助金562402.2元，应急医疗救助累计118人次、救助金392077.5元，临时医疗救助累计129人次、救助金148855元。贫困人员发放“桂溪街道爱心医疗卡”1050张、金额达252200元，其中面值的300元、422张，“桂溪街道爱心医疗卡”面值的200元、628张。

从1月15日开始街道办事处分村、社区集中对辖区生活在低保边缘的贫困户、贫困老人、辖区内农村居民和失地农民年满60周岁的老人、贫困党员等6584户（名）进行了慰问，并对其中的低保65户、低保边缘户113户、高龄老人2名、贫困空巢老人16名、民退3名、贫困党员23名、伤残军人18名、退役参战人员35名、老复员军人

33名、带病回乡退伍军人22名、精简职工10名、五保户17名、下岗失业士官3名、军转干8名、计生三结合19户、台胞台属7户、残疾人484名、现役军人家属131名发放春节慰问金。

【命名地名表】 2011年，桂溪街道与石羊街道外环路以外的边界，因城市化进程的加快，原有的边界难以确认且不适应现在的管理，因此办事处向成都高新区管委会提出了重新进行划分的建议，等待批复。根据相关文件，拟将锦程大道更名为交子大道；安远路更名为交子北一路、交子南一路；泰来路更名为交子北二路、交子南二路；濯锦东路更名为濯锦路；濯锦北路、濯锦中路、濯锦南路、丽锦街更名为科华南路；民丰大道东段、民丰大道西段更名为锦城大道；盛锦一街、盛锦二街、盛锦三街更名为天府一街；德赛一街、德赛二街、德赛三街、德赛四街更名为天府二街；瞻远西一街、瞻远西二街、瞻远西三街、瞻远西四街更名为天府三街；拓新西一街、拓新西二街、拓新西三街、拓新西四街更名为天府四街；大成一街、大成二街、大成三街、大成四街更名天府五街；南华北路、南华中路更名为南华路等。将双祥社区内的西起昆华路、东止南华路命名为大源北中街，北起大源北中街、南止大源北二街命名为大源支路。

【流浪乞讨人员管理】 2011年，办事处加强流浪乞讨人员和流浪儿童救助管理工作，组织专人或救助志愿者服务队不定期对辖区内的世纪城周边、天府大道和成昆铁路沿线等重点地段进行巡查、宣传、劝导，全年共发现流浪乞讨人员15名，其中返送家乡2名、并劝离13名。

【残联】 2011年，办事处为辖区所有残疾人员建立了档案，免费为2813人次残疾人开展康复训练，惠民金额182466元；为辖区104位残疾儿童和残疾家庭子女购买“少儿互助金”；为71名精神残疾人发放每人800元/年的“精神残疾医疗救助卡”用于精神服药；桂溪街道红十字会为688名残疾人发放200元/人的“爱心医疗卡”；高新区残联为桂溪街道688位残疾人发放100元/人的“爱心医疗卡”；为8名残疾人员申请医疗救助43313元。

【住房保障】 2011年，桂溪街道辖区共有申请廉租住房实物配租家庭5户，其中已有4户家庭参加摇号选房。截至12月，辖区共有15户家庭享受实物配租，有38户家庭享受租金补贴，今年新增5户。

办事处根据《成都市城乡房产管理局关于印发<成都市中心城区经济适用房管理细则>的通知》，截至12月30日共受理经济适用房申请116户家庭，其中已有83户家庭取得准购资格。根据《成都市城乡房产管理局关于印发<成都市中心城区限价商品住房申请审核配售及监督管理暂行办法>的通知》，截至12月30日共受理限价房申请52户家庭，已有32户家庭取得购房资格，其中已有14户家庭参加摇号选房工作。今年我辖区共受理公共租赁住房1户，正在审核办理中。

民族宗教

【概　况】 2011年，桂溪街道辖区内有2个寺庙、2个基督教练习点

【民族事务】 2011年，办事处建立了台账管理系统，安排专人不定期进行监督检查，辖区未发生涉及少数民族方面的矛盾纠纷和突发事件。

【宗教活动】 2011年，办事处做好了民族稳定工作，加强了对辖区内2个寺庙、2个基督教练习点从事宗教活动的监管。

政法·军事

POLITICS AND LAW AND MILITARY AFFAIRS

公　安

【人口管理】　2011年，三瓦窑派出所社区民警从抓出租房屋登记入手，将辖区内的用工单位、建筑工地以及散居在居民家中的流动人口全部纳入管理。对不主动办理居住证的个人、单位、企事业搞好宣传，指导督促社区流管站人员上门进行登记。在对出租房屋日常管理工作中，做到及时采集出租房屋信息，深入出租房屋开展入户检查，对重点出租房内的人员"三查三见面"，并登记录入警综平台。按照重点人口重点管、高危人群跟踪管的工作要求，派出所对六种人员进行"家访"，变过去群众到派出所找警察，为警察上门找群众，进行面对面、心贴心交流。目前，全辖区有重点人口122人，监改对象18人。社区民警坚持每季度和重点人口、监改对象见面谈话，了解他们的生活、工作情况和现实表现，帮助他们解决一些生活困难，及时疏导、落实帮控措施，对长期在外辖区打工和生活的重点人口、监改对象，按照双列管的要求，及时与当地派出所联系，将帮教措施落到实处。社区民警每月开展入户调查不少于40户，了解熟悉16—45岁重点年龄段的姓名、住址、基本特征及现实表现。做到对辖区实有人口心中有数，现实表现基本明。坚持常口每周异动，掌握常口变动情况。

【警务室建设】　2011年，三瓦窑派出所辖区有社区警务室4个（其是三瓦窑社区警务室因拆迁待重建），共有社区民警8人。在分局、桂溪街道党工委的支持下，对3个已建社区警务室进行了改造、装修。警务室建设标准遵照市局《社区警务室建设规范》执行，在分局业务部门的指导下，统一了警务室标识，设立警民联系箱。在管委会、分局的支持每名社区民警配备了手提电脑、录音笔、数码相机、电动自行车等装备，还配置了摄影机，提高了民警处置警务的能力和战斗力。

【建立联勤制度】　2011年，三瓦窑派出所结合辖区实际，针对辖区内建筑工地多的特点，在社区警务的基础上探索"建筑工地警务"的警务模式，对建筑工地实行"育、导、控、打"的管理方法，在美年广场、希顿国际广场、保利国际广场、大鼎广场、凯德广场、凯旋广场、天府长城半岛、中兴通讯、网通、时代晶座等大中型建筑工地建立"工地110"热线，将派出所、社区民警的电话印制在"警民联系卡"上发到各个工地，还将负责片区巡逻的巡逻队各中队长、小组长的电话告知建筑工地负责人及门卫，方便联系，对维护社会治安起到积极促进作用；将永安社区12个商住小区和三个即将入住的商住小区的物管安保队伍和南新社区六大商场超市的保安力量同辖区综治巡逻队组成大联勤，建立通讯联系平台，充分利用群防力量，形成区域内治安防范体系，广泛发动群众防范各类违法犯罪活动，提高居民的安全感和满意率。

【治安热点整治】 2011年，三瓦窑派出所针对"东苑小区"出租房屋、流动人口较多，人员复杂，"三防"措施薄弱的问题，制定有针对性的集中清理整治工作措施。现已成立由24名综治巡逻队员组成专门队伍，在民警的带领下专门负责在东苑小区街面进行巡逻，以强化东苑小区周边街面管控能力，维护社会治安稳定，减少案件发生，确保"冬季战役"行动高标准、高效率地深入推进，给小区居民营造了舒适、和谐的生活环境。辖区现有各类特种行业26家，其中旅店业8家，废旧收购业8家，汽车修理业10家；公共服务场所85家，其中洗浴水疗场所3家，按摩店1家，电玩城2家，美容美发29家，网吧8家，茶房41家。派出所工作重点放在特种行业的日常管理和治安防范两各方面，落实"25米治安责任制"。

【贯彻落实"校园整治八条措施"】 2011年，三瓦窑派出所以"警讯"、"法制讲座"、"青少年维权岗"等形式开展"警校共育"活动，积极探索建立校园警务工作机制，对全辖区6所中小学均选派作风过硬、业务精通的民警担任法制辅导员，以加强执法力度，努力净化校园及校园周边治安环境。定期检查影响学校安全的各种治安隐患，长抓校外治安集中整治，同时巩固综合治理校园工作成果，形成派出所每个季度定期召开学校安全防范联系会机制，形成民警、治保队员定时巡逻机制，形成派出所联合相关单位定期整治机制，强化对社会面的控制，切实增强师生、家长的安全感。

【情报信息工作】 2011年，三瓦窑派出所根据辖区的实际情况，从各个阶层、各个行业、各个院落、不同的人群中确定治安信息员109人，建立治安耳目26人，治安积极分子80人，使三瓦窑派出所的情报信息工作做到了耳聪目明，建立了预警性的信息渠道。年初派出所给各责任区下达了目标任务，要求社区民警通过耳目、信息员收集案件线索、社情民意、治安动态等有价值的治安信息每月不少于2条。1–11月共收集情报信息158条，分局采用70条；收集提供案件线索、治安动态情报信息365条，确保了信息渠道畅通。全年辖区内无因工作措施不力、处置措施不当，导致矛盾纠纷激化引发的群体性事件，无因不掌握社情民意而没有调解导致发生杀人、伤害或治安事件，辖区内没有发生影响社会政治稳定事件。

【治安、刑侦工作】 2011年1–11月，三瓦窑派出所查处各类治安案件210件，挡获违法嫌疑人190余人，其中行政拘留81人，治安罚款5人，强制戒毒6人，调解处理各类治安纠纷113件（次），查禁收缴赌博机389余台，上缴赌资人民币14644.3元。

2011年，三瓦窑派出所共受理报警3476件，立案336件，破案138件，打击人数62人，其中逮捕56人，直诉2人，劳教4人。派出所办理的刑事案件做到了事实清楚，证据确实、充分，定性准确，程序合法，法律文书规范、完备。民警在执法办案中无差错。

2011年，新益州派出所先后开展“春季攻势”、“夏季会战”、“清剿火患”、“冬季战役”等专项行动，有针对性地开展“集中整治”，对辖区内的治安隐患逐一进行排查、整治、清除，做到“打早、打小”，坚决防止治安“热点”、“乱点”和“难点”的形成全年辖区内未发生一起“两抢两盗”案件。

2011年，新益州治安派出所辖区共发刑事案件32件，破案12件，打击处理3人，对列为“网上逃犯”的两名涉嫌“故意伤害罪”犯罪嫌疑人全力“追捕”，办案民警先后10余次到四川富顺、辽宁新民、海南三亚等地，克服种种困难，于6月份先后将两名在逃两年的逃犯抓获归案，“清网率”率先达到100%，提前半年完成了“追逃”任务。

2011年，新会展派出所开展安全大检查和对“五小门店”、城郊结合部、重点院落等治安复杂部位的持续清查整治，不断加大对“黄、赌、毒”等社会丑恶现象的打击查处力度。全年，共查处行政案件36起，行政拘留52人，行政罚款6人，警告1人，其中抓获涉“黄、赌、毒”违法犯罪人员15人，查处消防案件4件，查处违法单位2家，行政处罚2人，行政拘留3人。

2011年，新会展派出所按照上级公安机关的统一部署，以“春季攻势”、“夏季会战”、“清网行动”、“冬季战役”等专项行动为载体，全面推进打击破案工作，各项公安业务工作得到新提升。全年，共立案135起，破案40起（其中街面侵财案件7起，），挡获网上在逃人员3人，打击处理28人。

【巡逻防控工作】 2011年，新益州治安派出所合理调配警力，加大了辖区巡逻防控力度，实现了“全方位、全时段巡控”。将全所123名警力（33名民警、90名协警）编为5个巡逻中队，实行“五班三运转”的工作模式，开展巡逻防控工作。每天3个中队分为白班、夜班、深夜班轮流巡逻，确保路面上随时有60名巡逻警力，真正实现了24小时巡逻防控机制，做到“时时有人巡，处处有人守，事事有人问”；通过采取派出所主导、辖区单位参与的立体防控模式，将辖区内500余人的保安、门卫等群防力量充分调动起来，在重点时段加强单位周边巡逻，同时佩戴“红袖套”，全力提高社会面防控效果，最大限度减少可防性案件的发生；在辖区重点部位、要害部门、交通要道布建全天候监控点位84个，在重点单位布建视频监控点687个，建立完善了以辖区主要道路全天候监控、重点单位全方位设防、热点部位多元化防控的技术防控“天网”。

【信访接待工作】 2011年，新益州治安派出所共接待各类上访3279批次，11069人次，共出动警力31859人次。其中配合市委、市政府信访接待中心接待个访2494批次，4745人次；接待集访（5人以上）241批次，4649人次；配合市人大信访办接待上访人员506批次，1121人次；接待集访38批次，554人次。通过派出所巡逻力量主动发现的上访879批次，4675人次。

【维稳工作】 2011年，新会展派出所把维护社会稳定工作放在首位，确保了“3·14”、“3·16”和“5·12”、“6·4”等敏感节点和全国“两会”期间成都高新区社会稳定，并成功排查和处置了“英郡三期”、“龙湖世纪”工地2起影响民生的劳资纠纷。全年共收集维稳情报信息120条，整理上报120条，其中分局采用15条、市局采用2条，为上级科学决策提供了准确依据。

【保安执勤工作】 2011年，新会展派出所将会展中心大型展览活动、会议活动的保安执勤工作作为全所工作重点，全力做好会展中心、软件园办公区安保工作。全年，派出所共计完成了一、二、三级警卫任务70余次，出动警力584人次。参加糖酒会、西博会、房交会、汽车博览会、人才招聘会、年货节等80余次大型活动的安保工作，出动警力1890余人次。接受群众报警1945余起，调解纠纷处理群众求助315余次。确保了活动、会议期间无重大违法犯罪案件以及事故发生、社会秩序井然、政治秩序稳定。

司法行政

【人民调解】 2011年，桂溪街道办事处受理民间纠纷数29件，调解纠纷数29件，调解率100%，调解成功数26件，成功率90%。

【普法教育】 2011年，桂溪街道办事处通过各种形式，在辖区各社区开展各类普法和创建全国法治城市宣传活动56余次，普法培训10次（其中《人民调解法》培训2次），竞赛活动1次，参加各种普法考试2次，在14个农迁居民院落张贴法律服务律师公示牌。办事处发放编印的《创建全国法治城市宣传手册》10000份，以及创建法治城市相关宣传资料共20000余份，通过各单位的共同努力和配合，顺利完成了“五五”普法总结验收工作和“创建全国法治城市”目标工作任务。

【法律援助】 2011年，街道办事处设立法律热线电话，并要求接待人员应认真接待和处理每个热线电话，耐心听取来电人反映的情况，并做好记录，做到有问必答，有求必应，有难必帮。全年接听法律援助热线电话6件，认真做好记录，并及时解决来电人反映的疑难。

【社区矫正】 2011年，桂溪街道辖区有矫正对象8人，解除矫正2名，矫正对象衔接率100%，无矫正对象脱管，漏管现象，重新犯罪率为0。

【安置帮教】 2011年，办事处安置在册帮教人员15人，衔接13人，纳入管控率达100%。其中2人因原址拆迁或货币分房派出所已查无此人，不纳入安置帮教管理，不纳为脱管漏管对象。

拥军优属·拥政爱民

【拥军活动】 2011年，办事处开展“拥军优属”工作，在“春节”、“八一”期间利用各种形式开展了“拥军优属、拥政爱民”的宣传活动，召开会议6次、广播10次、悬挂标语15幅、文艺汇演6场。节日期间街道办事处主要领导带领班子全体成员看望、慰问了成都消防支队、武警四川森林总队等6家部队官兵，给他们送去了节日的问候和价值60000元慰问品菜油等食品。走访慰问重点优抚对象、现役军人家属、下岗失业士官、下岗失业及自主择业军转干共256名（户），合计经费74900元。

【拥政爱民活动】 2011年，街道党工委组织辖区党员根据2011年公开承诺事项，将创先争优活动精神贯穿于对口扶贫帮困、社会保障、文化惠民等工作中，从多方面入手，使辖区居民、群众共享发展成果，进一步把活动推向深化。“七·一”前夕，街道党工委、社区党总支（支部）又分别走访慰问了老党员、贫困党员22名，把党和政府的温暖及时送到了基层党员的心中。

【优抚】 2011年1月，街道辖区有111名重点优抚对象享受定期定量抚恤和生活补助，其中老复员军人33人、带病回乡退伍军人23人、伤残军人20人、参战人员34人、参试人员1人。截至12月底辖区重点优抚对象111人，其中老复员军人31名、退伍23人、伤残人员21人、参战人员34人、参试人员2人。补助标准：伤残军人4900-14010元/年·人、老复员军人585元/月·人、带病回乡退伍军人415元/月·人、参战人员和参试人员325元/月·人。办事处足额兑现了他们的抚恤和生活补助金665063元。截至12月底辖区有现役军人家属101户，其中新入伍19名，足额兑现了42户义务兵家属的优待金，标准6251元/户，共发放优待金266274元。3名军人在部队荣立三等功，办事处分别给予了精神和物质奖励。2011年新接收军队退休干部13名。

武装·兵役

【组织建设】 2011年，桂溪街道党工委领导认真贯彻落实党中央、国务院、中央军委关于国防后备力量建设的指示、方针和政策，严格执行党领导军队这一根本原则，保证民兵预备役听从党的指挥，确保党的路线、方针、政策和国家的法律法规得到有效落实，巩固国防后备力量建设的健康发展。桂溪街道党工委班子成员认真学习马克思列宁主义、毛泽东思想、邓小平理论，用“三个代表”重要思想武装头脑、强化党管武装的责任意识，用科学发展观的理念，努力掌握武装工作基本知识和党管武装工作的基本理论，从思想和行动上提高了党管武装的实际工作能力。

【民兵军事训练】 2011年，街道党工委始终把保证民兵队伍人员政治素质作为武装工作建设的首要任务来抓，在辖区民兵队伍中广泛开展爱国主义、革命英雄主义等内容的学习宣传教育活动，增强民兵的国防意识和国防观念，营造浓厚的爱军尚武，讲政治、讲正义的氛围，并结合民兵整组、民兵训练等重要活动时机，对民兵进行集中教育，要求他们成为“政治思想合格”、“军事素质合格”的“双合格”民兵，不断提高在维护社会治安、执行抢险救灾等重大急、难、险、重任务的能力，为构建和谐社会奉献自己的力量。全年街道武装部组织民兵进行不间断的军事训练，特别是结合街道两支队伍人员和装备，要求两支队伍在岗人员每天都要提前1小时上班，由在编基干民兵组织进行1小时的军事训练，训练内容包含了队列、拳术、警棍盾牌等一些基本的军事技能。7月，街道武装部按照武侯区武装部下发的《关于下达2011年军事训练计划通知》要求，精挑细选组织8名民兵参加了区武装部统一组织为期4天的军事训练，并在射击比赛中获团体第一名、有2名同志获个人第一的好成绩。

【征兵工作】 2011年，在冬季征兵命令下达后，桂溪街道武装部即时组织召开专题会议，研究部署征兵工作，会上对桂溪街道武装委员会、征兵领导小组和征兵办公室成员进行了调整，并对各负责人提出了具体要求。桂溪街道武装部加大征兵宣传，印发2011年冬季征兵宣传册1000份，征兵工作问答等资料共计800余份，利用社区广播、LED显示屏进行播放，广泛深入地宣传相关法规和优扶政策。悬挂宣传横幅18条，张贴宣传标语，设立了报名点，对来电和来人咨询的群众，详细做好登记和解释工作。11月1日，辖区内当天到现场咨询、报名人员达40余人。截至年底，桂溪街道武装部登记预征对象95名，其中两所高等院校88名，村、社区7名，登记报名参加招收士官14人，冬季报名应征青年52人，送站体检49人，参加政审36人，配合市征兵办政审在校女大学生应征入伍3人，为部队输送24名合格士兵。

村·社区

VILLAGE AND COMMUNITY

临江村

【概况】 临江村位于成都高新区南区南部边缘，东、南、西与双流县的华阳街道、西航港街道接壤，东北方向与桂溪街道的大元村、铜牌村相邻，境内有成昆铁路、双中公路交通干线，成昆铁路双流火车站位于境内1、2、5组，境内有江安河、黄堰河流过，全村幅员面积约3.5平方公里，分为10个村民小组以及驻村国有单位4个，中外合资企业1个，居民家庭户2186户，总人口4786人，临江村于2008年9月11日从双流县划归成都高新区管理后，同时成立了临江社区筹备委员会，暂行代管辖区内的非农居民的各项服务。

【村民就业】 2011年，由于全村耕地因水源阻断以及环境污染等原因基本上全部出租给专业户用于种植食用菌以及苗木等，除部分富余劳动力在专业户处务工外，还有部分劳动力无就业出路，在街道办事处的指导和支持下，临江村举办了再就业技能培训班、创业培训班，为村民再就业打下了一定的基础，并积极寻找联系就业渠道，推荐就业，并鼓励村民自主就业，自主创业。

【企业服务】 2011年，临江村境内共有各类企业78家，给村民就近就业带来了方便，全村累计有200余人在附近各企业务工，给村民就近就业带来了方便，村民既照顾了家庭又增加了收入，企业相应也减少了诸如解决外来务工人员的住宿、伙食等方面的开支，达到了村民、企业双赢。在2011年成立的就业帮帮队，继续发挥着帮助村民选择就业，企业选择用工的桥梁作用。另外村两委设立的劳动监察、劳动仲裁服务点为企业调解劳资纠纷，化解双方的矛盾，使劳资双方都尽量的减少了经济损失。

【征地拆迁】 2011年，成都高新区统征办拟对临江村进行整体拆迁，8月1日，临江村两委在双流帽盒山召开由全体村组干部参加的拆迁工作动员会，就即将开展的拆迁工作进行动员。8月25日，村两委通过多次会议讨论并征求村民骨干的意见后向上级部门提交了《成都高新区桂溪街道临江村拆迁的实施方案》。9月7日，村两委召开全体村民代表会议，就拆迁政策的选择进行了投票，投票结果为应参会代表80名，实到76名，同意的75名，弃权的1名，村两委上报结果后依序张贴了1–7号公告。9月14日，村两委就拆迁政策选择组织村民进行投票，共发出选择票3339张，收回3330张，其中有效票3320张，选择中心城区拆迁政策3084张，选择中和街道拆迁政策231张，按照少数服从多数的原则，全村只适用中心城区一个拆迁政策。9月20日，村两委向成都高新区管委会、桂溪街道办事处提交请示报告，就村民对拆迁政策选择结果作了汇报。

在街道办事处、村两委的配合下，成都高新区统征办分两个组于10月19日对原复兴村、原荣店村展开拆迁工作，由于这次拆迁工作实行阳光拆迁政策，广大村民自愿来到各组指定地点签订拆迁安置协议，全村共2140余户，截至12月底全村还有约80余户因种种原因未签订拆迁安置协议，签字率达97%，其村境内的企业、种、养殖户的后续拆迁工作将在2012年完成。

和平社区

【概　况】　桂溪街道和平社区地处成都市火车南站以南，天府大道以东，三环路以北，红星路南延线以西，约1.2平方公里。涉农社区居民住宅分为一、二、三、四期，有42栋居民住宅楼，157个单元，2628套住房，占地面积18.10万平方米，绿地面积3万平方米，总人口1万余人。其中常住人口1955户、6842人，暂住人口673户、2355人，残疾人175人，60岁以上老年人1517人，80岁以上老人141人，90岁以上老人21人；社区办公大楼及配套用房500平方米，其中一楼服务大厅（计生、民政教育、服务热线、人民调解、社会捐助接收工作点、法律援助工作点劳动保障工作站）80平方米。二楼财务及档案室18平方米，市民学校及多功能活动室103平方米。三楼书记主任办公室18平方米，居委会办公室（党务、工青妇、综治维稳、残联、社区戒毒社区康复、社区文化）78平方米。辖区有便民超市三处400平方米、电超市20平方米、幼儿园两所900平方米、社区卫生服务中心1400平方米、社区戒毒社区康复中心80平方米、阳光慈善超市150平方米、家电维修部70平方米、健身广场10000平方米、交警超市80平方米、图书阅览室40平方米；和平社区党总支于2011年换届，选举产生党总支书记1人，副书记2人，委员2人，28个党小组党员221人；居委会于2011年12月换届，选举产生主任1人，副主任1人，委员3人，选举产生居民代表67人。有原居民小组长37人，协商议事委员会7人，理财小组7人。社区团支部、妇代会、老协会、残疾人协会、安全领导小组、计生协会、民间艺术团、志愿者服务队等，群团组织健全。

【党建工作】　2011年3月，社区党总支按照街道党工委的要求，组建成立了党员突击队，并开展了党员突击队的演练和培训工作及相关活动。如开展党员、骨干联系居民，服务居民的活动，党员突击队工作组的党员与院落管理小组成员到医院看望重病的居民。建立完善了各项党建机制，议事制度。党支部认真落实党的“三会一课”制度、党务公开制度、党员民主评议制度、流动党员管理制度、党风廉政监督制度；加强党员、楼栋长、文体骨干的培训，每月20日为党总支党员例会学习日。3月底为全体党员更换了新的党员证。社区党总支确定了3名入党积极分子，并参加了办事处组织的党校培训学习，并列为重点培养考察对象。全年，社区党总支共收党费6279元，已全部上缴街道党工委。全年开展2次为党员庆祝生日活动。

【志愿者工作】 和平社区志愿服务站于2008年成立，有站长一名、副站长一名，有志愿服务站7个，210名志愿者。2011年，服务站组织四川大学学生志愿者开展了功课辅导活动，为社区70余名中小学生开展了一对一辅导活动。四川大学锦城学院学生志愿者在社区开展了夕阳红电脑培训班，为社区老年人开展电脑知识讲座。在创建全国文明城市复查活动中，多次组织志愿者开展了城乡环境综合治理活动，由于工作突出，被四川省评为城乡环境综合服务志愿示范点称号。

【创先争优活动】 2011年，社区党总支以公开承诺激发党员创先争优动力。社区党支部班子成员带头向社区党员群众做出公开承诺，并召开党员大会，鼓励和引导普通党员亮出身份、公开承诺。6月底，社区各支部组织了群众评议党员的会议，各院落分别组织了10名群众代表对本院落的党员和党小组长，进行了评议，并充分听取了群众代表的意见和建议。社区党总支结合街道办事处“领导挂点、部门包院、干部帮户”及两委成员走访要求文件，重点做好社区弱势群体的帮贫扶困工作，让社区党员、群众感受的党和政府的关心关怀。“七·一”前夕，社区党总支获成都高新区先进基层党组织光荣称号；李国涛、邹先玉、方礼银3名党员被评为成都高新区优秀共产党员。

【综治维稳工作】 2011年，社区两委十分重视治安工作，并把这项工作纳入社区两委的主要工作来抓。全年进行了4次以上专题研究分析会，采取了各种形式的防范措施，并有翔实的会议记录。治保会设有单独的办公场所，制定了治安防范网络图，并配备了电话1部、办公桌、对讲机6部。为充实治安巡逻力度，社区配备有协管员8名、门卫18人，实行24小时巡逻制度，社区党员志愿者队伍配合巡逻工作，做到人、财、物三落实。按照街道综治办的要求，实行“一把手”责任制，完善了领导责任体系，纳入社区重要工作，建立健全各项制度并上墙，坚持信息报送制度。平时对住户了解情况、掌握信息，对社区不稳定因素，坚持每月排查、季度分析，随时掌握情况并按时上报，制定了突发事件处置预案（有处置预案、排查、分析等资料），无一例群体上访事件。社区加强民事调解工作，全年发生了民事纠纷1起，社区进行了调解工作，成功率100%，并有记录，做到了规范、翔实，无一例“民转刑”案件发生。社区成立了帮教小组，对违法青少年和“两劳一少”人员进行帮教工作，帮助部分人员安置了工作，列管率达100%，签订帮教责任书15份，落实了帮教人员及帮教措施。积极开展了创建“平安院落”和创建“200天无刑事案件院落”活动，由2009年的8家升为今年的13家，到现在为止未有一家发生刑事案件。社区加强房屋出租和外来人员管理，房屋出租签订治安责任书达90%，对外来人口进行了摸底调查，登记达90%以上，并有详细资料记载。社区在各门卫室有外来人口登记簿，对外来人口进行登记，并成立了流动人口服务管理工作站及领导班子。为搞好“创安”工作，与居民小组及辖区单位签订“创安”工作责任书，签订率达到90%。全年社区和交警、消防共同开展大型群众性法制宣传及知识问答活动达到3次。对常住人口普法宣传教育率达95%以上，对暂住人口上门进行普法宣传教育，同时利用社区广播加强宣传和教育的力度。社区居民犯罪率为零，无一例“两劳”回归人员重新犯罪，党、团员无违法、乱纪行为发生。社区成立了戒毒帮教工作领导小组，制定了工作方案，建立了责任网络，进行了无毒社区情况分析，与吸毒人员签订了帮教责任书，利用广播及6·26国际禁毒日进行宣传，教育广大住户珍惜生命、关爱家庭、远离毒品，发放资料500余份，目前社区无一例新增吸毒人员。

【环境综合整治工作】 2011年，和平社区两委积极推进城乡环境综合整治工作，全面打造辖区街面，院落环境，清除卫生死角，规范了车辆停放。针对居民反映院内长期无晾晒衣架的问题社区两委向街道办事处上报经费预算，逐一向院落安装了衣物晾晒架，满足社区居民的衣物晾晒需求。社区工作人员巡查院落时，发现休闲石桌、石凳有损坏及时进行修复处理，共维护维修60余次。

入春以来蚊虫滋生，社区两委聘请了专业工人对各院落内绿化带及楼道单元进行了全面消杀，共消杀4万余平方米，消除了病虫害的隐患，共计对107户居民白蚁现象的家里进行了防治。社区两委对入驻辖区的管理养护单位进行长期联系，严格要求对各院落树木管养，对树木花草进行了定期修剪、除草、浇水。定期组织水电工对社区院落庭院灯及配电设施进行维护维修上百余次，对居民楼道单元更换开关、灯泡300余次。水电组还24小时免费为居民上门服务，保证了居民的正常生活秩序。针对三、四期居民反映的屋面漏水问题，社区工作人员入户进行查看，并聘请专业防水公司维修，共有37户屋面漏水的房屋得到解决。

【就业工作】 2011年，社区有就业愿望和就业能力的劳动力3481人，就业3436人，失业45人，就业率98.7%。其中“4050”等困难人员1222人，实现再就业1205人，失业17人，就业率98.60%。全年社区未出现“零就业”家庭。全年，社区两委开发公益性岗位41人，安置援助对象41人，安置比率100%。组织社区干部、楼栋长及群众代表学习就业政策，在辖区内加大宣传力度，有效提高了居民的知晓率，全年报送信息43条，开展专题活动6次。社区两委为社区4821位居民办理就业奖励金，共计发放金额20195000元，并对申请人员进行了审核。全年共举办3次招聘会，提供岗位400个，达成就业意向20人，成功上岗3人。社区两委对81户双困家庭开展了特色帮扶工作。3月，对7位有部分劳动力的人员实行就业托底帮扶，建立托底服务队。4月，将5名就业困难人员实行公益性岗位安置，2名困难人员经营服务亭。

社区就业托底帮扶的模式在中央电视台第4套节目、《中国就业杂志》、《成都日报》、《西南商报》等媒体进行报道。社区两委对社区高校毕业生199人进行摸底调查，单独建账、单独统计，提供专门服务，并实行动态管理，分别召开大学生就业政策宣传和三进四送大学生专场招聘会。以楼栋为基础，建立社区就业信息台账，全年更新了就业信息860条，为75人推荐工作，其中51人成功上岗，为61户困难家庭提供就业服务及民政医疗救助和慰问。

【“五个百心连心工程”】 2011年，和平社区两委开展“进百家门”做群众的“家里人”，知“百家情”做群众的“知情人”；管“百家事”做群众的“知心人”，解“百家难”做群众的“解难人”，暖“百家心”做群众的“贴心人”。通过活动的开展，社区干部及工作人员走出办公室，主动走进居民家中，详细了解和掌握每个居民的家庭情况，建立了居民信息档案，残疾人档案、低保家庭档案、贫困户档案等情况。

全年社区两委针对双低人员进行了托底帮扶，建立了由7人组成的托底队伍，为他们提供了公益性岗位，解决了家庭困难，改变了他们心理问题，增强了他的自信心。对8名符合条件的精神病人进行免费康复住院治疗。为辖区居民罗世娟、卢星、刘世水三人办理低保和专项补助，为居民凌利群、龙永富安置了报刊亭就业岗位。对自主创业经营困难的残疾人张群芳、熊素英、高开永三人分别发放了创业扶持金3000元。为牢教释放人员冯发明、吸毒人员陈诚、魏科等7名特殊人员安置了就业岗位。

【计划生育工作】 2011年，和平社区两委发放避孕口服药9人、外用药膜1人、使用药具30人，发放临时避孕药具1412盒），并进行了登记。全年共登记叶酸发放人数20人，发放叶酸44瓶。对避孕药物过敏反应人员及时进行更换调整。

街道办事处派驻社区的流动人口协管员，对社区外来人口上门进行登记，全年共登记537人。并已录入计生VS系统，录入率达100%以上。4月、9月流动人口育龄妇女参加妇检203人，为采取长效避孕措施流动人口已婚育龄妇女办理《流动人口婚育证明》共计50本，查验证329人，办理免费服务证106人，发流动人口告知书67人，发放“爱心券”1320元，有327位流动人口育龄妇女享受了社区的综合服务。全年计划生育经费共计投入17000元（春秋季妇检，“三八节”外出活动、信息员全年补贴、计生宣传培训等）。

社区两委确立了计划生育“三结合”帮扶任务2户，并张榜进行了公示为关爱广大育龄妇女的身体健康。3月29日-4月2日组织辖区育龄妇女在街道卫生服务中心进行身体健康检查，参加人数572人（其中流动人口已婚育龄妇女104余人）。

【老龄工作】 2011年，社区两委为社区住户办理四川省老年优待证111人，成都市老年优待证124人。为社区60周岁以上老年人发放2011年春节慰问金，发放人数：1481人，发放金额：74050元。为社区1664名60周岁过生日的老年人每人发放30元的购物券一张，为社区60周岁以上老年人发放2011年重阳节慰问金，发放人数：1684人，老人每人发放现金50.00元，共计：84200元。对社区2011年新满80周岁的老人进行统计，共40人，并通知他们来社区申请长寿补贴金。对社区2011年年满60周岁以上老人的基本情况进行了清理、核实，和平社区共有老人1684人，其中单居老人有304人，空巢独居老人有5人。6月6日和平社区两委邀请爱尔眼科医院联合筛查队在和平广场交警超市开展了对老年人视力普查防治活动，对100多名前来参加普查的老年人进行了视力测试、眼科裂隙灯检查，发放爱眼知识保健资料500余份（标准视力表、眼健康手册、环保袋等）。

【民生服务工作】 2011年2月26日，社区两委对居民住户进行民生政策宣传，发放社会救助政策宣传资料500多份。4月13日下午在成都高新区残疾人活动中心，组织辖区居民参加成都高新区举办第二届残疾人才艺大赛，获二、三名的好成绩。5月13日，组织工作人员、楼栋长共18人参加桂溪街道惠民知识竞赛。5月，按照上级部门的要求对社区27户低保户进行了全面普查，通过入户调查、邻里访问、信函取证、重新填写《低保申请表》共查出社区有1户低保户收入超过低保标准，按要求取消其低保，符合条件的26户低保户根据实际情况进行调整，并在社区进行公示，做好解释工作。6月17日，组织残疾人参加了《感恩奋进—我们同行》活动。8月1日，组织辖区少儿和残疾人、低保户等弱势群体一道开展“感恩社会，我们在行动”活动。8月12日下午，组织辖区低保、残疾人家庭40多名青少年儿童到凯丹广场，观看《哈利波特》。

全年社区新增申请低保5户，社区低保户数31户，享受人数44人。今年1-12月发放低保金和残疾人专项补助共计171449元。低保人员中有就业能力的家庭，就业率达100%。办理各种救济救助65人，金额278432.6元（其中临时救济23人、应急医疗救助20人、贫困群众医疗救助22人）。

【慰问、帮扶工作】 2011年春节前，社区两委开展温暖万家行活动，慰问人数88人次，金额3余万元，同时开展春节“送温暖”慰问活动，慰问低保户30户、军人家属21户、优抚对象21户、边缘户41户、贫困老人3户，残疾人152户，慰问金额共计45800元。1月27日上午，慈善超市对精神残疾人陈古军、张艳玲进行了慰问，为他们送去油、米。2月26日艾普网络公司对黄孝金、肖秀英等10户社区重病、残疾人发放米、油进行慰问。6月底，开展“七·一”慰问和综治部门慰问活动，慰问47人，共计9400元。9月6日，和平社区工青妇专干、残联专委代表桂溪街道办事处及社区领导，前往中和镇向户籍在本社区的残疾家庭卓兴群、李晓送上的节日的慰问与祝福。9月为25名低保残疾人发放爱心卡每人800元，为154名残疾人发放每人200元爱心卡。10月为184名残疾人发放每人100元医疗爱心卡。10月为残疾人购买城镇居民医疗保险30人，购买少儿互助金32人。

社区现共有残疾人181人，上半年新办证6人，社区残疾人的建档案100%，及时向上级部门报送信息23篇和各类报表。全年社区两委先后为姚易等51人申请了临时救济、贫困救助及应急救助，共计232108.10元。5月助残日对社区残疾人进行慰问，发放179张慈善超市爱心券，共计8950元。为13人低保边缘户发放每人每月100元爱心券。新增低保和低保边缘户无劳动能力申请“民政爱心款”项目，为符合条件的10户申请了“民政爱心款”，每人每月100元。6月组织残疾人参加了成都市残疾专场招聘会。社区有就业愿望且能工作的残疾人共77人，今年新安置8人就业，现在就业67人（单位就业35人、个体从业19人、公益性岗位8人、灵活就业5人），失业10人，就业率达87%。今年1—12月为社区复退军人7人、精简人员3人，退休工人1人，参战人员7人，伤残军人2人，退伍军人1人，代发定补金和医疗补助共计118728.66元。今年1-12月共办理申请公共住房家庭，低收入家庭认定116户。

【文明和谐家庭户”评选活动】 2011年，和平社区两委开展“文明和谐家庭户”评选活动，评选出文明标兵户182户，文明和谐家庭户2439户，并每月开展居民清洁日及党员奉献日活动，活动信息上报及时，归档资料齐备。认真开展文明和谐院落评选活动，各院落管理小组分别组织居民开展丰富多彩的文体活动。全年收集民情民意6条，报送办事处6条，回复内容并及时向居民公示。

【文化建设工作】 2011年，社区参加经常性健身活动的居民人数达60%。成立的文化协会新创快板廉政文化、广场健身拉丁舞、花样腰鼓、花样响簧、编秧歌、自编大年吉祥、健身操中国歌儿美7个节目。

社区有专人从事《桂溪社区》报的组稿及投发工作。每月的15日前组织3至5篇原创文稿、3篇以上的新闻类稿件报办事处，落实好“五民五好”工作的新闻类稿件。并将报纸按时发放到社区居民手中。

【“和平奖学金”】 2011年，和平社区两委为促进学校、社区和谐发展、推动学校、社区精神文明建设，设立“和平奖学金”，“和平奖学金”由和平社区居委会与和平学校捐资设立，专门用于奖励学校品学兼优的学生。在和平学校一至九年级学生中，每个年级评出10名品学兼优的学生，每人获奖励金额为人民币壹百圆整。要求评选学生要热爱祖国，讲文明，懂礼貌，尊敬师长，生活俭朴。遵纪守法，无违纪现象，学习目的明确，各科考试取得良好成绩，在本班名列前茅。积极参加学校、社区组织的各种文体活动爱护社区环境，在德、智、体、美等方面全面发展。学校召开行政会、听取德育处汇报被推荐人的有关情况，讨论确定候选人名单，候选人名单在学校公示一周，报请“和平奖学金”管委会审批，召开奖励大会并对获奖同学颁发奖金及获奖证书，将获奖同学的事迹材料在学校进行公开宣传表扬。

附表：

序 号	班 级	姓 名	获奖金额
1	9、6	廖 洁	100.00
2	9、7	陈龙翔	100.00
3	9、7	李 韵	100.00
4	9、7	徐亦聪	100.00
5	9、6	彭 韬	100.00
6	9、7	王力红	100.00
7	9、7	张梦琪	100.00
8	9、7	应荣涛	100.00
9	9、7	刘 萍	100.00
10	9、6	彭 帅	100.00

双源社区

【概况】 桂溪街道双源社区是在成都市推进城乡一体化进程中，由成都高新区管委会于2005年2月至2006年3月新建的大型农转非居民集中安置小区。由于社区居民人口众多，管理难度大，按照成都高新区管委会和桂溪街道办事处的要求，2011年7月将双源社区拆分为两个社区即“双源社区”和“双和社区”。现双源社区占地面积约0.18平方公里，位于大源街以西，天府二街以北，大源北二街以南，昆华路以东。辖区有5条街道，院落4个，共有58栋居民楼，188个单元，住房2728套，商铺252家，人口9465人，其中常住人口5673人，流动人口3792人。社区居民来自石羊街道的花荫村、灯塔村、双河村、裕民村，桂溪街道的大源村、铜牌村、勤俭村、建设村、五岔子村、民乐村、双土村，共11个行政村拆迁安置人员。辖区有党员160人，居民代表63人，楼栋长30人，残疾人106人，育龄妇女1640人，60岁以上的老年人1058人，80岁以上的老人98人，90岁以上的老人34人，100岁以上的老人1人。

2011年，辖区设有1个社区便民服务大厅及六个一站式服务窗口（分前台和后台服务），设有一个社区卫生服务中心，一所54个班级的9年制学校——成都高新区大源学校，一所12个班级的幼儿园，一个农贸市场及一条商业步行街，有三处大型健身广场，辖区四个院落内都安装有健身器材，八家便民利民服务超市。成都高新区阳光家园也设置在辖区内，内设党员活动会议室、阳光在线网吧、图书室等，并定期向社区广大党员群众开放。

【领导调研双源社区】 2011年7月13日下午，成都高新区党工委委员、管委会副主任杨东率成都高新区社会事业局局长吕毅、副局长熊虹等一行6人，到桂溪街道调研指导工作。街道党工委书记樊晓峰，党工委副书记、办事处主任张学文，党工委委员、党政办主任瞿蓉芳及相关工作人员陪同。杨东副主任一行到双源社区体育运动中心、老年活动中心进行了走访，与社区居民进行了沟通交流。居民朋友们纷纷表示老年活动中心的成立为活跃老年朋友精神文化生活创造了更好地条件，感谢政府为大家老有所学、老有所乐、老有所为提供了一个有利的平台。

【对外交流】 2011年7月21日下午，武汉市人力资源与社会保障局袁德久局长一行7人在高新区人事劳动和社会保障局就业处处长邓换生的陪同下到双源社区进行参观学习。首先双源社区书记王书义介绍了双源社区基本情况。其次社区主任胡华英依次介绍了社区各个工作窗口的主要职能。介绍完毕后参观团详细询问了社区在成都市统筹城乡劳动保障四维基本公共服务体系信息管理系统在实际操作中的便捷性，对协理员在系统中办理《就业失业登记证》流程予以重点关注。并与社区劳动保障协理员就平时工作进行了仔细交流。此次参观学习在友好、热烈的环境中顺利完成，希望在以后的工作中大家都能得到进一步提升。

【党组织换届】　2011年11月，社区党总支在桂溪街道党工委的领导下，实行公推直选，成立领导小组，拟定选举工作方案，通过周密部署、精心安排、广泛宣传，选出了业务能力较强、综合素质较高的新一届社区党总支班子成员，进一步扩大基层民主政治建设。通过换届选举产生新一届社区党总支领导班子，有总支支委员4人（1人调离），书记1人，副书记1人，委员2人，平均年龄40岁，其中大专文化3人，高中文化1人。共有党员160人，下设了三个支部，各支部有支委成员3人，以楼栋成立了15个党小组。

【居委会换届】　2011年12月，社区居委会通过换届选举产生新一届的居委会成员。主任1人，副主任1人，委员3人，平均年龄37岁，其中大专4人，高中1人。同时，选举产生社区居民代表63人，居民小组长30人，协商议事委员会7人，理财小组7人。分别成立了社区团支部、妇代会、老协会，残疾人协会，计生协会，调解委会员，民间艺术团，志愿服务站等机构。

【党建工作】　2011年，社区党总支有针对性开展对基层干部、骨干的培训、教育和管理8次，充分发挥了基层干部、骨干在促进就业、社区建设、维护稳定、城市管理等工作中的积极作用。结合街道党工委、办事处“领导挂点、部门包院、干部帮户”和“和谐文明院落创评”活动，重点做好社区弱势群体的帮贫扶困工作，全年共走访、帮扶、慰问困难党员和困难群众60余户，尽可能为其解决实际困难。党总支开展创新工作，探索党员学习教育新模式，针对当前基层党员居住分散、集中学习困难的现状，社区党总支在原有党课教育模式的基础上，举办了党员移动课堂，方便党员就近参加组织生活，全年分别在中和、华阳等地开展“党员移动课堂”5次，收集意见、建议12条，解决8条。

【群团工作】　2011年，社区两委在桂溪街道总工会的指导下，成立了劳动争议调解委员会，下设工作小组，并制定工作制度，切实保障工会会员的合法权益，促进企业劳动关系和谐发展。以“阳光家园”为阵地，组织社区6支志愿者队伍定期开展爱心服务活动，全年开展志愿者活动23次。在7月与栋梁工程川大站将建立一项长期合作的志愿者服务项目，今年暑期为中小学生免费上课10天，累计60堂课，同时，为帮助家庭条件比较困难又有上进心的学生创造更好地学习环境，从精神上给予他们帮助，志愿者们与社区11位贫困青少年建立了“一对一”的帮扶关系，义务为他们补习功课，使帮扶学生的学习和行为习惯有了明显提高，得到了学生家长的赞扬。

【“和谐文明院落、家庭户”评选活动】　2011年，社区居委会共申报评选家庭达到2651户，占居民总户数的97%，开展“和谐文明家庭户”评选相关活动13次。全年在社区内7个院落开展“文明和谐院落”创评活动，以院为单位，开展各院落整治、慰问、文体活动达336次，居民参与率高，覆盖到每一位居民家庭。共评出“和谐文明家庭户”2474户，“文明和谐家庭标兵户”177户，152号院、120号院为“文明和谐院落”。8月，通过广大居民的参与努力，社区被成都市评为“居住安全、环境卫生、生活便利、管理方式”等十大“明星社区”之一。

【流动人口管理工作】 2011年，社区流动人口协管员共采集房屋信息2728户，并全部完成了信息的录入，建立台账网络，有效地保障了数据的鲜活性。辖区全年共有出租房1235户，社区总人数8808人，其中常住人口7537人，流动人口1271人。全年共对165家商铺及企事业单位签订了“门前双五包”责任书，确保了“门前双五包”责任书签约率达100%，履约率99%。

【计划生育工作】 2011年，两委社区加强领导，坚持以社区领导亲自抓，层层落实责任，履行计划生育协会的各项工作职责，充分发挥院落计生信息员的职能。全年开展宣传教育活动4次，组织育龄妇女开展活动2次。组织计生协管员、信息员深入院落入户调查，严把一孩和符合政策二孩生育服务证发放审核关，共发放壹孩生育指标45人，二孩生育指标3人，并按时按要求上报计划生育统计数据；全年登记流动人口363人，其中育龄妇女189人，为36人育龄妇女办理《流动人口计划生育免费服务证》，为17位符合条件的流动人口发放计划生育爱心券金额800元。全年免费为1273名育龄妇女开展“三查”服务工作，其中流动人口110人；并对社区两户“三结合”帮扶户定时走访、慰问，跟踪服务。

【救助、教育工作】 2011年，社区两委救助辖区贫困群众60户，救助金额434660元，为困难家庭和贫困残疾人发放爱心卷316张，共计31600元。开展阳光育苗、阳光圆梦工作，资助辖区14名在校中小学生10700元，资助4名在校大学生8440元。对60岁老人过生、社区居民结婚、死亡、生大病实施了暖心工程，为60岁以上老人过生送蛋糕，为41对结婚的新人送鲜花，为60岁以上老人过世送花圈。全年救助为社区贫困群众60户，救助金额434660元，为困难家庭和贫困残疾人发放爱心卷316张，共计31600元。

【群众文体工作】 2011年，社区两委发挥活动阵地作用，不断通过广播、宣传栏等形式，狠抓落实，大力宣传社区文体活动，充分调动居民参与文化活动、投身全民健身的积极性。全年创新文体节目8个，开展文体活动25次，其中开展有特色、有影响力的文体活动7次，小型文体活动18次。

【老龄工作】 2011年，社区两委为辖区241名老年人免费办理了优待证，发放老年人长寿金112100元，为年内过生日的老人发放生日慰问卷1337张，共计101400元。3月，双源社区老年活动中心正式成立，活动中心内设立有茶艺、棋牌、阅览、视听等服务，为活跃老年朋友精神文化生活创造更好地条件，为大家老有所学、老有所乐、老有所为提供更有利的平台。

【就业、帮扶工作】 2011年，社区两委开展“困难家庭就业托底和就业援助行动”，先后对社区内5名残疾人和5名低保户、低保边缘户家庭成员进行了帮扶，由社区专人负责组织开展清洁社区、文明劝导等各项公益性活动，重树了托底安置队员们乐观生活的信心。截至11月底，累计开展社区公益活动170次，“融入社会”系列活动13次，活动时间280小时以上。全年，按政策要求做好就业奖励金发放工作，截至10月共发放就业奖励金63227人/次，累积发放就业奖励金额23642800元，并做到政策解释。7月27日上午10点，中央电视台到双源社区采访社区托底安置人员。在采访托底人员林振太时，林振太表示在自己都不相信自己能凭借自己双手挣钱时，桂溪街道党工委、办事处及双源社区党总支能以托底安置的方式解决自己的工作问题，虽然挣的不多，但在自己工作生活中这不仅仅是份工作，还对自己的生活平添一份自信，感谢党，感谢政府。关于林振太这类托底人员都是经过街道、社区严格筛选出来的托底安置人员（如：因疾病、残疾等原因社会单位不能接纳人员）。在托底安置以前交流都相对闭塞，托底安置以后在交流和对生活的态度上都有了重大转变。

社区两委加强政企联系，挖掘优质岗位，解决4050困难人员就业，结合辖区实情，与桂溪环卫公司、成都力业公司、倍特物业公司等9家企业建立了友好关系，在此基础上建立了“15分钟企业合作圈”，现9家企业共聘用社区内员工531人。

【为民办实事工作】 2011年，社区两委通过走访院落，对居民反映的意见和问题及时上报街道办事处，组织召开听证会，协助街道办事处完成145号院、178好院景观式围墙的打造，对打造的围墙新安装了防护网，为居民的生活提供了安全保障。协助街道办事处完成大源南一街的打造。社区两委投入经费10万元，完成7个院落的庭院灯及门卫室灯、线路的更换，受到居民的好评。在街道办事处的支持下，启动修建了大车停车场。社区物业服务中心投入经费8万余元对群宴基地配备了设施设备，启动了群宴基地的使用，同时加强的居民的引导和宣传，目前居民已陆续进入群宴基地申办宴席，使社区院落的环境卫生得到了明显的改变。全年为社区居民处理房屋厨卫及屋面漏水110户，实施各类维修维护及整治200余次，投入经费近65万余元。协助街道办事处完成3971人实物安置综合补贴和1348人货安人员综合补贴，发放金额16991600万元。

落实帮扶责任，及时解决困难人员的所需所求。

三瓦窑社区

【概　况】 桂溪街道三瓦窑社区是由干部居住、农转居安置、商品楼盘以及国有改制职工宿舍组成的社区。社区位于桂溪东路，成昆铁路以南，三环路以北，府河以西，红星南延线以东，辖区面积约1.5平方公里（包括208号、202号、198号三个院落）。社区两委成员共7名，（党总支书记1名、总支副书记2名、总支委员2名，居委会委员2名），其他工作人员17人。2011年，社区党总支分别被中共成都高新区工委、桂溪街道党工委评为“先进基层党组织”。社区两委组织辖区居民参加成都高新区各部门、街道办事处举办的各种文体活动、知识竞赛均获优秀名次。

【党建工作】 2011年，社区党总支创新开展了“党心工程四推进”，做到“一个支部一个堡垒”、“一个小组一块阵地”、“一个党员一面旗帜”，社区现有党员80人（含预备党员6人），定期召开党员大会及各种培训，不断增强党组织的创造力、凝聚力和战斗力。同时，社区党总支注重基层干部队伍建设，全年组织社区两委成员及骨干工作人员培训6次，制作了社区工作人员下基层群众工作记录本，记录入户走访群众工作情况，及时处理协调居民群众的难题和困难，扩大社区影响面和覆盖面。

【基层民主建设】 2011年，社区两委规范了党务、居务公开，按月更新公开内容，完善了“三会”开放、“三联”数据库，邀请两名居民每两周一次列席社区工作会，了解社区工作动态，在居民中起到上承下传的作用，对涉及民生的重大事项，社区都进行了公开听证。全年，接收到群众的意见和建议38条，都及时进行了回复处理，为民办实事8件，召开听证会5次，听证完成了208号院联通、移动基站的设立问题；院内停车位改造问题，已向上级相关部门报告；听证完成了202号院旧自行车乱堆放、停车处加护栏、屋顶护栏维修问题，已落实；听证完成了198号院2户未交物管费家庭处理办法、院内卫生、院内爱心人士在外喂野猫、院内芭蕉树修枝问题，已落实；听证完成了208号院停车棚承包竞标和收费标准问题；听证完成了198号院新增非机动车停放点位改造问题，院内居民已同意，下一步将逐步落实，听证会均有资料存档备查。

【群团工作】 2011年，社区有团员（含流动团员）84人，妇女1730人，社区两委建立、健全了志愿者服务体系，有注册志愿者195人，6支服务队，推出“五彩假日，快乐一夏”暑期特色活动，开展了“拒绝白色污染，保护美丽家园”环保小卫士活动。组织社区青少年到部队体验生活并进行爱国主义教育，加强青少年思想道德建设；组织青少年开展读书比赛、绘画比赛等文体活动，为辖区青少年创造和谐文明的成长环境。2011年全年工青妇开展各种活动12次，志愿者服务活动14次，对社区服刑人员子女、贫困青少年、贫困母亲慰问4次。

【精神文明建设工作】 2011年，社区两委针对辖区面积小、人员少、构成复杂等特点，建立健全院落管理小组、院落管理小组制度，开展了文明和谐家庭和文明和谐院落评选活动。开展了“社区、家庭、环境卫生”主题活动，清理了建筑垃圾、生活垃圾、树枝杂草、废塑料袋等，使社区面貌焕然一新，举办了拔河等文体趣味活动，拉近居民之间的距离，促进邻里和睦。全年，在“文明和谐家庭评选”活动中，实际参评400户，社区文明家庭创建活动参与面达98.52%，共评出文明家庭400户，标兵户28户，举办文明和谐特色活动22次，报送信息22篇。在“文明和谐院落评选”活动中，开展各种活动36次，报送信息39篇，全年荣获文明和谐院落“楼道卫生好”、“文明习俗好”、“环境卫生好”、“设施管理好”、“公共秩序好”、“宠物管理好”、“综合管理好”等流动红旗共12面。

【创建全国文明城市复查工作】 2011年，社区两委根据“创建全国文明城市复查”相关文件精神要求，制定了创建全国文明城市复查工作方案，为确保创建及公共文明指数测评等迎检工作达标，积极推进各项创建测评工作的开展，成立了创建及迎检工作领导小组，对创建及测评工作进行督促和落实。创建测评会议制度，及时反馈和传达街道创建测评会议精神，安排部署各阶段的任务，对督导组检查存在的问题进行及时的整改。按照创建测评的内容和方式，实行社区两委、工作人员、引导人员包院落制度，按照各自分片的院落，将收集到的情况及时解决。营造创建测评工作宣传氛围，定期利用社区宣传栏和文艺活动进行宣传。组织工作人员、党员、居民小组长等参加入户问卷调查的预演及培训会，圆满完成文明城市复查创建工作。

【治安综合治理】 2011年，社区两委成立了“社区治安综合治理”领导小组，“反邪教”领导小组等组织，建立了每周工作例会制度、信息报送制、不稳定因素排查制。坚持每周召开工作例会，总结上周工作开展情况及存在问题，提出下一步工作计划和整改措施，从而促进工作的开展。每月按时上报不稳定因素排查表，截至12月，上报不稳定因素11次，每季度末上报不稳定因素分析和信访形势分析，全年社区无不正常上访事件发生。全年辖区共发案31起，均为外地流窜人员作案。

社区两委开展无毒社区活动，设立了社区戒毒（康复）办公室，成立工作领导小组，为1名吸毒人员免费提供美沙酮治疗，2名有吸毒史人员进行帮扶教育。社区每月悬挂固定横幅2幅进行宣传，增强了居民的禁毒认识，常住人口无新增吸毒人员。

【流动人口宣传、管理】 2011年，社区两委结合辖区实际情况，印发了漫画形式的流动人口普及登记相关事项办理指南，做到“人人知晓，人人了解”，增强流动人口和出租房屋登记的准确率和完整性，提高社区流管站的工作效率。同时，社区在辖区8个居民院落及商铺定时悬挂流动人宣传标语横幅，并发放了流动人口服务管理相关知识的宣传资料，在各院落公示栏张贴了宣传画，入户向居民宣传流动人口相关政策知识，居民知晓率达100%。详细填写了《房屋基本信息调查表》、《流动人口基本信息调查表》、《大型用工单位信息调查表》，项目齐全，录入流动人口服务管理工作综合系统规范。

社区两委建立了三级巡查机制。社区流动人口工作人员每周定时向出租房屋以及房内的流动人口进行巡查核实，并随机巡查院落2次，对暂住七日以上的流动人口信息及时采集，流动人口信息采集率达85%，房屋信息采集率达100%，出租房屋信息采集率达100%，房屋中介机构信息采集率达100%。截至11月10日，对辖区内6692户房屋进行了入户登记，其中东苑6234户，老院落421户，商铺37家，共有流动人口4157人，出租房屋957户，大型用工单位8家。全年，上报街道流管办信息及每周工作动态各40份，开具出租房屋治安责任书602份。

【就业工作】 2011年是成都高新区“就业援助年”，社区两委召开专题会研究部署就业工作。社区劳动保障工作站对辖区内的劳动力进行入户调查工作，建立“一户一表”，通过“一户一表”及时掌握了重点服务对象的最新状况，及时传递就业服务信息，提高居民收入。社区有就业愿望和就业能力的劳动力1826人，已就业1816人，再就业率达99.4%（其中“4050”等就业困难人员634人，已就业630人，再就业率达99.4%）。社区两委针对“双困”家庭失业人员成立就业托底服务队，为低保户（13户）和低保边缘户（6户）建立了家庭状况、劳动力状况、安置情况基础台账，做到“一人一策”，并通过设立就业服务亭、开发公益性岗位，做到了“全覆盖、零遗漏”。已安置辖区“双困”人员6人，就业率达98%以上。针对大中专毕业生制定了个性化援助措施，对2008年以来的往届生以及2011年的应届毕业生建立了基础台账，做好择业指导和咨询工作。全年，为2名即将毕业的大学生预先做好了毕业后的择业就业工作，应届高校毕业生就业率达85%以上，往届毕业生就业率达95%以上（其中贫困家庭高校毕业生就业率达100%）。社区两委与4家用工单位构建用工合作联盟，收集用工信息249条，并成功推荐上岗20人，保持“零就业家庭”动态为零。通过社区简报、宣传栏为居民宣传就业工作形势、政策、动态及就业信息等。全年，开展就业专题活动7次，上报信息26条，网上采用17条。社区两委做好征地农转非人员就业奖励金审核和发放工作，防止矛盾激化。每月按时准确报送就业奖励金续费人员和新增人员，无漏报、错报。截至12月，社区就业奖励金续费人员1257人（已退休人员13人，死亡1人，正在领取失业金3人），共发放就业奖励金5332200元。

【居委会换届选举工作】 2011年12月28日，三瓦窑社区第八届居委会换届选举大会结束。此次选举以“公平、公开、公正”为原则，体现出“人民社区人民选，选好社区为人民”的宗旨。换届选举工作在办事处五楼会议室召开，此次选举得到了街道党工委的高度重视，通过正式候选人竞职演讲、45名社区成员代表行使选举权，街道选委会成员见证了三瓦窑社区新一届主任、副主任、委员的产生。此次换届选举历经两个多月的宣传发动、选民登记、确定正式候选人等程序，以社区成员代表进行投票选举，选举结果分别是居委会主任：陈善军。副主任：高小兰。委员：张祥春、陈岚、罗安松。

【计划生育服务】 2011年，社区有育龄妇女1015人，外来暂住人口多、流动人员复杂、流动性大，为健全和延伸计划生育网络体系，社区做到了各居民小组、各单位之间计生工作的紧密联系，签订计划生育协议书。通过计生小组成员的广泛宣传，全年，社区未出现1例政策外生育事件，未出现1例大月份引产事件，做到生育妇女45天内及时发放避孕药具，综合避孕率达100%。为辖区流动人口办理《流动人口计生免费服务证》73本，累计办证771本，办理《流动人口婚育证》2本，累计办证26本，发放“爱心券”720元，发放独生子女父母奖励金4950元，为辖区内的育龄妇女提供免费“三查”服务，春秋季妇检“三查”200余人。全年，共出生13人，符合政策生育率，计生专干上门服务50余人/次。

【民政工作】 2011年，社区建立健全了民主管理机制，有居务公开制度及居务公开监督小组，公开内容及时规范，按月更换。落实了民政工作各项优抚政策，春节前慰问伤残军人、复员军人、低保户、残疾人、贫困老人等45人发放慰问金10850元。全年，对16户低保户发放最低生活保障金和各项补助金共计67329元，并行了入户核查，取消了2户不符合条件的低保户，并为8名低保户、残疾人、贫困户办理了医疗救助金、临时救助金共计50992.3元，为低保户、残疾人、伤残军人等弱势群体57人办理了面值200元、300元等爱心卡，为4户贫困家庭及1名残疾人发放“爱心购物券”5500元，5户无就业能力的低保户发放民政援助爱心款3700元，社区现有残疾人31名，有劳动就业能力的13人，已就业12人，就业率达92%以上。同时，制定了“量体裁衣”服务，发放“爱心卡”、“慈善爱心购物券”、“居家安养金”等，组织残疾参加街道“国际残疾人日”趣味运动会荣获第三名，并坚持为低保精神残疾人陕小丽办理在四医院住院治疗相关事宜，今年借款垫付医疗费10000元。

【老龄工作】 2011年，社区两委成立了老年协会，会员97人，会长1名、4名协会理事。全年，组织老年人参加各种活动5次，为社区老年人提供了展示健康体魄的舞台，丰富老年人的晚年生活，开展志愿者服务活动7次，为辖区老年人解决生活中的一些困难。春节为五保户、伤残、复原老军人、低保户、残疾贫困老人及60岁以上农转非居民老人共88人发放慰问金7470元。为8位残疾老年人员办理200元的“爱心卡”，为低保老人、伤残老军人、复原老军人、低保边缘户老人、90岁以上老人共12名办理了300元的“爱心卡”。为76人农转非老人发放面值30元购物券共2280元、重阳节慰问金3800元。全年发放老年人长寿补贴金共36250元。为11名就读桂溪老年大学的农转非老人补助春秋季学费共330元。

【司法工作】 2011年，社区两委成立了3人组成的人民调解委员会，调解委员会主任由社区支部副书记担任，调解成员2人，积极努力的做好各类民间纠纷的调解工作，把各种矛盾解决在萌芽状态，全年发生矛盾纠纷案1起，调解成功1起，并资料存档备查。截止11月，开展普法活动37次，出普法专栏11期，并将律师的联系方式在每个院落进行张贴，方便群众咨询、联系。

【教育工作】 2011年，社区适龄儿童入学率达100%，学生流失率为零。社区两委分别为9名贫困户子女办理了“阳光育苗助学”，4名贫困户子女办理了特殊家庭困难学生教育资助，为社区11名高中阶段失地农民子女办理高中教育学费补贴，应退费13200元。“六·一”儿童节，社区团支部组织小朋友及其家长开展了“我与工夫熊猫一起过六·一”亲子观影活动，并不定期开展提高青少年精神、行为文明的各种活动，促进未成年人健康成长。

【卫生防疫工作】 2011年，社区两委设立卫生专栏，每月进行健康教育宣传工作，协助卫生服务中心开展义诊活动，提高居民的健康意识。建立义务献血队伍人员共计29人，随时准备义务献血。定期投放鼠药开展灭“四害”，喷洒消毒工作，做好防范预防疫情的发生；对自办群宴和无证行医摊点进行日常监管，申报群宴共计2次，无食品中毒事件发生。专干人员不定期对辖区内的工地、餐馆、幼儿园等食堂进行卫生情况检查共12次；对辖区内的肉类、散装食品来源进行严格监管，禁止不合格食品进入市场。

【安全生产工作】 2011年，社区两委制定了社区消防安全事故应急方案，组织安全小组及居民培训学习会4次，居民群众消防演练2次，上报信息16条。全年对本辖区内的施工单位、商铺、院落进行安全消防安全巡查共24次，查出安全隐患7处，均及时进行了整改，整改率100%。

【食品安全生产】 2011年，社区两委建立了工作领导小组，专人负责，建立了食品安全应急体系，创新成立由居民代表组成的“义务食品监管小组”，将食品安全工作列入日常事务，设立了维权监督点和放心店，以居民参与居民监督的形式，控制和掌握辖区内食品的来源，杜绝三无产品流入，确保居民食品安全。针对重点环节、重点领域、重点品种，进行了13次专项检查，组织宣传咨询活动，发放食品安全宣传资料。深入到社区内的幼儿园、加工、经营单位进行食品安全大检查，从生产、销售、消费切实加强食品安全工作。还对市场、超市实行商品准入制度，同时还在辖区内的农贸市场实行蔬菜副食品等检测，实行蔬菜食品检测率达90%以上。配合职能部门开展集中整治2次，督促5家“五小行业”进行了整改。

【动物防疫工作】 2011年，社区两委根据社区的实际情况，对家禽、家畜、宠物养殖户做了一户一页，一畜一格的登记，登记率、业主了解熟悉动物防疫保护有关知识率达100%，并向养殖户发放了消毒药品，消毒率、强制免疫率均达100%。全年未发生重大疫情发生、无狂犬病病例。

【统计工作】 2011年，社区两委配置了1名居委委员负责统计工作，社区党总支书记担任统计负责人。全年，保质保量按时完成了高新区管委会、街道办事处下达的各项统计目标任务及临时性统计工作任务，积极参加各种统计人员培训，进一步提高统计人员业务素质和工作能力。

【科普工作】 2011年，社区内设有宣传栏、宣传牌，截至11月进行更新科普宣传内容11次，各类宣传活动28次。同时，不定期举办科普讲座、健康体检、放映科普影片，发放预防“甲型H1N1”、优生优育、预防艾滋、乙肝病防治、防震减灾等科普资料，普及科学文化知识，倡导健康文明生活方式，提高辖区居民知晓率。

【城市管理工作】 2011年，社区两委成立了城市管理工作领导小组，由居委会主任担任组长，1名委员专职负责城市管理工作，并配备了4名专职城市管理员，对两委成员和工作人员进行了城市管理责任区域划分，分片落实到人，健全了工作制度，落实了环卫整治工作维护队伍，维护周边环境。按要求准时参加街道召开的城市管理工作会议和各项活动，并按要求及时报送城市管理工作信息及报表资料。9月，在成都市中心城区城乡环境综合测评中荣获成都市第四名、成都高新区第三名。

城市管理工作领导小组开展“门前双五包”工作，落实“门前双五包”责任制，与辖区单位、企业、经营户签订了“门前双五包”责任书，签约率达100%，履约率达98%，并按责任段分工负责，不定期进行日常检查，并有检查记录。开展“门前双五包”、“百佳街道”、“千佳商铺”创建活动，制订了“门前双五包”责任创佳活动实施方案，有计划、有措施、有检查、有总结，并有资料存档备查。三季度社区有4家商户（依蓝干洗店、高新思明诊所、红旗连锁超市、昕薇理发店）被街道办事处评为“门前双五包”优秀示范户。同时，社区两委获得街道办事处2011年“门前双五包”、“百佳街道”创佳活动先进单位称号。

【生活垃圾处理费收取工作】 2011年，社区两委配备了2名专职收费人员开展收费工作，严格按照成都市城市生活垃圾处理费收费标准及相关规定执行，按时足额收缴城市生活垃圾处理费，在收费过程中未发生任何违规行为，全年社区共收取城市生活垃圾处理费120640元，完成基本目标的120.64%，奋斗目标的100.53%。

【群众文体工作】 2011年，社区两委以各种方式开展丰富多彩的经常性、群众性的文体活动，参加的居民人数达到60%以上。全年，社区舞蹈声乐协会创新4个节目，社区居民创新4个节目，其中《军民鱼水情》、《再唱山歌给党听》参加街道举办的廉政晚会，《欢腾》参加高新区举办的“和谐家园　幸福高新”第八届社区文艺汇演并荣获第二名。全年开展文体活动10次，有特色，有影响力的活动6次。

【创新工作】 2011年，社区两委创新管理模式，开展创建“文化型”、“服务型”、“孝德型”三型社区工作。开展多种多样的文体活动10次，丰富了居民文化生活，提高居民的思想素质和文化素养。开展从就业、民政、便民三个方面为居民提供特色服务工作，为居民解决就业等生活困难，努力实现居民困有所助、难有所帮、需有所应；孝为德之本，百善孝为先，开展以“心系老百姓，关爱进万家”为主题的每月免费为辖区老人理发服务、老年趣味运动会等活动，用实际行动为老人们送去了关怀。

社区两委结合街道办事处就业所“三进四送”就业服务巡回活动，推出“就业服务一卡通”的服务项目，树立了精品服务品牌。社区通过扎实开展“三进四送”就业服务巡回活动，践行“五心”服务，积极开展招聘会、发布用工信息、政策宣传、提供养老金核查上门服务、开展大中专毕业生就业援助月等形式多样的就业服务活动，并结合社区实际情况，设计、制作了“就业服务一卡通”。通过“就业服务一卡通”的宣传发放，不仅让居民更加了解社区就业工作，而且更方便地实实在在为居民送政策、送岗位、送服务等，充分体现了社区就业工作更加便民、利民、惠民。

永安社区

【概　况】　桂溪街道永安社区辖区总面积1.25平方公里，辖区北起三环路，南至府城大道，西起天府大道，东以锦江为界。辖区共有14条街道，分别是天顺北街、天顺中街、天泰路、天顺南街、天顺路、天久路、天环街、天久北巷、天久南巷、天长路、濯锦北路、绣川路、濯锦东路、濯锦北路。辖区道路全系水泥路面，主干道6车道、20米宽、道路全长近10公里。公交路线153路于2009年3月开通，由百花中心站开往天府长城，全长20多公里。公交809路、805路、6路、806路、545路、404路、331路、55路都经过辖区。2010年7月，公交184路开通，由桂溪公交站开往双源社区，全长14公里。辖区有市政广场1个，安装了8套健身器材，配备公厕1所，五州花园省电力公司有单独健身广场一处。有大桥1座——永安大桥。

驻辖区单位有成都市七中初中、凯丽滨江阿波罗爱儿坊（幼儿园）、中国成都海关、长江三峡公司。辖区内餐饮企业有兰桂酒楼、狮子楼、蜀国飘香、上岛咖啡、尚鼎火锅。2011年，辖区新增餐饮企业翅汤丰鲍、南堂馆、秘制板栗鸡、京满楼、锦上、欢天寨、圣大莫尼卡。辖区金融机构有工商银行、招商银行、建设银行、民生银行、成都银行、中信银行、中国银行、交通银行、农业银行、邮政储蓄等10家银行的分支机构。辖区有13个商住楼盘，其中高档楼盘11个，经济适用房和商品房混合楼盘1个，共计68栋、149个单元、10161套住房。辖区物业管理公司多为星级物业管理公司，其中蓝光嘉宝物业、启明星物业获得部优、省优、市优物业管理公司称号。2011年丽日清风成立了业主委员会筹委会。

附表：

门牌号	楼盘名称	栋数（个）	单元（个）	总户数（户）	物管公司名称	备注
天顺路288号	五州花园	10	16	688	启明星物业管理公司	高档楼盘
天顺路126号	金沙江苑	4	6	474	长江三峡实业公司	高档楼盘
天顺路66号	天府名居	8	15	1228	泓济物业管理公司	商品房、经济适用房混合
天环街680号	凯丽滨江	4	8	1054	蓝光嘉宝物业管理公司	高档楼盘
天长路59号	柏南郡	5	10	969	深圳市长城物业管理公司	高档楼盘
天久南巷169号	嘉南地	8	17	944	深圳市长城物业管理公司	高档楼盘
天环街719号	泰和佳园	3	7	808	和华物业管理公司	高档楼盘
天顺路222号	图兰多	8	9	1605	深圳市长城物业管理公司	高档楼盘
天长路6号	丽日清风	7	38	433	深圳市长城物业管理公司	高档楼盘（小高层）
天泰路47号	御府花都	3	13	828	蓝光嘉宝物业管理公司	高档楼盘
天泰路265	华敏世家	3	3	132	华敏物业管理公司	高档楼盘
天久北路8号	南尚国际	1	1	434	深圳市长城物业管理公司	公寓
濯锦东路164	半岛城邦	5	7	564	深圳市长城物业管理公司	高档楼盘

【党建工作】 2011年，社区工作站共找到36名党员并动员其将组织关系转入该社区党支部，先后开展10余次活动，上报党建信息10条，包括社区党员大会，党员志愿者献爱心，红色之旅活动，创先争优讨论会，观看庆祝建党90周年大会、退役军人的新家等。组建党员志愿者队伍，成立了党员志愿者先锋队，包括非公企业在内共17名党员参与到活动中，开展了义务植树、清洁院落、法制宣传、爱心捐赠等多方面活动，形成了党在社区的政治优势和组织优势。

11月11日上午，工作站召开了永安社区流动党员服务站成立大会，推选出站长刘石洪，副站长李敏、蒲东慧。通过流动党员服务站的建立，使不同年龄、不同职位、不同职业、不同居住区域的党员，增强了自律意识、奉献意识，使党员自觉履行党员义务，保障党员权利和主体地位。

【群团工作】 2011年，永安社区工作站推进工会组建工作，完成了成都高新区龙恒地产、凡客超市、传奇健身3家非公有制企业工会的建立。联合辖区阿波罗幼儿园开展“六一儿童节”庆祝活动，联合嘉宝物业管理公司开展“社区水上亲子”活动。全年共开展12次系列志愿服务项目的活动。在节假日先后开展“我们的节日”主题活动5次。

工作站结合志愿者先锋队，打造“365”志愿者，在志愿者先锋队基础上，划分出小小（7岁–14岁）志愿者，青年（15岁–45岁）志愿者，老年（45岁–70岁）志愿者，党员志愿者，企业志愿者多支队伍，结合各类志愿者服务时间，周一到周日，365天，天天都有志愿者为社区居民提供志愿服务。小小志愿者寒假、暑假期间提供志愿服务，老年志愿者周一至周五提供志愿服务，青年志愿者周六、周日能提供志愿服务，党员及企业志愿者随机参加志愿服务，做到365天都有志愿服务。

【治安综合治理工作】 2011年，永安社区工作站创新社会管理服务体系，解决群众反映强烈的治安问题，首创“物业大联勤”的社区综治维稳模式。5月13日，在工作站站长魏尤年的主持下“物业大联勤”模式正式启动，桂溪街道党工委副书记、综治办主任张仲常，桂溪街道党工委委员、三瓦窑派出所所长吴若欢等领导及大联勤队员以及多位业主代表参加了此次启动仪式。永安社区辖区现共14个楼盘，大型企事业单位18家，商家店铺239家，在建工地4家。每个月由社区工作站组织辖区内物管公司，工地治安负责人召开“治安综治专题会议”，会议内容为社区民警给大家通报案件，分析发案原因，总结防范经验。每个季度由社区工作站组织各物管公司经理，工地负责人召开“治安、城乡环境、安全消防会议”加强对各自辖区内的管理和服务。

【就业工作】 2011年，社区工作站建立基础数据与台账，包括：永安社区用工单位信息台账，商铺情况统计表，永安社区基本情况统计表，城镇失业人员登记台账，城镇求职人员登记台账，城镇失业人员安置台账，用工信息台账，企事业单位统计表，在建工地基本情况统计表。工作站与社区内的单位联系，寻岗、送岗、开展就业渠道。全年提供共享岗位453个，其中辖区内岗位为420个，现已成功上岗27人，协助双源、和平、双和社区举办10户以上企业或100个以上岗位的大、中型招聘会3次。全年上报就业工作信息10条，桂溪网采用6条。全年开展专题活动4次。全年工作站成功推荐辖区3人到群康科技（成都）有限公司上班。全年辖区新增自主创业人员2名。2011年，工作站成立永安社区就业帮帮队，帮帮队招入6家单位，签订了就业帮帮队意向性协议书，开展就业帮帮队主题活动3次，到各帮帮队进行走访，对就业帮帮队进行情况分析报告。

【计划生育工作】 2011年，工作站办理流动人口”爱心服务证”91本，发放”爱心卷”420元，查验婚育证53人.3月17日组织流动人口育龄妇女参加免费“三查”40人。全年共有女性初婚60人，现孕33人，出生67人（其中男孩41人，女26孩人，一孩57人，计划内二孩10人）。开展“新市民”集中宣传月活动3次和计划生育“科技之春”科普宣传月活动3次。发放避孕套193盒，药栓3盒，甲地孕酮片96片。签订知情选择同意书19份，药具发放率达100%，随访率100%，使用率达100%，为23位已婚育龄妇女发放叶酸114瓶。登记自备叶酸人员81人。

【卫生防疫工作】 2011年，工作站利用辖区院落宣传栏开展地方病、传染病、“四害”等防治工作。每月对辖区各餐饮企业及工地食堂进行卫生稽查，并做好记录，防止群体性食物中毒事件发生。工作站成立永安社区红十字会员小组，开展义务献血工作，登记应急献血队伍人员33人。4月开展“麻疹疫苗”查漏补种工作。10月，开展“脊灰疫苗”查漏种活动，对辖区未接种的3名回族儿童进行上报。工作站加大对辖区内在建工地食堂及餐饮业的卫生检查力度，每月28、29日定为对在建工地食堂、餐饮业的例行检查日，做好卫生稽查日志。

【教育工作】 2011年，辖区无一例失学儿童，入学率为100%，全年为社区8名学生办理高中阶段教育退费9600元。为辖区内8位失地农民的子女申报了义务教育费退费，并进行公示上报

【老龄工作】 2011年，工作站对高龄老人实行上门服务，做好居家养老工作，办理《老年人优待证》59本，对辖区内高龄老人申请高龄老人长寿补贴金，办理老年证38本，为25名高龄老人申请长寿补贴金，全年发放13950元。全年开展冬季老年人气排球比赛，永安社区第二届“厨艺大赛”，永安社区“庆端午趣味体育活动”，登山健身活动等。开展慰问活动1次，发放慰问金9700元。捐赠活动1次，向双源社区心脏病患者捐款2300余元，办理低收入认定2户，住房救助公示4户。

【群众文体工作】 2011年，工作站开展“庆元旦迎新春”演出，“庆三八妇女节十字绣作品展暨文体交流会”，社区“第二届气排球比赛”，“弘扬中国传统美食，第二届社区“厨艺大赛”，“庆端午趣味体育活动”。举办“唱支山歌给党听——桂溪街道永安社区庆祝建党90周年暨文体总会周年庆”晚会，“全民健身 你我同行”永安社区登山健身活动，永安社区健步走活动，“中秋两团圆　我们一家亲”击鼓传花庆活动，“桂溪街道社区联谊‘迎国庆　庆重阳’文艺晚会”等活动。

2011年，工作站指导社区居民根据自己的爱好组建各类文体协会参加市级、区级等各种比赛，其中，社区民乐协会参加四川省2011“手风琴艺术节暨第四届手风琴比赛”获铜奖，合唱协会获“四川省老年大学合唱比赛”一等奖。5月10日，社区合唱协会的合唱节目《山丹丹开花红艳艳》被成都高新区社会事业局作为优秀节目选送到“颂歌献给党　红歌暖人心——成都市第十届老年人艺术节文艺展演”。社区武术协会获“2011年‘运动成都’社区广场健身活动月成都市集体项目展示活动”集体拳术（40式）二等奖。社区柔力球队获“利通·佳年华杯”成都市第四届老年人运动会柔力球竞赛优秀奖。社区合唱协会合唱节目《山丹丹开花红艳艳》参加成都高新区“首届艺术节比赛”获三等奖。社区武术协会参加“‘运动成都·活力高新’2011年高新区社区太极拳”比赛获三等奖。社区门球协会参加成都

高新区第十四届“高新杯”门球赛获第三名。社区武术协会受邀参加成都高新区芳草街道“2011年芳草全民健身活动启动仪式暨‘太阳神韵’广场展示活动”获三等奖。

【安全消防工作】 2011年，工作站开展消防、安全生产、交通、安全用电、用气等大型宣传活动4次，发放各种宣传资料2000余份。组织安全人员到相关单位督促做好消防安全工作，向相关工作人员宣传消防安全知识，排查消防器材是否合格。邀请专业消防部门为广大住户及单位讲解消防器材的使用和消防安全知识，向住户发放大量的消防安全宣传资料2000余份，不定期采用公告形式提醒广大住户加强消防防范、安全用电、用气。

【民政司法工作】 2011年，工作站开展法制宣传活动4次。3月17日，在辖区天府长城南熙里广场开展司法所职能宣传和开展免费司法咨询活动。工作站工作人员和志愿者向居民发放法制宣传资100余份。5月26日，在天府长城南熙里广场开展了法治宣传进社区活动，向居民宣传《工作保险条例》、《食品安全法》《中华人民共和国计划生育法》等。9月26日，在辖区御府花都广场开展司法宣传活动。12月2日，在辖区御府花都广场开展了第十一个“12.4”法制宣传日活动。工作站协助桂溪街道司法所对异地经营法律业务的应天缘法律事务所进行查处开展大调解工作。9月22日，工作站工作人员参加成都高新区相关部门组织的法律和人民调解业务知识培训。

【建立社会事务信息化平台】 2011年，工作站建立“社会事务信息化平台”，将政府的劳动就业和社会保障、计生、民政、卫生、教育、老龄等部门的信息通过该平台向辖区居民公布，使社区居民在“永安社区社会事务信息化平台”上就可以查询公共事务信息，可以咨询办理劳动、计生、民政、卫生教育、老龄等公共事务。社会事务信息化平台包含社区居民服务热线、永安社区社会事务交流群、永安社区物管公司LED显示屏、永安社区宣传栏、永安社区物业管理公司信息员。

【成立物管工会联合会】 2011年11月12日，工作站成立了永安社区物管工会联合会并召开了第一次代表大会，会上表决通过了永安社区物管工会联合会章程，永安社区物管工会联合会第一次代表大会选举办法，选举产生了第一届物管工会联合会主席冷文，副主席深圳市长城物业管理有限公司工会负责人，经费审查员四川启明星物业管理公司工会负责人。工会联合会成员单位诚信践诺，认真履行《工会法》规定的各项义务和责任，与总工会携手开展活动，共促本企业健康发展。

南新社区

【概　况】 桂溪街道南新社区位于成昆铁路以南、府城大道以北、天府大道以西、益州大道以东，辖区总面积为1.28平方公里，社区总人口约13416人，其中常住人口3870余人，流动人口9546余人（含成都职业技术学院学生）。辖区有成都高新区党工委、管委会，成都高新法院，成都高新检察院等党政、司法机关，成都职业技术学院，有由欧尚超市、宜家家居、迪卡侬运动超市、凯丹购物广场、苏宁广场、富森美家居建材卖场构成的“新南天地商圈”。

社区工作筹备组成立于2007年11月，2009年1月1日，成立南新社区工作站。

附表：

序号	楼盘名称	物管公司	开发商	始建时间	竣工时间	占地面积	总户数	楼盘性质
1	江南岸	新源物业有限公司	成都江南房地产开发有限公司	2000	2001	0.45万平方米	177	电梯
2	融城理想	成都鼎瑞物业有限公司	成都南星实业有限责任公司	2005	2006	4.4万平方米	757	电梯
3	都会路苑	成都建鑫物业有限公司		2009	2010		695	电梯
4	时代晶科（一期）	时代晶科名苑物业有限公司	龙润房地产开发（成都）有限公司	2008	2010	8.2万平方米	470	电梯

【党建工作】 2011年2月25日，社区党支部在欧尚超市开展“凝聚党旗下，文明先锋行”为主题的党员爱心服务日活动。开展了形式多样的活动，庆祝建党九十周年。组织党员到阳光家园观看了经典影片《大浪淘沙》。组织社区党员和入党积极分子，到映秀参观了漩口中学遗址，参观新建映秀新城。组织社区骨干分子，在黄龙溪开展了红歌颂党恩活动。走访、慰问辖区老党员王天慧。组织社区党员和入党积极分子共同观看了中国共产党党史大讲堂CD片。特邀老党员苟正康同志为辖区青年及社区工作人员上了一堂内容丰富的党史课。与永安社区、益州社区组成“新社区代表队”，参加桂溪街道党史知识竞赛，荣获优秀奖。在成都职业技术学院开展了“建党九十周年，红色点亮青春”为主题的党建知识问答活动。

工作站指导携程计算机技术有限公司等4家企业成立了独立党支部，采取联合等方式覆盖了53家单位，覆盖率达到了79%。及时指导非公企业开展活动。1月14日，狄邦党支部图书室启用仪式在狄邦公司会议室举行。在非公企业内部开展了“公益创意征集”活动。共征集到公益创意10个，已选择、实施“地铁扶梯左行右立”，“党员公益法律讲座”，“回收电池”，“教育、法律公益咨询”四个项目。

【基层民主政治建设】 2011年，工作站社区将日常工作、入户走访、为群众办事时所收集到的情况整理为集计生、教育、老龄、动物防疫、社保、流动人口管理与服务为一体的资料册，召开了辖区四个小区物管负责人参加的“惠民绿色通道座谈会”；为更加广泛地收集大家对社区活动的意见、建议，开展了“三评一助推”活动。在都会路苑开展了“社区建设大家谈”活动。

抓住自身特点，开展非公企业建党工作。今

【群团工作】 2011年，工作站走访未建会企业30家，通过工作人员努力促成成都银诚置业有限公司等9家单位组建了工会，现已发展工会会员352人。全年完成建会任务128.57%。成立了“科普志愿者”、“综合性志愿者”、“特长志愿者”3支志愿者小分队。有成都尚珍阁餐饮有限公司等4家单位组建了团组织，完成建团任务100%。

工作站全年开展“庆元宵·送祝福”、“登山活动”、“防范技能培”、“企业运动会”、“企业文化月、健康知识讲座”、“商铺技能竞赛”等工会活动15次。开展“迎春文艺晚会”、“迎春庙会暨书画展销会”、“三八趣味游园会”、“三八舞会”、“感恩母亲节”、“粽香浓情话端午”、“羽毛球比赛”、“气排球循环赛”、“亲子运动会”等妇联活动20次。11月承办桂溪街道办事处的“快乐嗨翻天”亲子运动会，辖区100余户家庭参与了这次活动。5月，工作站配合区级工会为辖区富森美家居、欧尚超市、宜家家居、凯丹广场、苏宁电器等8家企业

198名职工送去了成都市美年体检中心的“成都高新区职工免费体检卡”。

【治安综合治理工作】 2011年，工作站召开综治会议12次，两委专题研究会4次，防范技能专业培训2次。在工地开展治安防范宣传5次。夜间加强了督促、检查力度，张贴居家防范温馨提示300余份，发放宣传资料700余份，居家防范300份，治安防范册子400份。协调保障新南商圈大型促销活动4次。在融城理想、时代晶科、新南天地商圈开展了治安防范宣传活动。开展了12次群众性法制宣传活动。居民犯罪率为零，“两劳”回归人员重新犯罪率为零，无党团员违纪案件发生。

工作站成立了以站长为组长的创建无毒社区领导小组，确定了专人负责此项工作。组成了有22人参与的禁毒志愿者队伍。在职业技术学院、小区内开展禁毒宣传活动6次。

【城市管理】 2011年，工作站组织开展了12次集中清洁城市活动。开展城市管理培训4次，参加人员120人，城管宣传8次。针对街道两侧出摊占道行为进行了6次专项整治。与123家商家签订了门前五包责任书，签订率达到了100%。完成了6家优秀单位的考核。开展燃煤清理工作4次，组织对商家、店铺清理牛皮癣、立面广告等“门前双五包”工作进行了10次专项检查，商家、店面履约率达到95%。开展创建“百佳街道”、“千佳商铺”活动，创建了联勤自治小组。4月22日在欧尚开展了主题为“倡导绿色消费，支持绿色生产”的环保宣传活动；在6.5世界环境日，组织了“环境保护，从身边做起”环境宣传活动；在江南岸小区开展了主题为《回收电池，保护环境》的宣传活动。

【就业工作】 2011年，工作站共为辖区28位居民开具了失业证明。为一名在辖区从事家政服务的兴蓉南三巷居民办理了灵活就业社保补贴审核证明，全年为8名小区居民进行养老金核查认证服务，为5名居民出具异地就医意见。开具其他证明2份，并上门开展各种优惠政策宣传活动。全年共寻岗467个，同时将信息及时、准确上报街道办事处就业所及兄弟社区，达到社区之间的资源共享。因本社区居民暂无求职人员，南新社区推荐其他社区人员上岗26人（其中4050人员6人）。与和平社区两委联合召开招聘会2次。带领辖区单位参加成都高新区的大型招聘会一次，每次招聘会提供岗位数均达到100个以上。调解了4起劳动纠纷，保护了劳动者的合法权益，构建出和谐的劳动关系。为满足辖区商铺对钟点工的用人需求，给大学生一个就业实践平台，工作站成立了钟点达人就业社，将参与活动的大学生输送到有用工需求的商铺，达到互利的目的。截至12月辖区已有12家用人单位和20名大学生参与到活动中。

【计划生育工作】 2011年，工作站在“世界人口日”、“世界艾滋病宣传日”、“出生缺陷干预日”、“5.29”协会纪念日均开展了形式多样的宣传活动；在江南岸小区开展了义诊活动；特邀锦江妇幼保健院郑主任到高新国际广场，为51名育龄群众进行了健康知识讲座；为12名符合条件的已婚育龄妇女办理了生育一孩登记。为6人出具婚育情况证明；为10名流动人口发放了“计划生育帮困助学金”4000元；查验《流动人口婚育证明》63本，为74名符合条件的育龄妇女发放爱心券2620元；为新增流动人口办理服务证249本，办理《流动人口婚育证明》16本；组织已婚流动育龄妇女201人开展了春秋两季免费妇检；召开了新南天地商圈流动人口计划生育协会会议，对协会成立三周年的工作情况进行了总结，确定了下一届理事人选；在“5.29”计划生育协会纪念日到来之际，在欧尚超市开展了“健康宝贝爬行秀”活动；组织协会的10名女性会员，开展了新市民健康倍增计划体检。开展了“新市民”、“科技之春”专项宣传活动；两次对辖区内7家出售计生药具的药店、超市进行了摸底调查。发放避孕套3440只、三相片29盒、药膜12袋、壬苯醇醚栓4盒、醋酸旱地孕酮片2盒。为38名已婚育龄夫妻发放了优生健康检查卡。

【老龄工作】 2011年，辖区共有68名60周岁老人户口迁入，其中男性33名，女性35名，空巢老人2名，80周岁以上高龄老人11名。工作站全年为辖区23名老人办理了《四川省人民政府老人优待证》，38名老年人办理了《成都市老年人优待证》，为新增的6名符合条件的高龄老人办理了长寿补贴申请，全年共为11名老人发放了高龄长寿补贴5650元。

3月4日举办了中老年居民参加的专场舞会10月14日下午，组织辖区10名老年朋友，参加了高新区老年人趣味运动会桂溪分赛区比赛，并以总分第二的成绩荣获二等奖；9月29日，组织辖区老年朋友开展了庆祝重阳节活动。

【群众文体工作】 2011年，工作站开展了各项文体活动。1月，在欧尚超市大厅开展了为期1周的“南新社区迎春庙会暨书画展销会”，合计销售金额达2600余元；工作站为社区腰鼓协会制作了“腰鼓协会商演联系卡”，并组织腰鼓协会开展了“行军式”的腰鼓宣传活动，已承接商演活动2次；为辖区广大居民朋友发放春联，共送出春联126幅；成立“天涯坊”，为辖区外国籍居民提供交流平台，已开展活动25周，近200人参与其中；通过日常进院落、进楼宇、进商圈开展的认岗活动，集聚了15名具有一定专业知识的志愿服务岗人员。根据每位服务人员的特长、时间，与他们共同策划活动。现开展的活动项目有：工笔画、太极拳、书法、科学小实验、暑期快乐英语活动等100余次；聘请了书画协会的志愿者苟正康担任“周末小课堂”书法老师，免费为社区内4至10岁的小朋友上书法课；与“橙天嘉禾成都凯丹影城”进行协商，10月8日，为首批50户家庭办理了惠民观影卡。

【食品安全工作】 2011年，工作站定期对辖区内食品销售的商家店铺开展食品安全检查，并将隐患及时上报食安办，建立健全了卫生管理制度，建立了食品购销渠道登记，加强对餐饮单位的检查。对辖区餐饮单位要求从业人员持证上岗，消毒制度齐全、原料采购有记录，“五病”调离记录齐全，消除食品安全隐患。对辖区内65家餐馆、26家食品销售单位、7家单位食堂开展食品安全检查12次，其中瘦肉精、食品添加剂、地沟油等专项检查7次。全年未发生1起群体性中毒事故。

【民政工作】 2011年，工作站开展送温暖活动，关心特殊工作对象。对3名军属、3名残疾人、1名台属、1名台胞进行了慰问；1月21日和5月10日，工作站站长和工作站民政干事与街道办事处民政干事、残联干事一同到成都市一医院看望了辖区残疾人吴凯的母亲，为他们送去了慰问金、慰问券、慰问品；为辖区残疾人邓小花送上桂溪街道重度残疾人就业扶持金1000元和全国助残日慰问券；为1名残疾人发放了“引路人系统手持机”、为4名残疾人发放价值50元的助残日购物券。对辖区33户申请经济适用房的家庭进行了低收入家庭认定，初审了他们提交的材料，对每户家庭的情况进行公示，组织评议小组对每一批申请者的情况进行评议。对申请限价房的32名申请者的材料进行了公示。

【司法调解工作】 2011年，工作站针对辖区商住楼盘业主与业主、业主与物业之间矛盾纠纷特点，将工作中的问题进行归类、筛选，将带有普遍性的问题以案例的形式列出来，充分依托辖区共建单位——成都高新区法院这一有利资源，在法官们的指导下，由律师对每一案例作了点评，并将相关法条进行了罗列与陈述。对每一个案例以相对规范的处理方式形成模板，对以后的调解工作起好示范、引领的作用。

【"3C"模式进商圈】 2011年，工作站探索社区管理新模式打造大联防机制，简称"3C"模式，3C是合作、竞争、共赢三个英文单词的头一个字母。这种模式之前主要针对流动人口被运用于院落，在治安防控方面取得了很好的效果，在"新南天地商圈"中推广是一种新的探索。8月31日上午，南新社区"3C"模式进"新南天地商圈"启动仪式在凯丹广场隆重举行。活动的开展受到华西都市报、四川新闻网、成都电视台新闻综合频道三家媒体的采访报道。

益州社区

【概 况】 桂溪街道益州社区位于站华路以东，府河以西，府城大道以南，南边与华阳大桥交界（包括原双土村、建设村、五岔子村），辖区面积为11平方公里，社区常住人口23112余人，流动人口20000余人（流动人口主要集中在35家在建工地及各写字楼）。社区筹备组成立于2007年11月。

附表：

序号	楼盘名称	物管公司	开发商	始建时间	竣工时间	占地面积	总户数	楼盘性质
1	成达佳园	成都市荣达物业有限责任公司	世纪城新会展有限公司	2006年	08年9月30日	37719平方米	1116户	电梯
2	盛南领地	成都凯旋物业服务有限责任公司	成都盛南置业有限公司	2006年2月	08年7月31日	17194.16平方米	390户	电梯
3	英郡	成都银都物业服务有限公司	成都高新置业有限公司	2007年	09年11月8日	总建筑面积22.6万平方米	1313户	电梯
4	天鹅湖花园	成都世纪城物业管理有限公司	成都世纪城新国际会展中心有限公司	2005年	2007年	92000平方米	3864户	电梯
5	泛林·格兰晴天	四川省金园物业管理工程有限责任公司	成都市泛林地产	2003年	2006年6月30	4716平方米	314户	电梯
6	世纪欣园	成都世纪城物业管理有限公司	成都世纪城物业管理有限公司	2005年	2006年	33000平方米	176户	电梯
7	美年广场	深圳市彩生活物业管理有限公司成都第二分公司	四川西美投资有限公司	2008年	2010年	80亩	1990户	电梯

【廉政文化建设工作】 2011年，工作站依托社区老党员之家、廉政文化书画协会，成立益州社区首支老年党员廉政文化宣传队伍，年均60岁以上，总共32人。6月11日召开"七一"座谈会。6月22日举行了以"不朽的华章"为主题的毛泽东诗词朗诵会活动。8月25日在西蜀人家举行了"益州社区廉政文化书画现场创作交流会"。9月26日将廉政文化现场创作会创作出的数十余幅廉政作品在桂溪街道文化综合中心进行了为期一个月的展览。桂溪街道党工委副书记、纪工委书记陈长贵、桂溪街道党工委委员、党政办主任瞿蓉芳等领导一行参观了本次廉政书画展，并对老党员创作出的廉政文化作品给予了高度评价。此次展览由桂溪街道纪工

委下发成高桂纪［2011］7号文件要求各党支部参观学习。

【综合治理工作】 2011年，工作站完善各项组织机构，积极开展群防群治工作，加强社区治安防范措施的落实，增强在维护社会治安中的作用，切实落实“属地管理”的原则，针对“世纪城新会展中心”南门商铺油烟扰民问题，工作站组织物业、商家、物业业主及相关部门开展协调会5次。全年开展“天府新城和谐物管联盟”单位社会治安综合治理工作会5次，依托社区“和谐物管联盟”单位，组织协调联盟单位联络专员收集各类维稳信息，及时归类整理上报，积极推动社区建设综合治理工作。在辖区范围内试点开展“无刑事案件院落”创建专项活动。本次创建共有10家独立院落参与，截至11月5日，有7家单位超过310天无治安、刑事案件发生，个别物业小区为全年零发案院落。

【城市管理工作】 2011年，工作站组织协调商家店铺各项城市卫生，确定工作人员庄福明为专职环保宣传员，开展“4·22”世界地球日和“6·5世界环境日”的宣传，发放相关资料200余份，横幅2条，积极报送环保信息，同时做好辖区范围店招、商招管理工作，严格要求各商家在审批后施工设招，促进了辖区店招、商招的美观大方。组织工作站全体工作人员到双流县兴隆乡天明村，与该村其中一单位共同在荒坡处开展植树、护树、浇水、等护绿活动。

【就业工作】 2011年，工作站为辖区内各企事业单位宣传各类优惠政策，全年发放各类通知及就业宣传资料1000余份。全年报送各类信息13篇，上传桂溪网9条。开展主题活动2次，各类宣传活动5次。辖区全年新增创业人员2名，共带动14人就业，带动率700%。工作站成立的就业帮帮队益州队有成都华昌物业管理有限公司金融分部、深圳科技工业园管理有限公司成都分公司、利丰物业、凯旋物业4家企业。经过1年的合作，益州就业帮帮队成立初期四家用工单位共录用桂溪辖区居民80人，本年新增录35人，就业帮帮队成员单位提供岗位300个。工作站全年共收集各类岗位735个，包含辖区内岗位664个，成功安置桂溪街道辖区居民35人，其中“4050”人员9人。工作站协助街道办事处就业所对异地居住退休人员进行养老金资格认证10名，2010年城镇职工异地就医申报7名，协助就业所审核4名领取灵活就业社保补贴人员。

【计划生育工作】 2011年，工作站开展优生优育、避孕节育、生殖保健等知识的宣传，为辖区育龄妇女进行了免费春秋季妇检两次（共查育龄妇女117人）。发放各种宣传资料1000余份，发放叶酸片78盒，避孕药具共发放500余盒，签订使用药具知情选择同意书8份，有效使用率达99%。为流动人口查验办婚育证明共12人，发放流动人口告知书98份，发放爱心券640元。7月8日，工作站在祥和山庄举行了计划生育“自管、代管、共管”启动仪式。

【流动人口管理工作】 2011年，辖区共有10个楼盘，包括8个商品住宅院落和2个军属小区，总户数达8304户，其中出租房569户，自用户2010户，闲置5725户。大型企事业用工单位500余家，商家店铺330家（其中临街63家），在建工地60家，物管公司55家（小区院落9家，企事业46家），流动人口总数达11845，常住人口23112人。4月15日工作站在辖区英郡三期工地对工地民工开展普法宣传活动；4月26日在辖区中石油项目部在建工地进行“维权知识进工地、法律服务贴民心”法律知识宣传活动；7月15日在四川建筑第六建有限公司举办了“咱们工人有力量——益州社区社区拔河比赛”活动；7月28日在辖区“棕榈泉”工地开展“送清凉进工地”系列活动；11月25日，益州社区流动人口服务管理站在辖区孵化园诚悦时代物业服务有限公司开展了一次“我运动、我快乐、我健康”趣味运动会。

【老龄工作】 2011年，工作站通过入户对辖区60岁以上老年人进行初步摸底，逐步健全辖区老年人的基本信息档案，并将其相关资料登记造册，现已录入老年人资料276人，其中户口在本辖区的80周岁以上老人7人。2月17日在桂溪街道文化中心举办“益州社区老年书画摄影展”。4月20日在天鹅湖举办“和谐杯”老年象棋联谊赛。9月28日在英郡小区举行“舞动清秋，情满益州”重阳节猜灯谜活动。10月25日在益州社区市民学校举办了第三届老年“雀王杯”麻将大赛，本次比赛有来自天鹅湖花园、格兰晴天、森林总队、消防支队的老年人共48名选手报名参赛，其中年龄最大的76岁，年龄最小的61岁。工作站在格兰晴天和天鹅湖、英郡一期设置了以健康卫生知识，法律维权，娱乐休闲、育儿空间为主题“爱晚亭”和“童叟亭”知识栏。

【文化工作】 2011年，工作站在“五·一劳动节”举办“咱们工人有力量——拔河比赛”；在“五·四”青年节期间，组织辖区青年志愿者到安仁剑川博物馆开展“非遗红色之旅活动”；在“七·一”建党节前举办“不朽的华章——毛泽东诗词朗诵会”和“运动七一——乒乓球比赛”；在“八·一”建军节当天，邀请新益州派出所和武警成都市支队十六中队举行了“八·一杯”篮球赛；在中秋节举办“月舞中秋、情满益州”系列民俗活动；联合双源社区两委举办了“新老社区一家亲、欢欢喜喜庆国庆”大型文艺晚会。益州社区老年“雀王杯”麻将大赛，是益州社区的名片。该活动是针对辖区老年朋友，根据他们的喜好而设计。不仅益智，还能锻炼老年人手指，得到了辖区群众的追捧。该赛事也是益州社区一年一度的重要活动，2011年为成功举办的第三届。

【安全消防工作】 2011年11月4日，社区“安全生产消防防范”领导小组在“11·9”全国消防日来临前，联动辖区各级物业单位开展消防演练周活动，“天府新城和谐物管联盟”中的20余家单位加入到“11·9”消防演练大联动，各物业单位积极配合工作站发送消防资料，对本写字楼各单位公司进行入户宣传。12月2日，工作站在武警特勤二中队成功举办了“企业安全生产文化周暨和谐物管联盟之消防技能大练兵活动”，来自桂溪街道辖区的19家单位参加了此次比赛，成都高新区党群局副处长何朝阳，桂溪街道党工委副书记、纪工委书记陈长贵，桂溪街道党工委委员、党政办主任瞿蓉芳参加了此次活动。成都世纪城物业服务有限公司以绝对优势获得了此次比赛的第一名。本次活动是工作站组织的第四届“消防大练兵活动”。

【建立益州“爱心血液平台”】 2011年，工作站利用辖区大、单位多的有利形势，以各种形式宣传为铺垫，以物业公司为着力点，以“成都血液中心”为技术中心，在园区的各企业中招募献血志愿者，建立了益州“爱心血液平台”。全年开展献血活动2次，采集血液33800CC，招募献血志愿者40名，发放《桂溪街道办事处红十字会、桂溪街道办事处益州社区2011年春季血液应急爱心献血活动倡议书》2000份，宣传活动覆盖软件园园区170余家单位。

【建立“和谐物管联盟信息网络平台”】 2011年，工作站以创建“平安益州”为主题，在和谐物管联盟机制的基础上，正式启动“天府新城·和谐物管联盟信息网络平台”，该平台发布各类治安安全、禁毒、消防、防汛等防范信息，社区在涉及综治维稳、“无刑事案件院落创建”、流动人口管理、城管、安全、消防的工作通过“天府新城·和谐物管联盟信息网络平台”协同物业落实联动方案，发挥人防的能动性和物防、技防的效能作用，降低了辖区各类案件的发案率、确保了无一起消防安全事故发生、无被水淹事故的发生、全国文明城市复查工作的顺利进行及名都公园拆迁事件的平稳度过。

【“社区服务结构框架”】 2011年，工作站探索社区创新社会管理服务体系，从创新社会管理服务体系出发逐步构建益州社区“3+2+N”群众组织体系，即以社区工作站为中心，以“社区民情参议员”为参谋，“居民骨干会”、“党员民意龙门阵”为交流平台，以“天府新城　和谐物管联盟”和“天府新城　和谐工地”为服务窗口，以“N”个协会和志愿服务组织为活动载体的社区治理结构，从而填补了新社区无居民楼栋长协助社区工作的空白。该体系几乎涵盖了辖区的居民、企事业单位及在建工地的服务。

【建立“爱之家”】 2011年，工作站致力于社会组织发展工作，在城乡环境综合整治的大背景下，以“文明养犬”为主题，建立益州“爱之家”这一组织。组织主要开展流浪犬只收容、文明养犬宣传等。例如针对天鹅湖小区因养犬引发的邻里纠纷，爱之家组织在天鹅湖小区开展了“文明养犬、共建和谐家园”活动，在四个农迁社区与综治巡逻大队一起对流浪犬只清理容犬，采用这种人性化的方式，推广“负责任养犬”的现代文明养犬理念。通过办事处、工作站与“爱之家”的合作，有效减少了辖区流浪犬只数量，同时也促进了小区院落文明和谐，创新了城市管理工作方式。

【创新社会管理服务体系】 2011年，工作站招募中国共产党正式党员、长期居住或工作在辖区、具有高度的政治觉悟，有责任心和热心，重视社区发展、具有丰富的公司管理或社会管理经验、年龄40–70岁、有时间参与社区工作、不以获得报酬为目的的人员参与社区建设、自愿担任“社区民情参议员”，负责汇集社情民意，并将社情民意准确及时反馈给社区、负责将社情民意的回复及时准确传达给广大群众，做好正确解释、按要求参加社区会议，发挥社区顾问作用、与群众互动，并积极正确引导群众参与社区工作。

【建立“成都图书馆益州社区分馆”】 2011年，辖区内有在建工地60多家，外来民工人员众多，他们的文化生活相对比较单一。建筑单位常年施工现场分散，劳动强度高、工作环境艰苦，人员流动频繁，而辖区内的大型建筑单位也越来越重视农民工对文化的需求。为了让有效的文化资源让更多的群众来分享，工作站在成都市图书馆的支持下，建立了“成都图书馆益州社区分馆（流通点）”，双方签订了合作协议。市图书馆为益州社区图书室提供了500册图书作借阅之用并定期轮换，图书类别包括文学、政治法律、科技、医药卫生等内容积极、健康的普及读物，另外提供期刊20箱（共3000册）。在此基础上，工作站创新提出“流动图书室”概念，每个月将书送到工地，工地方安排专人负责书籍的管理与借阅工作。第二个月发放新的图书后将旧的书籍回收，然后送到下一个工地。已在中建三局（棕榈泉项目）、四川省六建公司（天府软件园4期G项目）、银都业务等工地及物业单位建立了流动图书室。

双和社区

【概　况】　桂溪街道双和社区是在成都高新区党工委、管委会细化社区管理的要求的大背景下，将双源社区地域管理范围进行调整后，于2011年新成立的一个社区，辖区范围北起大源北二街，南至天府二街，东至南华路，西至大源街，有原双源社区的44号院、5号院、48号院，37栋住房，133个单元，住房1836套，居民约6000人，街道5条，商家店铺251家。安置居民分别来自原桂溪乡的五岔子村、建设村、勤俭村、大源村、铜牌村，原石羊乡的花荫村、灯塔村、双河村。辖区内有54个班级的9年制学校高新大源学校一所，12个班级的幼儿园一所，一个农贸市场及一条商业步行街、两个娱乐休闲广场、阳光家园一个。双和社区筹备组于2011年7月成立，组织健全，现有社区筹备组成员7人，协管员5人，楼栋长19人，门卫11人，水电工1人。

【党建工作】　2011年，社区党总支有党小组18个，党员136人，其中预备党员1名，30岁以下的青年党员22人，30–60岁中年党员50人，60岁以上老年党员64人。党总支坚持每月15日定期召开党员例会，先后组织开展老干部座谈会、党员恳谈会等形式多样的党组织会议6次。会议中收集党员对院落建设、社区管理等方面的问题30余条。针对不同年龄层次的党员，组织参加由街道党工委统一安排的党员轮训3次。

【党组织换届选举】　2011年10月，双和社区党组织换届选举工作领导小组按照《双和社区党组织换届选举工作方案》的要求，通过前阶段的党员、居民代表公开推荐大会和组织考察，确定8名正式候选人。10月30日在大源学校阶梯教室召开了社区党组织换届公推直选选举大会，应到党员134人，实到党员128人，委托投票15人，请假21人，通过无记名投票、现场唱票，得票情况：竞选党总支书记魏尤年102票、徐杰19票；竞选党总支副书记成华利97票、李佳93票、姚玲25票；竞选党总支委员茹宗仁100票、陈立容66票、李利44票。最终魏尤年当选双和社区党总支书记，成华利、李佳当选双和社区党总支副书记，茹宗仁、陈立容当选双和社区党总支委员

【居委会选举】　2011年12月28日，桂溪街道双和社区选举产生第一届居民委员会。居委会是根据《中华人民共和国地方居委会组织法》由双和社区全体有选举权的居民民主选举产生的群众性自治组织，接受双和社区党总支的领导。成华利当选双和社区居民委员会主任，茹宗仁当选双和社区居民委员会副主任，陈立容、闵万军、宁月荣当选双和社区居民委员会委员。

【就业托底工作】　2011年，社区居委会通过楼栋长初选、评议、公示到办事处审核，最后将没有完全丧失劳动力的5位居民纳入就业托底对象（3人精神残疾，其他2人均是常年患病或家庭内有残疾人员），他们主要从事清除乱张贴的牛皮癣、清洁宣传栏及露天座椅、劝导和制止不文明现象等工作。每参加一次活动可获得30元补贴，每月每人能通过自己劳动获得400–500元活动补贴，全年共参加活动34次，共得活动补贴4000元。社区托底安置工作先后被成都日报，四川新闻网，中央电视台等媒体采访报道，网易等新闻媒体纷纷转载报道，《中国就业》杂志刊登相关内容。

【治安综合治理工作】　2011年，社区居委会

建立了不稳定因素排查制度和不稳定因素排查表，开展防偷防盗等方面的治安防范宣传共5次，门卫防范专业技能培训2次，张贴居家防范温馨提示1000余份，治安防范手册300余份。社区成立了戒毒康复工作领导小组，招募戒毒志愿者6名，对戒毒康复人员做到了底数清、情况明，为增强群众的戒毒意识，在学校广场开展戒毒宣传3次。

【计划生育工作】 2011年，社区成立了由居委会主任负总责的社区计划生育工作领导小组，并在3个院落分别设置了5名计划生育信息员，明确工作职责，做到有信息及时反馈，有问题能及时处理。领导小组成立以来，开展宣传教育活动4次，开展计生信息员专题培训2次，开展流动人口服务3次，为605户独生子女家庭发放独生子女父母奖励金65220元，为已婚育龄妇女216人开展了秋季妇科普查工作。开展“三结合帮扶行动”对社区5户贫困家庭送去了大米、菜油等慰问品。

【安全消防工作】 2011年，社区居委会联合片区民警、街道治安大队三中队综治队员对辖区内的幼儿园、学校、网吧、珠宝店及按摩房进行了一次治安、消防安全大检查。在检查中发现诸多隐患，如网吧内有人吸烟、珠宝店内的安防设施不到位、消防栓无水管、灭火器过期等问题。针对以上存在的隐患，社区工作人员现场对店铺老板进行了口头教育，并责令限期整改。

【老龄工作】 2011年，社区居委会建立为老服务体系，组织开展全民健身活动2次。举办《老年人权益保护法》宣传1次，法律咨询20余次。将辖区空巢老人、60岁以上老人、生活不能自理和经济困难老人作为老龄工作的主要服务对象，以定期走访、慰问等方式，及时为他们的排忧解难。为60岁以上老年人发放生日慰问券348张、发放重阳节慰问金34350元和免费健康检查；为80岁以上老人发放长寿补贴金32750元、为9名80岁10月份过生日老人发放长寿面及拍摄冲印生日照片、为4名80岁以上行动不便老人申请发放轮椅、为3名行动不便残疾老年人申请发放轮椅、为1名视力残疾老人发放了引路人手持机。为10名困难残疾老人发放月饼1盒；为11名90岁以上老人发放苹果、鸡蛋等重阳节慰问品。

【执行“惠民政策”】 2011年，社区居委会落实惠民政策，开展扶贫帮困、拥军优抚、医疗卫生等多层次的社区福利服务和便民利民服务。为辖区9名患病且需长期服药的居民申请临时救助金14000元，为11名患大病住院的居民申请应急医疗救助。慰问90岁以上过生日的老年人、结婚人员及去世人员共计33人次。为16名学生提供了帮困助学慈善救助。

【文体工作】 2011年，社区居委会以“文明和谐院落”和“文明和谐家庭”为载体，多形式的在院落内开展“唱红歌、庆中秋”、“小手牵大手”等18次文体活动。社区居委会举办的社区首届“庆国庆、迎重阳”文艺汇演中，由居民自编自演的金钱板《田园城市，多美好》、情景剧《皇帝的新装》等节目深受居民喜爱。9月28日，由社区居民代表社区参加的成都高新区社会事业局举办的“和谐家园·幸福高新”第二届曲艺大赛中，取得个人三等奖的成绩。

社区组建了40人的民间舞蹈队，40人的老年腰鼓队，28人的民间狮龙队。102人参加老年太极拳运动，50人参加健身操晨练，300人参加广场舞。

【为民办实事工作】 2011年，社区居委会为辖区院落安装凉衣杆9处，维修院落座椅203

张，维修停车带460平方米，修复破坏的铁栏杆7处，维修单元门铃和对讲系统90户，维修污水管道3处，维修院落积水10处，统一对44号院、48号院、5号院门卫室进行粉刷。社区非常重视，及时向街办领导反映，对几个出口进行了现场察看分析，考虑了多种方案，最终拟定在大源南二街5号大门出口进行道路拓宽。2011年11月1日，召开居民代表听证会讨论5号院因大门口较窄，导致早晚高峰期交通阻塞问题，最终形成决议并将改造方案上报街道办事处。12月底拓宽工程竣工，现大门出口有8.4米宽，安装双向道闸，进出的机动车、非机动车和行人各行其道，有效缓解了居民出行难的困扰。

双祥社区

【概　况】　桂溪街道双祥社区地处昆华路（北）东，大源北一街以南，南华北路（北）以西，大源北二街以北。双祥社区是成都高新区迄今为止最大的农迁安置电梯公寓式小区，共有31幢住房（住户8188户），82个单元，房屋8188套，配有164部电梯，有地上及地下机动车停车场，64个非机动车车库出入口共有，入住农迁居民12000余人。6月25日，社区进行了的第二次分房工作，分房1536套。

【党建工作】　2011年3月3日，双祥社区成立了临时党支部。3月5日，临时党支部组织辖区党员以及群众志愿者召开了“双祥社区党员突击队及志愿者培训会议”。社区临时党支部召开了多次党员会，密切了支部和党员之间的联系。社区临时党支部每逢节假日时，就组织支部委员看望老党员并送去慰问品，并对在册的80岁及以上的老党员进行电话慰问。社区临时党支部联合双源社区、双和社区、临江村党员成立了慰问组、咨询组、理发组、维修组及义诊组。

【流动人口管理工作】　2011年2月18日，社区筹备组召开了流动人口管理入户调查工作安排会议。3月15日，社区流动人口协管员协同办事处就业协管员开展对双祥社区三个院落的流动人口入户登记工作并对已登记的未完善信息进行再次入户确认，截至3月16日共登记流动人口50余人，并主动为其办理居住证证明5份。7月5日，社区流动人口协管员协同社区警务室对双祥社区出租房屋及流动人口展开了大清查。

【文体工作】　2011年3月4日，社区筹备组成立了社区老年活动中心，并举办了“三八妇女节趣味游园活动”。全年，社区筹备组举办了以“妈妈，您辛苦了”为主题的母亲节文艺晚会、“端午节包粽子比赛”、“光辉的里程”的文艺晚会、“庆国庆、迎重阳”文艺晚会。开展了全民健身羽毛球比赛活动和洛带金龙长城进行攀登比赛。

【老龄工作】　2011年，社区筹备组联系四川省红十字基金会开展主题为“千万白内障光明行动”的公益活动，为社区老年人进行免费白内障检查。3月23日，在筹备组的组织下，桂溪社区卫生服务中心的医务人员为老人进行免费义诊，并为老年人们现场讲课，进行健康教育。筹备组联合老年活动中心举办了双祥社区老年棋牌比赛。组织自愿者慰问桂溪敬老院的五保老人，开展了“我们为老人送温暖”活动。

【计划生育工作】　2011年，社区筹备组在第五个“预防出生缺陷日”来临之际，联合双源社区，共同邀请专家现场讲解了出生干预缺陷知识，增强辖区广大育龄妇女孕期保健及出生干预缺陷知识。为辖区已婚育龄妇女提供免费康检妇检服务，并发放相关健康保健知识读刊、宣传资料400多份，发放避孕药具200多盒。9月22日、23日共有859名常住已婚育龄妇女、20余名流动育龄妇女参加了妇检活动。

【卫生防疫工作】 2011年3月25日，社区筹备组配合防疫站工作人员免费为辖区居民喂养的40条犬只注射了狂犬病疫苗。为了给社区居民营造一个良好的生活环境，双祥社区筹备组对社区3个院落的花草树木进行了灭虫药物的喷洒。

【就业工作】 2011年7月18日起，社区筹备组正式开始对外受理就业奖励金申报工作。9月26日正式开始发放存折，同时就业奖励金申报工作也在继续进行中。11月，社区就业协管员下院落为居民宣传就业政策，并到每个院落为居民发放“就业在身边　援助你我他”就业一卡通。并积极开展了“三进四送”专项就业服务活动。筹备组全年举办多场招聘会并开发公益性岗位，录用4名社区居民为社区大车停车场守车员。3月25日，社区筹备组举办了2011年首场招聘会，参会单位提供了50个岗位，涉及10个工种，招聘会报名人数达67人，最终有50人与单位达成初步意向。5月5日联合伊藤洋华堂举办了“双祥社区专场招聘会”，为社区居民提供4个工种，报名人数达36人，最终有29人进行面试并初步达成就业意向。6月10日，举办了成都高新区就业服务“三进四送”巡回活动—双祥社区专场招聘会，此次参会单位有伊藤洋华堂，成都世纪城洲际酒店，麦当劳，会展中心展览服务公司，提供了300个岗位，涉及13个工种，报名人数达265人，最终有170人与单位达成初步意向。6月28日社区劳动保障站筹备的桂溪街道“三进四送”巡回活动—双祥社区创业培训班正式开课。社区就业帮帮队有企业成员12家，2011年签订帮帮队协议7家，成功推荐上岗126人，其中成都高新区籍人员54人，桂溪街道45人，双祥社区27人。6月28日至7月7日，成都市就业创业培训学校（中心）在双祥社区举办SYB创业职业技能培训，经过10天80学时的学习，学员们顺利完成了个人创业培训计划书，并于2011年7月7日顺利结业。7月13日，社区筹备组联合成都市人民政府机关服务中心举办了一次专场招聘会。此次招聘会单位提供了44个岗位，6个工种，报名人数达38人，最终有36人与单位达成初步意向。8月15日，社区筹备组为伊藤洋华堂举办了第四场专场招聘会，此次招聘会伊藤洋华堂提供了6个岗位，报名人数达63人，其中与单位初步达成就业意向的有59人。9月1日，筹备组开展了“桂溪街道双祥社区2011年高校毕业生就业服务月专场招聘会”。9月19日，筹备组为成都细川物业管理有限公司举行现场招聘会，此次招聘会提t供了80个岗位，报名24人，初步达成就业意向的12人。

【物业管理】 2011年，双祥社区成立了物业服务中心为辖区居民服务。3月6日，物业服务中心巡逻队为居民找回了被盗的价值上万元的虫草、燕窝。3月10日，物业服务中心结合文明城市建设开展了一次包括院落内环境卫生、摆摊设点、阳台有无杂物、车辆停放等现象的综合治理活动。8月5日–9日，物业服务中心秩序维护部联合工程部对社区25、36、48号院已入住的单元大厅、楼道、水电表房及院落卫生死角堆放的装饰剩余建材、破烂家具等杂物进行了一次全面彻底的整治清除，共清理杂物30余吨。

人　物

PERSONS

桂溪街道党工委、办事处领导

【桂溪街道党工委、办事处领导名单】　2011年，桂溪街道党工委、办事处领导分别是：街道党工委书记樊晓峰，街道党工委副书记、街道办事处主任张学文、街道党工委副书记、纪工委书记陈长贵，街道党工委副书记张仲常，街道党工委委员、街道办事处副主任王子琪，街道党工委委员、街道办事处副主任全少英，街道党工委委员、街道办事处副主任洪敬涛，街道党工委委员、武装部部长马玉良，街道党工委委员、三瓦窑派出所所长吴若欢，街道党工委委员、三瓦窑社区党支部书记陈治平，街道办事处调研员刘焕春，街道办事处调研员张景山，街道办事处助理调研员王无，街道办事处助理调研员陈羽。

【桂溪街道办事处助理调研员陈羽】　陈羽，生于1961年10月20日，民族汉，籍贯：四川省成都市，中共党员，1984年11月入党。本科（研修生）文化。1984年毕业于四川省林业学校采伐运输机械化专业（中专），1987年9月至1989年7月，在四川省团校（重庆市）政治理论专业大专班（脱产学习两年）毕业，1999年9月至2001年7月，在成都电子科大研究生课程进修班学习结业。2006年中央党校函授学院经济管理专业本科毕业。

1984年7月至1987年9月，在四川省林业学校学生工作科、校团委任干事；1989年7月至1991年7月，在四川省林业学校团委主持工作；1991年7月至1995年11月，在成都市武侯区总工会任副主任科员（园区和工会两边工作）；1993年4月至1996年6月，在成都新加坡工业园管理委员会规划建设部任副主任；1996年6月至1997年7月，成都高新区新加坡工业园负责人，1997年7月至2003年8月，在成都高新区新加坡工业园管理办公室任副主任（副处级）；2003年8月至2005年5月，成都高新区桂溪街道办事处党工委委员、办事处副主任；2005年5月至2008年3月，成都高新区桂溪街道办事处任助理调研员。2008年2月至2010年5月，在甘孜州理塘县任县政府副县长，2010年5月至2012年6月，在理塘县任县委常委、县政府副县长。2012年3月，甘孜州委组织部按干部任用考核程序，已明确为正县级干部。

1991年被中共成都市宣传部、市总工会评为成都市“双基教育”先进个人；2001年被中共成都高新区工委评为优秀共产党员；2002年被中共成都市委、市总工会评为新经济组织建会工作先进个人；2004年10月被中共成都市委党校评为优秀学员；2009年12月被中共甘孜州委组织部评为优秀公务员；2010年被四川省扶贫开发领导小组评为《2008-2009年度全省对口定点扶贫工作先进个人》；2012年6月被四川省委组织部评为《全省第一批“千名干部人才援助藏区行动”优秀个人》；2012年6月被四川省扶贫开发领导小组评为《2010-2011年度全省对口定点扶贫工作先进个人》。

1998年撰写的调研文章《当前征地拆迁工作中有关补（赔）偿政策的探讨》获成都高新区九八年优秀调研文章二等奖，1999年撰写的调研文章《下岗农民问题的思考》获成都高新区九九年优秀调研文章三等奖，2007年10月为街道党工委写的调研文章《“小手牵大手”共建文明社区》获成都市委宣传部“成都市思想政治工作创新案例获奖作品”二等奖。2009年10月撰写的《关于对西部国家级贫困县对口扶贫工作的一些思考》在甘孜州委政研室《调研与决策》2010年第一期上发表，其文中关于环境保护的观点，被2010年四川省两会代表（科教界）作为提案上交两会。2010年4月撰写的《浅谈聂山旅游区的开发与保护》论文被四川省科协（技术经济和管理现代化研究会）评为2010年度优秀论文成果一等奖。2011年12月《“小手牵大手”共建文明社区》、《关于对西部国家级贫困县对口扶贫工作的一些思考》和《浅谈聂山旅游区的开发与保护》三篇文章均在《光明网》上公开发表。

成都高新区党工委表彰的优秀共产党员事迹简介

【桂溪街道党工委书记樊晓峰】 樊晓峰，生于1965年，中共党员，大学文化。主要事迹：该同志党性强，顾全大局，服从组织安排，能充分调动基层干部工作积极性，振奋干部精神状态。基层工作经验丰富，能较好地把握和驾驭街道全局工作，及时准确地应对各种纷繁复杂的局面，在街道不同发展阶段中突出重点，做出了显著成绩。创新群众工作和民生工作，结合街道实际，提出了“领导挂点、部门包院、干部帮户”群众工作方法、“五民五好”民生工作措施，夯实稳定基础，推动了重大工作的顺利进行，受到辖区群众的好评和上级的肯定。

【桂溪街道党工委副书记、办事处主任张学文】 张学文，生于1972年，中共党员，大学文化。主要事迹：该同志严格按党员的标准规范和约束自身行为，勤政廉洁，工作作风民主、踏实，为人正直，团结同志，能带头开展批评与自我批评。在抗震救灾、维护稳定等紧要关头，总是不计较个人得失，带领街道干部群众，加班加点地深入现场了解情况、分析形势、解决问题，身体力行做好表率，从而使上下一心，团结一致，推动了街道重要工作的顺利开展。该同志党性强，顾全大局，服从组织安排，维护班子权威，在街道党工委领导下，在不同发展阶段中突出街道办事处工作重点，做出了显著成绩，受到辖区群众的好评和上级的肯定。该同志注重认真学习领会党的路线方针政策和上级会议文件精神，紧密联系实际，促进了辖区经济和社会的不断发展。在街道书记的带领下，与班子成员一道，提出街道办事处工作重点和措施，及时准确地应对各种纷繁复杂的局面。

【桂溪街道党工委委员、党政办主任瞿蓉芳】

瞿蓉芳，生于1962年，中共党员，大学文化。主要事迹：该同志严格按党员的标准规范和约束自身行为，勤政廉洁，工作作风民主、踏实，为人正直，团结同志，能带头开展批评与自我批评。不计较个人得失，经常深入社区和居民家中，身体力行做好表率，出色完成了街道办事处各项工作任务。政治思想方面，该同志在平时工作中，注重认真学习党的路线方针政策和上级会议文件精神，深刻领会科学发展观、构建和谐社会、建设世界现代田园城市的内涵和实质，联系实际撰写了调研文章《加强团队建设 打造活力团队》、《品牌建设推动城市发展》等，在思想上、行动上能自觉同上级党委保持一致，注意维护班子的团结和街道党工委办事处的威信，充分发挥了街道党政办公室的参谋助手、督促检查、综合协调作用；工作方面，认真履职，追求工作实效。将街道的重点工作纳入目标管理，强化督察督办，确保各项工作能够贯彻落实，涉及群众生产生活的民生工程能够有序推进；按照街道党工委的安排，在辖区基层党组织中深入开展创先争优活动，使广大党员进一步增强宗旨意识、服务意识、责任意识，主动发挥先锋模范作用，自觉接受社会监督。辖区共计1308名党员参加了创先争优活动；秉承“亲民、便民、利民”服务理念，她创新工作思维，在领导的支持下，开展了一系列惠民服务：在高新辖区率先推行“一窗式”综合服务岗工作；为群众提供“五心”服务；与辖区窗口工作人员签订了《履职承诺书》。开展了“巾帼文明岗服务进社区”等活动，为街道推进“五民五好”民生工作提供了良好的载体。对街道聘请的效能监督员实行一年调整一次，对窗口、部门、社区工作人员进行明察暗访，每季度出一期行政效能督查通报。聘请社会中介机构对街道、社区的工作进行了半年一次的满意度测评，并及时将测评结果及群众的意见、建议向相关单位进行了通报，要求责任单位限期整改，行政效能建设成效显著，辖区群众的满意率达82.78%，较去年提升了3.65%；努力创建学习型机关，与西南财经大学联合举办2010年基层干部进高校培训班，先后组织了街道机关干部和社区干部50余人进高校脱产学习，并邀请知名专家、学者到办事处对全体人员进行专题培训。对表现优秀的机关工作人员，推荐参加党校培训、先进地区考察学习。对表现优秀的聘用人员，则通过竞聘选拔担任中层干部、社区筹备组成员等职务；密切联系群众，维护和谐稳定。开展桂溪特色的“领导挂点、部门包院、干部帮户”活动，坚持走访居民骨干、贫困家庭，围绕中心工作，进行政策宣传，解决群众困难，消除不稳定因素。另外在该同志的带领下，2010年街道档案工作达省一标。

【桂溪街道办事处主任科员周学儒】　周学儒，生于1958年，中共党员，大专文化。主要事迹：政治思想方面，坚持学习邓小平理论和“三个代表”思想以及科学发展观的内涵，用以武装自己的头脑，学习与实践相结合，作一名基层党组织的普通党员，自己始终坚持党员的标准要求自己，不断学习和提高自己的理论水平；在工作方面，服从组织决定，执行组织分配的各项工作任务。日常工作主要负责党支部日常工作、纪工委分配的任务、辖区卫生管理和红十字会的工作、教育工作、司法工作、民族宗教工作，尽管工作任务重，这是成都高新区一人多岗的特色工作要求，必须完成的，在繁杂的工作中，任劳任怨，努力去完成，没有出现群众不满意或者投诉的情况，通过努力得到组织上的认可，连续四年评为优秀公务员，而且从2005年开始资助汶川雁门乡中心校龙安虹同学继续上学至今。

【桂溪街道综治巡逻大队副大队长、机关二支部书记陈军】　陈军，生于1974年，中共党员，高中文化。主要事迹：该同志自2007年任桂溪街道机关第二党支部书记以来，作为一名党的基层组织领导，他始终心存一条信念，那就是对党的忠诚；心系一条宗旨，那就是全心全意为人民服务；心怀一条戒律，那就是处处以身作则，严于律已，宽以待人，廉洁自律，作风正派。他在自己的工作岗位上兢兢业业、无私奉献，积极推动二支部党建工作，为群众办实事、办好事，以实际行动关爱每位同志的成长，倾听支部成员的呼声和愿望，增进相互之间的了解与信任，从而增强了团队活力和凝聚力。该同志部积极响应街道开展“创建先进基层党组织 争当优秀共产党员”主题活动的号召，采取“全面动员、全员发动、全体参与”等措施，有力地推动了党建工作，党员工作精神状态有了新的改观。

【桂溪街道综合文化活动中心主任董涛】　董涛生于1985年，中共党员，大学文化。主要事迹：该同志自进入桂溪街道办事处以来，在工作当中兢兢业业、刻苦认真、踏实肯干、乐观向上，很好的完成了各项工作任务。创造性的推出了一些新的文化演出形势，全新的定位社区文化活动内涵。三年来共组织、策划大小200余次文体活动。在担任桂溪街道综合文化中心主任期间认真履职，在工作中恪守承诺、正大光明，认真履行自己的职责，发挥自己的才干，充分整合各方资源，不断创新工作方法，多方通力合作开拓视野，为把工作做到尽善尽美不懈努力。充分发挥文化工作在社会建设过程中的重要作用，为基层文化建设和发展付出了自己的努力和贡献。作为一名党员，该同志认真学习相关理论知识，拥护贯彻执行党的教育路线、方针和政策，坚持党的基本路线和党的四项基本原则，努力实践“三个代表”重要思想，注重理论联系实际，不断提高政治素质和业务水平。

【桂溪街道南新社区工作站工作人员杜在春】　杜在春（女），生于1965年，中共党员，大专文化。主要事迹：该同志具有坚定的共产主义信念,能自觉与党中央保持一致,时时以党员的标准严格要求自己,对社区工作兢兢业业,勤勤恳恳,在工作、学习、为群众办好事、办实事等方面践行着自己的入党誓言，有强烈的事业心和高度的责任感。注重政治理论和业务知识的学习，努力提高自身的综合素质，以高度的责任心和饱满的工作热情，完成好自己的本质工作，组织开展了学习科学发展观活动，举办了“学习科学发展观，构建和谐新社区”画展。开展了“社区建设大家谈”、“社区夜话”、“颂歌献给党”、创先争优等活动，在辖区内成立了7家非公企业党支部，覆盖48家企业的联合党支部。对高龄老人、残疾人，带着浓厚的感情开展工作。在基层工作中默默奉献，把党的事业作为自己神圣的使命，把群众的需要作为自己勤奋工作的动力。

【桂溪街道南新社区工作站副站长陈近】　陈近（女），生于1977年，中共党员，大学文化。主要事迹：该同志热爱党、热爱工作，在自身的工作岗位上任劳任怨。带领社区全体同志扎实地开展好日常工作，结合辖区实际，创造性地开展了以下特色工作~成立了新南天地商圈治安联动队，有效地控制发案，创造了良好的购物环境；在辖区内首先培育出新型的社会组织—社区文体协会，良好的运作机制产生了强劲的生命力，此做法在全辖区内得到了推广；探索“3C”模式充分运用到流动人口管理工作中，有效的激发了辖区物管及兼职协管员的工作热情，此做法受到了成都政法委书记李昆学的表扬与肯定。她带领社区工作人员，在连续三年的目标考核中，在同一序列参与考核的社区中名列第一。社区先后荣获成都高新区巾帼文明岗称号、成都高新区文化活动优秀组织单位。

【桂溪街道双源社区党总支副书记、居委会主任胡华英】 胡华英（女），生于1963年，中共党员，大专文化。主要事迹：该同志把自己的青春、感情、智慧、心血和爱心全部倾注到社区工作上，她凭着自强不息、奋力拼搏的精神，成为了社区的“脊梁骨”。在担任双源社区居委会主任期间，该同志以高标准、严要求进一步发挥着共产党员先锋模范作用，实践科学发展观重要思想。现实表现热心为社区居民服务，竭力解决社区居民反映的热点难点问题。在工作中，积极主动，一丝不苟，对自己及社区所有人员严格要求，对工作中出现问题的同志给予严厉的批评和教育。从不计较个人得失，经常在休息日加班，从无怨言，在胡华英同志的带领下，双源社区“五星级”社区标准指日可待。

【桂溪街道双源社区居委会委员姜素群】 姜素群（女），生于1959年，中共党员，高中文化。主要事迹：作为一名分管老龄及文化教育工作的社区工作人员，应急为群众所急，忧为群众所忧，以情感人，在近几年先后为社区孤残老人和贫困家庭帮扶278人，比如，5号院的龙婆婆、龙爷爷由于下水道经常堵塞，他们的年龄在80岁以上，只要水一堵他们就非常苦恼，但只要姜素群知道就会第一时间到达现场，帮助疏通，安慰老人，为老人排忧解难。先后为222个居民推荐工作，为老人的家庭纠纷调解34次，在这次不明真相的群众提出土补问题时，她先后劝说和劝离416人上访，更好地推进社区维稳工作，作为一名共产党员始终保持党的原则和政策，让居民理解了政策就是杠杆的道理。身为双源社区文化干事，在做好社区文体工作的同时，积极参加各项志愿者活动，开展丰富多彩的文化工作。让居民不断的提升文化素质和思想素质。比如院落内经常开展乒乓球比赛和各种健身活动。带领社区志愿者队伍积极配合桂溪办事处城管大队，对社区的街面、休闲场所、院落的不文明现象、乱停乱放进行劝导和制止，处处发挥志愿者有利于他人和慈善主义精神，无论晴天和雨天、白天和晚上只要是有损于社区素质和形象的都要努力劝导。为社区建设做出自己的贡献。

【桂溪街道益州社区工作站副站长罗王军】
罗王军，生于1982年，中共党员，大学文化。主要事迹：在2008年的“5.12”汶川大地震发生后，在街道党工委、办事处的领导下，该同志积极组织辖区志愿者开展救灾物资转运工作，带领志愿者一道，连续奋战十余个通宵，并先后三次深入灾区，开展救灾帐篷搭建、劝慰灾民、救灾物资发放等工作，同时积极与某生产消杀灯具企业联系，为灾区送去紫外消杀设备，先进事迹也刊登在了9月22日的《中国青年报》上，并被评为“2008年度成都市抗震救灾优秀共青团干部”、“成都市抗震救灾优秀志愿者”；同年还积极参与到全国文明城市创建和清洁城市大行动工作中，做出了积极的贡献，并获得“成都高新区创建全国文明工作先进个人”、“桂溪街道2008年度文明城市创建工作先进个人”等称号。2010年主持社区工作以来，高度重视社区特色工作建立，并将参与创建全国文明城市工作的经验带入社区建设工作中，打造魅力益州。特色创建了“党员民意龙门阵”、“居民骨干会”、“天府新城 和谐物管联盟”三大居民组织，同时建立各类文体协会5家，为探索新社区管理体系打下了基础。

【桂溪街道永安社区工作站站长魏尤年】 魏尤年，生于1975年，中共党员，大专文化。主要事迹：该同志2009年1月担任永安社区工作站站长一职，始终用共产党员的标准严格要求自己，坚持把群众的利益放在第一位，想方设法为社区居民排忧解难，为群众做好事、办实事，努力在平凡的工作岗位上默默无闻地实现了一名普通党员的人生价值。两年来，大力发展社区文化工作，探索文化工作新思路，将永安社区特色工作搞强搞大，在他的带领下，社区两委成员、工作人员积极工作，取得各项优异成绩，期间荣获了桂溪街道2009年度招商引资工作先进集体，桂溪街道2009年度群团工作先进集体，桂溪街道2009年度文化工作先进集体，2010年被评为门前双五包“先进单位”，计划生育“先进单位”。同时他大胆创新，勇于开拓，率先成立了高新区物业管理协会永安分会，启动永安社区物业管理学习小组模式，加强辖区12家楼盘整体大联动，互帮互助，全面提升了社区在群众中影响力，为探索城市社区管理新方法贡献了自己的力量。

【桂溪街道永安社区居民马兴崇】 马兴崇，生于1945年，中共党员，大学文化。主要事迹：同志退休前系四川省叙永第一中学校专职党总支书记，同时还担任叙永县归侨侨眷联合会副主席一职，2005年12月退休后来到御府花都居住，时刻不忘发挥共产党员先锋模范作用，积极联系社区居民，协助社区成立了永安社区文体总会，现任永安社区文体总会主席，2009年组织协调管理下属合唱协会、武术协会、民乐协会，舞蹈协会、时装协会五个协会工作。在此期间，发挥余热，组织居民排练歌曲舞蹈，积极参加成都市、高新区组织的各项活动比赛，带领文化队伍获得成都市第九届老年艺术节器乐比赛中获一等奖，声乐比赛二等奖，成都市太极拳锦标赛三等奖、武德风尚奖，成都高新区社区运动会太极拳（械）比赛集体器械项目一等奖，成都高新区曲艺大赛二等奖，红色之歌成都高新区庆“七一”歌咏比赛三等奖。

【桂溪街道和平社区居民方礼银】 方礼银，生于1937年，中共党员，高中文化。主要事迹：从2001年12月起任和平社区党支部第一党小组组长，同时任社区老年协会会长。该同志党性强、思想品德高、坚持党的原则、服从党的领导、随时与党组织保持高度一致，对工作认真负责、兢兢业业、廉洁奉公、有奉献精神、处处以一名共产党员的标准严格要求自己，在社区院落确确实实地起到了一名老党员老干部的先锋模范带头作用。老协工作在他及成员们的带领下，老同志们每天都过得开开心心，老年协会办得有声有色，大家体会到了社区和方礼银同志为我们老年人实实在在的办了一件大好事，同时促进了社区邻里之间的团结和谐，促进了社区建设与发展，更加凝聚了党群、干群之间的关系。

【桂溪街道和平社区居民邹先玉】 邹先玉（女），生于1957年，中共党员，高中文化。主要事迹： 该同志现任和平社区党支部党小组组长、和平社区院落负责人、楼栋长及协商议事委员会成员等。该同志经常主动配合街道、社区的各项工作，积极参加社区的各项活动。特别是在创建全国文明城市活动及城乡综合环境整治活动中，始终不忘自己是一名党员的身份，积极响应社区支部的号召，勇挑重担，无私奉献，积极组织院落内的党员、楼栋长想方设法，克服种种困难，出色地完成创建及整治工作任务，迎得了本院落群众的认同和支持。

【桂溪街道三瓦窑社区居民李天玉】 李天玉，生于1939年，中共党员，小学文化。主要事迹：该同志是一名老党员，担任208号3、4栋的楼栋长。他热爱社区工作，在院落维护治安、助人为乐、文明劝导，更热心为居民服务，在院落内多次调节邻里纠纷。他秉承着“院落是我家，环境卫生靠大家”的信念来维护社区公共环境，那么社区将是和谐美好的社区。居民们称他是社区的“老雷锋”，在院落处处彰显了先进共产党员模范作用。每日的文明劝导工作，院落内随处可见的是他的身影，他不怕苦、不怕累、不怕脏、更不怕得罪邻里关系，这样的文明劝导行为在院落内蔓延。在促和谐时，通过宣传活动内容、拟定活动开展计划，积极的组织居民参与到文明和谐家庭、文明和谐院落评选活动中。在辖区稳定时，带病回到院落，掌握、了解院落农转非人员的情况，听听居民的思想动向，对不明事理的居民及时进行思想交流。

【桂溪街道三瓦窑社区党总支副书记陈善军】

陈善军，生于1972年，中共党员，大学文化。主要事迹：该同志在社区工作的八年中，工作上踏实、细致，积极进取，兢兢业业、任劳任怨，从不计较个人得失，个性乐观执着，敢于面对困难与挑战，受到了上级相关部门的充分肯定和同事的认可；在学习上，坚持“活到老学到老”，因为只有不断地学习才能不断地进步，才能有效地推动工作的开展。建章立制,抓好自身建设。在分管党建工作期间，对社区党支部的规章制度进行了系统地规范，以共产党员先进性教育为契机，加强并落实了党员和社区工作人员的学习，制定了党支部工作职责、党支部书记岗位职责等各项制度，同时，严格要求工作人员在服务居民上做到“四个一”，即：一张笑脸相迎、一声问候暖心、一颗诚心办事、一流水平服务。由于明确工作职责和标准，社区工作人员提高了服务意识，树立了良好的工作形象，赢得了群众的口碑。时刻不忘党员宗旨，将群众冷暖紧系心头，把扶危济困作为工作重头戏，积极推行社区工作人员包院落走访记录本，广泛收集居民困难情况并加以解决，做到知民情、解民忧、帮民困。针对因农转非新政策引发的不稳定因素，按照街道工委的安排部署，积极深入院落，逐户进行政策宣传，妥善地做好了解释工作，确保了辖区社会稳定。

【桂溪街道社区卫生服务中心医务工作人员张昱】 张昱（女），生于1982年，中共党员，医学硕士。主要事迹：该同志2008年5月硕士研究生毕业后到成都市高新区桂溪社区卫生服务中心参加工作至今，主要从事中医门诊和社区公共卫生方面工作。该同志坚决拥护党的路线、方针、政策，认真领会学习科学发展观，并积极将“可持续发展、以人为本”贯彻到为患者服务的临床实践中。在中心领导的指导和同事们的协作下，以专业、细心和耐心，全心全意为社区居民服务，使他们感受到了显著的疗效和满意的服务，长期获得社区居民及周边企事业单位领导的口头甚至书面赞赏。在实践中，她创造性的将中医门诊与各项公共卫生服务相结合，创出中心中医药工作的特色，也使得社区居民更加广泛地享受中医药简便廉验的服务，中心的中医药工作受到省内外专家的一致好评，获得了四川省示范中医药社区的殊荣。

【成都优博创技术有限公司客户经理吴云飞】

吴云飞，生于1985年，中共党员，大学文化。主要事迹：该同志，2008年7月入职成都优博创技术有限公司，从事光通信器件销售工作。在从事销售工作的3年时间里恪守职业道德，遵守岗位职责，对工作认真、踏实、积极、主动。将全心全意为用户服务作为自己应尽的义务和根本的人生价值取向，并在工作期间不断学习，参加公司各项培训，加强自身修养。在销售业绩取得长足进步的同时，充分得到客户的认可与鼓励，在2010年获得客户最高荣誉“2010年度战略合作伙伴”奖，该同志于2011年5月提升为客户经理。

【成都金山数字娱乐科技有限公司人力资源专员曾荣竺】 曾荣竺（女），生于1985年，中共党员，大学文化。主要事迹：该同志作为成都金山数字娱乐科技有限公司党支部支部委员，积极配合街道办事处举办的各项活动，参与各项调查，办理公司党员的组织关系转移，并持续接收新进党员，推荐积极分子参加入党培训，发展支部，组织党员参与、举办公司各项比赛，并获得好评。组织召开成都金山党员交流茶话会。让党员同志与一线同事进行面对面交流，取得不错效果联合党支部举办公司第三届运动会，促进党员与群众间的交流，建立良好互动关系。她在公司工作踏实认真，时刻学习党的先进思想，起到良好的先锋模范作用

【四川虹微技术有限公司Senior工程师高美军】高美军，生于1983年，中共党员，大学文化。主要事迹：该同志从事过芯片验证相关程序开发和调试方面的工作，目前专注于音视频多媒体应用的相关开发。在工作中本着努力踏实的工作态度，积极思考创新，2009年晋升为公司的高级工程师。负责设计公司主打两款芯片的多媒体音视频架构,独立设计和实现异构多核通讯架构；完成网络在线播放多媒体平台。并作为公司该方向上的技术带头人合理分配工作任务，积极培养新员工，充分发挥了团队合作精神和党员模范先锋带头作用。对于为了项目进度的加班无怨无悔，保质保量的完成工作任务。2010年度当选公司评选出的最优秀员工。

【成都西源软件技术有限公司总经理宋殊】宋殊（女），生于1970年，中共党员，大学文化。主要事迹：该同志2006年到颠峰软件公司任职以来，工作上敢于挑重担，思路上敢于创新，历任行政部、企发部、西源软件负责人，由于工作成绩出色，在颠峰支部的培养下，于2007年成为一名出色的共产党员，在颠峰公司的员工和党员中起到了模范标兵作用，目前是颠峰支部委员，西源软件技术有限公司总经理。在宋殊的带领下，西源软件公司在服务外包人才培训上做出了可喜的成绩，2009年成为成都市首批批准的（共14家）“服务外包人才培训基地”，唯有西源软件是企业性质的培训基地，为颠峰软件的发展，提供了大量人才，也为高新区企业输出了大批合格人才。业绩为：与四川省内30多所大学、大专、高职建立了良好的合作关系，是20多学校的实习、实训基地；实习、实训学生5000人；开办企业冠名定制班12个；培训高职教师150人；推荐了3500人就业；引进高端人才10人；西源软件收入年年增长。

【成都颠峰软件有限公司数字媒体工程师程崇辉】　程崇辉，生于1972年，中共党员，大专文化。主要事迹：该同志在颠峰公司担任设计部主管，带领团队出色地完成了公司的各项设计任务，是公司技术带头人；是西源公司（颠峰公司的子公司）的特邀讲师，对很多高校、职高的实习生，以及成都地区职业学校的老师进行了多次专业知识培训讲座，获得一致好评；是成都教科所特聘裁判，担任每年技能大赛的评委工作。在中共成都颠峰软件有限公司支部委员会担任委员，管理支部的所有日常事务，组织党员开展活动。同时管理成都颠峰软件有限公司工会的日常工作，积极向公司领导和员工推行工资集体协商制度，成为公司与员工沟通的桥梁。

【成都中节能环保发展股份有限公司财务部主任林红】　林红（女，注册会计师、注册税务师、中级会计师），生于1977年，中共党员，大专文化。主要事迹：该同志一直从事财务管理工作，在10年如一日的工作中，立足本岗，熟练掌握国家和上级主管部门的有关财经法规和政策。在所有参与或负责的工作中从未出现过任何纰漏，没有发生过任何违纪违规的问题。在平凡的岗位上，兢兢业业，严于律已，发挥着共产党员的先锋模范作用。以实际行动赢得了公司上下的信任和好评。她积极组建公司党支部，认真学习党的各项方针政策，同时做好支部书记的工作，组织支部同志开展了一系列有声有色的党员学习和主题实践活动。积极组织倡导公司广大党员群众为今年的“玉树地震灾害”和“云南干旱”等抗震救灾活动捐款捐物。

成都高新区党工委表彰的优秀党务工作者事迹简介

【桂溪街道党工委副书记、纪工委书记陈长贵】

陈长贵，生于1963年，中共党员，大专文化。主要事迹：该同志政治立场坚定，自觉贯彻党的路线、方针、政策，具有较高的政策理论水平；平时严格要求自己，注重业务知识学习，遵守廉洁自律的各项规定。工作踏实，积极创新，具备街道党务副书记、纪工委书记所具有的管理能力和组织协调能力。该同志在工作岗位上，能够较好围绕中心工作，突出重点，在抓好基层党建基础工作前提下，创新开展了党员互助金、"党员责任岗"、社区党总支"1+3"模式、党员"一簿一卡"、"政治生日"、党员结对帮扶、"爱心服务日"、公开征集参会代表等活动，均受到上级和检查组的好评。该同志长期扎根基层，群众基础好，通过具体抓好基层组织建设和身体力行开展工作，为街道党工委、办事处各项工作的顺利完成打下了良好的基础。

【桂溪街道三瓦窑社区党支部副书记叶莉】

叶莉（女），生于1982年，中共党员，大专文化。主要事迹：2010年10月担任党支部副书记，负责党建工作6个月的时间里，从掌握党建的基础数据，再到结合社区支部的实际情况，党建工作作出了显著的成绩。党建打破长期以往的工作开展模式，在辖区全面推进党心工程。以"关爱党员"推进党组织的政治作用；以、"党小组争星"、"党员通讯录"推进党组织的组织作用；以"集思广益收集党建工作开展意见表"推进党组织的群众作用。进一步开展创先争优活动，不断发挥基层党组织的战斗堡垒作用和共产党员的先锋模范作用，按照街道党工委的统一部署，切实加强党的建设，进一步增强党组织的创造力、凝聚力和战斗力，全面提升了社区党建工作水平。根据社区的实际情况，党建带群团工作融为一体，提升党群组织的号召力、凝聚力和向心力，从而推进党群的发展。

【利尔化学股份有限公司成都分公司行政主办唐文劼璨】　唐文劼璨（女，助理经济师），生于1982年，中共党员，大学文化。主要事迹：该同志于2007年至2011年6月担任利尔化学股份有限公司成都分公司行管部工作，2009年10月至今管理利尔化学股份有限公司成都分公司党支部及分公司人事、后勤工作。本人理论基础扎实，思想政治素质和业务能力较强，能始终保持清醒的政治头脑和坚定的政治信念，在思想和行动上始终与上级组织部门保持高度一致，工作能力强且能够与时俱进，具有与新时期组织工作要求相适应的复合型素质。

行管部的工作非常琐碎，事情多而杂。她身兼数职，除了积极支持总经理工作，团结各部门领导外，还具体管理党支部、总务后勤工作和人事工作。然而她没有因为工作繁多，而放松每一项工作。她对每一项事务：勤勤恳恳，踏踏实实，任劳任怨，以求真务实的态度，实事求是的精神，认真做好所负责的每一项工作。

成都高新区党工委表彰的优秀社区党组织书记事迹简介

【桂溪街道会和平社区党总支书记李国涛】

李国涛（女），生于1973年，中共党员，大学文化。主要事迹：2008年4月调任到和平社区任书记以来，她始终心存一条信念，对党的忠诚，永远服从党；心系一条宗旨，全心全意为人民服务；心怀一条戒律，处处以身作则，严于律己，廉洁自律，秉公办事，一身正气。她胸怀若谷，在自己的工作岗位上兢兢业业、无私奉献，放眼于未来，积极带领两委班子为居民办实事，办好事。以对党无限忠诚，对人民高度负责的主人翁精神，忘我工作，无私奉献，既具有带领广大社区干部脚踏实地工作的朴实作风，又有强烈的开拓创新精神，在她的身上，充分体现了求真务实的工作精神和开拓创新的进取意识，在平凡的工作岗位上做出了突出的成绩。她用实际行动做好了二种人：一、班子团结的凝聚人。二、联系群众的贴心人。她在工作中牢记宗旨意识，想群众之所想，急群众之所需，切实关心群众疾苦。

桂溪街道村、社区、工作站新任负责人简介

【桂溪街道民乐村党支部书记李露音】 李露音，女，汉族，中共党员。1981年8月—1984年8月在简阳县镇金镇农技站工作；1984年8月—1986年11月在民乐丝绒厂工作；1987年12月—2002年3月任民乐村委委员（分管妇女工作）；2002年3月—2010年11月任民乐村党支部副书记；2010年11月至今任民乐村党支部书记（主持民乐村全面工作）。

【桂溪街道双和社区党总支书记魏尤年】 魏尤年，男，大专文化，现年37岁，中共党员。1992年12月至1993年10月在武警北京总队四支队服役；1993年10月至1999年在武警总部射击队服役；2000年至2005年在武警四川总队后勤部服役；2006年至2009年7月在石岭房产公司任办公室主任；2007年7月至2011年7月先后在益州社区、永安社区任筹备组组长、工作站站长；2011年7月至今任双和社区党总支书记；1993年被武警北京总队评为“学雷锋标兵”；1996年被武警总部射击评为优秀士兵；1997年被武警总部射击队授予三等功一次；2008年–2011年被桂溪街道办事处连续四年评为“招商引资先进个人”；2009年–2011年被成都高新区党工委评为“优秀共产党员”。

【桂溪街道双源社区居委会主任胡华英】 胡华英，女，中共党员。1989年–1994年任桂溪街道双土村十一组组长，兼村计划生育专干；1995年–2006年经选举任桂溪街道双土村村委会主任；2006年12月因村集体资产处置后，调到桂溪街道双源社区筹备组工作任副组长；2007年–2011年经选举，任双源社区党总支部副书记、居委会主任；2011年经选举，任双源社区党总支书记、居委会主任。1995年–2006年曾多次被桂溪街道办事处评为“优秀共产党员、先进个人”；2006年被桂溪街道办事处评为“优秀党务工作者”平；2007年被成都高新区党工委、管委会评为“成都高新区优秀社区工作者”；2007年被桂溪街道办事处评为“财务管理工作先进个人”；2008年被桂溪街道办事处评为“文明城市创建工作先进个人”；2009年被桂溪街道办事处评为“城乡环境综合整治工作先进个人”；2009年–2010年被高新区工委、管委会评为“创建全国文明城市工作先进个人”；2009年–2010年被桂溪街道党工委评为“优秀共产党员”。

【桂溪街道三瓦窑社区居委会主任陈善军】

陈善军，男，汉族，中共党员。2002年11月–2005年10月在三瓦窑社区工作人员；2005年月–2007年10月任三瓦窑社区居委委员；2007年11月–2011年11月任三瓦窑社区党支部副书记；2011年12月至今任三瓦窑社区主任；2003年被桂溪街道办事处评为“劳动就业、民政工作先进个人”；2004年桂溪街道办事处评为“劳动就

业、民政司法、安全消防工作先进个人”；2005年桂溪街道办事处评为“劳动就业、安全环保工作先进个人”；2006年桂溪街道办事处评为“安全环保工作先进个人”；2007年桂溪街道办事处评为“信访、安全环保、工作先进个人”；2008年被桂溪街道办事处评为“武装民兵及预备役工作先进个人”；2009年被成都高新区党工委、管委会评为“创建全国文明城市”工作先进个人；2009-2010年被桂溪街道党工委评为“优秀党务工作者”；2010年被桂溪街道党工委“党建工作先进个人”；2011年被成都高新区党工委评为“2009—2011年度优秀共产党员”。

【桂溪街道双和社区居委会主任成华利】 成华利，女，大专文化，现年48岁，中共党员。1994年1月至2006年12月在建设村党支部、村委会工作；2007年1月至2011年6月在双源社区居委会工作；2011年7月到双和社区任临时党总支副书记、筹备组副组长。2011年12月28日当选双和社区居民委员会主任。曾多次被桂溪街道、高新区工委评为“优秀共产党员”、“年度工作先进个人”。

【桂溪街道永安社区工作站副站长冷文】 冷文，男，大学本科文化，中国共产党党员。2008年12月加入中国共产党；1995年7月—1999年11月在内江发电厂担任工作人员；2000年3月-2003年12月在北京佳网科技有限公司担任网络工程师；2007年5月-2009年11月在永安社区负责综治城管、安全消防等多项工作；2009年12月-2011年6月在和平社区居委会担任主任助理；2011年7月至今，在永安社区工作站担任副站长。

辖区机构负责人简介

【新益州治安派出所所长周又光】 周又光，男，1964年2月出生，大学本科学历，中共党员，一级警督，现任成都市公安局高新区分局新益州治安派出所所长。1980年8月至1989年12月任成都市青白江区龙王、玉虹中学教师；1989年12月至2005年6月任成都市公安局青白江区分局民警；2005年6月至2007年4月任成都市公安局高新分局肖家河派出所民警；2007年4月至2009年8月任成都市公安局高新分局新益州治安派出所副所长；2009年8月至今，成都市公安局高新分局新益州治安派出所所长。2011年2月10日，市局表彰全市公安机关2010年国庆、西博会安保暨维稳工作先进集体和先进个人，给予所长周又光记个人三等功一次。

【成都高新大源学校校长李鸣】 李鸣，女，生于1969年11月。1988年9月-1990年7月在克山师范专科学校中文系就读；1990年9月-1994年7月在东北师范大学中文系就读；成都市骨干教师培训班结业，北师大研修班结业；1990年9月-1999年7月在克山一中任教工支部书记，1998年5月入党；1999年9月-2011年8月在成都玉林中学任教，历任班主任、办公室副主任、副校长；先后被评为玉林中学“优秀共产党员”、成都高新区“优秀青年教师”、成都市“教育工作先进个人”，获四川省对外交流协会“特别贡献奖”，中国国际交流协会“特别贡献奖”。

【成都高新和平学校校长于建】 于建，男，1961年12月出生，2011年9月起任成都高新和平学校校长、党支部书记，主持学校全面工作。1982年大学毕业，中共党员，中学高级教师。乐山市五通桥副校长兼党总支副书记，成都高新实验中学副校长，成都玉林中学副校长，成都高新大源学校副校长主持学校全面工作兼党支部书记。曾经被评为“市优秀教师”、“市优秀教育工作者”。

文件存目

FILE SAVE PROJECT

2011年成都高新区桂溪街道党工委文件目录

件号	责任者	文号	题名	日期	页数	备注
1	中共成都高新技术产业开发区桂溪街道工作委员会	成高桂委[2011]1号	桂溪街道关于报送2010年度工作目标完成情况的自查报告	20110105	30	
2	中共成都高新技术产业开发区桂溪街道工作委员会	成高桂委[2011]2号	桂溪街道关于报送2010年民生工程实施情况的报告	20110105	8	
3	中共成都高新技术产业开发区桂溪街道工作委员会	成高桂委[2011]3号	中共成都高新区桂溪街道工作委员会关于同意成都百施特金刚石钻头有限公司党支部换届选举的批复	20110105	1	
4	中共成都高新技术产业开发区桂溪街道工作委员会	成高桂委[2011]4号	中共成都高新区桂溪街道工作委员会关于认真开展领导干部点评创先争优活动的通知	20110106	6	
5	中共成都高新技术产业开发区桂溪街道工作委员会	成高桂委[2011]5号	中共成都高新区桂溪街道党工委　桂溪街道办事处关于做好机关工作人员2010年度考核工作的通知	20110106	6	
6	中共成都高新技术产业开发区桂溪街道工作委员会	成高桂委[2011]6号	中共成都高新区桂溪街道工作委员会关于报送2010年党员领导干部民主生活会的情况报告	20110112	5	
7	中共成都高新技术产业开发区桂溪街道工作委员会	成高桂委[2011]7号	桂溪街道党工委　桂溪街道办事处关于成立劳动争议调解委员会的通知	20110114	2	
8	中共成都高新技术产业开发区桂溪街道工作委员会	成高桂委[2011]8号	桂溪街道党工委　桂溪街道办事处关于2010年度各社区、村目标考核评分结果及发放目标奖的通知	20110117	2	
9	中共成都高新技术产业开发区桂溪街道工作委员会	成高桂委[2011]9号	桂溪街道党工委　桂溪街道办事处关于表彰2010年度先进集体和先进个人的决定	20110118	5	
10	中共成都高新技术产业开发区桂溪街道工作委员会	成高桂委[2011]10号	桂溪街道党工委　桂溪街道办事处关于表彰2010年“文明和谐院落”的决定	20110120	4	
11	中共成都高新技术产业开发区桂溪街道工作委员会	成高桂委[2011]11号	桂溪街道党工委　桂溪街道办事处关于表彰三瓦窑社区袁德敏等368户“文明和谐家庭”和方义福等27户“文明和谐家庭标兵户”的通知	20110120	4	
12	中共成都高新技术产业开发区桂溪街道工作委员会	成高桂委[2011]12号	桂溪街道党工委　桂溪街道办事处关于表彰双源社区沈开友等3705户“文明和谐家庭”和廖永芝等280户“文明和谐家庭标兵户”的通知	20110120	3	
13	中共成都高新技术产业开发区桂溪街道工作委员会	成高桂委[2011]13号	桂溪街道党工委　桂溪街道办事处关于表彰和平社区周先玉等2439户“文明和谐家庭”和晏代发等182户“文明和谐家庭标兵户”的通知	20110120	3	
14	中共成都高新技术产业开发区桂溪街道工作委员会	成高桂委[2011]14号	桂溪街道党工委　桂溪街道办事处关于对2010年度促进充分就业工作达标单位进行表彰奖励的通知	20110124	4	
15	中共成都高新技术产业开发区桂溪街道工作委员会	成高桂委[2011]15号	中共成都高新区桂溪街道工作委员会关于同意成立中共成都银城置业有限公司支部委员会的批复	20110210	3	
16	中共成都高新技术产业开发区桂溪街道工作委员会	成高桂委[2011]16号	中共成都高新区桂溪街道工作委员会关于成都百施特金刚石钻头有限公司党支部换届选举结果的批复	20110210	1	
17	中共成都高新技术产业开发区桂溪街道工作委员会	成高桂委[2011]17号	中共成都高新区桂溪街道工作委员会关于成都雅途生物技术有限公司党支部选举结果的批复	20110210	1	

续表

件号	责任者	文号	题名	日期	页数	备注
18	中共成都高新技术产业开发区桂溪街道工作委员会	成高桂委[2011]18号	对《关于进一步强化基层组织建设提高社区建设管理水平的十一条措施（试行）》相关工作计划的报告	20110212	2	
19	中共成都高新技术产业开发区桂溪街道工作委员会	成高桂委[2011]19号	桂溪街道党工委　桂溪街道办事处关于进一步加大困难家庭（低保户、低保边缘户家庭）人员就业及民政帮扶的通知	20110218	4	
20	中共成都高新技术产业开发区桂溪街道工作委员会	成高桂委[2011]20号	中共成都高新区桂溪街道工作委员会关于印发《桂溪街道党员突击队工作方案（试行）》、《桂溪街道党员应急队伍应对突发事件指导预案》的通知	20110221	7	
21	中共成都高新技术产业开发区桂溪街道工作委员会	成高桂委[2011]21号	桂溪街道关于成立党员突击队的通知	20110221	2	
22	中共成都高新技术产业开发区桂溪街道工作委员会	成高桂委[2011]22号	桂溪街道党工委　桂溪街道办事处关于印发《桂溪街道文明院落建设工程实施方案》的通知	20110301	6	
23	中共成都高新技术产业开发区桂溪街道工作委员会	成高桂委[2011]23号	中共成都高新区桂溪街道工作委员会关于成立双祥社区筹备组临时党支部的通知	20110303	1	
24	中共成都高新技术产业开发区桂溪街道工作委员会	成高桂委[2011]24号	桂溪街道党工委　桂溪街道办事处关于印发《桂溪街道综治巡逻大队考核奖惩办法》（暂行）的通知	20110317	4	
25	中共成都高新技术产业开发区桂溪街道工作委员会	成高桂委[2011]25号	桂溪街道关于进一步加强党风廉政建设工作的情况回复	20110317	19	
26	中共成都高新技术产业开发区桂溪街道工作委员会	成高桂委[2011]26号	关于成都高新区桂溪社区卫生服务中心增加人员配备的请示	20110318	2	
27	中共成都高新技术产业开发区桂溪街道工作委员会	成高桂委[2011]27号	桂溪街道党工委　桂溪街道办事处关于开展“文明和谐家庭”评选活动的通知	20110321	15	
28	中共成都高新技术产业开发区桂溪街道工作委员会	成高桂委[2011]28号	桂溪街道党工委　桂溪街道办事处关于开展“文明和谐院落”评选活动的通知	20110321	13	
29	中共成都高新技术产业开发区桂溪街道工作委员会	成高桂委[2011]29号	中共桂溪街道党工委　桂溪街道办事处桂溪街道关于报送2011年社会建设工作思路的报告	20110323	6	
30	中共成都高新技术产业开发区桂溪街道工作委员会	成高桂委[2011]30号	关于调整桂溪街道建立健全惩治和预防腐败体系建设领导小组的通知	20110401	2	
31	中共成都高新技术产业开发区桂溪街道工作委员会	成高桂委[2011]31号	关于印发成都高新区桂溪街道2011年党风廉政建设和反腐败工作责任制任务分工的通知	20110401	10	
32	中共成都高新技术产业开发区桂溪街道工作委员会	成高桂委[2011]32号	中共桂溪街道工作委员会关于同意成都美视国际学校党总支部选举结果的批复	20110406	1	
33	中共成都高新技术产业开发区桂溪街道工作委员会	成高桂委[2011]33号	中共成都高新区桂溪街道工作委员会关于成都美视国际学校三个党支部委员选举结果的批复	20110415	2	
34	中共成都高新技术产业开发区桂溪街道工作委员会	成高桂委[2011]34号	桂溪街道党工委　桂溪街道办事处关于印发《桂溪街道2011年深入推动文明城市建设工作方案》的通知	20110421	11	
35	中共成都高新技术产业开发区桂溪街道工作委员会	成高桂委[2011]35号	桂溪街道党工委　桂溪街道办事处关于表彰2010年度纳税大户、优秀纳税企业并对企业经营班子进行奖励的决定	20110426	6	
36	中共成都高新技术产业开发区桂溪街道工作委员会	成高桂委[2011]36号	桂溪街道党工委　桂溪街道办事处关于陈光南等9位同志职务聘任的通知	20110427	2	
37	中共成都高新技术产业开发区桂溪街道工作委员会	成高桂委[2011]37号	关于举办“快乐相伴、运动高新”第四届趣味运动会桂溪预赛的通知	20110429	5	
38	中共成都高新技术产业开发区桂溪街道工作委员会	成高桂委[2011]38号	中共成都高新区桂溪街道工作委员会关于同意成立中共成都市中航地产发展有限公司支部委员会的批复	20110429	2	
39	中共成都高新技术产业开发区桂溪街道工作委员会	成高桂委[2011]39号	关于表彰2010年度优秀共青团员及优秀青年志愿者的通知	20110510	3	
40	中共成都高新技术产业开发区桂溪街道工作委员会	成高桂委[2011]40号	桂溪街道党工委　桂溪街道办事处关于印发《桂溪街道目标管理实施细则》的通知	20110516	6	
41	中共成都高新技术产业开发区桂溪街道工作委员会	成高桂委[2011]41号	桂溪街道党工委　桂溪街道办事处关于印发《桂溪街道2011年充分就业（含创业型城市）和就业优先战略目标考核奖励办法》的通知	20110518	13	
42	中共成都高新技术产业开发区桂溪街道工作委员会	成高桂委[2011]42号	桂溪街道党工委　桂溪街道办事处关于成立廉政风险防控机制建设工作领导小组的通知	20110530	2	
43	中共成都高新技术产业开发区桂溪街道工作委员会	成高桂委[2011]43号	桂溪街道党工委　桂溪街道办事处关于农民集中区和转非安置社区有关情况专项督查的自查报告	20110531	3	
44	中共成都高新技术产业开发区桂溪街道工作委员会	成高桂委[2011]44号	中共成都高新区桂溪街道工作委员会关于同意成立中共四川锦龙建筑工程有限公司支部委员会的批复	20110602	2	

续表

件号	责任者	文号	题名	日期	页数	备注
45	中共成都高新技术产业开发区桂溪街道工作委员会	成高桂委[2011]45号	中共成都高新区桂溪街道工作委员会关于印发2011年度临江村各社区工青妇工作目标的通知	20110602	10	
46	中共成都高新技术产业开发区桂溪街道工作委员会	成高桂委[2011]46号	桂溪街道党工委桂溪街道办事处关于桂溪街道廉政风险防控机制建设的实施方案	20110603	9	
47	中共成都高新技术产业开发区桂溪街道工作委员会	成高桂委[2011]47号	桂溪街道关于报送现任街道领导班子成员中符合相关条件干部的报告	20110610	2	
48	中共成都高新技术产业开发区桂溪街道工作委员会	成高桂委[2011]48号	中共成都高新区桂溪街道工作委员会关于表彰先进基层党组织和优秀共产党员的决定	20110610	3	
49	中共成都高新技术产业开发区桂溪街道工作委员会	成高桂委[2011]49号	中共成都高新区桂溪街道工作委员会关于印发《桂溪街道2011年度基层党建、基层民主政治建设工作专项目标》的通知	20110613	5	
50	中共成都高新技术产业开发区桂溪街道工作委员会	成高桂委[2011]50号	中共成都高新区桂溪街道工作委员会关于加强干部日常教育管理工作的实施意见	20110613	7	
51	中共成都高新技术产业开发区桂溪街道工作委员会	成高桂委[2011]51号	中共成都高新区桂溪街道工作委员会成都高新区桂溪街道办事处关于农转非居民综合补贴工作推进情况的报告	20110624	3	
52	中共成都高新技术产业开发区桂溪街道工作委员会	成高桂委[2011]52号	中共成都高新区桂溪街道工作委员会关于给予袁刚、崔静彧处理的决定	20110624	3	
53	中共成都高新技术产业开发区桂溪街道工作委员会	成高桂委[2011]53号	中共成都高新区桂溪街道工作委员会关于印发《桂溪街道新闻采访接待制度》的通知	20110624	2	
54	中共成都高新技术产业开发区桂溪街道工作委员会	成高桂委[2011]54号	中共成都高新区桂溪街道工作委员会关于同意成立中共成都掌域通软件技术有限公司支部委员会的批复	20110624	2	
55	中共成都高新技术产业开发区桂溪街道工作委员会	成高桂委[2011]55号	中共成都高新区桂溪街道工作委员会关于同意成立中共成都卡莱博尔信息技术有限公司支部委员会的批复	20110624	2	
56	中共成都高新技术产业开发区桂溪街道工作委员会	成高桂委[2011]56号	中共成都高新区桂溪街道工作委员会关于同意成立中共四川金德投资有限责任公司支部委员会的批复	20110704	2	
57	中共成都高新技术产业开发区桂溪街道工作委员会	成高桂委[2011]57号	中共成都高新区桂溪街道工作委员会关于四川圣达实业股份有限公司党支部选举结果的批复	20110707	2	
58	中共成都高新技术产业开发区桂溪街道工作委员会	成高桂委[2011]58号	中共成都高新区桂溪街道工作委员会成都高新区桂溪街道办事处关于成立新社区筹备组的通知	20110711	2	
59	中共成都高新技术产业开发区桂溪街道工作委员会	成高桂委[2011]59号	中共成都高新区桂溪街道工作委员会成都高新区桂溪街道办事处关于王书义等9位同志职务任免的通知	20110711	2	
60	中共成都高新技术产业开发区桂溪街道工作委员会	成高桂委[2011]60号	关于李佳等八位同志工作调整的通知	20110711	1	
61	中共成都高新技术产业开发区桂溪街道工作委员会	成高桂委[2011]61号	中共成都高新区桂溪街道工作委员会关于成立新社区筹备组临时党总支部的通知	20110711	1	
62	中共成都高新技术产业开发区桂溪街道工作委员会	成高桂委[2011]62号	中共成都高新区桂溪街道工作委员会关于桂溪街道党风廉政建设及反腐败工作半年自查报告	20110711	11	
63	中共成都高新技术产业开发区桂溪街道工作委员会	成高桂委[2011]63号	中共成都高新区桂溪街道工作委员会关于同意成立中共湖南百利工程科技有限公司成都分公司支部委员会的批复	20110719	2	
64	中共成都高新技术产业开发区桂溪街道工作委员会	成高桂委[2011]64号	中共成都高新区桂溪街道工作委员会关于同意成立中共四川中物创业投资有限公司支部委员会的批复	20110719	2	
65	中共成都高新技术产业开发区桂溪街道工作委员会	成高桂委[2011]65号	桂溪街道2011年上半年“民生工程”工作目标完成情况的报告	20110720	6	
66	中共成都高新技术产业开发区桂溪街道工作委员会	成高桂委[2011]66号	桂溪街道关于报送2011年上半年工作目标完成情况的自查报告	20110720	25	
67	中共成都高新技术产业开发区桂溪街道工作委员会	成高桂委[2011]67号	中共成都高新区桂溪街道工作委员会成都高新区桂溪街道办事处关于印发《桂溪街道2011年文明城市建设迎检工作预案》的通知	20110728	11	
68	中共成都高新技术产业开发区桂溪街道工作委员会	成高桂委[2011]68号	中共成都高新区桂溪街道工作委员会关于街道机关第二党支部选举结果的批复	20110805	1	
69	中共成都高新技术产业开发区桂溪街道工作委员会	成高桂委[2011]69号	桂溪街道贯彻执行《中国共产党党员领导干部廉洁从政若干准则》情况自查自纠报告	20110816	7	
70	中共成都高新技术产业开发区桂溪街道工作委员会	成高桂委[2011]70号	中共成都高新区桂溪街道工作委员会关于湖南百利工程科技有限公司成都分公司党支部选举结果的批复	20110817	1	
71	中共成都高新技术产业开发区桂溪街道工作委员会	成高桂委[2011]71号	中共成都高新区桂溪街道工作委员会关于同意成立中共成都高新区锦晖小学支部委员会的批复	20110825	1	

续表

件号	责任者	文号	题名	日期	页数	备注
72	中共成都高新技术产业开发区桂溪街道工作委员会	成高桂委[2011]72号	中共成都高新区桂溪街道工作委员会关于同意中共携程计算机技术有限公司成都分公司支部委员会更名为中共成都携程国际旅行社有限公司支部委员会的批复	20110825	2	
73	中共成都高新技术产业开发区桂溪街道工作委员会	成高桂委[2011]73号	中共成都高新区桂溪街道工作委员会关于成立中共成都高新区桂溪街道“两新”经济组织工作委员会的通知	20110822	1	
74	中共成都高新技术产业开发区桂溪街道工作委员会	成高桂委[2011]74号	中共成都高新区桂溪街道工作委员会桂溪街道关于“社区党组织书记、居委会主任担任街道党工委委员人选”的报告	20110902	5	
75	中共成都高新技术产业开发区桂溪街道工作委员会	成高桂委[2011]75号	中共成都高新区桂溪街道工作委员会关于同意成都高新区软件园第一联合党支部选举结果的批复	20110902	1	
76	中共成都高新技术产业开发区桂溪街道工作委员会	成高桂委[2011]76号	中共成都高新区桂溪街道工作委员会关于同意成立中共四川华通投资控股有限公司委员会的批复	20110923	2	
77	中共成都高新技术产业开发区桂溪街道工作委员会	成高桂委[2011]77号	中共成都高新区桂溪街道工作委员会关于进一步明确社区党组织换届选举工作的通知	20111008	9	
78	中共成都高新技术产业开发区桂溪街道工作委员会	成高桂委[2011]78号	中共成都高新区桂溪街道工作委员会关于成立街道党务公开工作领导小组的通知	20111008	2	
79	中共成都高新技术产业开发区桂溪街道工作委员会	成高桂委[2011]79号	中共成都高新区桂溪街道工作委员会关于开展党务公开工作实施方案的通知	20111010	11	
80	中共成都高新技术产业开发区桂溪街道工作委员会	成高桂委[2011]80号	中共成都高新区桂溪街道工作委员会关于深入推进社区（村）党务、居（村）务、财务公开工作的指导意见	20111010	8	
81	中共成都高新技术产业开发区桂溪街道工作委员会	成高桂委[2011]81号	中共成都高新区桂溪街道工作委员会关于同意成立中共四川种都种业有限公司支部委员会的批复	20111011	2	
82	中共成都高新技术产业开发区桂溪街道工作委员会	成高桂委[2011]82号	关于双源社区党总支委员职数设定的通知	20111013	1	
83	中共成都高新技术产业开发区桂溪街道工作委员会	成高桂委[2011]83号	中共成都高新区桂溪街道工作委员会关于成立创新社会管理服务工作领导小组的通知	20111017	3	
84	中共成都高新技术产业开发区桂溪街道工作委员会	成高桂委[2011]84号	中共成都高新区桂溪街道工作委员会关于同意成立中共TCL通讯科技（成都）有限公司支部委员会的批复	20111018	2	
85	中共成都高新技术产业开发区桂溪街道工作委员会	成高桂委[2011]85号	中共成都高新区桂溪街道工作委员会关于同意社区党组织换届公推直选预备候选人的批复	20111014	5	
86	中共成都高新技术产业开发区桂溪街道工作委员会	成高桂委[2011]86号	中共成都高新区桂溪街道工作委员会关于印发《近期维稳形势研判及工作分解安排》的通知	20111019	12	
87	中共成都高新技术产业开发区桂溪街道工作委员会	成高桂委[2011]87号	中共成都高新区桂溪街道工作委员会关于同意社区换届公推直选正式候选人的批复	20111026	6	
88	中共成都高新技术产业开发区桂溪街道工作委员会	成高桂委[2011]88号	中共成都高新区桂溪街道工作委员会关于同意成立中共成都川大科鸿新技术研究所支部委员会的批复	20111104	2	
89	中共成都高新技术产业开发区桂溪街道工作委员会	成高桂委[2011]89号	桂溪街道关于党工委管委会领导班子专题民主生活会征求意见分解落实有关事项的回复	20111104	4	
90	中共成都高新技术产业开发区桂溪街道工作委员会	成高桂委[2011]90号	中共成都高新区桂溪街道工作委员会关于和平社区、双源社区、双和社区党总支部选举结果的批复	20111108	2	
91	中共成都高新技术产业开发区桂溪街道工作委员会	成高桂委[2011]91号	中共成都高新区桂溪街道工作委员会成都高新区桂溪街道办处关于成立双祥社区工作站的通知	20111125	2	
92	中共成都高新技术产业开发区桂溪街道工作委员会	成高桂委[2011]92号	中共成都高新区桂溪街道工作委员会成都高新区桂溪街道办处关于梁玉梅同志职务任免的通知	20111125	1	
93	中共成都高新技术产业开发区桂溪街道工作委员会	成高桂委[2011]93号	桂溪街道党工委桂溪街道办事处关于表彰2011年度计划生育工作先进单位及个人的通知	20111125	8	
94	中共成都高新技术产业开发区桂溪街道工作委员会	成高桂委[2011]94号	中共成都高新区桂溪街道工作委员会关于同意成立中共成都医药商品交易所股份有限公司支部委员会的批复	20111125	2	
95	中共成都高新技术产业开发区桂溪街道工作委员会	成高桂委[2011]95号	中共成都高新区桂溪街道工作委员会关于成都百施特金刚石钻头有限公司党支部换届选举结果的批复	20110210	1	
96	中共成都高新技术产业开发区桂溪街道工作委员会	成高桂委[2011]96号	中共成都高新区桂溪街道工作委员会关于2011落实党风廉政建设责任制和推进惩防体系建设工作报告	20111212	15	
97	中共成都高新技术产业开发区桂溪街道工作委员会	成高桂委[2011]97号	桂溪街道党工委　桂溪街道办事处关于做好机关工作人员2011年年度考核工作的通知	20111209	7	
98	中共成都高新技术产业开发区桂溪街道工作委员会	成高桂委[2011]98号	中共成都高新区桂溪街道工作委员会关于表彰2011年“文明和谐家庭”的决定	20111213	2	

续表

件号	责任者	文号	题名	日期	页数	备注
99	中共成都高新技术产业开发区桂溪街道工作委员会	成高桂委[2011]99号	中共成都高新区桂溪街道工作委员会关于表彰2011年“文明和谐院落”的决定	20111213	4	
100	中共成都高新技术产业开发区桂溪街道工作委员会	成高桂委[2011]100号	中共成都高新区桂溪街道工作委员会关于召开2011年桂溪街道党工委、办事处领导干部民主生活会的请示	20111213	2	
101	中共成都高新技术产业开发区桂溪街道工作委员会	成高桂委[2011]101号	中共成都高新区桂溪街道工作委员会关于2011年桂溪街道窗口单位“为民服务创先争优”活动实施方案	20111215	6	
102	中共成都高新技术产业开发区桂溪街道工作委员会	成高桂委[2011]102号	关于2011年工青妇工作目标完成情况的自查报告	20111228	13	
103	中共成都高新技术产业开发区桂溪街道工作委员会	成高桂委[2011]103号	中共成都高新区桂溪街道工作委员会关于转发高新区工委组织部《转发〈中央创先争优活动领导小组关于对基层党组织和党员开展创先争优活动情况进行群众评议的指导意见〉的通知》的通知	20111230	2	
104	中共成都高新技术产业开发区桂溪街道工作委员会	成高桂委[2011]104	中共成都高新区桂溪街道工作委员会关于转发高新区工委组织部《转发〈中共成都市委组织部关于深入开展民主评议党员活动的意见〉的通知》的通知	20111230	1	

2011年成都高新区桂溪街道办事处文件目录

件号	责任者	文号	题名	日期	页数	备注
1	成都高新技术产业开发区桂溪街道办事处	成高桂街[2011]1号	成都高新区桂溪街道办事处关于对辖区创业典型、就业之星和大学生就业先进个人表彰奖励的决定	20110104	4	
2	成都高新技术产业开发区桂溪街道办事处	成高桂街[2011]2号	成都高新区桂溪街道办事处关于对帮帮队企业进行表彰奖励的决定	20110104	4	
3	成都高新技术产业开发区桂溪街道办事处	成高桂街[2011]3号	成都高新区桂溪街道办事处关于2010年建设国家知识产权示范创建园区工作目标自查报告	20110104	3	
4	成都高新技术产业开发区桂溪街道办事处	成高桂街[2011]4号	成都高新区桂溪街道办事处关于对参加迎检的农贸市场给予经费补贴的报告	20110106	2	
5	成都高新技术产业开发区桂溪街道办事处	成高桂街[2011]5号	关于桂溪街道治安城管巡逻大队基地建设工程可行性研究报告（代项目建议书）的请示	20110106	2	
6	成都高新技术产业开发区桂溪街道办事处	成高桂街[2011]6号	关于桂溪街道双源社区三期幼儿园装修工程可行性研究报告（代项目建议书）的请示	20110106	2	
7	成都高新技术产业开发区桂溪街道办事处	成高桂街[2011]7号	关于桂溪街道双源社区南一街景观打造工程可行性研究报告（代项目建议书）的请示	20110106	2	
8	成都高新技术产业开发区桂溪街道办事处	成高桂街[2011]8号	桂溪街道办事处关于认真开展“春节”前安全生产消防防范大排查工作的通知	20110110	4	
9	成都高新技术产业开发区桂溪街道办事处	成高桂街[2011]9号	成都高新区桂溪街道办事处关于对和平综合农贸市场等市场进行表彰的通知	20110121	2	
10	成都高新技术产业开发区桂溪街道办事处	成高桂街[2011]10号	成都高新区桂溪街道办事处关于村（居）委会换届选举有关工作的请示	20110125	3	
11	成都高新技术产业开发区桂溪街道办事处	成高桂街[2011]11号	成都高新区桂溪街道办事处关于发放2010年度社区经济工作奖励的通知	20110127	2	
12	成都高新技术产业开发区桂溪街道办事处	成高桂街[2011]12号	成都高新区桂溪街道办事处关于开展春节后开工前安全生产检查的工作通知	20110214	3	
13	成都高新技术产业开发区桂溪街道办事处	成高桂街[2011]13号	成都高新区桂溪街道办事处关于下达2011年社区支出预算的通知	20110222	4	
14	成都高新技术产业开发区桂溪街道办事处	成高桂街[2011]14号	成都高新区桂溪街道办事处关于印发《桂溪街道办事处农迁社区公共设施建设维修管理办法》的通知	20110222	8	
15	成都高新技术产业开发区桂溪街道办事处	成高桂街[2011]15号	成都高新区桂溪街道办事处关于深入推进市容环境管理“门前双五包”责任制开展创佳活动实施办法的通知	20110224	13	
16	成都高新技术产业开发区桂溪街道办事处	成高桂街[2011]16号	成都高新区桂溪街道办事处关于下发2011年桂溪街道文化、体育活动计划的通知	20110301	9	
17	成都高新技术产业开发区桂溪街道办事处	成高桂街[2011]17号	成都高新区桂溪街道办事处关于在二〇一一年进一步加强民生和社会救助工作的补充意见	20110307	4	
18	成都高新技术产业开发区桂溪街道办事处	成高桂街[2011]18号	成都高新区桂溪街道办事处关于印发《创建和谐劳动关系街道工作实施意见》的通知	20110317	11	
19	成都高新技术产业开发区桂溪街道办事处	成高桂街[2011]19号	成都高新区桂溪街道办事处关于转发《关于2010年下半年综合文明指数测评实地考察有关情况的通报》的通知	20110321	2	

续表

件号	责任者	文号	题名	日期	页数	备注
20	成都高新技术产业开发区桂溪街道办事处	成高桂街[2011]20号	成都高新区桂溪街道办事处关于做好近期安全生产与消防工作的通知	20110324	4	
21	成都高新技术产业开发区桂溪街道办事处	成高桂街[2011]21号	成都高新区桂溪街道办事处关于印发成都高新区2011年人口和计划生育工作要点的通知	20110402	5	
22	成都高新技术产业开发区桂溪街道办事处	成高桂街[2011]22号	成都高新区桂溪街道办事处关于进一步强化食品安全监管工作的紧急通知	20110406	2	
23	成都高新技术产业开发区桂溪街道办事处	成高桂街[2011]23号	成都高新区桂溪街道办事处关于印发《在园失地农民子女伙食补贴专项资金使用管理办法（试行）》的通知	20110414	3	
24	成都高新技术产业开发区桂溪街道办事处	成高桂街[2011]24号	成都高新区桂溪街道办事处关于同意双祥社区成立物业服务中心的批复	20110410	1	
25	成都高新技术产业开发区桂溪街道办事处	成高桂街[2011]25号	成都高新区桂溪街道办事处关于成立2011年国家卫生城市复审迎检工作领导小组的通知	20110511	3	
26	成都高新技术产业开发区桂溪街道办事处	成高桂街[2011]26号	成都高新区桂溪街道办事处关于印发高新区2011年迎接国家卫生城市复审工作目标分解表及档案资料准备的通知	20110511	22	
27	成都高新技术产业开发区桂溪街道办事处	成高桂街[2011]27号	成都高新区桂溪街道办事处关于大源村1组2组和铜牌村1组2组6组7组8组9组10组征地拆迁附着物补（赔）偿农房拆迁安置登记及分房工作实施方案	20110518	4	
28	成都高新技术产业开发区桂溪街道办事处	成高桂街[2011]28号	成都高新区桂溪街道办事处关于开展五月份安全消防检查的通知	20110520	3	
29	成都高新技术产业开发区桂溪街道办事处	成高桂街[2011]29号	成都高新区桂溪街道办事处关于做好2011年年鉴工作的通知	20110524	14	
30	成都高新技术产业开发区桂溪街道办事处	成高桂街[2011]30号	关于表彰桂溪街道第六次全国人口普查工作先进个人的通知	20110527	2	
31	成都高新技术产业开发区桂溪街道办事处	成高桂街[2011]31号	成都高新区桂溪街道办事处关于发放2011年度“爱心医疗救助卡”的通知	20110530	3	
32	成都高新技术产业开发区桂溪街道办事处	成高桂街[2011]32号	成都高新区桂溪街道办事处关于印发《桂溪街道办事处2011年安全生产月活动方案》的通知	20110531	5	
33	成都高新技术产业开发区桂溪街道办事处	成高桂街[2011]33号	成都高新区桂溪街道办事处关于印发《严厉打击食品非法添加行为切实加强食品添加剂监管工作方案》的通知	20110531	7	
34	成都高新技术产业开发区桂溪街道办事处	成高桂街[2011]34号	成都高新区桂溪街道办事处关于印发《桂溪街道2011年防汛抢险工作预案》的通知	20110531	16	
35	成都高新技术产业开发区桂溪街道办事处	成高桂街[2011]35号	成都高新区桂溪街道办事处关于开展生活垃圾分类收集处置试点工作方案（试行）的通知	20110601	5	
36	成都高新技术产业开发区桂溪街道办事处	成高桂街[2011]36号	成都高新区桂溪街道办事处关于印发《桂溪街道办事处家庭医生式服务试点工作实施方案（试行）》的通知	20110609	15	
37	成都高新技术产业开发区桂溪街道办事处	成高桂街[2011]37号	成都高新区桂溪街道办事处关于印发《桂溪街道办事处创建全国社区中医药工作先进单位实施方案》的通知	20110609	8	
38	成都高新技术产业开发区桂溪街道办事处	成高桂街[2011]38号	成都高新区桂溪街道办事处关于印发《桂溪街道办事处创建示范社区卫生服务中心活动实施方案》的通知	20110609	22	
39	成都高新技术产业开发区桂溪街道办事处	成高桂街[2011]39号	成都高新区桂溪街道办事处关于大源村1组2组和铜牌村1组2组6组7组8组9组10组农迁房分房工作的实施意见	20110613	9	
40	成都高新技术产业开发区桂溪街道办事处	成高桂街[2011]40号	成都高新区桂溪街道办事处关于对双源社区地域管理范围进行调整及新建社区的请示	20110622	3	
41	成都高新技术产业开发区桂溪街道办事处	成高桂街[2011]41号	成都高新技术产业开发区桂溪街道办事处关于启用新印章的通知	20110624	1	
42	成都高新技术产业开发区桂溪街道办事处	成高桂街[2011]42号	关于申请高新区桂溪社区卫生服务中心车辆编制的报告	20110628	2	
43	成都高新技术产业开发区桂溪街道办事处	成高桂街[2011]43号	成都高新区桂溪街道办事处关于分解成都高新区2011年环境保护工作专项目标的通知	20110630	10	
44	成都高新技术产业开发区桂溪街道办事处	成高桂街[2011]44号	成都高新区桂溪街道办事处关于夏季防学生淹溺事故工作的通知	20110714	3	
45	成都高新技术产业开发区桂溪街道办事处	成高桂街[2011]45号	成都高新区桂溪街道办事处关于进一步做好防范和处置邻苯二甲酸脂类物质污染工作的通知	20110714	3	
46	成都高新技术产业开发区桂溪街道办事处	成高桂街[2011]46号	成都高新区桂溪街道办事处关于同意筹备成立成都高新区桂溪羽毛球协会的批复	20110719	1	
47	成都高新技术产业开发区桂溪街道办事处	成高桂街[2011]47号	桂溪街道办事处关于印发《给予就读绿舟和平幼儿园的农转居居民子女“学费补贴”的实施办法（试行）》的通知	20110803	3	

续表

件号	责任者	文号	题名	日期	页数	备注
48	成都高新技术产业开发区桂溪街道办事处	成高桂街[2011]48号	成都高新区桂溪街道办事处关于同意双和社区筹备组成立物业服务中心的批复	20110810	1	
49	成都高新技术产业开发区桂溪街道办事处	成高桂街[2011]49号	成都高新区桂溪街道办事处关于切实做好当前安全生产与消防防范工作的通知	20110810	4	
50	成都高新技术产业开发区桂溪街道办事处	成高桂街[2011]50号	成都高新区桂溪街道办事处关于开展餐饮企业回收火锅锅底制售食用油专项整治的通知	20110810	3	
51	成都高新技术产业开发区桂溪街道办事处	成高桂街[2011]51号	成都高新区桂溪街道办事处关于对辖区食品经营人员开展集中教育培训的通知	20110819	2	
52	成都高新技术产业开发区桂溪街道办事处	成高桂街[2011]52号	成都高新区桂溪街道办事处关于开展“中秋”“国庆”两节前安全生产与消防防范检查的通知	20110907	6	
53	成都高新技术产业开发区桂溪街道办事处	成高桂街[2011]53号	成都高新区桂溪街道办事处关于购置综治巡逻车辆的请示	20110916	1	
54	成都高新技术产业开发区桂溪街道办事处	成高桂街[2011]54号	关于双祥社区工程遗留问题整改的函	20110916	3	
55	成都高新技术产业开发区桂溪街道办事处	成高桂街[2011]55号	高新区桂溪街道办事处关于临江村自愿申请拆迁工作的报告	20110922	2	
56	成都高新技术产业开发区桂溪街道办事处	成高桂街[2011]56号	桂溪街道办事处关于临江村征地拆迁工作经费的请示	20110926	2	
57	成都高新技术产业开发区桂溪街道办事处	成高桂街[2011]57号	成都高新区桂溪街道办事处临江村征地拆迁工作方案	20110927	7	
58	成都高新技术产业开发区桂溪街道办事处	成高桂街[2011]58号	成都高新区桂溪街道办事处关于开展十月份安全、消防检查的通知	20111013	4	
59	成都高新技术产业开发区桂溪街道办事处	成高桂街[2011]59号	成都高新区桂溪街道办事处关于印发《征地拆迁专项工作经费奖励考核办法》的通知	20111014	3	
60	成都高新技术产业开发区桂溪街道办事处	成高桂街[2011]60号	成都高新区桂溪街道办事处关于临江村养殖专业户补（赔）偿有关问题的请示	20111025	2	
61	成都高新技术产业开发区桂溪街道办事处	成高桂街[2011]61号	成都高新区桂溪街道办事处关于临江村临路农房铺面货物搬迁补助标准的请示	20111025	2	
62	成都高新技术产业开发区桂溪街道办事处	成高桂街[2011]62号	成都高新区桂溪街道办事处关于成立桂溪街道双和社区居民委员会的请示	20111107	2	
63	成都高新技术产业开发区桂溪街道办事处	成高桂街[2011]63号	成都高新区桂溪街道办事处关于印发《桂溪街道办事处第八届居民委员会换届选举工作实施方案》的通知	20111108	22	
64	成都高新技术产业开发区桂溪街道办事处	成高桂街[2011]64号	成都高新区桂溪街道办事处关于恳请协调解决双祥社区居民用气问题的报告	20111116	2	
65	成都高新技术产业开发区桂溪街道办事处	成高桂街[2011]65号	成都高新区桂溪街道办事处关于印发《桂溪街道办事处深化消防安全“五大”活动开展“清剿火患”战役工作方案》的通知	20111017	6	
66	成都高新技术产业开发区桂溪街道办事处	成高桂街[2011]66号	关于桂溪街道申请购买执法车的请示	20111206	3	
67	成都高新技术产业开发区桂溪街道办事处	成高桂街[2011]67号	成都高新区桂溪街道办事处关于对双祥社区地域管理范围进行调整及新建社区命名的请示	20111209	3	
68	成都高新技术产业开发区桂溪街道办事处	成高桂街[2011]68号	关于表彰2011年度桂溪街道网报企业财统工作先进个人的通知	20111208	2	
69	成都高新技术产业开发区桂溪街道办事处	成高桂街[2011]69号	成都高新区桂溪街道办事处关于对2011年度促进充分就业工作达标单位进行表彰奖励的通知	20111227	4	
70	成都高新技术产业开发区桂溪街道办事处	成高桂街[2011]70号	成都高新区桂溪街道办事处关于深入开展“百日安全生产活动”切实抓好今冬明春安全生产工作的通知	20111230	13	

2011年桂溪街道办事处主要荣誉称号

受国家级部门表彰

表彰单位	受表彰单位	文号	内容	时间	备注
中华人民共和国卫生部	桂溪社区卫生服务中心		全国示范社区卫生服务中心	2011年11月	奖牌
国家体育总局体操运动管理中心	桂溪街道办事处		2011年全国排舞大赛（四川分赛区）暨四川首届排舞大赛团体一等奖	2011年5月	奖牌

受省级部门表彰

表彰单位	受表彰单位	文号	内容	时间	备注
共青团四川省委、四川省城乡环境综合治理工作领导小组办公室	桂溪街道办事处		四川省城乡环境清洁志愿服务示范点	2011年4月	奖牌
四川省人力资源和社会保障厅	高新孵化园（桂溪辖区）	成人社办发[2010]150号	省级和谐工业园区	2010年12月（2011年初收）	文件

受市级部门表彰6项

表彰单位	受表彰单位	文号	内容	时间	备注
成都市文化局	街道综合文化活动中心		成都市乡镇（街道）综合文化活动中心一级站	2011年7月	奖牌
成都市文化馆	街道综合文化活动中心		文化活动示范基地	2011年4月	奖牌
成都市总工会	桂溪街道办事处		成都市新市民素质培训工作先进培训点	2011年12月	奖牌
成都市老体协	桂溪街道办事处		“利通·佳年华”杯成都市第四届老年人运动会健身腰鼓比赛（自编套路）优胜奖	2011年5月	奖牌
成都市质量技术监督局	桂溪街道办事处	成质监特[2011]53号	成都市特种设备安全工作先进街办	2011年12月	文件
成都市打击非法广告领导小组办公室	桂溪街道办事处	成打非广发[2011]20号	治理非法乱贴书写广告工作先进单位	2011年12月	文件

受成都高新区党工委、管委会表彰

表彰单位	受表彰单位	文号	内容	时间	备注
中共成都高新区工作委员会	街道机关支部委员会	成高委发[2011]17	先进基层党组织	2011年6月	文件

续表

表彰单位	受表彰单位	文号	内容	时间	备注
中国人民解放军四川陆军预备役高射炮兵师	桂溪街道办事处		基层建设标兵单位	2010年12月（2011年初收到）	奖牌
中共成都高新区工委、中共成都市武侯区人民武装部委员会	桂溪街道党工委	成高委发[2011]3号	2009—2010年度党管武装工作、武装工作先进单位	2011年1月	文件
成都高新区管委会、武侯区人民武装部	桂溪街道办事处		2010年度征兵工作先进单位	2011年10月	奖牌

辖区人大·政协代表

【辖区人大代表】 2011年，桂溪街道辖区有9人当选成都市武侯区第五届人大代表，其中女性3人。

表1　成都市武侯区人大代表名录表

姓名	性别	民族	单位及职务
丁春玲	女	汉	成都百施特金刚钻有限公司资源部经理
王　军	男	汉	成都职业技术学院财经贸易系主任助理
刘妙丽	女	汉	成都纺织高等专科学校教师（副教授）
江明才	男	汉	武警四川省森林总队政治部副主任
李岷雪	男	汉	成都高新区党工委委员、管委会副主任
严雨坤	男	汉	成都高新区桂溪街道双源社区党总支书记
洪艳亨	女	汉	成都高新区桂溪街道党工委副书记、办事处主任
徐洪兴	男	汉	成都市消防支队队长
樊晓峰	男	汉	成都高新区桂溪街道党工委书记

【辖区政协委员】 2011年，桂溪街道有四川省、成都市、成都市武侯区三级政协委员共15人，其中四川省政协委员4人，成都市政协委员5人，成都市武侯区政协委员6人。

表2　四川省政协委员名录表

政协	姓名	性别	单位及职务
四川省	刘光基	男	四川种都种业有限公司总经理
四川省	李勇库	男	审计署驻成都特派员办事处特派员、党组书记
四川省	王　琳	女	成都高新区管委会副主任
四川省	杨惠恒	女	中国联合通信有限公司四川分公司总经理、党委副书记

表3　成都市政协委员名录表

政协	姓名	性别	单位及职务
成都市	赖咏梅	女	成都市兴城投资有限公司总经理助理、高级工程师
成都市	代晓桦	女	欧盟项目孵化中心（成都）主任、成都南祥生物制品有限公司董事长
成都市	陈阳寿	男	成都市消防支队副支队长
成都市	何晓婉	女	成都职业技术学院党委副书记
成都市	刘国光	男	成都海关巡视员

表4　武侯区政协委员名录表

政协	姓名	性别	单位及职务
武侯区	何静蓉	女	高新区政协工作联络处主任
武侯区	郑洪华	女	高新区管委会巡视员（朝鲜族）
武侯区	杨　东	男	高新区经贸发展局局长
武侯区	郑　莉	女	高新区党工委委员、管委会副主任
武侯区	官　旭	男	高新区国土局局长
武侯区	张　玮	男	巅峰集团总裁

桂溪街道2011年度工作目标完成情况的自查报告

（自查得分100分）

高新区党工委、管委会目督办：

2011年，桂溪街道党工委、办事处在高新区党工委、管委会的正确领导下，围绕高新区下达的年度工作目标和各专项工作目标，按照“以科学发展观为指导，以稳定为基础，以民生为重点，积极创新社会管理服务体系，强化服务意识，优化组织结构，深化惠民活动，促进辖区文明和谐”的工作思路，落实“五民五好”

工作措施，全力维护辖区稳定，创新工作，经过不懈努力，圆满完成了各项目标任务，现将年度工作目标完成情况汇报如下：

一、经济发展（分值3分，自查得分3分）

1. 财政收入（分值1分，自查得分1分）

完成情况：街道强化协税护税工作，积极组织财政收入，全年，完成全口径财政收入169823万元（其中一般预算收入29155万元），比去年同期增长86.48%，完成年度工作目标的178%，完成奋斗目标的111%。

2. 招商引资（分值2分，自查得分2分）

完成情况：2011年，桂溪街道办事处招商引资形势较好，新引进企业886家，其中注册资金在100万元以上的企业有120家，1000万元以上的企业有14家。引进省外资金151591万元，完成目标153%。

街道加大了对辖区企业服务力度，开展了企业融资服务讲座；组织辖区重点楼盘招商部、物业部及相关工作人员召开了重点楼盘招商引资工作座谈会、企业个人所得税汇算培训会等。

二、社会管理和公共服务（分值50分，自查得分50分）

（一）城乡环境综合治理（分值9分，自查得分9分）

1. 日常市容秩序监督管理（分值2分，自查得分2分）

完成情况：2011年是全省城乡环境综合整治的关键之年，街道办事处以城乡环境综合整治为契机，积极开展落实市容环境“门前双五包”责任制的群众性活动，建立了“门前双五包”工作站，安排“门前双五包”监督员及城管队员对主要道路、城区出入通道及周边商家店铺经营秩序进行整治，查处清理无证摊贩6000多个，联合交警整治乱停乱放车辆600余次。目前，共受理相关投诉6180起，结案率100%，在成都市数字化城管期刊中名列全市前茅，在高新区多次排名第一。双源社区文明劝导员队伍（城管妈妈），劝导乱丢垃圾、乱吐痰、乱丢烟蒂（三乱）的不文明现象，促进了市容市貌的改善。

2. 环卫和园林绿化监督管理（分值2分，自查得分2分）

完成情况：今年，街道共投入资金1200余万元用于对道路的清扫保洁，垃圾清运，清扫面积170余万平方米，清运垃圾38500吨。投入41万元对辖区公厕进行日常清扫、维修管理。按照生活垃圾处置向减量化、资源化、无害化健康轨道发展的要求，根据市、区统一部署，已在辖区英郡一、二期住宅小区开展了生活垃圾分类收集处置试点工作。

在园林绿化工作方面，组织辖区内各社区、单位开展了“3.12”义务植树活动，共有6个社区组织居民、志愿者500余人在社区院内植绿、补绿、添绿、除草、修枝、浇水、清洁绿地等公益性护绿活动，个别社区还组织社区工作人员和辖区单位分别到锦江区、龙泉区、临江村义务植树。此次植树活动栽种黄葛树、栾树、桂花树、腊梅、海棠、樱桃、天竺桂等树种2972余株，植绿、护绿3.5万株，浇水、除草、清除垃圾2.2万平方米，制作板报26起，悬挂横幅28条。

3. 户外广告和招牌监督管理（分值1分，自查得分1分）

完成情况：街道按照统一、规范的原则，规范户外广告、招牌设置和照明维护管理，城市景观面貌得到了有效改善。每天坚持巡查，发现一处清理一处，进行劝说教育和限时整改。全年，共拆除违章户外广告、墙体广告11000余平方米；清理占道灯箱、广告牌2830余次，清理牛皮癣3100余次；修复（拆除）缺笔少画招牌（霓虹灯）600起，辖区主干道路、小区及周边路灯亮灯率达100%，设施完好率达98%。

4. 大气和水环境治理（含防洪工作）（分值2分，自查得分2分）

完成情况：街道办事处将扬尘整治、噪音治理工作列为城市管理重要工程，按照成都市扬尘污染防治、市容和环卫管理的法律法规，对辖区在建工地进行了巡查，出动车辆1850台次、人员4900人次，检查运渣车辆2000台次。同时加大对施工工地渣土运输超载、冒载、撒漏的执法检查力度。每天出动洒水车8—12台次，对主干道和工地周边道路进行冲洗除尘。经过努力，1-12月份环境空气质量优良天数为315天，达到了空气质量优良天数≥311天/年的国家环保模范城市标准。顺利通过ISO14001环境管理质量体系外审。

全年清理河道6处，另外，投入专款对临江村饮用深井水进行半年一次的检测，并派专人进行日常管理和巡视。在防洪工作方面，开展了辖区小水域清掏，共整治沟渠河道10000余米，淤泥近20000立方，共投入经费近40余万元。同时，对所属区域河道、建设工地、低洼地段、居民院落、地下停车场、有灾情历史的区域等进行防涝排查，及时整改。积极协助区经发局对辖区雨污管网进行普查，并对各社区的雨污问题进行整改。坚持汛期24小时值班制度，全年无防洪安全事故发生。

5. 违法建设监督管理（分值1分，自查得分1分）

完成情况：街道办事处积极加大宣传力度，同时，从重从严查处违章建设。全年，对全辖区乱搭建窝棚、擅自改变房屋承重结构等违章搭建行为发出限期整改通知书260份，强制拆除融城理想小区、原勤俭村、民乐村、铜牌村已征闲置土地及双土中心村周边等违法建筑18处，合计拆除违法建筑3500平方米。配合高新区执法局、规划局等部门拆除泰和家园违建600平方米，极大的遏制了辖区违法违章行为。

6. 土地执法管理（分值1分，自查得分1分）

完成情况：街道办事处针对辖区内“工地多，空地多，隐患多，矛盾大”的特点，总结以往的经验和教训，制订和落实了国土管理目标考核制度和工作措施，坚持以临江村、铜牌村、大源村和拆迁空地、建设工地为巡查重点，进一步强化“四级”联动机制，及时消除乱建、乱倒渣土、非法挖土、挖砂石等现象。全年，组织巡查7000多人次，车辆出动2500余台次，在铜牌村、大源村、金融中心片区挡获10起乱倒渣土的车辆，全部按照有关法律法规进行了及时处理，结案率100%。

（二）维护社会稳定（分值18分，自查得分18分）

1. 社会治安综合治理（分值3分，自查得分3分）

完成情况：今年，街道以维护辖区和谐稳定、继续巩固“二星级”平安创建成果为目标，形成一把手负总责亲自抓，分管领导具体抓的领导格局。一是每月定期召开一次综治工作例会，研究分析全辖区治安综治形势，部署治安综治工作，解决重、难点问题；二是组织并建立了辖区物业大联勤，进一步健全了群防群治整体联动防范机制，创新开展了流口管理“3C”（合作、竞争、共赢）进商圈活动，最大限度地整合资源最大限度地发挥作用；三是把辖区划为若干巡逻责任区，分别明确责任人和工作职责，加强了市级机关、管委会、会展中心、商圈、园区等重点地段的治安防控。全年，辖区发生刑事案件532起，同比下降3.27%；街道综治巡逻大队挡获现行103起，挡获犯罪嫌疑人163人，其中刑事案件53起，刑事拘留74人，治安案件50起，治安拘留77人，进一步净化了社会治安环境。

2. 群众、信访工作和社会矛盾纠纷排查化解（分值3分，自查得分3分）

完成情况：群众工作上，街道形成了制度化、长效化的工作机制，继续开展桂溪特色的

"领导挂点、部门包院、干部帮户"活动，将就业奖励、分房转非、化解不稳定因素等重点工作贯穿在活动中。街道领导带领机关工作人员到农迁社区居民家中逐户走访，准确掌握居民生活、就业等基本情况，同时开展相关政策的宣传解释。采用慰问、救济、推荐就业等多种形式，解决了群众面临的具体困难。还创新开展了"领导下社区—社区院落坝坝会"活动，街道主要领导和分管领导陆续深入各社区院落，分别在和平、双源、双祥、三瓦窑、双和社区举行社区院落坝坝会，与居民面对面交流、沟通。居民踊跃发言，为小区建设出谋献策，街道领导进行答复或提出整改计划。通过这种方式，及时收集了居民最关心和最亟待解决的热点难点问题，也作为民主生活会的意见进行分解和落实，进一步拉近了干群关系，畅通了民意诉求渠道，受到了居民群众的欢迎。

全年，共受理群众来信来访181件，259人次，办结171件，重复来访10件（计2件），办结率98.8%。街道信访部门认真履行畅通社情民意、化解社会矛盾、维护社会稳定的工作职责，对省、市、区信访部门交办的信访案件及时调查回复，做到了件件有着落、事事有交代。按照谁主管、谁负责的原则，对排查出的矛盾纠纷实行领导包案责任制，全力确保了辖区社会稳定。市信访局《信访情况反映》（第一一五期）表扬"属地桂溪街道办事处每天指派信访综治工作人员在市委市政府机关周边巡查，收集掌握信访信息，主动协助市信访维稳部门处置非正常上访行为"。

3. 突发事件预警和处置（分值2分，自查得分2分）

完成情况：为了保障辖区社会稳定、和谐发展，街道结合实际，加强了日常安全管理工作和对突发事件的处置、应急管理工作。根据高新区应急办要求，街道制定并完善了公共突发事件各类应急预案。

针对可能发生的突发及不稳定事件，街道着重做好以下各方面工作：一是继续深化街道特色的"领导挂点、部门包院、干部帮户"联系社区群众工作，创新的开展"领导下社区—社区院落坝坝会"活动。广泛征求居民对院落自治管理的意见和建议，进行分解落实，化解居民关心、关注热点难点问题。二是继续实行会议公开，让群众代表通过参加社区、街道会议反映问题，并督促相关部门进行解决和回复。三是涉及面较广的重大问题，进行群众听证咨询，实现民主决策。四是继续落实社情民意制度、"三联"制度，自下而上收集意见、建议。五是继续完善大信访格局，对群众来信来访及时督促相关部门解决。六是抓好信息报送制度建设。要求工作人员始终保持高度警惕，及时报送重要信息。七是坚持每日领导带班、工作人员24小时值班制度。一年来，街道在推进拆迁安置、综合补贴发放等重点工作过程中保持了辖区的稳定局面。

4. 安全生产（分值2分，自查得分2分）

完成情况：在安全生产工作方面，街道坚持"安全第一，预防为主"的工作方针，继续深入开展"找隐患、查问题"活动，加强了安全隐患排查，提高了事故预防与应对能力，有效地防范和遏制较大以上事故发生。举行了规范燃放烟花爆竹培训活动、专项的安全知识培训、创文明城市消防培训、临江村企业的安全生产与消防防范培训。采取多种方式开展"全国安全生产月"活动，共张贴宣传标语120多幅，科普画廊宣传12个，查出安全隐患20起，现场整改12起。百日安全活动中，排查隐患66件（其中消防方面安全隐患30件、烟花爆竹安全隐患10件、危险化学品安全隐患5件、建筑工地安全隐患11件，其他方面安全隐患10件）。做到排查不留死角，重大隐患及时整治。全年无重特大安全生产事故和中毒事件发生，圆满完成了高新区管委会下达的安全生产工作目标任务。

5. 食品卫生监督管理（含动物防疫）（分值2分，自查得分2分）

完成情况：为防止重大食物中毒和食源性疾病的发生，街道办事处积极开展食品卫生日常监督检查工作，共出动人员912人次，车辆435车次，监督辖区单位1742家次。其中检查社会餐饮1087家次，工地和职工食堂70家次，公共场所301家次，学校、幼儿园50家次，医疗机构55家次，饮用水单位21家次，群宴158家次。辖区被监督单位共有544家，建档率达100%，管理率达100%，辖区从业人员4375人，持证率达99%。接到群宴申请书158份，监督检查率达100%。

在动物防疫工作上，街道着重加强了以狂犬病为重点的畜禽多种疫病防治工作，全年对720只犬、1979头猪、52头牛、12000只鸭、10000只鸡、917只鸽进行了免疫注射，畜禽摸底登记率、强制免疫率、养殖场所消毒率、市场检疫监督率均达到100%。全年辖区内无疫情和狂犬病发生。

6. 征地拆迁和转非安置（分值4分，自查得分4分）

完成情况：按照高新区统征办安排，街道精心组织，团结协作，攻坚克难，圆满完成了拆迁安置任务。

桂溪街道制定和落实了临江村整体自愿拆迁工作实施方案，健全了组织领导机构，抽调有经验的人员参与拆迁。组织全体村民进行拆迁政策投票，并启动调查和协议签订工作。截止12月底，组织村民自愿签订拆迁协议1690户，占总户数的95.48%。完成了勤俭、民乐、铜牌、大源等四个村的征地补偿安置工作，转非安置总人数6923人，随后进行了5682人的转非进社保工作（其中应退休人员1418人），并开展了4个村集体资产处置的调研、培训和准备工作。完成铜牌、大源两个村的自愿交房户涉及附着物补偿协议和住房安置协议签订工作，涉及户数879户、2665人。6月，顺利完成1764套农迁房分房和结算、领钥匙入住工作。街道领导还多次到新建的双祥社区进行现场调研办公，协调建设单位解决小区设施配套、商铺出租等问题，确保了转非入住稳定。

按照敬刚书记调研天府新区项目建设对加快解决南区拆迁遗留问题清理的要求，桂溪街道集多方力量，不分昼夜，加大了对拆迁遗留户的综合整治力度，商务核心区、铜牌村1组保利项目和高新消防站项目用地上的拆迁遗留户全部签订拆迁安置协议，解决了阻碍天府新区建设发展的一大难题。目前，累计完成35户拆迁遗留户的拆迁安置协议签订工作，在高新区各街道中进度最快。

7. 财政资金支出管理（分值2分，自查得分2分）

完成情况：2011年，街道启动了对社区项目支出预算的改革，收集整理了社区近三年的预算执行数据，并到社区实地调研了解预算管理工作情况，以切块方式，只对各社区下达项目经费额度，社区在经费额度内自行进行项目的细化和预算金额的分配。既给予了社区更大的预算自主性，也进一步提高了社区预算的精细化、准确性和可操作性。此外，每个社区都在定额经费内保留有10–15%的预留经费，进一步提高了财政资金的利用率。

街道在预算方案的编制过程中，多次召开预算管理工作会，认真分析办事处的财力收入及部门的项目资金需求，结合街道中心工作的转移和预算管理的要求，调整落实工作措施，一是新增社区物业管理项目，并将物业人员及相关工作经费支出从社区建设项目分离，单独增加项目，进入到城市维护经费项目支出。二是新增社会其他救济项目，将办事处除低保和国家政策性以外的民政救助经费列入此项目内，从而更好地反映出办事处对民生工作的重视。三是将城市管理执法和社会综合治理分别设立支出项目，以便更好地从费用支出情况中还原出两项工作的实际情况。四是公安支出项目要求更加的详细。为逐步规范公安费用支出奠定了基础。

（三）劳动就业（分值7分，自查得分7分）

1. 充分就业工作（分值3分，自查得分3分）

完成情况：辖区总劳动力19469人，城镇劳动力就业率98.7%。举行大小型招聘会27场，参加企业46家，提供岗位2244个，达成意向691人，上岗286人。全年通过岗位引荐成功上岗198人。

街道高度重视就业工作，认真落实，责任明晰，分工明确，突出就业服务。一是强化毕业生就业观念转变工作，通过开展“三进四送”、专场招聘会以及就业服务月等一系列就业服务活动，有效解决了高校毕业生的就业问题。12月底，2008年–2011年毕业的大中专学生235人，其中往届生161人（暂无就业愿望4人），就业157人，就业率97.5%；应届生74人，已落实单位71人，未就业3人（其中暂无就业愿望1人）就业率95.9%。贫困家庭高校生4人，就业4人，就业率100%。在读生371人。二是抓好“双困”人员帮扶工作。近一年来，街道通过托底帮扶、公益性岗位安置、增设就业服务亭、推荐就业等多种方式，对“双困”家庭开展帮扶工作，使就业困难人员走上了就业岗位，取得了良好成效。困难家庭的生活水平、人员的精神面貌都得到了明显改善，可喜的是部分“双困”家庭通过帮扶，逐步脱离了低保户、低保边缘户范围。

亮点工作方面，根据年初敬刚书记在桂溪调研提出的“让每一个失地农民家庭都有一个岗位”的讲话精神，采取“不定时”工作制托底帮扶，对辖区具备部分劳动力的25位居民纳入就业托底对象，每月定期参加公益活动并给予300—500元/人的工作补贴，已开展公益性活动440次，发放工作补贴10万元。通过就业托底、公益性岗位、就业服务亭、花车等帮扶措施，“双困”家庭从196户降为91户。中央电视台中文国际频道CCTV–4《中国新闻》栏目对成都高新区桂溪街道帮扶“双困”人员进行报道。

2. 创业型城市建设（分值2分，自查得分2分）

完成情况：围绕创建创业型城市工作，桂溪街道在原有基础上对创业方面的优惠政策进行全面梳理和完善，成立了工作领导小组，制定了工作实施意见。

一是做好创业培训相关工作，全年创业培训60人，合格60人，合格率100%。二是继续深化“创业带动就业”工作，全年成功创业32人，创业成功率53.3%。辖区全年新增创业84人，创业带动就业507人，带动率603%。三是继续深化“创业商家联盟”活动，积极带动就业。四是积极帮助辖区创业者申请小额贷款，今年已为21人申报小额贷款85万元。

3. 促进劳动关系和谐（分值2分，自查得分2分）

完成情况：全年，街道办事处为471家企业办理了劳动保障年检。为提高服务满意度，创新在孵化园、软件园设立了现场年检办理点，受到了园区企业的好评。同时，积极强化监察调解职能，全年，共处理劳资纠纷271起，涉及人数2899人，涉及金额2255.2万余元，其中，建筑工地91起，涉及农民工人数2679人，涉及金额2198万元。开展和谐劳动关系街道创建工作。成立了创建领导小组，建立了劳动关系三方协调机制，辖区劳动合同签订率达到99.7%，企业在劳动保障部门用工备案登记率99%，企业员工参保率99.18%。街道劳动保障工作代表成都市接受了CCTV“中国劳动保障监察宣传片”采访拍摄，并作为世界劳工大会的经验交流材料。

（四）社会保障（分值6分，自查得分6分）

1. 社会保险工作（分值1分，自查得分1分）

完成情况：积极落实各项优惠政策。做好辖区就业和失业登记工作，截止12月底，帮助11家企业331人申报就业奖励金16.55万元；14家企业821人申报社保补贴11万余元；9家企业228人申报岗位补贴28.7万元。协助办理城职、城乡医疗拨付744人，拨付金额309万余元；城职、城乡生育拨付137人，拨付金额102.9万余元。

2. 社会福利、救助、慈善、优抚（含“双拥”）工作

（分值2分，自查得分2分）

完成情况：街道不断完善“五民五好”共创共享机制，出台了《关于在二〇一一年进一步加强民生和社会救助工作的补充意见》（成高桂街发[2011]17号），进一步加大了民生帮扶力度。

全年，向321人次提供医疗救助计110万元。向5068名60岁以上的老人发放春节慰问金25.4万元，向5908名老人发放了生日慰问券17.72万元，向6971名老人发放重阳节慰问金34.86万元，向1431名80周岁以上老人发放长寿补贴金50.91万元。由7支志愿队伍对16名老人开展了居家养老服务，每月次数不低于10次，每次不低于2小时。向低保户发放低保金31.5万元，1039人次。对226名低保及低保边缘户无劳动能力发放民政爱心援助款2.26万元，向653名低保边缘人员发放爱心购物券价值5.95万元。为所有残疾人员建立了档案，免费为2646人次提供了金额达18.25万元的残疾人康复训练，向582名残疾人发放慰问券价值2.91万元，发放残疾人特困补助金5.26万元，526人次。在大源双河绿化健身广场筹建了残疾人阳光家园。

此外，共向1120户农户（补贴面积2191.02亩），发放粮食直补金和农资综合直补金159156.34元。

3. 医疗卫生服务和卫生防疫工作（分值2分，自查得分2分）

完成情况：社区卫生服务方面，免费为34787人建立个人健康档案，并提出干预措施；免费接种国家Ⅰ类疫苗12593人次；免费进行高血压糖尿病病人健康管理11011人；免费开展孕产妇访视，访视孕妇488人、产妇204人；为4416名0—36个月儿童进行保健；免费为60岁以上老年人进行了基本体检。开展“三免四优惠”服务，惠民23535人次，优惠金额约27万元。在卫生防疫上，街道办事处积极开展工作。全年发放灭鼠药440公斤、灭蟑螂药饵280盒、宣传资料760余份。按照爱卫会要求，开展了辖区院落卫生环境整治工作。

今年来，桂溪社区卫生服务中心坚持创建促服务的工作思路，在硬件上，办事处投入了200多万元装修了中医馆、完善了双源新中心的配套设施、进行了中心外围环境的综合打造。在软件上，中心加强了团队建设和内部管理，通过了ISO9001验收，参与了高新区创建全国中药先进单位工作，并一直在努力争创省、市示范社区卫生服务中心。开展各种惠民服务，让辖区居民享受到了改革发展的成果，被高新区评为“群众最满意的民生工程”，国家复核评估的群众满意率测评达到88.58%，指标在全国排名第一。10月，全国示范社区卫生服务中心复核评估专家组对各项评估指标打出了高分，并总结出了十大优点在全国推广。11月，桂溪社区卫生服务中心以全国评比分数第一的成绩获得国家卫生部颁发的“全国示范社区卫生服务中心”授牌，并进行经验交流发言，成为全国社区卫生工作的示范标杆。

4. 人口和计划生育工作（分值1分，自查得分1分）

完成情况：街道办事处加强了计划生育政策宣传工作力度，全年开展各种大型宣传活动23次。发放符合法律法规一孩生育通知单502人次，办理独生子女父母光荣证189对，为流出人员办理流动人口婚育证明112人次，为流入人员办理流动人口婚育证明1394人次，补办209人

次。为6301人发放了价值近6万元的小礼品，为2户因意外事故致独生子女重残或死亡的家庭发放“安抚金”1万元，为104名孕产妇发放补助金4.16万元，办理流动已婚育龄妇女《免费服务证》843本并发放了价值6680元的爱心券。组织辖区46位流动人口育龄妇女参加了“新市民健康倍增计划”免费体检，免费为6311名流动和常住的育龄妇女提供“三查”服务，开展了流动人口基础数据摸底，将2912人的信息登入pip系统信息库，系统比对达37856人次。

（五）教育文化（分值5分，自查得分5分）

1. 学前教育（分值1分，自查得分1分）

完成情况：年初，街道办事处与各幼儿园签订了安全目标责任书及专项防控责任书，确保了幼儿园无重大安全事故、无重大疫情发生。结合幼儿园实际情况，组织召开了园长、生活老师、后勤人员的安全、防疫培训会。开展了8次针对辖区7所幼儿园的食品卫生检查、安全检查，及时督促整改存在的问题。

和平小区建成10多年来，一直没有幼儿园，居民对此反映强烈，甚至影响到和谐稳定，经街道办事处努力争取，和平幼儿园于今年9月正式启用，并给予农转非人员的幼儿每月100元的学费补贴。双祥幼儿园正在装修当中。此外，街道进一步加大助学力度，为757名农村居民和失地农民子女就读街道举办幼儿园的学生给予每人2元/天的生活补贴，共补贴16.43万元。

2. 社区教育（分值2分，自查得分2分）

完成情况：街道办事处坚持社区工作者专业化方向，千方百计提高工作者的综合素质与业务技能，街道结合社区建设和管理服务工作，邀请专家对机关和社区工作人员进行了专题培训。此外，街道还组织召开了中心组（扩大）会，对社区建设和管理服务创新进行培训和研讨。同时，街道也组织社区负责人外出学习考察发达地区的先进经验。

群众教育方面，继续在各社区开展市民学校的培训教育活动，包括了精神文明、法制建设、安全生产、科普环保、健康防疫、创业就业等多方面的内容，其中，开展了普法宣传活动51次、健康知识培训、义诊活动及健康宣传活动29次。为提高辖区党员队伍的整体素质，5月下旬，街道正式启动党员轮训工作。截至目前，已开展特色培训7场，共培训党员800余人。在南新社区成立了高新区法院司法指导站并开展活动，在阳光家园与团市委继续开展了新市民系列培训。通过各种宣传和文体活动，发放了各类宣传资料数万份。

3. 文化和体育工作（分值2分，自查得分2分）

完成情况：结合桂溪街道“文明和谐院落”“文明和谐家庭”评选活动，让文化活动进到各社区院落、家庭，不仅是对文明和谐家庭评选活动的深化，更是桂溪街道为活跃社区文化、引导居民参与社区建设、深化社区基层自治，实现精细化管理的重大举措。一年来综合文化活动中心已举行各类文化展览7次，组织、参加、开展各类活动210次，5800余人次参加。与成都电视台合作，举办“见证荣耀·同心同行”纪念建党90周年大型活动。与CCTV-5、成都市广新局合作举办了全国风云球王三人足球争霸赛成都站比赛，与成都市体育局、高新区管委会、高新区社会事业局联合举办全民健身棋类活动启动仪式暨第二届“国手”桂溪行系列活动。街道投入300多万元，在双源社区建设7800平方米的大源体育运动中心，规划建设内容包括足球场、篮球场、羽毛球场、棋牌活动区等设施，覆盖人群4万人。创新提出了文体俱乐部概念，并开始运行，制定了扶持文体协会发展政策，发展文体协会32个，会员人数已上千。中心先后评为成都市首批基层文化活动示范基地（全市318家综合文化活动中心，评出20家）、成都市首批一级综合文化活动中心（全市318家综合文化活动中心，评出50家）。

（六）其他服务（分值5分，自查得分5分）

1. 流动人口管理与服务（分值2分，自查得分2分）

完成情况：街道积极开展流动人口计划生育宣传活动，特别在春节大量民工返乡省亲之前，组织人员深入工地、流动人口集聚地和用工单位，发放《流动人口婚育证明》通知（告知书），确保了流动人口的登记率。据统计，辖区有出租房屋7131套、流动人口46891人，全年为流动人口提供就业岗位1925个，达成初步意向379人，成功上岗226人，协助解决428名外来民工子女入学问题，免费为1850名流动人口育龄妇女进行了“三查”、“三结合”服务。创新开展了流管工作，一是深化流口“3C”模式，进一步增强社区流动人口协管员、辖区物业管理部门的力量，并充分发挥院落专、兼职协管员的作用，以社区的其他服务项目和服务内容带动和完善流动人口服务工作，按照流动人口工作内容制定评比细则，建立长效管理机制，以奖励促竞争，以竞争带整体，强化物业管理公司在“3C”模式下之间的相互竞争，提高社区工作联动整体效率。二是推广“物管建立流管站”，通过街道、派出所、物管三方通力协作的方式，加强商品楼盘里的出租房屋的日常管理工作，进一步贯彻落实“谁出租，谁负责”的工作措施，进一步推动了流动人口管理工作的顺利进行。

2. 为辖区企事业单位服务（分值2分，自查得分2分）

完成情况：街道以服务为宗旨，加大了对辖区企业的服务力度。举办桂溪街道重点楼盘招商引资工作座谈会，就招商引资工作的要点进行培训。向13家“两新”企业支部拨付专项补贴3万余元，组织了450余名企业党员开展了丰富多彩的活动，同时在辖区非公企业百施特和金山软件新设立党员图书室，满足党员对文化知识的需求。邀请辖区企事业单位参加街道和社区组织的群团“三色”（红色工友之家、粉色女性资讯、绿色青春视野）系列活动、文体活动。另外，办事处为众多企业人员提供了社会保险、计划生育、劳资纠纷调解、组织关系转接、出国申请等服务。对辖区的先进计划生育单位、企业党支部进行了表彰奖励。在永安社区成立物管工会联合会。特别是街道在南新社区举行“3C”模式进商圈活动，积极打造大联防的模式，有效促进新南天地商圈治安防控工作，此项活动受到企业商家和社会各界人士一致好评，多家媒体对此进行了深入报道。

3. 社区社会组织培育发展（分值1分，自查得分1分）

完成情况：培育和引导社会组织参与社区建设，是加强社会管理和服务创新的重要工作之一。桂溪街道积极探索农转非社区物业服务新模式，在各农转非社区（三瓦窑、和平、双源、双祥、双和社区）成立了物业服务中心，并投入343万元专项经费用于现有物业人员经费支出。在人员配置上，一方面整合社区现有工作人员，另一方面吸纳物业管理专业人才，切实保障专业化物业服务水平，并组织参加了专业脱产培训。

在狠抓文体协会建设的同时，社区中心指导院落管理小组因地制宜在院落、楼栋成立各类兴趣小组或俱乐部，以更加灵活的形式凝聚居民，全年新成立6个文体类社会组织，如双祥社区新成立了篮球、腰鼓及民间艺术等协会；三瓦窑社区成立了钓鱼、交谊舞等俱乐部。在严格的登记备案制度和引导资金管理下，文体协会与俱乐部积极开展各类活动，部分协会的自创节目屡次在省、市、区各级比赛中获得名次。截止12月底，辖区共成立44个社会组织，其中便民服务类6个，社会事务类4个，文化体育类33个，慈善救济类1个。通过各类社会组织，社区居民借助活动管理、服务自我与社会，也为和谐文明桂溪增添鲜活色彩。

三、基层组织建设（分值13分，自查得分13分）

1. 党风廉政建设（分值3分，自查得分3分）

完成情况：街道在着眼中心工作的同时，进一步强化党风廉政建设，坚持标本兼治、综合治理、惩防并举、注重预防的方针，扎实推进惩治和预防腐败体系建设，开拓创新，取得了党风廉政建设工作的良好成效。

一是按照《中共成都高新区工委、成都高新区管委会关于印发成都高新区2011年党风廉政建设和反腐败工作责任制任务分工的通知》（成高委发[2011]8号）的文件要求，成立了由党工委书记樊晓峰为组长的党风廉政建设和惩防体系建设工作领导小组。建立了“一把手”负总责，分管领导具体抓，一级抓一级、层层抓落实的领导体制和工作机制。并与各村、社区签订目标责任书，将党风廉政建设责任制层层分解落实，定期检查。街道纪工委根据责任分工，每季度对班子、部门党风廉政执行情况进行检查汇总。二是街道将反腐倡廉教育纳入干部教育总体培训规划，纳入年终干部学分考核内容，充分融入到机关各部门、各社区（村）、社区卫生服务中心的日常工作和学习中。根据高新区组织部《关于进一步加强领导干部讲党课工作的通知》（成高组发[2010]20号文）要求，7月22日，党工委书记为辖区200余名党员干部主讲党风廉政建设党课。三是加快廉政风险防控机制建设，树立廉政风险防范意识。认真做好廉政风险点确认和梳理工作。经统计，桂溪街道岗位风险点一级13个、二级10个、三级10个；其中一级风险94人、二级风险185人、三级风险423人（包括街道、社区及卫生服务中心工作人员）。四是认真做好村（社区）党组织换届选举工作。街道纪工委制定了关于严肃换届选举纪律以及纪工委成员联系社区指导选举工作相关制度，确保了整个选举的公开、公平、公正，未接到关于在选举过程中徇私舞弊、违法乱纪的投诉。五是强化“三务”公开，规范与制约各类风险。充分运用“三会”开放、“居民议事会”、“社区坝坝会”等成熟的工作模式，落实好重大决策咨询、决策前调查研究、决策听证和公示、决策失误责任追究等制度，讨论通过了双源社区44号院绿化改造方案、双源社区餐饮集中点建设、成立社区物业服务中心等事项，主动接受监督员与广大群众的监督；六是坚持用制度管权、管事、管人，建立健全决策权、执行权、监督权既相互制约又相互协调的权力结构和运行机制，完善各类办事程序，公开各项制度，提高了机关各部门及社区的工作透明度和公信力。七是加强干部作风建设。街道将新进工作人员派往社区实习锻炼三个月作为试用期考核的重要内容，街道纪工委要求接收社区对新进人员事先布置“功课”，细化任务，加强考核。八是坚持两月一次的纪工委例会制度，及时研究当前街道的热点难点问题，围绕中心，服务大局，及时安排布置相关工作，从而增强了干部职工为群众服务意识，推动各级干部作风的根本转变。街道纪工委长期坚持违法违纪通报制度，强化自身监督。八是开展“深化完善共创共享机制维护群众合法权益，大力推进廉政文化”主题活动。充分利用各种形式开展廉政文化教育宣传活动，如举办“廉政文化进社区”文艺晚会、益州社区廉政文化书画现场创作会、组织基层党员到北川、汶川参观灾后重建等。

2. 行政效能建设和监察（分值2分，自查得分2分）

完成情况：街道坚持把行政效能建设纳入制度管理，坚持“一窗式”受理工作模式，并根据企业、群众需求调整业务办理窗口，增加了社保窗口数，新设了工商服务窗口，充分满足群众办事需求。按照《高新区三级政务服务机构服务设施标准》规范服务大厅管理，各项规章制度上墙；在标准化、规范化建设的基础上，新安装了大厅排号系统，为服务对象提供了方便、高效的服务。目前，我街道正在积极探索社会建设新模式，分设街道社会事务分中心及组建社区综合服务站，力争为居民提供更加全面、高效的服务。

强化行政效能监察细化落实首问负责制、限时办结制、责任追究制、社会评议制“四项制度”，加大对各部门和街道办事处落实“四项制度”的督促检查力度。一是细化落实首问责任制。在街道便民服务中心和社区便民服务大厅均设置了首问责任岗，编制了相关说明书，进一步明确了各岗位的职位关系、职责范围、承担职责、工作标准、职位代理等事项，切实作到了以职定责、按岗设人。二是完善落实限时办结制度。在建立首问责任制等制度的基础上，按照受理事项类型分为“即办件”和“承诺件”，进一步规范了计生、民政、就业、社保、经济发展和企事业服务、教育、卫生等134项行政审批服务事项及办理时限（其中117项为高新区委托办理事项），并将办事流程、申报材料、办理时限、法定依据、前置条件通过政务公开栏和街道网站、宣传册等多种形式公示，有效提升了便民服务效能。与辖区窗口工作人员签订了《履职承诺书》，明确职责，通过制度的约束，达到对内规范管理、对外树立形象的良好效果。三是健全完善责任追究制度。四是健全完善社会评议制度。为方便群众和服务对象办事，建立和完善了举报监督投诉制度，通过设立的“投诉或意见箱”，群众可以根据其细则的执行标准和内容对工作人员工作态度、工作能力等情况进行投诉或提出意见或建议。委托第三方测评机构在辖区开展了半年一次的满意度测评，不断拓宽社会评议渠道。

3. 基层党组织建设（分值3分，自查得分3分）

完成情况：街道党工委按照创先争优总体要求，组织开展了公开承诺、领导点评、双向述职、群众评议、评选表彰各项工作。1月，委领导敬刚、冯亚曦分别到三瓦窑、和平社区点评了创先争优活动。成立了各社区党员突击队，并深化其志愿服务功能；细化了社区党组织设置，3月23日，组织召开了党小组长培训会，高新区党工委委员、组织部长林海参会并讲话。新建立了党员“管理记录册”，加强了基层组织的管理。根据党员现状，创新开展了老、中、青不同特点的党员轮训7期、800多人次。党建顾问团、永安社区流动党员服务站等特色工作。新建非公企业党委1个、独立党支部14个。启动了辖区“两园一圈”非公党建工作新模式，12月24日，街道隆重举行了两园一圈启动仪式暨迎新党群联谊会，市委组织部一处唐美处长、袁海晗副处长、区工委组织部领导林海、杨俊等莅临，认为此项工作开创了天府新区高新企业党建工作的新模式，对全市开展好非公企业党建具有示范带动作用。另外还开展了表彰及文艺演出、党史回顾短信、知识竞赛、征文比赛等“庆七.一”系列活动。

4. 群团工作（分值3分，自查得分3分）

完成情况：按照党群共建的思路，建立完善了6个社区及规模以上企业劳动争议调解组织；完成了170余家非公企业建会情况筛查；新建非公企业工会36家（含1家工会联合会及2家外资企业建会），开展职工送温暖活动12次，完成农迁社区及进城务工农民新市民素质培训200余人，免费为一线困难职工送体检卡528份；组织开展了“巾帼风采，我最美丽”三月风华主题系列活动，成功调解妇女纠纷案件6例。通过创新开展天涯坊志愿者服务活动，拓宽了外籍志愿者服务方式。成功承办了区级趣味运动会、羽毛球赛、亲子活动等。桂溪街道妇联获得成都市家庭教育工作先进集体称号。和平志愿服务站获得“四川省城乡环境清洁志愿服务示范点”称号。

5. 基层治理（分值2分，自查得分2分）

完成情况：为进一步加强基层民主政治建设，增强基层党组织的凝聚力和战斗力，桂溪街道创新开展工作：一是开展了细分农迁社区党组织设置工作，在农迁社区以楼栋为单位组建党小组，党小组由原来的33个增加到85个；在双祥社区成立了临时党支部；对双源社区进行了划分，新成立双和社区。二是为理顺社区治理主体关系，进一步加强社会管理体系建设，扎实推进社会管理服务创新工作，在街道党工委的领导下，成立了桂溪街道社会管理创新工作领导小组。研究制定创新社会管理工作计划、政策措施和实施方案。三是10月，全面启动并完成了双源、双和、和平社区党总支部公推直选工作，产生了新一届社区党组织领导班子，大专以上文化程度的达93%，平均年龄38岁。12月，完成了三瓦窑、和平、双源、双和社区居委会换届选举工作，并结合院落党支部、院委会、议事会的选举和调整，进一步完善社区建设和管理服务的组织框架。四是继续开展了“文明和谐院落”及“文明和谐家庭”评选活动，活动的开展对于推动社区稳定和谐发展起到了重要作用，居民综合文明素质以及参与自治的水平明显提高、院落管理小组成员的综合能力得到迅速提升，社区管理服务体系进一步完善。

五、公共评价（分值24分，自查得分24分）

1. 行政效能社会评价

（分值3分，自查得分3分）

完成情况：以上级测评结果为准。

2. 社会管理和公共服务满意度测评（包括城乡环境、社会治安、充分就业、社会保障、医疗卫生、文化教育、困难救助等）

（分值18分，自查得分18分）

完成情况：以上级测评结果为准。

3. 城市公共文明指数测评（文明城市复查工作）

（分值3分，自查得分3分）

完成情况：以上级测评结果为准。

六、领导评估（含党工委管委会交办重大工作完成情况评估，最高加2分）

（分值10分，建议得分10分）

完成情况：以高新区党工委管委会领导评估为准。

七、加分（加分上限3分，自查加分3分）

详见附件。

中共成都高新区桂溪街道工作委员会
成都高新区桂溪街道办事处
2012年1月5日

行政办公会会议纪要

【第一次办公会会议纪要】

时间：2011年1月4日

地点：办事处四楼会议室

参会人员：樊晓峰、张学文、陈长贵、张仲常、王子琦、全少英、洪敬涛、马玉良、瞿蓉芳、刘焕春、张景山、王无、韩霜、李婷、张琼、徐德文、李孝云、李从节、陈攀慧、郭科、曾林彬、林世良、李天福、张小梅、董涛

列席党员群众代表：石文菊、刘雪蓉、但胜蓉、陈明建、卢文

缺席：陈羽（挂职）

议决事项：会议听取了各部门近期工作汇报和安排，并对重点工作进行了强调。

党政办：牵头做好机关人员年终考核工作；组织做好街道领导干部民主生活会相关工作；牵头做好社区、村目标考核；做好总结表彰

会、团拜会准备工作；加快民生热线的筹建工作。

城管执法中队：牵头拟定、细化开设夜市方案；重点做好双源、双祥社区重点区域的环境整治工作；做好双祥社区一楼部分栏杆修复后的执法维护工作。

综治办：加强以双祥、双源社区为重点的小区治安防范工作；继续做好拖欠农民工工资的维稳工作。

经发科：开展好节前扶贫村慰问工作；加强双祥社区等重点区域的消防安全检查。

城建科：继续做好在建项目工程管理和推进工作，保证质量与进度；组织新安置的相关村做好分房后续工作；加快双源社区老年活动中心的建设进度，对和平四期大门口的线路进行调查和规整。

财政所：做好2011年财政支出预算（二上）方案的编制。

劳保所：继续做好农民工工资清欠工作；进一步完善低保户、低保边缘户和困难家庭的就业托底方案。

社事科：做好春节前慰问工作方案；及时落实临时价格补贴兑现工作。

社区中心：解决双祥社区消防及电梯维保问题；组织双祥社区院内清扫保洁招投标工作；指导双源、双祥入住后的管理服务工作；指导各社区结合消防、综治工作开展文化活动；恢复双祥社区一楼部分被拆除的栏杆。

会议肯定了双源、双祥社区迎接百姓入住工作，在工作量大、情况复杂的情况下，各科室、社区通力配合，确保了该项工作顺利完成。

会议要求，城管、综治两个部门独立运行后，需进一步精细化管理、加强服务；做好对所包院落困难群众的走访慰问工作；做好机关所有人员年度考核工作；做好总结表彰会及团拜会准备等工作。

【第二次办公会会议纪要】

时间：2011年2月14日

地点：办事处四楼会议室

参会人员：樊晓峰、张学文、陈长贵、张仲常、王子琦、全少英、洪敬涛、马玉良、瞿蓉芳、刘焕春、张景山、王无、韩霜、李婷、张琼、徐德文、李孝云、陈攀慧、曾林彬、林世良、李从节、郭科、张小梅、董涛、李天福

列席党员群众代表：何德群、李大华、李佳、韩付萍、雷天寿

缺席：陈羽（挂职）

议决事项：会议听取了各部门近期工作汇报和安排，并对重点工作进行了强调。

党政办：督促各部门合理下达2011年工作目标；制定文明院落建设工作方案；推进民生热线平台建设；制定双源商铺的委托代管工作方案；制定双源公建配套用房分配方案；督促各部门完成调研文章；与社事科一道做好村、社区换届选举准备工作。

城管执法中队：完善双源便民市场规划方案；做好省、市“五十百千”工程迎检的各项准备工作。

综治办：做好重点部位发案防控工作。

经发科：继续对辖区大年十五之前烟花爆竹燃放安全进行督查；与调整后的对口扶贫单位进行走访对接，并商讨扶贫项目；做好对重点企业的梳理、走访工作；协商处理绿迪公司的合同纠纷问题；临江村沟渠疏掏；继续做好长表录入等人普工作。

城建科：加快推进和平综合服务楼、双祥幼儿园、大源南一街景观化打造等工程项目建设进度；做好社区道路绿化管护招标工作；结合文明院落建设工作要求，在充分听取居民意见基础上，提出院落整改工作方案。

财政所：继续做好2011年财政支出预算方案的编制；加强对社区财务管理工作的指导；与高新区财政局衔接百施特公司的政策扶持

事宜。

劳保所：筹备好2月24日新春招聘会；做好高新区就业工作会的相关准备工作；召开会议商定困难家庭就业托底援助方案。

社事科：拟订双低家庭民政帮扶方案；牵头做好学校开学前的安全检查工作；尽快制定残康中心和中药馆建设设计方案；做好社区换届选举的相关准备工作。

社区中心：结合文明城市复查年工作，启动“两个文明”评选活动，并开展丰富多彩的文化活动；指导社区做好物业管理服务工作；尽快确定双祥社区消防维保单位。

会议强调，2011年街道工作压力较大，全体工作人员要振奋精神、转化工作状态。要继续深入扎实推进“领导挂点、部门包院、干部帮户”活动。

【第三次办公会会议纪要】

时间：2011年3月7日

地点：办事处四楼会议室

参会人员：樊晓峰、张学文、陈长贵、张仲常、王子琦、全少英、洪敬涛、马玉良、瞿蓉芳、刘焕春、张景山、王无、韩霜、李婷、张琼、徐德文、李孝云、陈攀慧、曾林彬、李从节、郭科、董涛、李天福

缺席：陈羽（挂职）、林世良（开会）、张小梅（借调）

议决事项：会议听取了各部门近期工作汇报和安排，并对重点工作进行了强调。

党政办：做好涉农社区按楼栋为单位的党小组建设工作；组织好“三·八”节系列活动。

城管执法中队：尽快完善中队内部机构设置；组织开展城管执法中队副组长以上职务的竞聘工作。

综治办：牵头做好农转非维稳工作；加快完成双祥社区流动人口的清查工作。

经发科：对去年水污管网调查出的问题提出整改方案；做好住户用水的调查工作；协调农商银行，做好民乐村法人财务印鉴的更换。

城建科：协调好各工作组转非工作的推进；做好文明院落建设整治工程的实施方案，5月底完成整改；组织机关各部门人员积极参加“3·12”义务植树活动；加快推进双源社区便民市场的建设工作；协调临江村代管的双桥村七组的违法用地查处工作。

社事科：组织开展好民生政策的宣传；开展经济适用房和廉租房的申报工作，把握好政策尺度，做到公平公正公开；及时做好困难群众的帮扶和救助工作。

财政所：做好2010年企业奖励方案的测算工作。

劳保所：做好农转非人员的参保工作；做好创建和谐劳动关系街道的申报工作。

社区中心：会同社事科指导社区开展惠民活动；指导社区开展丰富多彩的文体活动；会同党政办做好文明院落管理相关工作；加快双祥社区楼栋骨干网络的组建工作。

会议通报，桂溪街道在高新区2010年目标考核评比中获得了第一名的好成绩，辖区实现了和谐稳定，与大家的努力工作密不可分，希望全体人员再接再厉，做好今年工作。根据高新区部门职能调整，街道办事处的交通管理职能也相应地由经发科调至城管科。

会议强调，农转非工作是街道目前的工作重点，要主动有效地处理好转非的相关问题，一定要注意在农迁社区的工作方式和方法，统一宣传口径，避免激化矛盾。转非工作时间节点是2011年3月31日，街道已成立了三个专业工作组，同时四个村的推进组已在积极进行准备，条件成熟的村即将开展转非工作，在城管科、劳保所牵头做好转非和社保工作的同时，各分管领导和科室要积极支持配合；目前是关键时期，特别要关注已转非人员的动态，及时排查不稳定因素。在做好业务工作的同时，

要继续深入开展好“领导挂点、部门包院、干部帮户”活动，同时社事科、劳保所、社区中心要牵头落实好就业援助和托底、民生救助帮扶等惠民相关政策，及时解决困难群众的问题。

会议要求，由陈长贵同志牵头做好社区党组织、居委会的换届选举相关准备工作。

【第四次办公会会议纪要】

时间：2011年3月28日

地点：办事处四楼会议室

参会人员：樊晓峰、张学文、陈长贵、张仲常、王子琦、全少英、洪敬涛、马玉良、瞿蓉芳、刘焕春、张景山、王无、韩霜、李婷、张琼、徐德文、陈攀慧、曾林彬、李从节、郭科、董涛、李天福

列席党员群众代表：薛菊花、敖娟、陈云龙、卢文、张一军

缺席：陈羽（挂职）、李孝云（病假）、林世良（开会）、张小梅（借调）

议决事项：会议听取了各部门近期工作汇报和安排，并对重点工作进行了强调。

党政办：4月中旬要完成社区（村）目标责任书的签订工作。做好党风廉政建设和反腐败工作责任制的分工落实。做好迎接市委组织部创先争优检查的准备工作。抓好文明院落工程建设督促工作。做好2010年桂溪画册的编印工作。会同社区中心对社区党小组长与楼栋长的职责、如何形成合力进行研讨。会同城管中队、劳保所商讨双源社区餐饮集中点的管理模式。对欠缴租金的商家和企业进行催缴。

城管执法中队：会同党政办拟定双源餐饮集中点管理模式和便民市场管理方案。做好城乡环境综合整治测评工作。

综治办：做好农转非维稳工作；加强重点区域治安防控力度，采取措施有效控制辖区发案率。

经发科：做好转非后村集体资产处置准备工作；制定对口扶贫帮扶工作方案；做好春季动物防疫工作。

城建科：三瓦窑农贸市场4月10日拆除，衔接兴城公司，安排施工单位及时入场，维护稳定。继续做好转非工作。加快文明院落建设整治工程的推进。启动和平社区天仁南街3号院的雨棚、防护栏改造工程。做好2011年重点项目的推进。对社区公建维修办法落实情况进行了解。启动双祥社区非机动车停车场入口的改造工程。

财政所：本周内做好2010年度企业奖励方案。

社事科：拟定和平社区幼儿园办学模式及办园方招标方案。按精细化管理要求，会同党政办做好社区换届选举相关工作。继续做好困难群众的帮扶和救助工作。

劳保所：进一步完善就业托底、就业援助工作。总结分析双源手工业基地的经验效果，思考今后的方向。继续做好农转非人员的参保工作。规范完善就业服务亭的管理工作。

社区中心：认真做好社区建设创新管理体系进行研讨相关准备工作。协调建设公司做好双祥社区专业设备的管理和维护工作。做好双祥社区电梯、消防、环卫、绿化管护的招投标工作。组织好高新区机关篮球赛活动。继续开展好成都棋院进社区等文化惠民活动。

会议对列席党员群众代表提出的意见和建议表示感谢。和平社区居民代表反映，院落艾普宽带线路混乱，影响美观。会议答复，党政办负责督促和平社区联系艾普公司进行协调解决。

会议通报，根据高新区纪律检查建议书的意见，对主要领导和分管领导扣发了工作性津贴，要求各部门要加强队伍管理。会议要求，要围绕“五民五好”继续开展好民生工作。分管领导及各部门要做好党风廉政建设和预防职

务犯罪工作。

【第五次办公会会议纪要】

时间：2011年4月11日

地点：办事处四楼会议室

参会人员：樊晓峰、陈长贵、张仲常、王子琦、全少英、洪敬涛、马玉良、瞿蓉芳、张景山、王无、韩霜、李婷、徐德文、李孝云、陈攀慧、林世良、曾林彬、李从节、郭科、董涛、李天福

列席党员群众代表：吴章清、刘雪蓉、李利、尹玲、雷天寿

缺席：张学文（开会）、刘焕春（下村）、陈羽（挂职）、张琼（下村）、张小梅（借调）

议决事项：会议听取了各部门近期工作汇报和安排，并对重点工作进行了强调。

会议对列席党员群众代表提出的意见和建议表示感谢。三瓦窑社区居民代表反映，208号院落监控设备不能正常使用和三瓦窑农贸市场垃圾中转站拆除后怎样解决垃圾清运问题。会议答复，综治办负责与监控器安装公司进行联系及时解决此问题；城管执法中队牵头协调解决垃圾清运问题。

会议要求，在即将召开的街道工作会上，各分管领导要结合年初街道工作思路尤其是创新社会管理服务体系等进行工作安排；各部门要进一步重视信访回复质量和时效性；根据工作需要拟定工作人员学习和培训计划；社区管理服务中心在组织开展群众性文体活动时，既要倡导积极参与，也要予以评选奖励，不断提高活动水平和质量。

会议指出，近期转非安置工作已取得了阶段性的成效，感谢大家在周末和节假日坚守岗位辛勤工作。会议强调，各部门在落实工作任务方面要注意时效性，增强主动感和敏锐度；要加强对双祥社区工作的指导，完善社区的服务和管理，及时解决社区面临的难点和热点问题；要进一步重视信访件的回复质量。

【第六次办公会会议纪要】

时间：2011年4月25日

地点：办事处四楼会议室

参会人员：张学文、陈长贵、张仲常、王子琦、全少英、洪敬涛、马玉良、瞿蓉芳、刘焕春、张景山、王无、韩霜、李婷、张琼、徐德文、李孝云、陈攀慧、曾林彬、林世良、李从节、郭科、董涛、李天福

列席党员群众代表：廖金甫、曾文淑、卢彬、唐鸥、卢文

缺席：樊晓峰（会议）、陈羽（挂职）、张小梅（借调）

议决事项：会议听取了各部门近期工作汇报和安排，并对重点工作进行了强调。

党政办：完成好机关电脑安装正版软件工作；会同社区中心规范各社区院落宣传栏。由陈长贵同志牵头继续做好社区（村）和机关工作作风整治和督查工作；与机关工会对兴趣小组开展活动情况进行评估；加强对街道新聘人员的区情、街情、党风廉政建设等方面的培训。

城管执法中队：拟定垃圾分类处理的试点工作方案。

综治办：继续做好转非后续维稳工作。

经发科：牵头做好食品安全工作；组织召开辖区重点企业座谈会；开展第一次全国水利普查工作；近期开展一次防洪演练工作。

城建科：做好文明示范院落建设工程的整治和协调工作；启动和平社区天仁南街3号院的雨棚、防护栏改造工程；拟定双祥社区非机动车入口改造方案；处理好转非后续工作；与国土局联系，做好自愿拆迁户附着物补（赔）偿和房屋安置协议签订工作。

财政所：实施辖区重点企业经营班子奖励兑现工作。

劳保所：做好转非续保和退休人员签字确认工作。

社事科：完善和平社区幼儿园办园和招标方案。

社区中心：会同党政办做好社区院落宣传栏的整合工作。

会议对列席党员群众代表提出的意见和建议表示感谢。三瓦窑社区居民代表反映：三瓦窑社区202号院旁施工工地，夜间施工扰民，扬尘污染严重。机动车存在乱停乱放现象。院落内有流浪犬只，影响居民生活。对和平菜市场生猪肉质量表示质疑。会议答复，城管执法中队负责督促施工工地进行整改，并对机动车乱停乱放现象进行整治；综治办牵头做好流浪犬的整治工作；和平菜市场出售的猪肉已实行可溯源管理、并每日进行检疫，可以放心购买，同时经发科和综治办要加强检查、监管。

会议指出，街道各项工作正在高效有序地推进，转非安置工作取得了阶段性成果，感谢各部门积极配合和努力工作。

会议要求，全体要以“服务好群众、服务好企业”为核心开展工作作风整治，加强对工作人员的教育和会议精神的传达落实，4月26日将召开综治巡逻大队和城管中队的作风整顿专题会议。各科室要结合工委决议，有针对性地制定专项工作目标。

【第七次办公会会议纪要】

时间：2011年5月9日

地点：办事处四楼会议室

参会人员：樊晓峰、张学文、陈长贵、张仲常、王子琦、全少英、洪敬涛、马玉良、瞿蓉芳、刘焕春、张景山、王无、韩霜、李婷、张琼、徐德文、李孝云、陈攀慧、曾林彬、林世良、李从节、郭科、董涛、李天福

列席党员群众代表：邹先玉、宋友平、李素清、尹玲、雷天寿

缺席：陈羽（挂职）、张小梅（借调）

议决事项：会议听取了各部门近期工作汇报和安排，并对重点工作进行了强调。

党政办：开展庆“七·一”系列活动；继续加强作风督察工作；做好社区换届选举干部考察测评工作；筹备召开街道工作会；组织“青春　文明　梦想”趣味运动会；做好先进党组织、优秀党员评选的推荐工作；做好启用双源餐饮集中点的相关工作。

城管执法中队：做好近期新会展重大会议、展览等活动的市容秩序保障工作；加强队伍建设，提高执行力、战斗力。

综治办：做好近期重大会议、展览的安保工作；指导各社区做好群防群治工作；加强队伍建设，提高执行力、战斗力。

经发科：跟踪重点企业座谈会反映的问题；加强对秸秆禁烧的宣传和巡查工作；做好汛期防汛工作；配合做好高新区食品安全执法工作；完成好各社区院落消防设施的检查工作。

城建科：在规范和理顺的前提下，加快各项工程建设进度；做好双源便民市场、中医药馆建设工作。继续衔接大源村、铜牌村自愿拆迁户附着物补（赔）偿问题。

财政所：做好企业的奖励兑现工作；目前财政收入情况良好，要进行分析，与高新区有关部门衔接，确保可持续发展。

劳保所：继续做好转非续保和退休人员签字确认工作；深化辖区“双困”人员托底援助和大中专毕业学生就业工作。

社事科：举办好辖区惠民政策知识竞赛活动；做好和平社区幼儿园办园工作，确保9月1日开学。

社区中心：加强对双祥物业服务中心的指导，整改院落内存在的问题，提高院落管理水平；会同党政办做好迎接建党90周年活动。

会议对列席党员群众代表提出的意见和建议表示感谢。双源社区居民代表反映：双源

社区绿化健身广场内配套用房还未出租。建议增设群宴基地的娱乐设施。会议答复，街道已将绿化健身广场内配套用房的使用问题纳入工作日程，需要同时考虑公益性与资产保值问题。关于增设群宴基地娱乐设施的问题，街道已同意，由社区负责解决。

会议指出，上半年街道各项工作开展较好，但特色不够显著，亮点不够多。街道工作会后，主要领导将分别听取各部门的思考及建议。工会要针对兴趣小组活动开展情况及时进行调整，提高参与率，做到工作、锻炼两不误。

会议对近期篮球对抗赛、重点企业座谈会、转非进社保等工作予以肯定。会议要求，全体人员要高度重视作风整顿工作，分管领导和部门负责人要加强对工作人员的教育，不断提高责任心，杜绝问题再次发生，即日起17:15时下班。各科室要充分利用好办公会这个平台，做好信息交流共享，共同解决问题。

【第八次办公会会议纪要】

时间：2011年5月23日

地点：办事处四楼会议室

参会人员：樊晓峰、张学文、陈长贵、张仲常、王子琦、全少英、洪敬涛、马玉良、瞿蓉芳、刘焕春、张景山、王无、韩霜、李婷、张琼、徐德文、李孝云、陈攀慧、曾林彬、林世良、李从节、郭科、董涛、李天福

列席党员群众代表：方义红、贺龙生、徐永树、尹诚诚、卢文

缺席：陈羽（挂职）、张小梅（借调）

议决事项：会议听取了各部门近期工作汇报和安排，并对重点工作进行了强调。

党政办：继续加强作风整顿督查工作；继续做好文明院落建设推进工作；组织好党员轮训工作；拟定各科室、社区座谈会的日程安排。

城管执法中队：开展好队伍业务、党风廉政、作风整顿的教育培训工作；做好垃圾分类的试点工作；加强对辖区闲置土地的巡查。

综治办：有效整合各方力量，做好重点区域的群防群治治安防范工作；继续做好辖区转非维稳工作。

经发科：与成都职业技术学院合作，充分利用好科技园，做好企业服务工作；组织好辖区第六次全国人口普查工作总结表彰会；组织好防汛演练工作。

城建科：做好双祥社区地下停车场入口的改造工作；继续做好大源村、铜牌村自愿拆迁户附着物补（赔）偿工作，草拟分房方案；做好文明院落建设工程质量的验收工作，并听取群众的意见。

财政所：做好“小金库”专项治理工作。

劳保所：摸清大中专毕业学生就业状况，有针对性地制定就业新举措；针对双困人员家庭制定措施，做好辖区就业援助和托底工作。

社事科：做好和平社区幼儿园招投标工作。

社区中心：会同建设公司做好双祥社区房屋质量检查工作，为本次安置群众做好入住准备。在暑期组织开展丰富有意义的青少年专题活动。

会议指出，街道工作会已召开，全体人员要积极思考特色亮点工作，主要领导将分部门听取相关建议；各部门要加强对社区、村尤其是双祥社区的工作指导。安排好科室人员的工作，避免出现忙闲不均的现象；各分管领导要提出好学习考察计划。

【第九次办公会会议纪要】

时间：2011年6月7日

地点：办事处四楼会议室

参会人员：樊晓峰、张学文、陈长贵、张仲常、王子琦、全少英、洪敬涛、马玉良、瞿蓉芳、

刘焕春、张景山、王无、韩霜、李婷、张琼、徐德文、李孝云、陈攀慧、曾林彬、林世良、李从节、郭科、董涛、李天福

列席党员群众代表：黄俭、贺龙生、郭宗文、彭梅、雷天寿

缺席：陈羽（挂职）、张小梅（借调）

议决事项：会议听取了各部门近期工作汇报和安排，并对重点工作进行了强调。

党政办：进一步完善干部教育培训方案，要分层次、有针对性、可操作性；做好就业托底工作的总结和宣传工作；做好“七.一”晚会的准备工作；牵头做好文明院落建设工作，做好迎接市文明办检查的准备工作；专题研讨双源社区餐饮集中点的使用管理。

城管执法中队：在执法工作方法上要做到多控制少整治，做到防患于未然；高考和中考期间，维护好校园周边市容市貌；协助做好大源铜牌2个村9个小组村民分房的秩序保障工作。

综治办：高考和中考期间，做好校园周边秩序保障工作；做好双祥社区分房现场的秩序保障工作；对东苑居民的信访件进行整理，对不能解决的问题形成报告，恳请管委会协调处理。

经发科：做好辖区综合治税工作；做好当前的防汛工作。

城建科：听取群众对双祥社区地下停车场入口试点改造意见；做好双祥社区分房的前期准备工作；配合做好天然气、光纤补贴等惠民政策的推进工作。

财政所：做好天然气、光纤初装补贴和社区配套综合补贴发放的资金保障；做好卫生服务中心新旧账务体系的过渡工作。

劳保所：会同党政办做好辖区就业托底工作的评估和宣传工作；举办好辖区伊藤洋华堂专场招聘会。

社事科：继续做好和平社区幼儿园办园方招投标工作；牵头做好天然气、光纤补贴等惠民政策的推进工作。

社区中心：会同党政办做好“七.一”晚会准备工作；对“文明和谐家庭”和“文明和谐院落”评选工作进行阶段性评估并深化。

会议强调，光纤、天然气补贴等惠民政策实施和分房工作是目前街道的重点；根据近期各部门、社区工作座谈情况，提倡多听多看多思索，少说多做多实干，要知道工作的高度取决于工作的态度、思考的深度、实干的程度；各科室要加强沟通、协调配合；全体人员要加强联系群众工作，及时有效的解决群众所反映的问题。

会议进一步明确了财务管理工作相关要求。

【第十次办公会会议纪要】

时间：2011年6月20日

地点：办事处四楼会议室

参会人员：樊晓峰、张学文、陈长贵、张仲常、王子琦、全少英、洪敬涛、马玉良、刘焕春、王无、韩霜、李婷、张琼、徐德文、李孝云、陈攀慧、曾林彬、林世良、李从节、郭科、李天福

列席党员群众代表：范庆湘、程小丽、李美昌、尹玲、卢文

缺席：瞿蓉芳（会议）、张景山（会议）、陈羽（挂职）、董涛（会议）、张小梅（借调）

议决事项：会议听取了各部门近期工作汇报和安排，并对重点工作进行了强调。

党政办：对前期各部门、社区工作座谈会中提出的建议和意见进行汇总，督促落实；会同社区中心做好“七.一”晚会准备工作；协助做好双祥社区新分房拿钥匙入住工作；做好街道上半年工作总结和目标自查工作；对文明城市复查中暴露出的问题进行梳理并督促整改；对各社区提出要求，若发生突发事件及时上

报。

城管执法中队：做好垃圾分类收集处置试点工作；做好6月24日“七·一”晚会、双祥社区新分房领钥匙的市容秩序保障工作。

综治办：做好“七·一”期间的辖区综治维稳工作；做好“七·一”晚会的治安保障工作；组织开展好“6·26”禁毒日宣传活动。

经发科：对临江村工业园安全生产状况进行思考；做好相关村农村集体资产处置工作的调研和准备；组织开展好双祥社区安全消防知识的宣传工作。

城建科：听取群众对双祥社区地下停车场入口试点改造的意见，加快推进改造工作；做好铜牌、大源村自愿拆迁户分房后的结算工作；做好中医药馆等重点项目工程的推进工作。

财政所：做好新旧财政奖励政策对比测算工作；对街道办事处半年收支情况进行分析。

劳保所：会同经发科对双源社区手工业基地厂区与住宿混用等安全问题，督促整改和提高，符合管理规定；做好双祥社区的就业促进工作。

社事科：做好和平社区幼儿园办园方中标单位的合同签订工作，确保9月1日开学；继续推进天然气光纤补贴、配套综合补贴等惠民政策的落实；指导和督促中医药馆的建设工作。

社区中心：做好街道“七·一”晚会准备工作；指导双祥社区做好新分房领钥匙入住工作、物业管理工作。

会议对列席党员群众代表提出的意见和建议表示感谢：

1. 双源社区居民代表反映：5号院内部分单元门铃失灵、10栋转角处道路狭窄。会议答复：由城建科负责与门铃安装公司进行联系解决，社区要加强管理；对院落道路进行现场察看后再处理。

2. 三瓦窑社区居民代表反映：208号院内健身器材损坏较多、院内停车难。会议答复：由社区中心负责对院落已损坏的健身器材进行统计，并尽快修复完善；社区已召开停车难问题的听证会，现正在根据群众意见设计方案。

3. 和平社区居民代表反映：天和东街8号院整治后，存在休闲石凳位置摆放不合理、部分庭院灯不亮、守车人工资未到位等问题。会议答复：由城建科牵头做好石凳复位和庭院灯修复工作；党政办督促落实守车人员工资问题。

4. 益州社区居民代表反映：有居民希望锦辉东街即将启用的幼儿园（隆盛祥幼儿园）能优惠本地居民。会议答复：此幼儿园未移交街道办事处管理，办事处在收费方面没有管理和指导权限。

会议对铜牌、大源村自愿拆迁户分房工作给予了肯定。会议要求各部门之间要加强配合协调。近期，全体人员要协同做好以下工作：1. 机关支部要做好结对帮扶贫困党员的走访慰问；2. 举办好6月24日街道“七·一”晚会；3. 做好文明城市复查迎检工作，对暴露出的问题进行收集和整改；4. 做好双祥社区新分房领钥匙入住工作；5. 双源社区天然气光纤补贴、和平及三瓦窑社区配套综合补贴的推进工作。

【第十一次办公会会议纪要】

时间：2011年7月4日

地点：办事处四楼会议室

参会人员：樊晓峰、张学文、陈长贵、张仲常、王子琦、全少英、洪敬涛、马玉良、瞿蓉芳、刘焕春、张景山、王无、韩霜、李婷、张琼、徐德文、李孝云、陈攀慧、曾林彬、林世良、李从节、郭科、董涛、李天福

列席党员群众代表：姚玉英、刘雪蓉、王文明、彭梅、雷天寿

缺席：陈羽（挂职）、张小梅（办事）

议决事项：会议听取了各部门近期工作汇报和安排，并对重点工作进行了强调。

党政办：牵头做好文明城市复查相关工作。

城管执法中队：做好高新区新移交道路的清扫工作；做好街道武装部民兵动员预先号令演习工作；牵头做好第二次城乡环境综合整治测评迎检工作；配合综治办做好东苑小区住改商整治工作。

综治办：协助高新区相关部门，与城管中队共同做好东苑小区的住改商整治工作；加强对辖区农贸市场文明城市复查相关工作的指导。

经发科：做好四个村集体资产处置的前期准备工作；会同劳保所做好双源手工业基地的安全整治工作。

城建科：做好高新区新移交绿化项目的管养工作；做好和平社区综合服务楼装修、大源南一街打造、科技商务楼装修等重点建设项目的推进工作。

财政所：会同经发科做好内培企业奖励政策调研。

劳保所：做好大学毕业生（应届）就业援助工作；做好新转非人员就业奖励金申报的准备工作。

社事科：做好天然气光纤初装补贴、综合补贴等惠民政策推进工作；做好和平幼儿园开园前的各项准备工作。

社区中心：做好双祥社区（特别是36号院）新入住后物管工作的指导；结合和谐文明院落评选、文明城市复查工作，加强院落的管理工作；组织开展丰富多彩的暑期少儿活动。

会议对列席的党员群众代表提出的意见和建议表示感谢。1. 双源社区居民代表反映：5号院门口有摆摊设点卖菜的现象。会议答复：由城管执法中队负责进行整治。2. 三瓦窑社区居民代表反映：电信宽带网络太慢。会议答复：由党政办联系电信部门加快线路改造。3. 和平社区居民代表反映：二期3号院内树木过密影响采光、部分机动车停放在绿化带等问题。会议答复：由城建科牵头会同社区中心与社区征求群众意见后进行绿化调整，并对车辆乱停问题进行处理。

会议对近期各部门共同开展的“七·一”晚会、双祥社区新分房领钥匙、天然气光纤初装补贴及综合补贴推进、暴雨后积水处置等重点工作给予了充分肯定，希望今后继续发挥好团队协同配合精神。

会议要求，近期各部门要结合联系群众工作，共同做好文明城市复查迎检、拆迁遗留综合问题整治等重点工作。同时要做好近期的一些维稳方面工作。各部门之间要加强安全方面的信息沟通。

【第十二次办公会会议纪要】

时间：2011年7月18日

地点：办事处四楼会议室

参会人员：张学文、陈长贵、张仲常、王子琦、全少英、洪敬涛、马玉良、瞿蓉芳、刘焕春、王无、韩霜、李婷、张琼、徐德文、李孝云、陈攀慧、曾林彬、李从节、郭科、董涛、李天福

列席党员群众代表：靳方兰、陈燕辉、钟明辉、卢文、曾淼

缺席：樊晓峰（会议）、张景山（会议）、陈羽（挂职）、林世良（社区办事）

议决事项：会议听取了各部门近期工作汇报和安排，并对重点工作进行了强调。

党政办：继续牵头做好宣传氛围营造、问题整改等文明城市复查相关工作；启动双源餐饮集中点管理公司的比选工作；牵头做好社区细分后，便民服务大厅的管理与规范工作。

城管执法中队：会同交警六分局和社区规范双源社区机动车停放；继续做好商铺出摊占道整治工作。

综治办：加强院落“四防”设施的整治工作；继续做好辖区治安防范工作。

社事科：继续做好农转非人员综合补贴的申报、发放工作；组织好“八·一”慰问辖区部队的相关工作；完善和平幼儿园作为公益性幼儿园的办园方案。

经发科：制定四个村集体资产处置工作方案；继续做好辖区防汛工作；会同社区商讨灭火器的管理方案。

城建科：做好拆迁难点户的走访和调查工作；做好街面、广场的绿化管护工作，加强对管护单位的督查；做好三瓦窑社区208号院的综合整治设计方案征集工作。

财政所：开展好财政支出绩效评价组织实施工作；做好街道办事处半年预算调整工作；指导社区卫生服务中心做好账目调整工作。

劳保所：做好双源、双祥社区新转非人员就业奖励工作；做好大学毕业生就业援助工作。

社区中心：牵头做好新社区筹建的相关协调工作；组织好廉政文化进社区文艺演出活动；与高新建设公司衔接双祥社区商铺启用事宜。

会议强调，各科室近期要共同做好文明城市复查、双源社区细分后新社区筹建工作，社区细分不能影响服务群众质量。各部门要加强内部管理工作，精细化安排各项工作，高质量迎接各类检查。

【第十三次办公会会议纪要】

时间：2011年8月1日

地点：办事处四楼会议室

参会人员：樊晓峰、陈长贵、王子琦、全少英、洪敬涛、马玉良、瞿蓉芳、刘焕春、张景山、王无、韩霜、李婷、张琼、徐德文、李孝云、陈攀慧、曾林彬、李从节、林世良、郭科、董涛、李天福

列席党员群众代表：高永德、张丹、李美昌、陈远慧、雷天寿

缺席：张学文（会议）、张仲常（会议）、陈羽（挂职）

议决事项：会议听取了各部门近期工作汇报和安排，并对重点工作进行了强调。

会议强调，街道近期的工作重点就是全力做好文明城市复查迎检工作，目前已进入临战迎检状态，要确保达标。参会人员要利用好办公会平台，加强对相互工作的衔接和了解。会议学习传达了高新区就业工作专报中的《就业托底援助专题调研报告》，通报了上周中央电视台对就业托底工作采访情况，希望大家围绕特色亮点强化宣传工作。

会议对列席党员群众代表提出的意见和建议表示感谢：

1. 临江村居民代表反映：近期，经常有车辆将建渣倾倒在临江村二组中石油公司附近路段。会议答复，由城管执法中队与临江村衔接进行制止。

2. 和平社区居民代表反映：天仁北二街一号院内存在黑网吧和老年活动中心门口常年存在滴水的现象。会议答复：由社区中心牵头，与社区对黑网吧进行调查和处理；由城管科负责察看老年活动中心门口滴水情况并进行处理。

3. 益州社区居民代表反映：名都公园内部分植物出现枯死和设施设备存在损坏的现象；居民们不知道怎样联系灭火器药剂更换。会议答复：名都公园属市政设施，未移交街道办事处管理；由经发科负责指导社区做好灭火器管理使用的宣传。

【第十四次办公会会议纪要】

时间：2011年8月15日

地点：办事处四楼会议室

参会人员：樊晓峰、张学文、陈长贵、张仲

常、王子琦、全少英、马玉良、瞿蓉芳、刘焕春、张景山、王无、谢名清、李婷、张琼、简志伦、陈攀慧、曾林彬、李从节、林世良、郭科、董涛、李天福

列席党员群众代表：薛菊华、刘雪蓉、游世全、李显光、唐鸥、卢文

缺席：洪敬涛（学习）、陈羽（挂职）、韩霜（学习）、徐德文（学习）、李孝云（学习）

议决事项：会议听取了各部门近期工作汇报和安排，并对重点工作进行了强调。

党政办：继续牵头做好文明城市复查相关工作，实现常态化管理；掌握收集社区换届选举相关信息，为下一步开展换届选举工作做好准备；拟定社区便民服务中心的管理模式方案；做好党务公开工作，对公开内容和方式要进一步明确；理顺惩防体系建设、反腐败体系建设的框架。

城管执法中队：思考城市管理整治、控制、根治的管理模式；按照职责分工，做好街面文明城市复查工作。

综治办：做好月底综治工作会的准备工作；做好农贸市场管理和文明城市复查迎检工作；做好居民院落治案防范工作。

社事科：加强协调，确保和平幼儿园9月1日正式开园；继续做好货币化安置人员综合补贴发放工作；完成好双祥社区川音幼儿园厨房设计及设备采购工作；组织好餐饮经营者的食品安全培训工作；做好低保金标准上调工作。

经发科：做好辖区重点企业的服务工作，避免税源流失；组织开展好义务消防队工作；牵头做好食品安全培训工作；继续做好防汛工作。

城建科：加快推进双祥社区非机动车地下停车场入口改造工作；督促道路绿化管养单位提高管理水平。

财政所：做好办事处半年预算调整工作；做好“小金库”迎检工作。

劳保所：探讨街道自建小额借款发放的新模式；继续指导双源、双祥社区做好就业奖励登记工作。

社区中心：指导各社区强化院落管理；进一步深化和谐文明户、和谐文明院落评选活动的品牌效应，不断丰富活动内容；指导双和社区成立物业服务中心；对暑期少儿活动进行评估和总结。

会议对列席党员群众代表提出的意见和建议表示感谢：

1. 和平社区居民代表反映：街面停放的大货车扰民；院落内黑网吧未完全取缔。会议答复，由城管执法中队与交警分局衔接，加大整治力度；由社区服务管理中心协调高新区执法部门对黑网吧进行处理。

2. 双祥社区居民代表反映：一是院内燃放烟花爆竹存在安全隐患；二是附近无建设银行；三是48号院外搅拌站存在扰民的现象。会议答复：由社区管理服务中心与社区做好宣传工作，今后要纳入和谐文明评比活动内容；双祥社区商铺招商后会引入银行；由城管执法中队负责与区规划局衔接，规范搅拌站工作。

3. 三瓦窑社区居民代表反映：在建的农贸市场和体育广场进度缓慢。会议答复：由城管科与兴城公司衔接，了解工程进度。

会议传达了敬刚、韩春林在8月12日高新区党工委（扩大）会议上的讲话精神，要求全体人员按照领导指示精神做好下半年的工作，特别是在团队意识和全局观上要予以加强。

会议通报，由张仲常同志联系新筹建的双和社区的工作。会议对近期开展的转非居民综合补贴发放、群访事件处置、召开媒体座谈会、广和一街整治等工作给予了肯定。强调，各科室要继续做好文明城市复查迎检工作，各相关科室要相互配合做好当前社会关注的食品安全问题。

【第十五次办公会会议纪要】

时间：2011年8月29日

地点：办事处四楼会议室

参会人员：樊晓峰、张学文、陈长贵、王子琦、全少英、洪敬涛、马玉良、瞿蓉芳、刘焕春、张景山、王无、韩霜、李婷、张琼、徐德文、李孝云、陈攀慧、曾林彬、林世良、李从节、郭科、李天福

列席党员群众代表：方礼银、蒲彩云、叶少群、雷天寿、杨平

缺席：张仲常（会议）、陈羽（挂职）、董涛（休假）

议决事项：会议听取了各部门近期工作汇报和安排，并对重点工作进行了强调。

党政办：牵头拟定社区党组织换届选举工作方案；对社区便民服务中心职能定位进行深入研讨；做好双源餐饮集中点的移交工作；组织承办好高新区政协委员中秋联谊会。

城管执法中队：巩固创建成果，建立长效机制；同双源社区做好居民楼下油烟扰民的整治工作。

综治办：做好辖区综治维稳专题会议的准备工作；组织开展好综治巡逻队员的培训工作；加大辖区重点地段的治安防范工作。

社事科：督促和平绿舟幼儿园按合同做好开园前的各项准备工作，装修完毕要出具检测报告，确保9月1日正式开园；会同社区协调解决双源、双和社区适龄儿童入园问题；草拟社区居委会换届选举方案。

经发科：与高新区创新中心联系，协调企业入驻孵化园四期的相关工作；与高新区经发局衔接新南商圈的升级包装方案事宜；做好辖区商业地产的服务和招商工作。

城建科：加大辖区拆迁难点户的整治力度；按照高新区的要求，做好临江村拆迁安置的相关工作；继续推进重点工程和民生工程，加快双祥社区停车场非机动车入口的改造。

财政所：开展好财政支出绩效考核工作；配合劳保所拟定小额贷款发放方案。

劳保所：做好双祥社区首批就业奖励金发放工作；拟定建立街道办事处小额贷款担保平台方案。

社区中心：对“和谐文明家庭”、“和谐文明院落”评选活动进行深化和打造；配合高新建设公司做好双祥商铺的招租工作。

会议对列席党员群众代表提出的意见和建议表示感谢：

和平社区居民代表反映：建议加强对居民文明养犬的宣传和管理工作；和平社区一期旁工地存在夜间噪音扰民的现象；建议在老年活动中心门口栽种遮荫大树。会议答复，由综治办会同社区做好文明养犬的宣传和管理工作；由城管执法中队与施工工地协调处理夜间噪音扰民问题；老年活动中心周边场地有限，移栽大树易造成安全隐患且影响整体观瞻，暂不考虑移栽。

双源社区居民代表反映：145号院院落围墙改造存在安全隐患。会议答复：城管科正在调整设计和资金方案，确保安全。

会议对近期各部门、社区相互配合全力做好文明城市复查迎检工作给予了充分的肯定，要求相关部门要巩固和深化文明城市创建成果，建立长效机制，保持辖区良好的内外环境。会议传达了高新区对工作人员年休假安排的相关精神，并鼓励大家积极参加兴趣小组活动，增进团队意识。

【第十六次办公会会议纪要】

时间：2011年9月26日

地点：办事处四楼会议室

参会人员：樊晓峰、张学文、陈长贵、张仲常、王子琦、全少英、马玉良、瞿蓉芳、张景山、王无、韩霜、李婷、张琼、徐德文、李孝云、陈攀慧、曾林彬、林世良、李从节、郭科、李天福、

董涛

列席党员群众代表：李素明、刘雪蓉、蒙佳、陈云龙、陈远慧、雷天寿

缺席：洪敬涛（会议）、刘焕春（出差）、陈羽（挂职）

议决事项：会议听取了各部门近期工作汇报和安排，并对重点工作进行了强调。

党政办：牵头做好街道目标的梳理；牵头组织好街道中心组学习研讨及临江村拆迁政策培训会；组织好社区建设工作培训会；牵头做好2011年年鉴资料收集和出版工作；加快民生热线建设工作；做好双源社区便民服务中心服务机制的落实。

综治办：做好综治维稳形势的评判；加强队伍管理；做好节日期间的治安防范工作。

城管执法中队：加快启动双源夜市的实施方案；对双祥社区院落内摆摊设点现象进行整治，要注意方式方法；会同双和、双源社区做好油烟扰民整治工作；做好软件园周边市容秩序的整治工作；做好2012年道路清扫单位的招标工作。

社事科：对街道开展的惠民政策进行梳理总结和宣传；组织开好综合补贴发放工作总结会；做好节前食品安全检查工作；做好重阳节慰问工作；尽快确定托老基地的方案。

经发科：做好国庆节前安全生产大检查工作；汇同财政所做好财政税收级次调整的企业名单核实。

城建科：配合区统征办拟订铜牌村菌棚事件的处理意见；牵头做好临江村拆迁相关工作；完成好和平社区广场改造的财政支出绩效考核工作；做好各农迁社区居民楼屋面防水问题的勘察，拟定整治方案；制定双祥社区便民设施的整改方案。

财政所：做好2012年财政收支预算方案的编制工作；继续做好财政支出绩效考核工作；牵头做好财政税收级次调整的企业核定工作。

劳保所：加强对双源手工业基地入驻企业的规范管理工作；继续做好就业奖励金发放工作；做好就业奖励金财政支出绩效的考核；做好和谐劳动关系街道创建资料的准备工作。

社区中心：做好两个文明评选活动的评估；做好双源绿化健身广场运动场管理计划；督促相关单位及科室整改双祥社区公共配套设施设备中存在的问题；指导各社区开展好国庆文艺活动；对农迁社区物业服务中心营运情况进行评估。

会议对列席党员群众代表提出的意见和建议表示感谢：

1. 三瓦窑社区居民代表反映：东苑A区靠府河处有一根路灯电线杆出现倾斜；东苑小区门口路面停放有大量的电瓶车存在安全隐患；在建的三瓦窑农贸市场进度缓慢。会议答复：由城管执法中队现场对路灯电线杆倾斜和非机动车乱停乱放的现象进行处理；三瓦窑农贸市场的建设进度问题已与兴城公司联系，了解工程进度，兴城公司答复三瓦窑农贸市场建设施工进度正在按计划实施，竣工时间将得到保障。

2. 和平社区居民代表反映：部分居民屋顶出现浸水的现象。会议答复：由城管科负责对出现浸水问题的屋顶进行勘察，并提出解决方案。

3. 益州社区居民代表反映:名都公园旁工地打围，将红绿灯遮挡，门口人行道上停放大量的工程车，给居民出行带来不便，安全隐患严重。会议答复：由城管执法中队到现场进行察看，对违规行为进行纠正。

会议对近期开展的临江村自愿拆迁投票工作进行了肯定。会议要求，三季度即将结束，各部门要对目标完成情况进行梳理总结，并以此为契机，寻找不足，突出亮点和创新工作；本周四召开的中心组学习会，参会人员要结合实

际，以社会管理服务为主线进行研讨。本周临江村拆迁工作正式启动，各部门要相互支持和配合，抽调人员参加。

【第十七次办公会会议纪要】

时间：2011年10月31日

地点：办事处四楼会议室

参会人员：樊晓峰、张学文、陈长贵、张仲常、马玉良、瞿蓉芳、王无、韩霜、李婷、张琼、徐德文、李孝云、林世良、郭科、李天福、董涛

列席党员群众代表：张德才、刘雪英、陈云龙、唐鸥

缺席：王子琦（学习）、全少英（学习）、刘焕春（学习）、

张景山（学习）、陈羽（挂职）、陈攀慧（学习）、曾林彬（拆迁）、李从节（学习）

议决事项：会议听取了各部门近期工作汇报和安排，并对重点工作进行了强调。

党政办：做好党组织换届选举后续工作，制定院落建党支部的具体方案，同时做好人才储备工作，为双祥社区细分做好准备；做好文明院落迎检工作；牵头做好街道工作总结；做好泰和佳苑党员服务站的组建工作；牵头做好街道总体应急预案的制订；年底前做好街道党务、政务、财务公开工作，并指导社区、村开展“三务”公开。

综治办：对辖区流动人口基本情况进行分析，就如何进一步做好服务与管理工作，提出具体建议；做好重点区域的治安防范工作；做好维稳信息的收集、分析、研判工作。

城管执法中队：做好双源社区步行街市容市貌整治工作；做好2011年冬季征兵工作；配合区统征办做好铜牌村菌棚情况调查工作；做好2012年道路清扫保洁招标方案，供工委会决议。

社事科：启动社区居委会换届选举工作；牵头做好残疾人阳光家园建设工作；做好2011年街道计生目标迎检准备工作。

经发科：安排好走访扶贫村工作计划；组织做好安全生产检查工作，落实好双祥社区36号院消防系统整改工作；由王子琦同志负责会同劳保所做好手工业基地安全隐患的整治工作；协调经发局解决好双祥社区居民用气问题。

城建科：继续做好临江村拆迁相关工作和拆迁遗留问题的处置工作；加快拟定农迁社区居民楼屋面防水问题的整治方案；做好双祥社区便民设施的整改落实情况及非机动车停车场入口改造工作；做好重点工程的推进工作。

财政所：做好临江村拆迁的经费保障工作；配合区财政局做好企业税收级次调整工作；做好街道财务公开工作。

劳保所：做好双困人员和应届大学毕业生的就业解决工作；针对区劳动关系三方检查中发现的问题进行整改；会同经发科做好手工业基地安全隐患的整治工作。

社区中心：认真梳理务虚会内容，结合高新区要求制定并上报办事处推进院落自治管理方案；对双祥社区公共配套设施设备中存在问题的整改情况进行梳理，形成书面材料上报；牵头做好双祥社区现场会准备工作；督促建设公司做好双祥消防系统的改造工作；结合十七届六中全会会议精神思考如何进一步深化辖区文化建设工作。

会议对列席党员群众代表提出的意见和建议表示感谢：

1. 三瓦窑社区居民代表反映：208号院下水管道易堵塞。会议答复，由党政办公室与社区联系进行处理。

2. 会议对近期开展的社区党组织换届选举工作、临江村拆迁工作、卫生服务中心迎接全国示范社区卫生服务中心复核评估工作和高新区机关趣味运动会上大家所展现出来的团

结拼搏精神给予了充分肯定。

会议指出，年底在即，各科室要团结协作，做好全年收尾工作和加强走访联系群众；参加学习考察的同志对其他单位好的工作做法和经验要进行总结和借鉴。

【第十八次办公会会议纪要】

时间：2011年11月14日

地点：办事处四楼会议室

参会人员：樊晓峰、张学文、陈长贵、张仲常、王子琦、全少英、洪敬涛、马玉良、瞿蓉芳、刘焕春、张景山、王无、韩霜、李婷、张琼、徐德文、李孝云、陈攀慧、林世良、郭科、李天福、董涛

列席党员群众代表：黄世清、李顺金、李厚军、张一军

缺席：陈羽（挂职）、曾林彬（拆迁）

议决事项：会议听取了各部门近期工作汇报和安排，并对重点工作进行了强调。

党政办：做好高新区第三方满意度测评的迎检工作准备；做好年度工作目标自查；组织好机关工作人员的培训。

综治办：做好冬季治安防范工作；牵头对农贸市场自产自销蔬菜的规范管理提出处置意见。

城管执法中队：继续做好双源、双和社区油烟扰民整治工作；加强对辖区闲置土地的巡查；做好冬季征兵工作。

社事科：与社事局联系，尽快确定桂溪、石羊的边界划分；指导社区做好居委会换届选举工作；加快残疾人阳光家园建设工作。

经发科：选定2011年度九尺镇永兴村对口扶贫项目，确保年内实施；继续做好双源手工业基地的安全整治工作。

城建科：继续做好临江村拆迁、拆迁遗留问题综合整治工作；加快双祥社区相关设施维修及建设工作。

财政所：会同城建科做好首批临江村拆迁款的发放工作；会同经发科对高新区《街道经济发展奖励政策指导意见》提出反馈意见。

劳保所：做好迎接市、区两级对街道促进充分就业年终工作检查的准备工作；做好和谐劳动关系街道创建资料的准备工作。

社区中心：会同党政办组织好双祥社区现场办公会；督促建设公司做好双祥社区院落问题的整改工作。

会议对列席党员群众代表提出的意见和建议表示感谢：

1. 和平社区居民代表反映：和平社区广场舞台雨棚下雨天漏雨。会议答复，由城管科负责进行处理。

2. 双源社区居民代表反映：一是双源社区外墙面涂料脱落严重；二是120号院内喇叭不能正常使用；三是双祥社区天然气、自来水压力不足及25号院内有开餐馆的现象，严重影响居民的正常生活。会议答复，双源社区外墙粉刷工程量大，今后适时组织实施；社区中心会同城建科对各社区院落喇叭等问题进行梳理，今后统一纳入社区环境综合整治计划；双祥社区存在的问题前期已进行了梳理，明天将进行实地察看并召开现场办公会。

会议对近期开展的临江村拆迁、拆迁遗留问题综合整治工作及社区居委会换届选举启动等工作给予了充分肯定。

会议强调，对群众的宣传能有效地推进街道各项重点工作的开展，各部门要继续加强联系群众工作。年终将至，要加强工作统筹，做好运行有序、运行有效、分级负责、层层落实，避免忙而无序、忙而无效。结合近期学习考察情况，要组织开展社会建设和服务管理创新的研讨。

【第十九次办公会会议纪要】

时间：2011年11月28日

地点：办事处四楼会议室

参会人员：樊晓峰、张学文、陈长贵、张仲

常、王子琦、全少英、洪敬涛、马玉良、瞿蓉芳、刘焕春、张景山、王无、韩霜、李婷、张琼、徐德文、李孝云、陈攀慧、林世良、曾林彬、李天福、董涛

列席党员群众代表：蒲彩云、廖永成、廖金甫、李显光、张志琼

缺席：陈羽（挂职）、郭科（征兵）

议决事项：会议听取了各部门近期工作汇报和安排，并对重点工作进行了强调。

党政办：牵头做好街道年度工作总结、目标自查及对社区、村目标考核工作；做好2011年度领导班子民主生活会的前期准备工作；做好画册编印工作；拟订街道领导和各部门参加院落坝坝会的计划。

综治办：做好双祥社区电池被盗等公共设施的治安防范工作；做好东苑等辖区重点区域冬季治安防范工作。

城管执法中队：继续做好冬季征兵工作；尽快做好2012年道路清扫保洁招标方案，报工委会审议；加强对闲置土地的管理工作。

社事科：继续做好社区居委会换届选举工作。

经发科：抓紧落实2011年度九尺镇永兴村对口扶贫项目；做好楼宇经济调查工作。

城建科：做好2009年以来竣工项目的决算审计资料准备工作；继续做好临江村拆迁、拆迁遗留问题综合整治工作；推进双祥社区幼儿园装修等重点工程，并思考2012年重点建设项目计划。

财政所：做好2011年度决算工作；跟踪高新区街道经济发展的奖励指导意见情况；配合城建科做好项目竣工决算资料送审工作；做好街道聘用人员工资代发工作。

劳保所：做好2011年度就业帮帮队表彰奖励工作；做好城镇居民医疗保险筹资工作。

社区中心：深化院落自治的实施方案；组织开展好2011年度两个文明的评选工作；做好农迁社区的绿化管养、楼道清扫单位招标的准备工作。

会议对列席党员群众代表提出的意见和建议表示感谢：

1. 三瓦窑社区居民代表反映：铁路斜坡上流动商贩较多，影响居民出行，且存在安全隐患。会议答复：由城管执法中队会同社区做好整治工作。

2. 双源社区居民代表反映：一是建议从小区大源南二街到健身广场（公园）的公路上设立人行横道，方便居民出行；二是建议在健身广场（公园）内安装健身器材，方便居民锻炼身体。会议答复：由城建科负责与区规划局联系设立人行横道事宜；社区中心负责把在绿化健身广场内安装健身器材事宜纳入明年工作计划。

3. 双祥社区居民代表反映：双祥辖区内无休闲广场，影响居民休闲娱乐。会议答复：社区中心会同社区负责加大对双源、双和、双祥三个社区共同使用好现有的广场，做好群众的宣传解释工作。

会议指出，各科室近期要做好以下工作：一是要把安排的工作做实做好，不要停留在面上；二是要不断提高管理水平，对双祥社区电池丢失事件要追究相关责任；三是各部门要结合当前形势和辖区实际，提出明年的工作思路，并于12月8日之前报到街道党政办汇总；四是近期街道将深化院落自治和联系群众工作，在各院落召开坝坝会，收集意见和建议，各部门要同时做好走访和慰问工作。

【第二十次办公会会议纪要】

时间：2011年12月12日

地点：办事处四楼会议室

参会人员：樊晓峰、张学文、陈长贵、张仲常、王子琦、全少英、洪敬涛、马玉良、瞿蓉芳、刘焕春、张景山、王无、韩霜、李婷、张琼、徐

德文、李孝云、陈攀慧、郭科、林世良、李天福、董涛

列席党员群众代表：钟华亮、陈燕群、但胜蓉、彭梅、雷天寿、昝春莲

缺席：陈羽（挂职）、曾林彬（拆迁）

议决事项：会议听取了各部门近期工作汇报和安排，并对重点工作进行了强调。

党政办：牵头做好院落坝坝会意见和建议的收集和分解落实；做好街道党工委会的准备工作，对2012年工作思路、聘用人员薪酬调整方案等进行研究；协调组织好街道目标自查工作和对社区、村的目标考核工作；做好街道领导班子民主生活会的准备工作；做好党风廉政建设迎检工作；做好机关人员年终考核工作。

综治办：会同党政办督促公安部门处理王成拖欠商铺租金一事；组织召开好信访工作培训会；继续做好东苑、双祥等重点区域的治安防范工作。

城管执法中队：做好ISO14001外审准备工作；由全少英、马玉良同志牵头做好双祥社区破墙开店的整治工作；做好双源步行街的市容整治工作；继续做好征兵工作。

社事科：做好残疾人阳光家园启动工作，要拓宽视野做好志愿服务等工作；继续做好社区居委会换届选举工作；统筹协调好节前的慰问工作。

经发科：跟进手工业基地安全隐患整治工作；做好节前安全检查工作；组织召开楼宇经济座谈会。

城建科：双祥幼儿园在确保质量前提下要保证施工进度，环保测评合格后才能验收；跟进临江村电力通道拆迁等工作；多听取院落群众意见，做好2012年重点工程建设项目的计划；对双源老广场进行勘察，提出具体处置意见；确认双源公园广场靠河处绿化管理单位；加快推进双祥幼儿园、大队基地、和平综合服务楼等重点项目的建设工作；做好双源、双和社区居民屋顶防水维修试点工作。

财政所：做好2011年度财政支出决算工作；做好2012年度财政预算方案（二上）的编制。

就业中心：做好迎接高新区就业工作目标检查准备工作，要充分体现亮点和取得的成效；做好节前农民工工资清欠排查工作。

社区中心：细化完善院落自治的实施意见，思考相关的配套方案。

会议对列席党员群众代表提出的意见和建议表示感谢：

1. 临江村居民代表反映：临江村尤其是白家火车站乱倒渣土情况较严重。会议答复，由洪敬涛同志负责与国土分局衔接处理，同时综治、城管队伍要加强巡查力度。

2. 三瓦窑社区居民代表反映：光纤收视效果差。会议答复，由党政办牵头会同社区管理服务中心，与光纤公司联系，对存在的问题进行整改，同时对和平社区楼道内网络线路杂乱，社区管理服务中心要会同社区，督促网络公司整改。

会议对近期开展的社区居委会换届选举工作和综合补贴发放涉及原石墙12组村民集访处置工作进行了肯定。

会议要求，在年终各项工作目标自查和迎检工作中，要充分体现工作特色亮点，并做好检查的协调配合工作。街道领导班子成员要参加12月14日对社区、村的目标检查汇报会，考核小组要公平、公正、客观地考核；根据街道第三方测评结果显示，下半年满意度有所下降，全体人员要高度重视，分析原因，及时改进；机关工会要加强对干部的关心；在机关干部考核中要总结好全年的得与失。

年终将至，全体人员在做好工作的同时，要抓好党风廉政建设工作，会议和活动从简，做到警钟长鸣。

【第二十一次办公会会议纪要】

时间：2011年12月26日

地点：办事处四楼会议室

参会人员：樊晓峰、张学文、陈长贵、张仲常、王子琦、全少英、洪敬涛、马玉良、瞿蓉芳、刘焕春、张景山、王无、韩霜、李婷、张琼、徐德文、李孝云、陈攀慧、郭科、林世良、李天福、董涛

列席党员群众代表：薛菊华、陈云龙、夏永琼、曾淼

缺席：陈羽（挂职）、曾林彬（拆迁）

议决事项：会议听取了各部门近期工作汇报和安排，并对重点工作进行了强调。

党政办：进一步完善年终聘用人员考核工作；做好2011年街道目标汇报准备工作；会同社事科做好节前慰问统筹工作，明确慰问标准；组织召开聘用人员、社区人员会议；做好年度街道总结表彰会、团拜会的准备工作。

综治办：与相关部门衔接，督促拖欠租金案工作；做好市民代表检查民生工程的安保工作；做好节前治安防范工作。

城管执法中队：对双源便民市场管理工作进行思考，商讨延长营业时间的可行性；拟定慰问环卫工人方案；做好市民代表检查民生工程的市容保障工作；加大对辖区闲置土地的巡查力度。

社事科：统筹安排好节前慰问工作；做好社区居委会换届选举工作。

经发科：按法律途径做好手工业基地厂家违约处置工作；组织开展节前安全检查工作；安排好对九尺镇永兴村困难户的慰问。

城建科：与高新区国土分局衔接，确认闲置土地的管理工作；做好街道综合文化活动中心周边环境整治工作；继续做好临江村拆迁工作；加快推进辖区重点项目建设进度。

财政所：继续做好2012年度财政预算方案（二上）的相关工作。

就业中心：继续做好节前农民工工资清欠排查、调解工作。

社区中心：将院落内占道经营的整治与两个文明评选活动相结合；做好市民代表检查民生工程点位的准备工作；细化完善深化院落自治建设的实施意见。

会议指出，街道所处的特殊地理位置意味着新的一年我们将面临新的机遇和挑战，各科室要有忧患意识，不断提高执行力，同时结合实际，科室内部进行总结回顾；年终团拜会上各科室要做好新春发言准备。

会议要求，年终在即，各项工作不能松劲，要舞好龙头收好豹尾，继续做好以下工作：一是做好走访慰问工作；二是做好12月28日居委会换届选举投票工作；三是相关科室要相互配合，做好市民代表视察民生工程点位接待工作。

2011年辖区90岁以上老人名单

桂溪街道2011年90—99周岁老人名单

序号	姓名	性别	身份证号	户口所在地
1	白素华	女	510111191703013529	天仁北二街3号1—1—1
2	芦素华	女	510111191503053526	天和东街8号1—4—5
3	黄昌久	男	51011119191001353X	天仁北一街1号4—1—3
4	章　德	男	510111191607203517	天和东街8号5—4—3

续表

序号	姓名	性别	身份证号	户口所在地
5	何素芳	女	510111191706133526	天仁南街3号3-3-6
6	卢明惠	女	510111191708173521	天仁北一街1号3-2-3
7	李贵荣	女	510111191404053520	天和东街8号4-1-2
8	林万武	男	510111191801223511	天仁北一街1号2-3-5
9	陈茂清	男	510111191301163516	天仁北二街1号4-2-4
10	冯玉芳	女	510111191807243521	天仁北二街2号3-5-11
11	敖术堂	女	510111191307223524	天仁南街3号2-2-1
12	李世华	男	510102191901124397	天仁北二街1号3-1-2
13	高联德	男	510111191812113510	天仁北二街3号5-4-1
14	方礼成	男	510111191901213513	天仁北二街2号9-3-4
15	高素芳	女	510122191904222043	天和东街8号8-16-27
16	颜洪兴	男	510109191911110871	天仁北二街3号5-1-1
17	高联碧	男	510111192001083519	天仁北二街3号5-1-10
18	朱文才	男	510122192006162012	天和东街8号8-8-135
19	白万金	男	510122191702172017	天和东街8号8-12-133
20	张银农	男	51011119211108351X	天仁北二街1号3-2-3
21	王正全	男	510129210115871	桂溪敬老院
22	黄传金	男	510111190301351	桂溪敬老院
23	刘贵芳	女	510122192108010765	双和48-3-2-5
24	甯德云	男	510122192111232019	双和48-7-3-2
25	廖成芝	女	510111192111033926	双和5-5-2-8
26	袁子根	男	510122192110280772	双和5-9-3-1
27	曾洪明	男	510122192004052012	双和48-1-4-4
28	陈素芳	女	510111192007283925	双和5-17-1-1
29	秦素均	女	51011119201209394X	双和5-20-2-3
30	曾福云	男	510111192011273930	双和44-4-1-4
31	罗世秀	女	510111191910133929	双和5-19-1-3
32	张奇友	男	51011119190916391X	双和44-4-1-2
33	叶其芝	女	510122191811040769	双和48-9-4-10
34	段少明	男	51012219180422077X	双和48-4-1-1
35	徐启贵	男	51011119170421391X	双和5-4-1-1
36	刘术芳	女	51011119170628392X	双和5-12-3-2
37	荣光福	男	510111191607103911	双和5-5-2-3
38	王素珍	女	510111191501033927	双和5-18-2-1
39	李术芳	女	510111191401093922	双和5-7-2-1
40	屈志珍	女	510111191310103929	双和5-12-3-4
41	孙怀平	女	510302192011121026	高新区天长路59号5-2-801
42	郭　瑾	女	510103192007254825	高新区天顺路288号6-1-17
43	陈喜莲	女	510103191507124221	三瓦窑200号3-2-501
44	李家兰	女	510103191907144563	三瓦窑街123号1-3-1304号
45	甯万福	男	510111191710133510	三瓦窑西二巷新一楼3号
46	龙素琼	女	510111192110123524	三瓦窑街9号附2号

续表

序号	姓名	性别	身份证号	户口所在地
47	谭朝义	女	510111192011043529	三瓦窑街永香巷37号
48	周世琮	女	510122191907145522	临江四组
49	张益贞	女	510122191701025525	临江四组
50	屈志清	女	510122191610015524	临江四组
51	曾明章	男	510122191608125513	临江五组
52	尹素清	女	510122191906065520	临江五组
53	许永清	女	51012219200307552x	临江六组
54	马久芬	女	510122191204185528	临江六组
55	张黄氏	女	510122191205195525	临江八组
56	罗国荣	男	51111119180113101x	成铁电力工区
57	景凤全	女	510107192103280869	双源178-14-6-3
58	周太珍	女	510122192112200764	双源178-18-1-2
59	廖成芝	女	510111192111033926	双源145-5-2-8
60	李洋云	女	510107192110210869	双源178-1-2-1
61	郭术华	女	510111192101073924	双源152-5-4-1
62	黄云寿	男	510111192102283931	双源152-7-3-2
63	成克杰	男	51010719201216087x	双源178-10-1-3
64	卢渊如	男	510111192001203939	双源145-2-3-2
65	李月清	女	510111192003273922	双源145-7-1-1
66	曾素芳	女	51011119200110392X	双源178-6-1-1
67	李术贞	女	510111192011113945	双源178-3-3-2
68	吴慧清	女	510111191902093920	双源152-4-2-2
69	赵锡珍	女	510111191911203925	双源145-8-2-2
70	罗素珍	女	510122191903050761	双源
71	张正元	男	510111191908173921	双源178-3-2-4
72	林素会	女	510122191809132023	双源178-13-1-1
73	廖素芬	女	510111191802023925	双源152-6-2-1
74	陈少庭	男	510122191701300777	双源178-12-2-2
75	袁素芳	女	510107191706050865	双源178-18-2-2
76	江会清	女	510107191607160866	双源178-10-2-2
77	张云芳	女	510122191509150764	双源178-9-1-1
78	陈恒德	女	510111191511183929	双源178-2-2-2
79	黄素芳	女	510122191312300765	双源178-4-3-1
80	邱陈氏	女	510122191902282026	大源北一街25-1-2-204
81	何登贵	男	510122191811010797	大源北一街25-3-1-1702
82	卢凤英	女	510122191910060765	大源北一街25-4-2-101
83	徐兴发	男	510122191905030752	大源北一街25-4-2-105
84	江德成	女	510122192004220768	大源北一街25-5-1-104
85	谭德均	男	510122192110040779	大源北一街25-5-1-804
86	汪素华	女	510122192102170768	大源北一街25-6-1-102
87	张素华	女	510122191608270761	大源北一街25-7-1-105
88	宋琼尧	女	510122192102070767	大源北一街25-8-1-102

续表

序号	姓名	性别	身份证号	户口所在地
89	陈昌玉	男	510111192010063915	大源北二街48-3-1-101
90	朱得玉	女	510111192111263924	大源北二街48-6-1-205
91	袁林氏	女	51011119160614392X	大源北二街48-6-3-415
92	李玉清	女	510111191810213921	大源北二街48-6-3-810
93	李素英	女	510122191805280766	大源北二街36-1-3-1502
94	廖福珍	女	510122191807072020	大源北二街-25-8-1-1004
95	钟文华	男	510111191811263912	大源北二街48-3-1-103
96	尹志通	男	510112191405080711	大源北二街48-2-1-303

2011年辖区100岁以上老人名单

序号	姓名	性别	民族	身份证号	户口所在地	健康状况	家庭住址	子女基本情况
1	汤家华	男	汉族	510111190806053932	大源北二街48-1-4-201	健康	大源北二街48-1-4-201	汤家华有4个儿子，2个女儿，5个在双祥社区，1个在外地，身体健康
2	漆素芳	女	汉族	510111191109043928	大源南二街145号13-1-15	健康	大源南二街145号13-1-15	漆素芳有4个儿子，1个女儿，身体健康。
3	胡清和	男	汉族	510111190805053519	天和东街8号8-18-49	健康	南站西路17号1-3-5号	有2个儿子，2个女儿，身体健康。

2011年市级以上媒体相关报道选载

“托”起新生活的希望

来自成都高新区桂溪街道困难家庭就业托底和就业援助的创新实践

在偌大城市之中，有这样一类人群，他们怀揣强烈就业意愿，但却苦于身体疾病、残疾等不可抗拒原因，无法与社会“零障碍”融入，渐渐成为生活困难、就业困难的“双困”弱势群体。

由于自身不可逾越的障碍，“找一份工作，力所能及地服务社会、改变生活”的念头，变得可望而不可即。

一份平凡的工作，对他们而言，甚至是打开他们新生活之门的钥匙。

在成都高新区桂溪街道，同样有着这样的特殊群体，他们中，有的是家境窘迫，但却因身体疾病无法参与社会化工作的特殊人群；有的是家庭负担过重，无法“朝九晚五”地出门打工的百姓……然而，始于今年，这些特殊群体，在不一样的生活轨迹、不一样的就业困境之下，获得了打开一扇新生活之门的均衡机会——成都高新区桂溪街道“困难家庭就业托底和就业援助行动”，成为了打开这扇门的钥匙。

“托”起希望

“双困”人员就业辗转之路变坦途

李某，和平社区居民，因患面部肿瘤与眼部高度残疾，只用一只眼睛看世界的他，虽有强烈就业意愿，却一直没有找到适合的工作；

姚某，因患自闭症导致交流障碍与性格孤僻，无法正常人际交流，虽想看看“外面的世界”，却难以找到自己的就业坐标；

陈某，因患糖尿病，导致视力残疾，尿毒症，依靠每周三次的血液透析维持生命，医疗和生活的重担让一家子捉襟见肘……

他们都有强烈的就业意愿，但却苦于各种难言之痛，让就业之路辗转不平。

直指低保和低保边缘困难家庭中的就业困难人员（以下简称“双困”人员）就业难，今年3月，成都高新区桂溪街道党工委、办事处正式出台了《桂溪街道困难家庭就业托底暂行办法》、《桂溪街道困难家庭就业援助实施意见》，对辖区具有劳动能力和就业意愿的低保户、低保边缘户家庭成员进行帮扶，通过困难家庭就业托底和就业援助，为他们“托”起一个人、一个家庭生活得更美好的希望。

“一直想找份适合自己的工作，但总是吃‘闭门羹’。”说这句话的姚某年仅31岁，长期自闭的他，看上去似乎比实际年龄长了许多，“这份工作不仅让我能慢慢与人交流，每个月还有街道就业托底帮扶的几百元劳动报酬贴补家用。”如今，已成为桂溪街道和平社区就业托底安置队伍一员的他，渐渐从工作中找到自信，并逐步地从自闭“孤岛”中走出来，学会交流。如今，姚某在就业托底安置队伍中主要负责院落清扫，对于今后完全社会化的求职之路，渐渐地从“不敢想”过渡到“想憧憬”。

眼下，在已有22名“双困”百姓融入的就业托底队伍中，姚某的经历，并非个案。家住和平社区天仁北二街1号的低保边缘人员程某，因患恶性淋巴瘤，不得不辞去以往货运搬卸的工作归家治疗，治愈出院后，已丧失了大部分工作能力，“我是一家的顶梁柱，‘梁’断了，家人生活都会成问题。”如今已成为就业托底队伍主力成员的他，在力所能及地参加托底帮扶之中，不仅一定程度上改善了家人窘迫的生活，自己也渐渐从自暴自弃的阴霾中走出来，迎接生活的阳光。

眼下，桂溪街道已在和平、双源等社区建立了就业托底安置队伍，三个月时间里，已有22名“双困”百姓融入到就业托底队伍的阵营之列，通过每月定期的清扫保洁等社区公益性活动，每人每月能获得300-500元的工作补贴。

对这些有些“特殊”的普通人而言，就业托底，“托”起的并不仅仅是一份能胜任的工作，更有他们积极生活的意志，与自食其力所获得的更多尊严。

托底帮扶“暖心效应”

“双困”人群活得更有尊严

生命本该拥有喝彩，然而，由于自身原因，这些倍感生活无能为力的“双困”人群，渐渐地与外面的世界“绝缘”，他们渴望走出去，他们期盼能用努力划出自己的人生轨迹，甚至担当起社会公民的责任，用自己的双手，获得人生价值的认同。

“对我们而言，这份工作并不只是每月几百元的收入补助，更重要的是，它们是用我的劳动换来的，而我们的努力，正在让小区环境更舒心，我们收获了街坊邻居对咱们的认同。”感慨由心而发的李某，对他人生中至关重要的这份工作，感触万端，由于面部肿瘤，李某此前的求职之路可谓坎坷，“出门找工作，面试几乎难通过，一直在社区守车棚，这份公益性的托底工作，真是暖到心坎里了。”

成都高新区桂溪街道相关负责人分析，托底帮扶，并不是简单地，通过“输血”方式的资金给予，而是通过政府惠民政策行之有纲的实践，从简单的帮扶“输血”变为自食其力的就业“造血”，通过政策关怀、心理辅导、环境营造等多渠道，给予“双困”人群更多的尊重与扶助，通过拓展公益性岗位平台，给他们一个划动生命精彩的岗位。

“桂溪街道的托底援助行动之所以在比较短的时间内，得到民众强烈的认可和良好的反响，除开前期街道领导深刻调研，工作人员详敲方案，执行过程严律流程外，更重要的是，他们的行动真真切切的走进了这群相对弱势群体的心里，走近了辖区群众的身边。”对于成都高新区桂溪街道创新实践的困难家庭就业托底和就业援助计划，成都高新区促进充分就业督察工作组如是分析。

“托”起新生活的希望，就业托底和就业援助，正在成为百姓乐业、民生和谐的新路径，也成为桂溪街道“人人享有就业机会”就业指针的最新诠释与最深注解。

——摘自2011年6月29日《成都日报

作者：缪　琴

从居民院落向时尚商圈延伸
成都高新区打造大联防机制

成都高新区探索3C进商圈新联防模式

8月31日，3C进商圈活动在成都高新区新南天地商圈隆重举行。据主办方南新社区负责人介绍，3C在这里代表的不是中国强制性产品认证制度，而是来合作、竞争、共赢三个英文单词的头一个字母，是南新社区打造大联防机制积极探索的社区管理新模式。

“新南天地商圈的发展可以用日新月异来形容，商场最近由原来的4家增加到了6家，这就给治安防控工作带来了新的难度。”南新社区相关负责人告诉记者，3C模式实际上就是一种大联防模式，“这种模式之前因主要针对流动人口被运用于院落和社区，在治安防控方面取得了很好的效果，这次用于在商圈中推广是一种新的探索。”

记者了解到，组建大联防机制目的旨在搭建合作平台确保长效，采取政府主导、社区牵头、派出所指导、商场积极参与的模式，商圈治安情况将定期通报。各商场购置统一电动巡逻车，通过例会沟通工作。每个季度还将根据发案以及防范情况评选优秀单位和个人，并设立专项资金进行奖励。

当天，成都高新区桂溪街道巡逻大队、新南天地商圈各大商场安保部组成方队参加了启动仪式，并进行了精彩的擒敌拳表演。

——摘自2011年08月31日　四川新闻网

作者：蒋　亮　代　朗

成都高新区积极打造大联防机制

社区群众到场观看和表演文艺晚会节目

廉政文化风吹进高新区 群众爱看艺术表演

桂溪街道组织开展廉政文化进社区文艺晚会

8月1日晚，由成都高新区桂溪街道党工委和桂溪街道办联合主办的廉政文化进社区文艺晚会在双源社区广场上热闹举行，成都高新区相关领导及桂溪街道辖区群众近千人观看了演出。

参加汇演的社区紧紧围绕廉政文化主题，采用舞蹈、快板、表演唱、小合唱、诗歌朗诵、小品等多种多样的节目表现形式，反映成都高新区桂溪街道在廉政文化建设中取得的成就。晚会过程中，双祥社区选送的舞蹈《洗衣歌》、和平社区选送的快板《颂清风》、双源社区选送的小品《我是党的人》、桂溪街道办事处选送的诗歌朗诵《她是一部书》等节目主题鲜明，铿锵有力，使观众们在欣赏节目的同时受到了廉政教育的熏陶。南新社区选送的小合唱《我和我的祖国》、永安社区选送的表演唱《洪湖水浪打浪》、三瓦窑社区选送的舞蹈《军民鱼水情》等节目则讴歌了伟大的中国共产党，并真诚表达了社区群众永远跟党走的坚定决心。精彩的文艺表演不断赢得现场观众热烈掌声，台上激情飞扬，台下掌声一片。

演出过程中，主办方还不失时机地穿插廉政知识问答竞赛环节。社区群众争相答题，整个演出现场自始至终充满着激情与欢乐，欢呼声和掌声一浪高过一浪。

桂溪街道办负责人告诉记者，社区作为廉政文化最基层的宣传阵地，应该首先带头做好榜样，“只有廉洁从政，恪尽职守才能真正得到群众拥护。作为一名社区基层干部，我们首先要规范自身的言行，关注群众的需求，树立清廉形象，才能得到群众的认可与欢迎，才能构筑起反腐倡廉牢固的防线。”

——摘自2011年08月02日　四川新闻网

作者：陈于思

玻璃里的阳光

一个街办主任和辖区内最后一个拆迁村落

街办观察报告第2站　桂溪街办

姓名　张学文　职务　桂溪街办主任

“头上始终悬着一把剑，提醒我履职必须到位，兢兢业业。”

10月31日，早晨8时，空气中弥漫着一丝清寒。

桂溪街道办事处主任张学文驱车行进在街道上，望着逐渐拥堵的车流，他的脸上掠过一丝焦急。一周的党校学习，积压了一大堆工作，副驾上的笔记本提醒他当天的行程：上午，3个会安排得满满当当；下午，落实残疾人阳光家园建设情况、解决双祥社区天然气供气不足问题；最后一站，则是辖区内最后一个拆迁村落——临江村的拆迁推进工作。

拆迁考量的是政府的智慧

桂溪街办位于成都高新区东南部，辖区内12个行政村和8个社区。2008年11月，原本隶属于双流县的临江村正式划归桂溪街办。

作为桂溪街办辖区内最后一个向城镇和新型社区转型的农业村，临江村的拆迁工作于今年提上了议事日程，按照计划，辖区内1800余户村民的拆迁安置工作将于明年春天全部完成。

在9时30分召开的主任办公会上，记者注意到，9个职能部门在对上周工作总结和下周工作计划中，都无一例外地提到了临江村拆迁的工作进展。张学文边听边记，在总结时，他强调，下一阶段，着重要开展的是处置拆迁遗留问题。

会后，在和记者的交流中，张学文谈及了辖区内这最后一个村落的拆迁困惑，城市要发展，拆迁无法避免，怎么样拆迁，考量的是政府的智慧。为保证拆迁工作的阳光、公平、公正、公开，就要得到老百姓的理解和认同，于是，桂溪街办在推进中尝试了模拟拆迁，把拆迁的主动权、知情权、选择权交给群众。在模拟拆迁中，街办给出了两种模式供群众选择，一是双流的拆迁政策，一是高新区的拆迁政策，“90%的村民选择了高新区的拆迁政策，在充分尊重村民意见的前提下，我们启动了临江村的拆迁工作。”张学文说。

拆迁考量的是服务的智慧

现年39岁的张学文，大学所学专业为管理工程，当过教师，做过秘书，喜欢读书，擅长心理分析。临江村一队一村民，在签订了拆迁协议后，嫌铺面赔偿太少，表示反悔，令村支书杨根头痛不已，张学文给杨根举了个例，就好比我们去商场买东西，买了后发现还有性价比更高的，当然心里会不高兴，这是正常人的心理，老百姓的心情可以理解，这就需要我们基层干部耐心做好解释和说服工作。

事实上，在城市化进程中，随着土地资源的重新分配，农民在向市民的转型过程中，必然面临心理的断层和阵痛，而桂溪街办所在位置，既处于会展经济的核心地带，同时也毗邻繁华卖场，不乏高档社区，“对于基层工作者而言，社会管理工作中创新和服务的职能更加显现。充分了解老百姓的心理，帮助他们完成从农民到新市民的转型，考量的是服务的智慧。”张学文说道，辖区内户籍人口5.47万人，流动人口5.28万人，其中50岁以上的中老年居民达6000余人，为此，他们还成立了老年大学。

街办主任内心的压力与隐痛

和张学文一起工作的过程中，记者真切地感受到一个街办主任工作的繁琐，大到开展“三公”经费的基础数据摸底，小到残疾人阳光家园厕所中的坡度设置，都需要面带微笑、事无巨细地予以处理。

“干这份工作，繁琐已成习惯，但也有常人看不到的压力。”张学文坦言，作为街办主任，手机必须24小时开机，“最怕晚上十一二点接到电话，这意味着辖区出问题了……”“头上始终悬着一把剑，提醒我履职必须到位，兢兢业业。”

如何减压？“读书、和朋友一起喝茶聊天，是最好的减压方式。”在张学文的书架上，记者发现，除了《用好时间做对事》、《执行力》等书籍外，还有一本诗集《玻璃里的阳光》。

下午4时，记者和张学文、社事科工作人员一起驱车前往临江村，一边开车，张学文一边聊起了发生在其他城市中基层干部因拆迁被杀害的事件，他用看似平常的口气对手下说：“工作要透明，要细致，但也要学会保护自己。”

此时，汽车刚好经过他孩子就读的学校，张学文看了一眼校门，没有停车，一脚油门，向临江村驶去……

——摘自2011年11月8日《成都晚报》

作者：田 缨 摄影：王浩儒

成都高新区桂溪街道困难家庭就业托底和就业援助的创新实践

题记：每一座城市都有这样一种人群存在：他们渴望就业，却因身体残疾、疾病缠身等不可抗拒的原因，失去各种就业机会，面对生活困难的窘境，就业艰难的现实，成为名副其实的“双困”群体。在成都高新区桂溪街道，就有着这样的特殊群体，他们中，有的是家境窘迫，但却因身体疾病无法参与社会化工作的邻居；有的是家庭负担过重，无法出门打工的街坊……然而，这些特殊群体，在不一样的生活轨迹、不一样的就业困境之下，获得了打开一扇新生活之门的均衡机会……

托底帮扶 托起生活的希望

我们身边，总有这样一群特殊存在的人群：他们生活困难，依靠每月领取的政府最低保障生活费用艰难糊口；他们渴望就业，却因为身体残疾、疾病缠身等诸多不可抗拒的原因而失去各种就业机会，只能无奈面对生活的窘境，接受就业艰难的现实。

为了改善这些困难家庭的生活状况，逐步提高困难家庭的生活水平以维护社会稳定，2011年，成都市高新区出台了《关于建立困难家庭就业托底援助制度的指导意见》统一部署，将低保和低保边缘困难家庭中的就业困难人员（以下简称“双困”人员）纳入就业托底安置对象。“我们希望能在力所能及的范围帮助他们，最重要的是帮他们重新建立起对生活的信心。”高新区桂溪街道办事处副主任王子琦如是说。

从王副主任处记者了解到，桂溪街道党工委办事处一直以来重视民生，努力构建“五民五好”长效机制，即实现基层民生服务由“管理”到“服务”，实现区域的和谐共融。“五民五好”：即化民怨、力争居民心情好；解民难、力争居民生活好；重民享、力争居民居住环境好；助民富、力争居民收入好；促民强、力争居民身心好。它涵盖了劳动就业、医疗、教育、社区建设、文化等各个民生领域，从而解决百姓最关心、最直接、最现实的民生问题。今年上半年，桂溪街道在成都高新区党工委管委会领导下，抓住工作重点，不断完善组织领导、责任分工和狠抓落实的工作机制，在经济、民生同频推进进程中，结合“五民五好”的思路，在环境综合治理、充分就业、社会保障、基层民主政治建设等民生工作领域作出了创新尝试。

可是，在实际工作中，该如何将“五民五好”的工作思路与“困难家庭就业托底和就业援助行动”结合起来呢？王子琦副主任告诉记者，“五民五好”中有一条便是“助民富”，王副主任认为，要“助民富”，首先要促使居民就业，“过去，很多困难家庭习惯于依赖政府，过着赖一天是一天、做一天和尚撞一天钟的生活，这样并不能从根本上改善困难家庭的生活状况，我们必须改变这样的局面，帮助他们重新树立起对生活的信心，愿意进入社会去就业，甚至是创业。”凭借这样的想法，结合高新区出台的《关于建立困难家庭就业托底援助制度的指导意见》统一部署，高新区桂溪街道办事处正式在辖区内展开了“困难家庭就业托底和就业援助行动”。

今年3月，成都高新区桂溪街道党工委、办事处正式出台了《桂溪街道困难家庭就业托底暂行办法》、《桂溪街道困难家庭就业援助实施意见》，对辖区具有劳动能力和就业意愿的低保户、低保边缘户家庭成员进行帮扶，通过困难家庭就业托底和就业援助行动，唤起对生活更美好的希望。

那么，在开展“困难家庭就业托底和就业援助行动”时，该如何选择托底帮扶的对象，才能使那些真正需要帮助的家庭得到帮扶呢？王子琦副主任告诉我们，桂溪街道办为此专门制定了选择标准和评定办法。王副主任说“‘困难家庭就业托底和就业援助行动’，其援助对象指低收入困难家庭（低保家庭或低保边缘家庭）成员中具有部分劳动能力，有就业意愿还未就业人员，因此我们辖区内所有低保户及低保边缘户家庭人员中具备部分劳动力，有就业意愿还未就业人员，由楼栋长推荐，社区初审评议公示后报街道办事处劳保所，劳保所再与社事科综合审核，只要符合条件者就会被纳入就业托底的对象。”通过这样的标准和评定方式，最终桂溪街道办事处辖区内22位没有完全丧失劳动力的居民成为第一批就业托底对象。

为了妥善安置托底对象中拥有完全劳动力的居民，桂溪街道办事处结合辖区内就业服务亭、增设公益性岗位（门卫、社区院落管理员等）等措施提供岗位，对于这一部分人员进行优先安置，使他们通过政府的大力扶持和自己的辛勤劳动，创造和取得财富，切实改善家庭生活水平。“我们的托底援助方式很灵活，对于一部分就业困难人员，我们负责为他们安排工作，如果他们不愿意就业，我们也可以在力所能及的范围内帮助他们创业”王子琦副主任这样告诉记者。

而对于那些身体残疾、疾病缠身的困难人员，桂溪街道办专门在社区成立了“就业托底服务队”，把这一部分人员组织起来进行一些公益劳动，让他们通过自己力所能及的劳动获取一定报酬。从王子琦副主任处记者了解到，公益劳动的具体工作要求由各社区管理部门具体制定规章制度，托底对象也由社区相关组织统一安排管理。“就业托底服务队”日常的工作就是维护社区院落的环境卫生，服务队的队员们通过打扫院落、擦拭院内桌椅、清洁广告牌等劳动方式获取一定的报酬。“他们参加一次劳动所得报酬是30元，每个月会不定期组织这样的劳动15—20次，只要每次劳动都参加，一个月最多可以得到500元的报酬。”我们了解到，从今年3月就业托底安置队伍成立以来，共组织公益性劳动120次，发放工作补贴9.55万元。

记者了解到，桂溪街道各社区今年开展就业托底已有6个月，在“社区就业托底服务队”托底活动中，动动腿、动动手、动动嘴，一些多病缠身的人，缓解了病痛；一些有缺陷或者性格孤僻、自我封闭的人，消除了心理障碍，能够交流沟通，热爱集体、有爱心和责任感了；一些人生活艰辛的人能够勇敢面对困难，增强生活信心了；一些有不良习惯的人改变了长期恶习等。就业托底，不仅使困难人员身体状况好转，还促进了很多人的思想心态、责任意识、精神面貌的改变，这是最难能可贵的，最有意义的。

“一直想找份适合自己的工作，但总是吃‘闭门羹’。”说这句话的姚易年仅31岁，是桂溪街道和平社区就业托底安置队伍中的一员，看着眼前这个开朗的小伙子，谁会将精神病自闭症这些词联系到他身上呢？“是这份工作改变了我，不仅让我能慢慢与人交流，每个月还能通过自己的劳动换取几百元报酬贴补家用。”如今的姚易，已渐渐从工作中找到自信，并逐步地从自闭“孤岛”中走出来，学会交流。眼下，在就业托底安置队伍中主要负责院落清扫的姚易，对于今后的完全社会化的求职之路，渐渐地从“不敢想”过渡到“想憧憬”，“总有一天我会找一份更好地工作，每个月能有一两千的收入、有社保，我不能一辈子待在就业托底安置队伍中。”说这句话的时候，姚易的眼中充满着对未来生活的向往。

“托底帮扶，并不是简单地通过“输血”方式的资金给予，而是通过政府惠民政策行之有纲的实践，从简单的帮扶“输血”变为自食其力的就业“造血”，通过政策关怀、心理辅导、环境营造等多渠道，给予“双困”人群更多的尊重与扶助，通过拓展公益性岗位平台，给他们一个划动生命精彩的岗位。”桂溪街道和平社区的张庆主任告诉记者，“我们希望这些托底帮扶群众能够走出家门，把心房打开，也希望托底就业帮扶能成为他们人生的转折点。”

桂溪街道办事处副主任王子琦告诉记者，托底安置队伍中这22名队员，并不是每一位队员从一开始便接受托底援助的。“有一部分困难群众，由于残疾、疾病的困扰开始自暴自弃，不愿意加入到托底安置队伍中，对于这一部分想法比较消极的群众，我们采取的就是上门开导、劝解的方法，最重要的是使他们打开心结，转变他们心里的消极观念。”

今年45岁的李国富，家住和平社区天仁北二街2号，视力残疾，低保边缘人员。由于小时眼睛被马蜂蜇过，导致右眼视力残疾，眼外还搭了一个肿瘤。出于对自己的形象自卑，怕吓着别人，李国富平时不愿接触外人，甚至不同意妻子外出工作，不让她与更多的人接触。儿子在读高三，家庭主要收入靠出租套一的房租，日子过得艰难。在今年2月底，街道领导召集所有托底人员座谈，他都没有信心出现在领导面前。经过社区领导多次上门交流谈心，疏通思想，开导情绪，李国富终于同意参加“和平社区就业托底服务队”。三个月的托底劳动中，大家没有歧视他，经过托底队员们的关心和帮助，他的性格慢慢地有了变化，以前在院落经过时遇人就低头侧目，现在终于抬头挺胸，能主动进行简单交流了，对于妻子外出工作也没有反对，目前他妻子已在川医做保洁。在自身性格改变后，李国富对公益性活动的热情也大大提高了，每逢活动日都是早早的来到现场，在平时看到院内有垃圾也主动进行清洁，院内居民对他的变化都看在眼里。“对我们而言，这份工作并不只是每月几百元的收入补助，更重要的是，它们是用我的劳动换来的，而我们的努力，正在让小区环境更舒心，我们收获了街坊邻居对咱们的认同。”感慨由心而发的李国富，对他人生中至关重要的这份工作，感触万端，由于面部肿瘤，李国富此前的求职之路可谓坎坷，“出门找工作，面试几乎难通过，一直在社区守车棚，这份公益性的托底工作，真是暖到心坎里了。”

“就业托底是关心最困难群体的最根本利益。”和平社区张主任人为，一部分群众之所以成为生活困难、就业困难的“双困”人员，主要是因为收入水平低，又不能得到更高的收入，这是最根本的问题。不是不想收入高，而是由于身体疾病、残疾等原因无法获得更高的收入。低保、低保边缘户依靠国家救济、救助，只能维持最基本生活。就业托底提供了增加家庭收入的机会，让这些人力所能及做些事，依靠最简单劳动获得一定的报酬。

家住和平社区天仁北二街1号的低保边缘人员程正清，因患恶性淋巴瘤，不得不辞去以往货运搬卸的工作归家治疗，疾病使老程丧失了大部分工作能力，也渐渐消沉了他的意志。“生病之后每天只想待在家里不愿意出门，我是一家的顶梁柱，‘梁’断了，家人生活都会成问题。一家四口，只靠儿子一个人的工资生活，虽然有社保和社区医疗保障解决大部分医疗费用，可是每个月自己或多或少还是需要几百元的医药费。”为了减少经济压力，老程最终决定加入到托底安置队伍中。如今已成为就业托底队伍主力成员的程正清，在力所能及地参加托底帮扶之中，不仅一定程度上改善了家人窘迫的生活，自己也渐渐从自暴自弃的阴霾中走出来，迎接生活的阳光。老程告诉记者，以前自己连走路都没精神，加入到托底安置队伍中，通过劳动让自己得到锻炼，“现在感觉吃饭都比以前香了。”如今，老程的健康稳定，而他最大的心愿就是希望尽快将身体调养到最佳状态，做一点其他工作，能挣更多钱来缓解家庭的经济压力。

王子琦副主任告诉记者，“双困”托底人员存在着很多有这样或那样问题的人，因人而异，因人制宜，力所能及做点事；力所不能及时家人替代做事，创造条件务实地解决其家庭增收问题才是根本目的。因此在社区托底安置服务队伍中，也就出现了由家人代替参加托底活动的情况。

“社区这么爱我们大家，我们更应该积极面对生活。”雷文芳是和平社区托底安置队的队长，之所以加入到社区托底安置队伍中，雷大姐其实是为了自己的丈夫陈善华。自从丈夫陈善华被查出患有尿毒症之后，每周3次透析的费用使原本就处于低保边缘户的雷大姐一家，生活更是捉襟见肘，考虑到陈善华本人身体状况不能外出，经社区和街道决定，由他的妻子雷文芳代为参加托底劳动。“每个月几百元钱的劳动报酬，让我们的生活改善了不少。”雷大姐正是以这种乐观积极的态度，一边参加托底劳动，一边鼓励丈夫战胜疾病，也感染着身边的每一个人。

眼下，桂溪街道已在和平、双源等社区建立了就业托底安置队伍，三个月时间里，已有22名“双困”百姓融入到就业托底队伍的阵营之列，通过每月定期的清扫保洁等社区公益性活动，每人每月能获得300——500元的工作补贴。对这些有些“特殊”的普通人而言，就业托底，“托”起的并不仅仅是一份能胜任的工作，更有他们积极生活的意志，与自食其力所获得的更多尊严，就业托底和就业援助，正在成为百姓乐业、民生和谐的新路径，也成为桂溪街道“人人享有就业机会”就业指针的最新诠释与最深注解。

公益办学　桂溪的效率和速度

“我们唯一考虑的，就是一定要让老百姓得实惠。必须要做到让百姓满意才行。”这是高新区桂溪街道办事处副主任全少英见到记者后说的第一句话，从全副主任的介绍中记者得知，今年以来在高新区桂溪街道辖区内开展得有声有色的公益性幼儿园和老年大学，正是由全副主任负责。“我们桂溪辖区的大部分居民都是高新区农转非居民，成都市现有的幼儿园，由于入园费用比较高，对于这些农转非居民来说负担很大，但是我们必须要让困难家庭的孩子也能上幼儿园才行，这是我们最大的目的。”

为了贯彻落实《成都市人民政府关于促进学前教育发展的意见》、《成都市教育局关于加快发展公益性幼儿园的通知》精神，推动桂溪街道学前教育事业健康发展，切实解决辖区居民子女入托难、入托贵的问题，2011年5月，桂溪街道办事处率先在高新区按照公益性幼儿园的办园标准，坚持大力发展公益性园，努力为辖区居民提供广覆盖、保基础、促公平的学前教育公共服务的幼儿教育发展思路，创新开办了和平绿舟公益性幼儿园，将其列为2011年办事处民生工程项目，并向辖区居民承诺9月1日实现开园。

“公益性幼儿园，在咱们成都市并没用先例，而且要在今年9月1号正式开园，时间很紧迫，压力也很大。”全副主任告诉记者，从幼儿园的体制上来说，全国各地存在很多差异，如何将幼儿园筹办起来、采取怎样的体制，是全副主任等人面对的首要问题。“既然是社区幼儿园，我们认为应该首先强调公益，保障我们社区居民的根本利益，应该围绕‘五民五好’的思路开展工作。”

全副主任告诉记者，提到公益性幼儿园，很多人会认为是廉价低质幼儿园，而和平绿洲幼儿园从软件上看，通过招标比选确定的办园方成都绿洲幼儿园具有丰富的社区幼儿园办园经验和实力，该园园长具备幼儿教育高级职称，教职员工50%是成都绿洲幼儿园旗下各园的教学管理骨干，办园严格执行《四川省幼儿园办园基本要求（试行）》、《成都市幼儿园办园基本要求（试行）》。硬件方面，该园规划建设标准一流，教学、生活、活动、卫生、安全监控等基本设施和设备齐全，幼儿教育生活用房、多功能活动室、办公及辅助用房、生活用房规划设计合理。可以算得上是目前成都市规模及硬件条件最好的幼儿园之一。

全副主任还告诉记者，和平绿洲幼儿园的收费也是完全执行政府定价的公益收费标准。“我们按照政府制定的收费标准，每一名孩子每个月收取400元的保教费，至于孩子的伙食费则是通过居民代表听证确定的，每个月200元，也就是说每个月只需要600元，这样才能让老百姓真正上得起幼儿园。”不仅如此，考虑到农转非居民的实际困难，经街道党工委办事处研究决定给予就读与和平绿洲幼儿园的失地子女每人100元/月的学费补助和每人40元/月的生活补助，对于低保家庭，更是直接减免了每月400元的保教费。

在筹建和平绿洲幼儿园之前，全副主任便注意到这样一个问题，在桂溪街道这一大片辖区内，除了有需要进去幼儿园的孩子，还有一大部分失去土地、还没能完全适应城市生活的老人。“老有所学，老有所为，我们是不是也应该给这些老年人培养兴趣爱好的机会呢。”于是，经过几个月时间的筹备，2010年5月，桂溪街道老年大学正式开学了。通过全副主任的介绍记者了解到，桂溪街道老年大学是高新区范围内办得较早的老年大学，由于桂溪街道辖区面积大，社区与社区之间远近不一，因此相对于成都市其他老年大学，桂溪街道老年大学采取了一种更为灵活的办学模式：把老年大学深入社区。

“像我们桂溪最大的社区，双源社区，60岁以上的老人便约有4000左右，我们不能要求这么多老年人来回奔波，但是我们可以去双源社区办分校。”说到桂溪街道老年大学灵活的办学模式，全副主任为其介绍道：“益州社区是我们桂溪街道辖区比较高档的住宅小区，老年人不是很多但是距老年大学校区比较远，所以我们选择让老师深入社区，利用公共场所教学。”

正是通过这种灵活多变的教学模式，到目前为止，已经开办一年多的桂溪街道老年大学共有14个专业，600多名学生。

“不管是老年大学还是我们的公益性幼儿园，从筹备到开学都只用了半年左右的时间，这就是我们桂溪的效率和速度。”说这番话的时候，全副主任的脸上满是自豪。

文明和谐院落　促社区精品文化

“我们在社区里开展’和谐文明评选’，其实主要目的是为了引导社区居民建立’自我服务、自我管理、自我创建’这样的意识。”高新区桂溪街道办事处副主任全少英认为，让社区居民真正享受到环境称心、居住安心、生活舒心、消费放心和休闲开心的现代文明生活，才是真正将“五民五好”的工作思路落到实处，因此，今年，桂溪街道继续投入大量资金，在农转居社区开展“文明和谐院落”评选活动，并在去年评选工作的基础上，对今年“文明和谐院落”评选细则、工作经费、奖励标准等进行了调整。

全副主任告诉记者，今年4月1日，桂溪街道正式启动2011年度文明和谐院落评选活动，组织开展了以院落为单位的系列活动。6月11日，“和谐杯”院落乒乓球比赛顺利落下帷幕，来自各评选片区的14个农转居院落均参与其中；

7月，在惠及辖区居民的基础上，街道在创评院落中开展文明和谐院落系列活动之暑期青少年培训，委托高新区篮球协会在南新体育运动中心开展篮球专业培训，惠及辖区100余名青少年；引进专业老师在双源及和平社区两个点开设动漫、素描及书法课程，惠及辖区72名学生。培训活动都优先考虑辖区困难家庭子女，培训时长达50天。同时，结合暑期青少年活动开展及文明城市复查迎检，各创评社区纷纷开展主题活动，在群众性文体和院落环境美化方面开展了大量活动，将文明和谐的理念和行动紧密地结合在一起，为文明和谐家庭与文明和谐院落的创评增添了无限的动力与活力。

从全少英副主任那里记者了解到，为了使“和谐文明评选”工作继续顺利有效得开展，桂溪街道在《桂溪社区》上开设专版，每月对院落特色活动及该月评选结果进行宣传公示；每月月初借助院落LED多媒体对流动红旗测评结果及院落积分进行公示；在各院落宣传栏的新增的“院落自治”栏上增添“文明和谐院落”板块，对当月院落创建活动计划及流动红旗结果进行公示，吸引居民参与创建活动。

据了解，正是由于“文明和谐家庭”、“文明和谐院落”创建评选制定了严格缜密的评选规范，并与创文明、城乡环境综合治理等工作紧密结合，到目前为止，参与评选的农迁院落居民达7300余户数，参与度达99%，几乎实现全面覆盖。

后记：生命之所以存在，是为了得到更多喝彩。却有那么一部分人，因不同原因渐渐失去应得的掌声，然而，成都市高新区桂溪街道通过“就业托底帮扶”、“公益性幼儿园”、“公益性老年大学”等一次又一次创新实践告诉每一位原本打算放弃掌声的人们：不要因为破蛹而出的过程太痛就觉得灰心，不要面对着汹涌而来的现实就觉得自己渺小。做好现在你能做的，然后，一切都会好的。

——摘自2011年11月11号《西南商报》

作者：肖朝德　王舒琴

风云球王争霸赛成都站启动　徐阳杨影助阵

10月15日，风云球王争霸赛成都站活动在成都市高新区大源体育公园拉开战幕，由32支成都民间高手组成的草根足球队将通过淘汰赛争夺前往北京总决赛的唯一一张门票。当天，前国足球员徐阳和乒乓球世界冠军杨影双双出现在开幕式现场，为参赛选手加油助阵。

风云球王争霸赛成都站活动正式启动

“我们这次玩的是三人制场地赛，不要看场地比11人制球场小很多，其实更考验体力，也更讲究团队配合。”来自都江堰的杨晋川告诉记者，三人制比赛踢一场为20分钟，五个人的球队没有换人限制，非常有趣味性。杨晋川和队员们赛前轻松地调侃说，“现在看国足比赛伤不起，自己上场踢球更有乐趣。”

据主办方介绍，此次风云球王争霸赛是中国足球彩票上市十周年的重要庆祝活动之一，活动将分别在大连、成都、青岛、长沙和北京等地展开。其中成都站的比赛除了五支竞彩店组成的队伍外，还有27支彩民球迷队参与。所有32支队将通过两天的淘汰赛决出最后优胜者，其中冠军将前往北京参加央视足彩十周年特别节目录制，与央视明星足球队一决高下。

当天，前中国国家男子足球队员徐阳和乒乓球世界冠军杨影也应国家体育总局邀请专程赶到成都为参赛选手加油，随后他们还将前往竞彩店与彩民分享足彩投注心得。据了了解，体彩进入四川以来已创造了超过两百亿的销售成绩，足彩玩法十年来也从最初的三个玩法发展到如今多场单场的家族玩法，最初的浮动奖金也演变为了如今的单场固定奖金。

——摘自 2011年10月16日 四川新闻网

作者：蒋 亮

成都社区举行老年麻将争霸赛 主办方称有益于预防老年痴呆

选手相当投入

雀王的头衔通常都是和赌神称号一起出现在香港电影里，但10月25日的成都高新区益州社区里却诞生了爷爷奶奶级雀王。当天由益州社区主办的第三届老年雀王大赛在此举行，经过三轮鏖战最终决出了社区的老年麻将王。

记者在现场看到，有资格参赛的人员全部是益州社区的爷爷奶奶，超过七十岁的就有好几个。大家通过抽签决定同桌竞技对手，他们中既有长期一起玩的老搭档，也有刚认识的新牌友。虽然比赛叫雀王大赛，但只用纸牌当筹码定胜负。比赛规则除淘汰制外，具体打法全由参与者自己商定，规则不限。

"我今天是和老伴一起来参加比赛的，其实平时打得也不多，除麻将外我们还喜欢跳舞打太极，我觉得这些运动都适合老人休闲和锻炼。"57岁的李志蓉婆婆告诉记者，她觉得打麻将很适合老年人，"这样的活动不仅丰富了生活，更重要的是排解了寂寞感。办这样的比赛让大伙凑在一起还能交个朋友，对老人来说很好。"

据悉，雀王大赛在成都高新区益州社区已经举办三届，开办以来就非常受居民欢迎，已逐渐成为社区群众文化生活的一项品牌活动。"之所以选择麻将就是因为大家喜欢，而且有科学证实动手、动脑的麻将对老年痴呆的预防很有好处。"社区服务站负责人罗王军告诉记者，益州社区是一个商品住宅区，住户来自天南地北，"我们希望通过这种喜闻乐见的活动丰富大家文化生活的同时，为社区居民搭建认识交流的平台。"

——摘自2011年10月26日 四川新闻网

作者：蒋 亮 方 舟

成都桂溪街道启动 两园一圈非公企业党建模式

成都桂溪街道启动两园一圈非公企业党建模式

天府新区建设正全面铺开，大批年轻优秀和具备专业技术的人员随着大量企业入驻来到这片勃勃热土，其中的部分党员也为街道党建工作注入了新的活力。12月24日，成都高新区桂溪街道两园一圈非公企业党建模式宣告正式启动。有关方面表示，将通过提升两新组织党建工作水平促进辖区和谐，为建设高新区世界一流园区和天府新区建设提供坚实基础。

据介绍，两园一圈即天府软件园、高新孵化园和新南商圈。按照新模式的要求，将在两园一圈三个区域分别成立一个党总支，负责园区、商圈内企业的党建工作，实现入驻即覆盖、入住一家覆盖一家，力争企业党组织一个不少。对此桂溪街道相关负责人表示，开展两园一圈党建工作模式最重要的就是逐步实现资源共享、活动共办、党群共建、和谐共创的目的。

“两园一圈非公企业党建模式是将辖区非公企业进行统筹管理，成立党总支部，旨在统筹指导区域内企业以党建带工建、工建促党建，为企业搭建组织学习和交流活动的平台，提高区域党建工作水平。”该负责人说，新模式对于不断提高两新组织党建工作水平意义重大，将促进辖区和谐和助推社会发展，为建设世界一流园区和天府新区的建设提供坚实基础。

随着两园一圈模式的启动，一场非公企业党群迎新联谊活动也同时展开。爱情大转盘、抢滩登陆、坦克战车等专门为青年男女设计的环节，让不同企业的单身员工在游戏的同时培养了团队精神，还能拓展认识的异性圈子，吸引了三十余家企业的三百多人参与，“服务企业员工是我们党建新模式下的重要工作之一，今天的活动是以为年轻人牵线搭桥为主要考虑，接下来我们还会有更多的活动陆续展开。”

——摘自2011年12月25日　四川新闻网

作者：方　舟

抵御可入肺颗粒物
成都高新区3000环卫工领到防尘口罩

四川新闻网成都12月29日讯（记者 蒋亮 实习生 方舟）“现在冬天天气冷，雾又大，我们的环卫工人都起得很早，可入肺颗粒物容易给他们身体造成伤害，所以这次发放的慰问品中专门考虑了防尘口罩。”成都市城管局驻高新西区办副主任贺从喜说，在寒冷冬日到来之际向一线环卫工人开展送温暖活动，表达了政府对辖区广大环卫工人的祝福与关怀，“更是对他们为清洁城市辛勤工作的一种肯定。”

成都桂溪街道党工委和办事处向辖区环卫工人送温暖

12月29日上午，由成都市高新区城市管理和环境保护局组织的向一线环卫工人送温暖活动在高新西区蓝剑集团广场举行，分别代表鸿鑫、洁犀和迅强三家环卫公司的30名环卫工人领到了保暖鞋、护腿、口罩、手套和每人300元慰问金。同日下午，在成都高新区石羊街道和桂溪街道，辖区领导也亲自向辖区环卫工人送来温暖和祝福，并对环卫工人为保持辖区的干净整洁付出的艰辛与汗水表示感谢。

据介绍，本次向一线环卫工人冬季送温暖活动总共有2900多名高新区环卫工人受益。除慰问金和米油等生活必需品外，慰问品主要是防寒背心、防尘口罩、保暖鞋、护腿、手套等实用型产品。不少环卫工人动情地说，政府能够这么细心地考虑到自己的需要，心里非常受感动，“老实讲，平常干活苦累不说，还容易看到别人歧视的目光，说没有一点委屈是假的。不过政府这么想着我们，心头就暖和了！”

成都高新区有关部门负责人表示，除向一线环卫工人送温暖外，高新区近期还开展了为期一个月的文明劝导活动。城管部门充分发挥高新区文明劝导队和城管志愿者特别是城管妈妈的作用，结合城市环境卫生日常管理，加强了对不文明行为的劝导力度，“近期我们还计划结合公益宣传、为商家店铺送贺卡、小区垃圾和臭水沟集中清理整治以及整治居民违规饲养鸡鸭等家禽的清理活动，大力开展清洁家园干干净净迎新年城市环境卫生专项活动，以确保辖区市民能干干净净过好元旦和春节。”

——摘自2011年12月29日　四川新闻网

作者：蒋　亮

成都高新区六旬老市民长跑迎新年

成都高新区桂溪街道举办迎新春长跑活动

“好久没有跑这么长的路了，身体真有点吃不消。看来今后要多跑路锻炼好身体。”12月31日，由成都高新区桂溪街道主办的三瓦窑社区2012年元旦迎新春长跑活动正式举行。今年64岁的朴永芳腰挂扩音器，带着社区居民满身大汗地跑到终点。朴永芳说，一辈子种地的自己从来没有参加过长跑比赛，“现在当了新市民，以后得多注意身体健康了。”

随着一声令下，百余名新市民犹如开闸之水瞬间拥出。长跑队伍中，中老年市民成为一道亮丽风景线。虽然老人们身体不如年轻人矫健，但士气却有过之而无不及。如今每天都跳跳舞的朴永芳虽然显得有点吃力，但最后还是一鼓作气跑到了终点。朴永芳老人指着腰间挂着放音乐的音响说，虽然年纪老了但我们锻炼的心不能老，“所以我放些激励的音乐，鼓舞大家一起跑。”

虽然气吹嘘嘘，大汗淋漓，但顺利跑到终点的郑长菊老人脸上却堆满了笑容，“我还以为自己跑不下来，结果还是坚持跑下来了。看来今后要多锻炼，希望以后社区多组织这样的活动，大家一起参与更有动力。”

为何想到要组织新市民长跑迎接新年，高新区桂溪街道综合活动中心董涛介绍说，桂溪街是高新区最大的农迁社区之一，辖区内企业和学校众多，居民结构复杂，“为凝聚居民，让居民实现自我们管理，街道近年来通过体育活动和文艺活动等方式不断丰富居民生活，以此在活动中增强居民之间和谐关系。”

记者获悉，为不断丰富居民生活，成都桂溪街道明年还计划举行篮球比赛和乒乓球邀请赛，“我们还打算把全国的著名棋手请到社区来，跟我们的社区居民进行车轮赛。”

成都高新区六旬老市民长跑迎新年

——摘自2011年12月31日　四川新闻网

作者：蒋　亮　陈于思（实习生）

索 引

INDEX

说 明

一、本索引采用分析索引法，按拼音字母（同音字按声调）顺序排列。

二、索引词条用宋体字表明。数字表示内容所在的页码，数字后面的拉丁字母（a、b）表示栏别（从左到右）。

D

E

F

G

H

J

T

W

X